HISTOIRE

DES

ÉTATS-UNIS

II

Paris. — Imprimerie de P.-A. BOURDIER et Cⁱᵉ, rue des Poitevins, 6.

HISTOIRE

DES

ÉTATS-UNIS

DEPUIS LES PREMIERS ESSAIS DE COLONISATION

JUSQU'A L'ADOPTION DE LA CONSTITUTION FÉDÉRALE

1620 - 1789

PAR EDOUARD LABOULAYE

MEMBRE DE L'INSTITUT

PROFESSEUR DE LÉGISLATION COMPARÉE AU COLLÉGE DE FRANCE

God and Liberty.

TOME DEUXIÈME

HISTOIRE DE LA RÉVOLUTION

PARIS

CHARPENTIER, LIBRAIRE-ÉDITEUR

QUAI DE L'ÉCOLE, 28

1866

PRÉFACE

Il y a déjà dix ans que j'ai imprimé l'*Histoire des Colonies anglo-américaines*, en annonçant la prochaine publication de l'*Histoire de la Révolution de 1776*, suivie de l'*Histoire de la Constitution des Etats-Unis*. Des travaux multipliés et plus urgents peut-être m'ont empêché de tenir plus tôt la promesse que j'avais faite. Du moins ai-je profité de ce retard involontaire pour étudier de nouveau ces grandes questions; j'en ai fait l'objet de mes leçons au Collége de France pendant les années 1863 et 1864 ; c'est ce cours, favorablement accueilli par une nombreuse assistance, que je soumets aujourd'hui à tous les amis de l'Amérique et de la liberté.

En 1863, il fallait une certaine témérité pour choisir un pareil sujet. On n'a pas encore oublié la crise que traversaient les États-Unis : la guerre civile déchirait l'Amérique, des milliers d'hommes s'entre-tuaient pour maintenir ou détruire l'œuvre de Washington, tandis qu'en Europe les politiques semblaient heureux et fiers de prophétiser la ruine de l'Union. Pour une école toute puissante sur le vieux continent, quelle joie de voir tomber la plus grande et la plus heureuse république que le monde eût jamais vue ! Comme il était doux d'annoncer

et de prouver par les faits que la prétention de se gouverner soi-même, sans roi, sans noblesse, sans armée,
sans administration hiérarchique, sans dette publique,
était chez un peuple la plus vaine et la plus dangereuse
des chimères! Depuis soixante-dix ans, il est vrai, la
liberté la plus entière donnait aux États-Unis la richesse,
la grandeur et la paix. Mais ce n'était là qu'un accident :
la ruine de l'Union prouvait enfin, et sans appel, qu'une
république est hors d'état de supporter la guerre civile
ou la guerre étrangère ; que les peuples sont incapables
de se conduire eux-mêmes, et qu'ils sont faits pour être
menés par des maîtres, des fonctionnaires et des soldats.
Leur salut est dans leur obéissance; leur liberté dans
leur soumission. Il n'y a de pratique et de vrai que la
politique de Hobbes et de Bossuet.

Cette joie prématurée, ces espérances hasardées, toute
cette agitation et tout ce bruit n'ont point ébranlé les
convictions de ma jeunesse, convictions fortifiées chez
moi par l'âge et la réflexion. Je ne dirai point que je n'ai
pas tremblé pour les États-Unis : j'ai vu plus d'une fois
le bien échouer et le mal réussir; mais quelque chose
me disait que Dieu n'abandonnerait pas un peuple qui
combattait pour affranchir quatre millions d'hommes,
un peuple qui représente la liberté dans le monde,
comme la Grèce y représente les arts, et Rome la conquête et la domination. L'histoire de l'Amérique, cette
histoire si peu connue en France, me donnait bon espoir, et, ne pouvant servir les États-Unis que de loin,
j'essayais au moins de faire partager ma foi à ceux qui
ne se laissaient point emporter par le succès du jour,
et qui osaient croire avec moi au triomphe final de la
justice et de la liberté.

« Amérique, a dit Gœthe[1], tu es plus heureuse que

---

1. *Pensées*, sixième partie.

notre vieux monde ; tu n'as point de châteaux gothiques, point de ruines, mais la vie n'est point troublée par d'inutiles souvenirs et de vaines querelles. Jouissez du présent, Américains, et si quelque jour vos enfants sont poëtes, qu'un sort heureux les préserve des histoires de chevaliers, de brigands et de fantômes ! »

Il y a un sens profond caché sous ces paroles. Pour nous, peuples de la vieille Europe, fils des croisés ou fils de la Révolution, le passé pèse sur nous, les souvenirs nous écrasent. Dans un âge nouveau, tout occupé de commerce et d'industrie, dans un siècle où le travail seul devrait régner, et avec le travail la paix et la liberté, ses compagnes ordinaires, nous sommes encore paralysés par je ne sais quelle admiration poétique pour les erreurs et les fautes de nos pères. Les grands coups d'épée du moyen âge, la gloire et les conquêtes de Louis XIV et de Napoléon, l'union séculaire de l'Église et de l'État, l'uniformité de l'administration romaine, la noblesse de l'oisiveté et la bassesse du labeur mécanique, voilà les préjugés qui nous asservissent. L'idéal de nos politiques, de nos écrivains, de nos poëtes est dans le passé. Aimer la liberté, chérir l'égalité, revendiquer un gouvernement où les droits du travail prennent le premier rang, c'est l'œuvre d'un petit esprit, sinon même d'un mauvais esprit. Rien n'est beau que la force et ce qu'on appelle la gloire et la conquête. Demander qu'un peuple qui vit d'industrie fasse lui-même ses affaires, c'est courir après une fausse popularité.

Telle est notre situation. Poussés vers un meilleur avenir par le progrès de la civilisation, retenus dans le passé par nos préjugés et nos souvenirs, nous sommes comme le papillon qui, à demi sorti de sa chrysalide, rampe encore à terre et ne peut ouvrir ses ailes vers le ciel qu'il entrevoit. L'Amérique n'en est pas là ; elle n'a point de passé qui l'entrave. Quand elle regarde dans ses annales de deux siècles, nulle part elle n'y trouve le règne de la force, tout lui parle de liberté.

On l'a déjà vu dans l'*Histoire des Colonies :* en émigrant dans le nouveau monde, les puritains avaient emporté avec eux la liberté politique et religieuse ; ils avaient laissé à l'ancien monde, et sans regrets, la royauté absolue, la noblesse héréditaire et l'Église établie. Tous égaux, tous vivant du travail de leurs mains et de la culture du sol, les planteurs avaient constitué partout des gouvernements libres et populaires. Maîtres d'un territoire illimité, sans ennemis redoutables autour d'eux, ils n'avaient jamais senti le besoin de concentrer le pouvoir et d'établir des armées. La république est sortie de cette société par une floraison toute naturelle ; quelle autre forme politique eût convenu à un peuple, qui ne connaissait point le privilége et qui n'avait pas besoin d'être protégé ?

Ce fut la première fortune de l'Amérique. La seconde fut de trouver pour conduire sa révolution des hommes élevés à l'école de la liberté. Que de fois, en lisant et en racontant l'histoire de la révolution américaine, j'ai reporté avec tristesse les yeux sur mon pays ! Où est notre Washington ? Où trouver en France ces patriotes chez qui la modération égale le dévouement ? Où sont nos Franklin, nos Adams, nos Hamilton, nos Madison ? On nous élève dans l'adoration de la révolution française ; c'est encore un préjugé qui chez nous fait obstacle à la liberté. Que l'on aime les conquêtes de la révolution, l'égalité civile, une demi-liberté religieuse, un commencement de liberté politique, rien de mieux. Non-seulement j'aime toutes ces libertés, mais je les trouve incomplètes, et j'en voudrais davantage. En ce sens, j'appartiens autant et plus que personne au parti de 1789 ; je respecte la cendre de nos pères, mais je n'ai aucune admiration, ni pour la société qui a fini avec la vieille

monarchie, ni pour cette politique violente qui, de 1790
à 1799, nous a menés au despotisme par le chemin de
l'anarchie. Quand on compare la révolution d'Amérique
avec celle de France, quand on voit comment la première
a réussi grâce au patriotisme et aux sacrifices de ses
hommes d'État, comment la seconde a misérablement
échoué par les passions, l'ignorance, l'injustice et les
crimes de ceux qui l'ont égarée, on sent qu'il est nécessaire d'en finir avec l'idolâtrie de la révolution comme
avec le culte de l'ancien régime. Ce qu'il faut à la France
nouvelle, ce ne sont point de vains souvenirs; c'est l'intelligence et l'amour de la liberté. Le passé n'est pas la
mesure de la liberté : c'est tout au contraire la liberté qui
est la mesure du passé, c'est à elle qu'il appartient de
juger et au besoin de condamner. Tant qu'on renversera
les rôles, on se perdra dans une sotte imitation théâtrale
ou dans des récriminations sans fin : laissons les morts
ensevelir les morts. Soyons de notre temps et songeons
à l'avenir.

Pour nous guérir de ces préjugés malsains, je ne connais rien de meilleur que l'histoire de la révolution américaine. Là-bas, dans le nouveau monde, on ne trouvera
rien de ces haines de classes et de partis qui ont ensan-
glanté la France, rien de ces théories que Rousseau et
Mably avaient mises à la mode : fatales erreurs qui ne
pouvaient enfanter que des maux et des excès, rien de
ces ambitions sans frein qui s'arrachent le pouvoir et se
partagent la patrie en lambeaux. Il y a sans doute en
Amérique plus d'une passion et plus d'une faiblesse; les
Américains ne sont pas des saints, mais l'amour du pays
l'emporte, et d'ailleurs le peuple est trop sensé pour que
personne ose rêver de l'asservir et de lui imposer sa volonté ou son caprice. Il n'y a pas là une nation façonnée
de longue date à se laisser conduire, et qui se croit libre
parce qu'elle change de maître. Un jour, il est vrai,

l'armée américaine, poussée à bout par l'ingratitude du Congrès, a voulu se mettre aux ordres de son chef; mais ce chef était Washington. Il avait à la fois trop de bon sens pour ne pas reconnaître la folie d'un pareil désespoir, et trop de noblesse dans l'âme pour vouloir être autre chose que le premier citoyen d'un peuple libre. Par son désintéressement, Washington ressemble aux héros de la Grèce et de Rome : par sa parfaite intelligence de la liberté, c'est le premier homme des temps modernes. Il a compris que la liberté était la loi de l'avenir; il en a vu la force et la fécondité. Aveuglés par notre fausse éducation, nous ne sentons pas la grandeur d'un pareil caractère; la sagesse a pour nous quelque chose de mesquin, la modération quelque chose de bourgeois : nous aimons l'excès en toute chose, dans la parole comme dans l'action. Étudions l'Amérique et sa merveilleuse croissance, peut-être finirons-nous par comprendre que Washington, Franklin, Hamilton et leurs amis étaient de véritables grands hommes; car cette prodigieuse fortune de la patrie, ils l'ont prévue, ils l'ont préparée, c'est leur œuvre. Ce n'est pas seulement à l'Amérique, c'est au monde qu'ils ont donné la liberté. Quel empire a duré autant que cette république établie par des planteurs et des marchands? Quelle monarchie du vieux continent a résisté à de plus rudes épreuves et peut se croire assise sur de plus solides fondements?

J'ose croire que la lecture de cette *Histoire de la Révolution* ne sera ni sans intérêt ni sans profit pour le lecteur. Non-seulement on y trouvera des discours de Chatham et de Burke, des *résolutions* du Congrès, des lettres de Washington, qui sont d'admirables leçons d'éloquence et de politique; mais en outre, à vivre dans cette atmosphère d'honnêteté, au milieu de ces sincères amis de la liberté, on y gagnera je ne sais quelle sérénité d'esprit, je ne sais quelle confiance dans l'avenir, qui sont plus

que jamais nécessaires en notre temps. Nous sommes à
la veille de grands événements, la guerre va déchirer
l'Europe : c'est le moment pour tous les citoyens de se
ranger autour d'un drapeau qui disparaît souvent au
milieu de la poudre, le drapeau de la liberté. Quand les
princes auront enfiévré de leurs fureurs les peuples qui
en ce moment ne demandent que la paix, quand on
aura ruiné le travail et désolé l'Europe par d'inutiles
massacres et des misères sans nombre, quand viendra
le réveil de l'ivresse et l'horreur du sang versé, c'est à ce
drapeau qu'il en faudra revenir. Heureux qui lui sera
resté fidèle, et qui, au milieu de la furie des batailles et
des triomphes de la force, n'aura jamais détourné les
yeux de ce groupe d'immortels patriotes que domine la
forte et calme figure de Washington !

Glatigny-Versailles, 15 juin 1866.

HISTOIRE

POLITIQUE

DES ÉTATS-UNIS

LIVRE II

HISTOIRE DE LA RÉVOLUTION

PREMIÈRE LEÇON

DES CAUSES DE LA RÉVOLUTION.

C'est de l'année 1776, du 4 juillet, jour de la déclaration d'Indépendance, qu'on date la Révolution américaine. C'est ce jour-là, en effet, que les Colonies rompirent l'allégeance, et se mirent en guerre avec la métropole. Mais un peuple ne se jette pas tout à coup dans de pareilles extrémités; toute révolution a une origine que l'histoire étudie, quand elle veut comprendre la catastrophe. La Révolution anglaise de 1688 était une énigme monstrueuse pour Bossuet, qui ne voyait dans le protestantisme qu'une aberration de l'esprit humain; la Révolution française est un mystère inexplicable pour qui ne connaît pas le mouvement de l'opinion sous le règne de Louis XV; la guerre civile qui déchire les États-Unis ne date pas de la présidence de M. Lincoln. Il y a trente ans que le nuage grossit, et que tout homme de sens le signale à l'horizon. Channing, Parker et bien d'autres ont annoncé à l'Amérique que l'esclavage était un cancer qui la rongerait; on ne les a pas écoutés. Les hommes d'État, les politiques, sont la plupart du temps des gens à courte vue, qui ne songent qu'à l'heure présente; ils cherchent de petits moyens, de vains palliatifs pour guérir des plaies profondes; ils flattent les passions, transigent avec les intérêts les moins respectables, s'acquièrent ainsi un grand renom de sagesse, quand ils ont le bonheur de mourir avant l'explosion, et laissent à leurs successeurs tous les dangers et toutes les misères d'une révolution.

Il en a été de la Révolution de 1776 comme de la guerre civile de 1861; on l'a prévue, on l'a annoncée trente ans à l'avance. L'abandon du Canada par la France, en 1763, a précipité la séparation ; mais avec la politique suivie par l'Angleterre, et avec la croissance des colonies, cette séparation était inévitable. Une poignée d'émigrants accepte la protection de la métropole; un groupe de trois millions d'hommes ne se soumet pas à un gouvernement lointain qui l'exploite, à une administration qui gêne ses intérêts et sa liberté ! C'est ce que l'Angleterre, instruite par l'expérience, a compris aujourd'hui. Elle gouverne militairement l'Inde, une nation énervée par sa religion et son climat; mais le Canada, le Cap, l'Australie, qui sera aussi un monde, se gouvernent eux-mêmes; leur union avec la métropole est un avantage pour les deux parties, il n'y a ni infériorité ni sujétion. Les colonies ne sont plus que des membres d'une confédération qui peut s'étendre à l'infini.

C'est une des grandes découvertes de la politique moderne, une conquête de la civilisation; c'est aussi la gloire de l'Angleterre, qui seule a senti que la justice était un lien plus puissant que la force, pour tenir rassemblés par l'intérêt et l'amitié des peuples séparés par les mers; c'est là le secret d'une puissance maritime qui semble défier le temps; secret que nous n'avons pas encore pénétré, nous qui nous entêtons à administrer de loin l'Algérie, et qui n'avons pas encore compris, après tant d'échecs, que le premier ressort de toute colonisation, c'est la liberté.

Quelle était la situation des colonies américaines vers le milieu du dix-huitième siècle, à la veille de la prise du Canada? c'est ce que nous essayerons d'étudier aujourd'hui.

Vous vous rappelez que les premiers émigrants sortirent d'Angleterre durant le dix-septième siècle, à une époque où la Réforme avait fortement remué les âmes, où la haine du pouvoir arbitraire était la passion dominante[1]. Si l'on excepte la Géorgie, colonie de bienfaisance, fondée en 1732, c'est entre 1620 et 1688 que les douze autres colonies s'établirent et reçurent le plus grand nombre d'émigrants. C'est l'amour de l'or ou l'ambition qui envoyait les Espagnols au Mexique,

---

1. Ramsay, *Hist. of the American Revol.* Philad., 1785, t. I, p. 26.

les Français à Saint-Domingue ou au Canada. C'est la religion et la politique qui ont peuplé le nord de l'Amérique.

Nous qui datons de 1789 nos libertés conquises ou espérées, nous supposons volontiers que les autres peuples ont attendu cette glorieuse aurore pour connaître leurs droits et en jouir; c'est un préjugé. Il explique comment des écrivains qui se croient libéraux prennent tant de peine pour nous démontrer que l'Angleterre souffre encore de la féodalité. Leur amour-propre national souffrirait d'avouer que le plus vieux peuple de l'Europe est un nouveau venu dans la carrière de la liberté.

Il y a cependant quelque chose de plus noble que la vanité nationale, c'est l'amour de la vérité. S'aimer soi-même, c'est prendre le triste rôle de Narcisse, et mourir d'ennui dans une stérile adoration. Mesurer la distance qui nous sépare de ceux qui ont passé avant nous, c'est le vrai moyen de les atteindre. Ce n'est ni désespoir, ni jalousie, c'est émulation.

En 1621, au moment de l'émigration de Plymouth, la Chambre des Communes réclamait du roi Jacques Ier la liberté de la parole, « comme un droit ancien incontesté, comme un héritage que lui avaient transmis ses ancêtres[1] ».

Jacques Ier, en digne successeur d'Élisabeth, répondait, il est vrai, « qu'il ne pouvait souffrir un pareil langage, et qu'il eût désiré qu'au lieu de parler de leurs

____

1. Ramsay, I, 26.

anciens titres et de leurs droits incontestables, les Communes eussent dit qu'elles désiraient tenir leurs priviléges de la grâce et de la concession de leur souverain ».

Parole de pédant couronné, qui nous donne la date d'une querelle qui, pendant soixante-dix ans, occupa la plume, la langue et l'épée des hommes les plus énergiques de l'Angleterre.

Les rois avaient-ils reçu du ciel le droit divin de gouverner leurs peuples comme un troupeau ; les peuples, au contraire, avaient-ils le droit de penser, de prier, de parler et d'agir sans l'aveu d'un maître, en se conformant aux lois qu'ils faisaient eux-mêmes, c'est là toute l'histoire de la Révolution d'Angleterre, pour qui s'élève au-dessus des passions particulières, et cherche à dégager des événements les idées qui les ont amenés.

Il est remarquable que ces soixante-dix ans de révolution et de contre-révolution coïncident avec la colonisation de l'Amérique. Les émigrants appartenaient, pour la plus grande part, à cette classe moyenne qui était la plus hostile à la prérogative royale. Dans les déserts du nouveau monde, ils apportaient avec eux les idées anglaises, les principes anglais, les droits et les priviléges anglais, et, grâce à leur éloignement, ils en usaient.

En Angleterre, après une révolution, le meurtre d'un roi, une république et une contre-révolution, la liberté triompha avec le prince d'Orange, et en 1689 (date célèbre qui devait reparaître un siècle plus tard), c'était un dogme établi, un principe qui depuis lors n'a plus été contesté : « Que le droit inattaquable des sujets anglais était de ne rien céder de leurs biens que par leur propre consentement. Que la Chambre des Communes exerçait seule le droit d'accorder l'argent du peuple d'Angleterre, parce que cette Chambre seule représentait le peuple anglais. Que les taxes étaient un libre don fait par le peuple à ceux qui le gouvernent. Que l'autorité des souverains ne pouvait être exercée que pour le bien des sujets. Que c'était le droit du peuple de se rassembler, de s'occuper paisiblement de ses griefs, de pétitionner pour en obtenir la réparation ; et enfin, d'en appeler à la force pour reconquérir son droit quand des griefs intolérables n'étaient point redressés, quand pétitions et remontrances étaient dédaignées. » *Propriété et liberté*, c'était la devise des Anglais.

Tels sont les principes que Locke défendait dans son *Gouvernement civil;* mais ce n'était point la théorie aventureuse d'un philosophe, c'étaient les maximes qu'avait sanctionnées la Révolution de 1688, et qui faisaient partie du droit public anglais.

C'étaient là des idées qui confondaient les défenseurs de la vieille monarchie. Qu'on lise la *Politique* de Bossuet, on verra quelle distance il y avait alors entre l'Angleterre et la France. Mais l'avenir appartenait aux idées de Locke, et 1789 devait donner raison à 1689.

Ces idées furent toujours populaires en Amérique ; elles répondaient aux sentiments d'indépendance qui avaient amené l'émigration ; elles répondaient plus encore aux sentiments religieux des colons. Chez eux la religion était la mère de la liberté.

Presque tous les colons étaient protestants; et tout protestantisme, quand il n'a pas dégénéré en une orthodoxie morte, est fondé, plus ou moins visiblement, sur la liberté et la responsabilité propre du chrétien. Chacun fait son salut ou se damne à ses risques et périls; il n'y a point l'intermédiaire d'une Église qui vous assure le Ciel en échange de l'obéissance et de la résignation.

Dans le nord de l'Amérique, dans la Nouvelle-Angleterre, la religion était le puritanisme sous des formes diverses. Les colons étaient des dissidents, c'est-à-dire des hérétiques qu'en Angleterre la loi frappait d'incapacité politique. La signature des trente-neuf articles et le *test* étaient deux barrières qui fermaient les Chambres et l'administration à quiconque ne s'avouait pas membre de l'Église établie. Les émigrants se savaient jalousés par les évêques, et, à ce titre, ils n'avaient qu'un faible amour pour une métropole dont ils craignaient l'inimitié religieuse. De leur côté, les évêques anglicans regardaient les dissidents d'Amérique comme des enfants égarés qu'on pouvait souffrir au désert pendant quelque temps, mais ils espéraient bien qu'un jour viendrait où ces brebis perdues rentreraient dans le giron de l'Église d'Angleterre. Ce qui faisait dire à Whitefield que les évêques s'imaginaient trop facilement qu'une société, qui s'était établie pour propager l'Évangile, n'avait été instituée que pour propager l'épiscopat[1]. C'était

1. Hinton, *Hist. of the U. S.*, p. 183.

là une singulière illusion. Tout au contraire, on avait affaire à de petites Églises indépendantes qui s'administraient elles-mêmes, ne souffraient aucune intervention dans leurs doctrines ou dans leurs pratiques : véritables foyers de liberté civile, véritables écoles de gouvernement républicain.

Au Sud, c'était la religion anglicane qui dominait; mais, en passant la mer, on avait laissé à l'ancien monde le gouvernement ecclésiastique et la hiérarchie. On avait emporté la liturgie, le *common prayer*, mais on n'avait pas d'évêques, et on n'en voulait pas avoir. Il n'y eut en effet d'évêques en Amérique qu'après la séparation, quand tout danger de domination avait disparu.

En Amérique, on ne connaissait donc point le système qui fait de la religion un engin de gouvernement. Cette politique qui relie le plus humble vicaire au métropolitain, et les met tous deux dans la main de l'État, n'a jamais été reçue dans les colonies. Chaque Église était formée de la congrégation des fidèles; son autorité finissait aux murs du temple; il ne lui était possible ni de dominer, ni de servir; elle n'était ni la maîtresse, ni l'esclave du pouvoir.

Ainsi, quoique, au dix-huitième siècle, il y eût en Amérique une foule de sectes, toutes étaient obligées de se tolérer mutuellement; il n'y avait qu'une exception et fort triste pour le catholicisme.

Et, par une conséquence naturelle, toutes ces Églises, indépendantes en religion, étaient républicaines en politique; elles repoussaient les théories inventées par des

évêques de cour, la doctrine de non-résistance et d'o-
béissance passive. Les colons s'avouaient soumis aux
puissances, mais dans les limites de la loi et du contrat[1].

L'éducation encourageait ces idées. Ce serait une
illusion de croire, parce que les colonies n'avaient rien
du luxe de la civilisation européenne, qu'elles étaient
en arrière pour l'éducation. Tout au contraire, il y a
eu, dès le premier jour, des écoles et des universités en
Amérique. Les artistes de génie, les poëtes y ont
manqué ; il faut une saison favorable pour que cette
fleur de la civilisation s'épanouisse ; les colons n'en
étaient pas encore là, mais ils se tenaient au courant de
la science européenne, ou plutôt anglaise, et l'on n'était
guère moins instruit à Cambridge de Massachusetts,
qu'à Cambridge d'Angleterre ou à Oxford.

Il y avait surtout une branche d'études qui était singulièrement cultivée : c'était le droit. Comme les Anglais, comme les Normands leurs ancêtres, et surtout
comme tous les peuples libres, les Américains avaient
le respect de la loi et, tranchons le mot, le goût des
procès.

En France, quand on touche à ses droits, le peuple
se résigne et chansonne ses maîtres. En Angleterre, on
plaide avec une ténacité qui finit par conquérir l'opinion et lasser le pouvoir. Ainsi en était-il dans les colonies ; les légistes y tenaient le premier rang.

Chez nos pères, les légistes ont laissé une mauvaise
réputation : la royauté, qui a senti toute la force de la

_____
[1] Ramsay, p. 29.

justice, ou tout au moins de ce qui n'en est que le masque, la légalité, a de bonne heure rangé les légistes de son côté. Ce sont eux qui ont fait ou servi l'unité et l'égalité française. En Angleterre, ils se sont partagés, et par ce partage même ils ont servi les droits du peuple ou, sous un autre nom, la liberté. En Amérique, où le pouvoir de la métropole n'était représenté que par un gouverneur sans finances et sans armée, où l'opinion était la suprême puissance, les légistes ont été les défenseurs de la liberté. C'est ce qui explique un des caractères les plus saillants de la Révolution américaine. La nôtre est une bataille, celle de l'Amérique est un procès. On avance pas à pas; on discute, on écrit; c'est moins brillant, mais cela reste. Une victoire n'est que le succès d'un jour. Le pouvoir, vaincu la veille, prend sa revanche le lendemain. Un arrêt, quand l'opinion le sanctionne, devient une loi; il entre dans les institutions et, mieux encore, dans les mœurs. C'est une de ces conquêtes qui constituent l'empire invisible et tout-puissant de la liberté.

A cette éducation de la vie publique que donnent les Tribunaux et les Chambres, il faut ajouter qu'on lisait beaucoup en Amérique. Il n'y avait point de grandes bibliothèques; on s'y occupait assez peu de science, et point du tout d'érudition; avant tout, il fallait défricher le sol et constituer le capital national; tout portait à l'action. Mais en chaque maison était la Bible, et dans le plus pauvre *loghouse* on la lisait et on la méditait tous les soirs. A cela joignez l'histoire des martyrs puritains et de leurs longues souffrances, les souvenirs de la Révolution d'Angleterre, et enfin des pamphlets venus d'outre-mer et consacrés à la défense de la liberté. Les *Lettres de Caton*, le *Whig indépendant* [1], pamphlets aujourd'hui oubliés, étaient populaires en Amérique où tout parlait de liberté.

La situation du pays et les mœurs des colonies contribuaient fortement à entretenir l'esprit d'indépendance. C'était la terre d'égalité ; tous les habitants avaient le même rang. Il n'y avait ni rois, ni nobles, ni évêques, ni toute cette hiérarchie de gens dépendants qui s'incline devant le supérieur qui la fait vivre, et rend à l'inférieur le mépris qu'on lui témoigne en haut. Nul souvenir féodal, nul souvenir même de gloire acquise ou de services rendus ne troublaient cette complète uniformité.

Aussi le *Credo* politique d'un Américain était-il d'une simplicité extrême. On le trouve en tête de la Déclaration d'indépendance et de la plupart des Constitutions ; il ressemble à quelques-unes de nos déclarations de droit, et surtout à nos célèbres principes de 1789, par la raison toute simple que nos Constitutions ont emprunté leur préambule à l'Amérique ; ce qui explique peut-être pourquoi dans ces Chartes la liberté n'est que sur le frontispice. Mais, tandis que chez nous ces déclarations stériles sont une protestation contre le passé, chez les Américains c'est le simple exposé de vieilles idées qui sont sorties des entrailles de la société, et qui n'ont rien de commun avec la philosophie du dix-huitième siècle.

1. Ramsay, p. 30.

Ce *Credo* peut se résumer ainsi :

Dieu a fait tous les hommes originairement égaux; il leur a donné le droit de vivre, d'être propriétaires, et autant de liberté qu'il est possible d'en avoir sans empiéter sur les droits d'autrui. Tout gouvernement n'est qu'un établissement politique, un contrat tacite entre gens naturellement égaux, établissement fait pour servir au bonheur de toute la communauté, et non pas à l'agrandissement d'un seul homme ou de quelques privilégiés [1]. On en revient ainsi à la définition d'Aristote, et ce n'est pas le seul exemple de ce fait curieux que la liberté politique a certains principes, certaines conditions essentielles, qui, par le fond des choses, rapprochent la société moderne des démocraties de la Grèce et de Rome.

C'est dans ces sentiments qu'on élevait la jeunesse américaine; le genre de vie qu'elle menait ajoutait encore aux premières impressions.

Dans un pays immense où la terre était sans valeur, chacun était propriétaire, ou pouvait le devenir aisément. C'était, avec la condition d'avocat et la navigation, le seul état possible, puisque la jalousie de l'Angleterre gênait tout grand commerce et toute industrie.

Tandis qu'en Angleterre le sol était entre les mains de l'Église ou de familles puissantes, et que le fermier se trouvait dépendant par la force des choses, en Amérique le nom de *farmer* désignait et désigne encore le propriétaire du sol, le planteur. Dans le Sud, le *farmer*

1. Ramsay, I, p. 31.

était un gentilhomme vivant au milieu de ses vastes domaines, entouré de ses noirs et de ses *engagés ;* au Nord, c'était un cultivateur qui travaillait de ses mains, sans avoir rien à attendre ni à craindre de personne.

Maître de son domaine, indépendant par sa situation, le colon pouvait vivre à sa guise, chasser, pêcher, cultiver à sa façon. Il n'y avait là ni dîmes, ni champarts, ni ces terribles priviléges de chasse qui, en France, jusqu'en 1789, ont peuplé les galères de criminels imaginaires ; qui, en Angleterre aujourd'hui, quoique fort adoucis, gênent encore la culture, sinon la propriété.

Non-seulement le colon était libre, mais tout lui faisait sentir sa liberté. Ses besoins étaient peu nombreux, et c'est de son travail seul qu'il en attendait la satisfaction. La terre lui donnait son linge, ses habits, sa nourriture, ses plaisirs. L'argent était rare. Les villes étaient peu peuplées ; les marchands et ouvriers ne faisaient pas le quinzième de la population. C'était un peuple de propriétaires, c'est-à-dire un peuple qui, forcément, avait les habitudes et le goût de la liberté.

La forme du gouvernement ajoutait à cet esprit d'indépendance. Toutes ces colonies s'étaient établies, par elles-mêmes, sans l'appui du Gouvernement ; la liberté était sortie soit d'une simple Charte de Compagnie, soit d'une concession royale, d'autant plus large que le roi se souciait moins de ces déserts inconnus.

Faire l'histoire de ces Constitutions serait chose inutile. Avec quelques différences, toutes se ressemblaient au fond. C'était une image de la métropole. Partout un gouverneur, un Conseil, une Chambre de représentants, c'est-à-dire une ombre du système anglais : roi, lords, communes ; et le modèle futur de l'organisation fédérale : président, sénat, assemblée de représentants.

Mais on sent quelle différence énorme il y avait entre un roi héréditaire et un gouverneur temporaire sans priviléges, sans liste civile, sans armée, entre une aristocratie princière et quelques conseillers ; c'était la même forme, mais le fond était tout différent. Cette forme qui couvrait une aristocratie en Angleterre, couvrait en Amérique une démocratie.

C'est ce qu'a senti un des derniers gouverneurs royaux du Massachusetts, Hutchinson[1].

[1] Il ne serait pas aisé d'imaginer un gouvernement subordonné qui fût moins contrôlé par le gouvernement suprême que ne l'étaient les gouvernements des colonies. On avait laissé chaque colonie faire ses propres lois, et les adapter au génie du peuple et aux circonstances locales. Le Massachusetts, en particulier, était régi par des lois toutes différentes des lois anglaises, sans toutefois leur être contraires.

« Non-seulement les lois pénales, la façon d'administrer la justice, la loi de succession différaient de la Constitution anglaise et avaient été réglées au gré des colons ; mais on leur avait permis d'établir un culte, une discipline, une Église qu'on tolère à peine en Angleterre. »

En d'autres termes, le germe démocratique qui, en Angleterre, est étouffé par l'aristocratie héréditaire,

[1]. Hinton, p. 181.

l'Église anglicane et les priviléges du sol, avait levé en Amérique, et commençait à s'y épanouir.

Ces assemblées de représentants que possédait chaque colonie donnaient encore au moindre citoyen le goût et l'habitude de la liberté. L'impôt était voté et réparti par l'Assemblée ; c'était l'Assemblée qui salariait annuellement le gouverneur, les officiers, les juges. On sentait le prix de ces priviléges ; il n'est pas de colonie qui ne résistât à tous les efforts tentés par l'Angleterre pour rendre l'administration indépendante de l'Assemblée.

Un siècle à l'avance on voit dans cette organisation le premier germe de la révolution. D'une part, les colonies sont convaincues qu'elles sont des Parlements au petit pied, le parlement colonial, et que, par conséquent, le Parlement d'Angleterre n'a aucun droit d'intervenir dans leur gouvernement intérieur. D'autre part, la façon dont elles résistent à tout empiétement de la prérogative royale, montre assez avec quelle jalousie elles enferment la royauté dans ses plus étroites limites, et ne lui laissent que le stérile honneur d'une suprématie nominale. Hormis le commerce et la navigation dont on laisse le règlement à la métropole, pour tout le reste, les colons sont souverains chez eux. Ils repoussent l'ingérence de la royauté, et plus encore celle du Parlement.

Qui donnait aux colonies cette force de résistance ? A l'origine ce fut leur petitesse et leur peu d'importance ; plus tard, ce fut leur éloignement. Avant l'invention de la vapeur, c'était un long voyage que d'aller en Amérique. Entre l'ordre et l'exécution il y avait plusieurs mois d'intervalle, et la décision était difficile, car on était mal renseigné.

Ajoutez que le gouvernement se trouvait isolé. Il n'avait pas là toutes les ressources qui, dans un vieux et grand pays, permettent au pouvoir de faire à distance ce qu'il veut, en s'attachant mille bras dont il paye le dévouement. Il n'y avait ni grandes fonctions à distribuer, ni emplois lucratifs, ni honneurs, cette menue monnaie de la vanité. Il n'y avait pas davantage d'armées, de forteresses, de garnisons. On ne pouvait ni acheter les gens, ni les effrayer. Otez la crainte et l'espoir, que reste-t-il à un gouvernement pour durer? Rien que l'amour du peuple : c'est la justice seule qui peut le donner.

Enfin, et comme dernier trait, il faut dire que les colons n'avaient rien qui pût les attacher particulièrement à la mère patrie. Ils étaient Anglais dans l'âme, si l'on entend par là qu'ils avaient les idées religieuses, politiques, littéraires de l'Angleterre; mais non si l'on entend par là l'amour d'un gouvernement que leurs ancêtres avaient fui, et qu'ils ne connaissaient que pour en souffrir.

Au moment de la révolution, on en était à la troisième, à la quatrième, quelquefois même à la cinquième génération d'émigrants; ces hommes, dont les aïeux avaient quitté l'Angleterre, chassés par Charles Ier ou par Jacques II, ne pouvaient être attachés ni à la maison de Hanovre, ni à la métropole. Que trouvaient-ils dans leurs souvenirs? Des persécutions.

Après la paix de 1763, quand les difficultés avec l'Amérique commencèrent, le chancelier de l'échiquier, Charles Townshend, à la fin du discours où il proposait de taxer les colonies, s'écria, dans une de ces effusions touchantes où se plaisent les ministres des finances qui mettent le patriotisme dans l'impôt :

« Et maintenant, ces Américains, plantés par nos soins, nourris par notre bonté jusqu'à ce qu'ils soient parvenus à ce degré de force et d'importance, et protégés par nos armes, ces Américains oseraient-ils refuser d'apporter leur obole pour nous relever du lourd fardeau qui pèse sur nous ? »

Un des plus éloquents défenseurs de l'Amérique, le colonel Barré (un nom français), lui répondit :

« Les colons plantés par vos soins ? Non, c'est votre oppression qui les a plantés en Amérique. Ils ont fui votre tyrannie jusque dans un désert inhospitalier ; ils se sont exposés à toutes les misères humaines, à toutes les cruautés des sauvages, et cependant, animés par le véritable amour de la liberté anglaise, ils ont affronté tous ces maux avec plaisir en les comparant à ceux qu'ils souffraient dans leur patrie, à ceux que leur infligeaient les mains de ces hommes qui auraient dû être leurs amis.

« Les colons nourris par votre bonté ? Ils ont grandi grâce à votre négligence. Aussitôt que vous en avez pris soin, ce soin s'est borné à leur envoyer, pour les gouverner et pour les piller, des commis de quelques commis des députés de cette Chambre, des gens dont la conduite a plus d'une fois glacé dans leurs veines le sang de ces amis de la liberté, des gens élevés là-bas aux plus hauts siéges de la justice, mais trop heureux d'échapper ici aux tribunaux en partant pour un pays étranger.

« Les colons protégés par vos armes ? Ce sont eux qui ont

noblement pris les armes pour vous défendre ; ce sont eux qui, au milieu de travaux infinis, ont déployé toute leur valeur pour défendre un pays dont les frontières étaient inondées de sang, tandis que dans l'intérieur on vous sacrifiait toutes les ressources pour vous aider.

« Et, croyez-moi, l'esprit de liberté qui a animé ce peuple dès l'origine, cet esprit ne l'abandonnera pas [1]. »

Le colonel Barré disait vrai ; on ne l'écouta pas. L'orgueil anglais ne pouvait admettre la résistance légitime des colons, mais ces paroles sont restées dans l'histoire comme une justification de la révolution américaine, et, à ce titre, il est bon de les rappeler.

1. Hinton. p. 182.

DEUXIÈME LEÇON

En 1748, Montesquieu consacrait un chapitre de
l'*Esprit des Lois*[1] à exposer les institutions anglaises.
Il le faisait avec une timidité extrême, à mots couverts,
en mettant toutes choses au conditionnel, en donnant
comme des hypothèses le résultat d'une longue et pa-
tiente étude faite sur place. On dirait d'une série d'é-
nigmes dont le lecteur doit deviner le mot.

C'est dans ce chapitre qu'il consacre quelques lignes
aux colonies d'Amérique :

« Si cette nation envoyait au loin des colonies, elle
le ferait plus pour étendre son commerce que sa domination.

« Comme on aime à établir ailleurs ce qu'on trouve
établi chez soi, elle donnerait aux peuples de ses colonies la forme de son gouvernement propre, et ce gouvernement portant avec lui la prospérité, on verrait se
former de grands peuples dans les forêts même qu'elle
enverrait habiter. »

Ces paroles de Montesquieu, obscures dans la forme,
justes au fond, nous donnent la date à laquelle l'Amé-

1. Liv. XIX, ch. xxvii.

rique a commencé d'occuper l'attention de la France. Joignez-y les articles de Voltaire sur Penn et les Quakers, vous aurez à peu près tout ce que nos grands écrivains du dix-huitième siècle nous ont laissé sur les Anglo-Américains. C'est peu de chose; mais, en France, sous le règne de Louis XV, en un temps où l'on se croyait parvenu à l'apogée de la philosophie, des lumières et de la civilisation, il fallait l'esprit curieux, la vive intelligence d'un Montesquieu pour deviner l'avénement d'un grand peuple, et pour admirer cet empire qui commençait au fond des bois.

Ces colons inconnus avaient pourtant résolu le plus grand problème de la politique moderne, et de la façon qui convenait le mieux à un peuple amoureux de l'égalité. Ils avaient porté dans le désert des sociétés libres et florissantes. Leur gouvernement était celui de la mère patrie, mais sans priviléges et sans abus; ce qui, en Angleterre, était un composé féodal, monarchique et libéral, était en Amérique une république, révolution facile à expliquer par l'absence de royauté, de noblesse et de clergé, mais que Montesquieu ne semble pas avoir entrevue.

Les libertés individuelles étaient aussi grandes et mieux garanties qu'en Angleterre; la liberté politique était complète. Le droit électoral était universel et également réparti. Il n'y avait ni villes sans représentation, ni représentation sans villes, comme étaient, jusqu'en 1832, les bourgs pourris. Dans les colonies de l'Est, qui contenaient plus de la moitié de la population totale, l'Assemblée législative était élue annuellement au scrutin

secret; la convocation de l'Assemblée était fixée par la
loi. Le salaire du gouverneur était discuté chaque année; le vote des subsides contenait d'ordinaire pour
plus de garantie la nomination des agents chargés de
surveiller la dépense.

Les libertés municipales étaient des plus larges; la
liberté religieuse (sauf une exception fâcheuse contre
le catholicisme) était complète; il n'y avait ni incapacités
politiques attachées à une communion, ni Église établie.

La terre était entre les mains de libres propriétaires;
il n'y avait point de servitudes féodales qui gênassent
la souveraineté du maître. Enfin, sur tout le continent,
chacun avait des armes, et il n'y avait d'autres troupes
que des citoyens.

Il y avait donc chez le peuple américain beaucoup
plus d'indépendance personnelle, et beaucoup plus de
puissance politique que chez le peuple anglais[1]. C'était
une pure démocratie, comme est aujourd'hui le Canada
ou l'Australie pour qui ne se paye pas de mots.

Cette liberté, la métropole s'en effraya quand le pays
eut grandi; il y eut plus d'une lutte de la part des gouverneurs et de l'Angleterre. Les gouverneurs sentaient
tout l'avantage d'un budget fixe, et d'une longue durée
des Assemblées, pour maîtriser la résistance des députés; mais, si l'on veut s'assurer de l'esprit des colons,
qu'on lise les réclamations présentées en 1680 au duc
d'York par les colons de New-Jersey[2].

1. Bancroft, *American Revolution*, t. I, p. 16.
2. Pitkin, *Political and Civil Hist. of the U. S.* New-Haven, 1828,
t. I, p. 80.

Sir Edmond Andros avait imposé des droits sur les marchandises apportées dans le Delaware, qui faisait alors partie de la colonie ; les colons déclarèrent la taxe illégale et inconstitutionnelle parce qu'elle avait été établie sans leur consentement. Le duc d'York, disent-ils, a accordé aux propriétaires Berkeley et Carteret, non-seulement la terre, mais les pouvoirs du gouvernement.

« Cela seul, ajoutent-ils, pouvait nous décider à acheter la terre, et la raison en est simple. Pour tout homme prudent, la question du gouvernement a plus d'importance que la question du sol ; qu'est-ce que de bonnes terres sans de bonnes lois? Plus la terre serait bonne, plus la condition serait mauvaise. Il nous faut garantir aux peuples un gouvernement facile, libre et sûr en ce qui touche leur propriété spirituelle aussi bien que temporelle, c'est-à-dire une liberté de conscience que rien ne trouble, une possession inviolable de leurs droits civils et de leur liberté ; autrement qu'y a-t-il d'encourageant dans un désert? Ce serait une folie que de quitter un pays libre, riche, civilisé, pour planter la solitude, et risquer de grosses sommes afin de donner à autrui le droit de nous taxer à son plaisir... Le droit naturel et la raison s'opposent à cette doctrine par tout le monde, car cela équivaut à dire qu'un peuple libre par la loi, dans sa patrie et sous son prince, est à la merci du prince dans les plantations.

« Si l'on peut nous imposer sans loi, si l'on nous exclut du droit qui nous appartient de voter l'impôt en notre qualité d'Anglais, quelle sécurité avons-nous pour rien de ce que nous possédons? Rien n'est à nous ; nous sommes serfs à merci non-seulement pour la terre, mais pour notre argent. De pareils abus ont ruiné les gouvernements, et n'en ont jamais élevé aucun à une véritable grandeur. »

Un siècle de cette pratique libérale avait singulière-

ment agrandi les idées; il est curieux de voir quels
étaient les principes, quelle était la foi politique d'un
peuple étranger à la vieille Europe, séparé d'elle par les
mers, et qui ne connaissait guère que par ouï-dire nos
sociétés où se prolongeait le passé.

Voici un morceau qui vous en donnera quelque idée.
C'est une page écrite, vers 1765, par John Adams qui,
tout jeune encore, publiait un traité sur le droit canonique et féodal. Adams est un fils de puritain, et il écrit
au moment où la querelle commence entre l'Amérique
et l'Angleterre. Sa parole a de l'amertume; elle est dure
pour la vieille Église et le vieux monde ; cette dureté
même ne fera que mettre plus en relief l'esprit démocratique d'un des principaux et des plus sages acteurs
de la révolution :

« Ce qui a colonisé l'Amérique, c'est la grande lutte du
peuple contre la conjuration de la tyrannie temporelle et spirituelle. Ce n'est pas la religion seule, comme on le suppose
communément, c'est l'amour de la liberté universelle, c'est la
haine, la crainte et l'horreur de cette conjuration, qui a
décidé, conduit et accompli la colonisation de l'Amérique.

« Nos pères ont vu clairement que de toutes les erreurs et
les folies qui ont passé par l'esprit de l'homme, il n'y en a
jamais eu de plus extravagante que ces notions de caractère
indélébile, de succession non interrompue qui nous sont venues du droit canonique. Ce sont ces idées fantastiques qui
ont entouré le prêtre d'une auréole de mystère, de sainteté,
de respect, et lui ont donné une supériorité qui n'appartient
à aucun mortel, et qui, par la constitution même de la nature
humaine, sera toujours dangereuse pour la société. C'est pourquoi nos pères ont démoli toute la hiérarchie de l'épiscopat
(ils se sont moqués, comme doit faire tout homme raisonnable

et impartial, ils se sont moqués de ces ridicules imaginations qui font sortir de saintes effluves des doigts épiscopaux); c'est pourquoi ils ont établi l'ordination pastorale sur le fondement de la Bible et du sens commun.

« Ces émigrants avaient un souverain mépris pour toutes ces misérables inventions de la légitimité, de l'oint du Seigneur, de l'origine divine et miraculeuse du gouvernement; nuages et mystères dans lesquels les prêtres ont enveloppé le monarque féodal, et d'où ils ont tiré les plus funestes doctrines : celle de l'obéissance passive et de la non-intervention. Les puritains savaient au contraire que le gouvernement est chose simple, claire, intelligible, fondée en nature et en raison, accessible au simple bon sens. Ils détestaient les devoirs humiliants, l'obéissance servile du système féodal; ils croyaient que toutes ces sujétions d'esclave étaient aussi incompatibles avec la nature humaine qu'avec cette liberté religieuse par laquelle Jésus-Christ nous a affranchis.

« Rappelez-vous, toutefois, qu'il faut défendre la liberté à tout hasard. Nous y avons droit; ce droit, c'est notre Créateur qui nous l'a donné. Quand nous ne l'aurions pas de nature, nos pères nous l'auraient conquise et achetée au prix de leur bien-être, de leur fortune, de leurs sacrifices et de leur sang. Et l'on ne peut garder la liberté, s'il n'y a chez le peuple une éducation générale; le peuple, par sa nature même, a droit à l'instruction, puisque son grand Créateur, qui ne fait rien en vain, lui a donné l'intelligence et le désir de savoir. Mais en outre le peuple a un droit incontestable, imprescriptible, un droit divin de connaître le caractère et la conduite de ceux qui le gouvernent. Les gouvernants ne sont que les mandataires, les agents, les fidéicommissaires du peuple; s'ils trahissent ou s'ils négligent misérablement la cause, l'intérêt, le dépôt qu'on leur a remis, le peuple a le droit de révoquer l'autorité qu'il a donnée lui-même; il a le droit de constituer des agents meilleurs et plus capables. Répandre les lumières et les connaissances parmi les derniers rangs, a plus d'impor-

tance pour le public que n'en peut avoir la fortune du pays ;
je ne dis pas seulement pour le public, mais pour les riches
eux-mêmes et pour leur postérité [1]. »

Transportez-vous par la pensée à Paris vers la même
époque, c'est-à-dire sous le ministère de M. de Choiseul,
sous le règne de la Dubarry, au moment où Rousseau,
publiant l'*Émile* et le *Contrat social*, est dénoncé par
l'archevêque de Paris, poursuivi par la Sorbonne, par
le Parlement, par les états généraux de Hollande, par
Genève, sa patrie, vous sentirez que l'ancien et le nouveau monde ne sont plus au même diapason. En Amérique, l'esprit général est démocratique ; il y a un siècle
que les derniers flots de la révolution sont apaisés. Le
peuple jouit en paix d'une liberté déjà vieille. En France,
le trouble est dans les intelligences ; il y a deux sociétés
en lutte : un avenir qui a peine à naître, un passé qui a
peine à mourir. Ainsi s'explique le facile succès de
l'Amérique et nos échecs douloureux. Comme les Anglais du dix-septième siècle, nous avons voulu renou-
veler tout d'un coup les idées et les institutions, c'est
trop de la moitié. Changez d'abord les idées, les institutions tomberont d'elles-mêmes comme des feuilles que
la séve abandonne et que le vent d'automne dissipe au
loin.

Revenons à l'Amérique.

Les pages d'Adams nous ont montré, dans toute son
effervescence, l'esprit d'un avocat ardent et passionné ;

---

1. J'emprunte cette citation à l'Éloge d'Adams, par Sprague ; *Eulo-
gies pronounced in the several States in honor of... John Adams and
Thomas Jefferson*. Hartford, 1826. P. 260.

mais cet esprit était plus ou moins celui de la population tout entière, dès le milieu du dix-huitième siècle. Nous avons sur ce point un témoignage de la plus haute importance, et qui a été souvent cité, celui de Pierre Kalm, voyageur suédois, qui visita l'Amérique en 1748. Voici ce qu'il écrit[1] :

« Les colonies anglaises se sont tellement accrues en richesse et en population, qu'elles rivaliseront bientôt avec l'Angleterre. Aussi, pour maintenir le commerce et le pouvoir de la métropole, leur est-il défendu d'établir des manufactures nouvelles qui pourraient faire concurrence aux Anglais. On ne peut chercher l'or et l'argent qu'à la condition de l'embarquer aussitôt pour l'Angleterre. A l'exception d'un petit nombre de places fixées, les colonies n'ont point la liberté de trafiquer en dehors des possessions britanniques, et on ne permet point aux étrangers le moindre commerce avec les colonies américaines. Il y a une foule de restrictions pareilles.

« Cette oppression a rendu les colons moins tendres pour la métropole. Et cette froideur est augmentée par le grand nombre d'étrangers qui se sont établis en Amérique. Des Hollandais, des Allemands, des Français sont mêlés aux Anglais, et n'ont aucune affection pour la vieille Angleterre.

« En outre il y a toujours des gens mécontents et qui aiment le changement. Ajoutez qu'une liberté excessive et la prospérité nourrissent un esprit indomptable. J'ai entendu non-seulement des Américains de naissance, mais des émigrants anglais, dire publiquement qu'avant trente ou cinquante ans les colonies de l'Amérique du Nord constitueront un État séparé et entièrement indépendant de l'Angleterre.

« Mais comme le pays est sans défense du côté de la mer, et que du côté de la terre on a la présence inquiétante des Français, ces dangereux voisins empêchent que l'attachement

<hr>

1. Bancroft, *Hist. of the U. S.*, t. III, p. 165.

des colonies à la métropole ne tombe tout à fait. Le gouvernement anglais n'a donc point tort de considérer le voisinage des Français dans l'Amérique du Nord comme la cause principale qui maintient les colonies dans la soumission. »

Ces observations recueillies surtout à New-York par le voyageur suédois sont d'une vérité parfaite. Nous y trouvons à la fois les causes qui amenèrent la révolution, et les obstacles qui la retardèrent. Les causes, c'était l'amour de la liberté, le sentiment du droit, la haine de l'oppression ; l'obstacle, c'était le voisinage du Canada, obstacle qui disparut en 1763.

Se délivrer des Français d'abord, pour avoir à soi tout le continent ; puis ensuite, obtenir l'égalité avec les citoyens de la métropole, ou se débarrasser des Anglais, c'est toute la politique de l'Amérique, de 1748 à 1776. Il ne faut pas supposer un plan arrêté, une conspiration permanente ; ce n'est pas ainsi que les choses se passent, et ce n'est jamais par calcul qu'un peuple s'engage dans une révolution. On suit son intérêt ; on défend ses droits, on s'irrite de résistances injustes, et un jour l'explosion éclate, au regret de tout le monde, et quand il est trop tard pour reculer. C'est là l'histoire de l'Amérique.

Voyons quels étaient les griefs contre l'Angleterre, et ce qu'on faisait en même temps, d'accord avec elle, pour chasser les Français. Des deux façons on approchait de l'union et de la résistance commune ; paix et guerre servaient l'émancipation américaine, et hâtaient son avénement.

Les colonies avaient été fondées par des concessions

royales ; le Parlement n'était pas intervenu. Ces Chartes,
fort larges pour la plupart, laissaient aux colonies toute
liberté d'administration intérieure, et notamment leur
abandonnaient les avantages et les charges du gouvernement. C'était, comme le dit Montesquieu, plus
pour étendre son commerce que pour étendre sa domination, que l'Angleterre avait envoyé ces essaims dans
le désert ; l'objet principal du gouvernement anglais
était d'assurer à la métropole un grand marché de matières premières, tout en lui réservant le monopole du
commerce et de l'industrie. Telle était alors la politique
coloniale de toute l'Europe, politique désastreuse pour
les colonies qu'elle empêchait de travailler, mauvaise
pour la métropole dont elle affaiblissait les échanges,
cause perpétuelle de jalousie et de guerre entre les
grandes puissances du vieux monde, Espagne, Hollande,
France et Angleterre. Il semblait que la ruine du voisin
fît la fortune de ses rivaux.

L'Angleterre surtout, comme le dit justement Montesquieu [1], « était souverainement jalouse, et s'affligeait
plus de la prospérité des autres qu'elle ne jouissait de
la sienne. Ses lois, d'ailleurs douces et faciles, étaient
si rigides à l'égard du commerce et de la navigation
qu'on faisait avec elle, qu'elle semblait ne négocier
qu'avec des ennemis. »

Cette jalousie, cette fureur de monopole était poussée
si loin que, depuis l'acte de navigation de 1651, ren-
forcé par l'acte 12, Charles II, les gouverneurs colo-

---

1. *Esprit des Lois.* XIX, ch. XXVII.

niaux, en entrant en charge, devaient jurer de faire observer l'acte de navigation, faute de quoi ils étaient privés de leurs offices, déclarés incapables de remplir une fonction coloniale, et amendables de 1,000 livres sterling.

En 1670, Josias Child, dans ses *Discours sur le commerce*, faisait l'éloge de la frugalité, de l'industrie, de la tempérance de la Nouvelle-Angleterre, du bonheur de ses lois et de ses institutions ; il affirmait que, de toutes les plantations d'Amérique, il n'y en avait aucune qui fût mieux faite pour construire des vaisseaux, ou pour nourrir des matelots, non-seulement à cause de l'industrie naturelle du peuple, mais à cause des pêcheries de morues et de maquereaux. Mais sa conclusion était qu'il fallait bien se garder de laisser les colonies s'accroître au préjudice de l'Angleterre, et que la Nouvelle-Angleterre était la plus préjudiciable de toutes les plantations. C'était aussi l'opinion de Davenant, grand économiste sous le règne de Guillaume III.

En 1719, la Chambre des Communes d'Angleterre déclarait, qu'élever des manufactures dans les colonies, c'était diminuer leur dépendance [1].

En 1732, sur la plainte des chapeliers de Londres qui accusaient les Américains d'exporter des chapeaux en Espagne, au Portugal, aux Antilles, le Parlement rendait un acte qui défendait l'exportation au dehors, le commerce entre plantations, et qui restreignait la fabrication.

---

1. Pitkin, I, 101.

Défense d'embarquer des chapeaux, de les charger sur un chariot ou un cheval, avec l'intention de les exporter. Défense d'avoir plus de deux apprentis; défense de s'établir chapelier avant d'avoir fait sept ans d'apprentissage; défense d'employer un nègre pour ce grand œuvre des chapeaux [1]; on trouve là toutes les folies et toutes les niaiseries de la prohibition.

Même jalousie pour les fabriques de fer. En 1750, le Parlement permet d'exporter le fer en gueuse ou en barre, mais il interdit toute forge ou autre engin pour battre ou étirer le fer, ou pour faire de l'acier, sous peine de 200 livres sterling d'amende. Tous ces ateliers sont déclarés *common nuisance*, en d'autres termes leur existence constitue un délit. Ordre est donné aux gouverneurs de les détruire, sur la déposition de deux témoins, dans les trente jours, sous peine de 500 livres sterling d'amende [2].

Ce n'était pas là seulement la politique des hommes d'État, c'était aussi celle des économistes du temps.

Les colonies américaines étaient donc à la fois très-libres et très-esclaves : très-libres politiquement, pour ce qui touchait à leur gouvernement intérieur; très-esclaves commercialement, pour tout ce qui touchait à leurs intérêts. La jalousie de la métropole les affaiblissait, et, en même temps, les divisait. Elles ne sentirent leur unité nationale que lorsqu'elles se réunirent d'abord pour envahir le Canada, et chasser les Français du

---

1. Pitkin, p. 103.

2. *Ibid.*, p. 92. Il faut dire qu'on ne put jamais exécuter ces actes dans le Massachusetts.

continent, ensuite pour résister aux prétentions de l'Angleterre, et recourir aux armes[1].

Comment se fait-il que des peuples amoureux de leur liberté souffrissent de pareilles gênes dans leur commerce et leur industrie? c'est ce qu'il est facile d'expliquer, en Europe, par les idées du dix-septième siècle, idées qui ont régné jusque de nos jours; mais, en Amérique, ces idées avaient fait leur temps; le commerce, la navigation et l'industrie naissaient d'eux-mêmes sur ce sol fécond, sur cette terre placée en bordure le long des mers, avec les plus beaux fleuves du monde. Là-bas le système prohibitif était une cause perpétuelle d'irritation, et si, lors de la révolution, ce grief s'obscurcit, c'est que la querelle porta sur un point plus vif et plus sensible : le droit prétendu par le Parlement de taxer les colonies, c'est-à-dire de les gouverner chez elles, sans elles, malgré elles. Pour les colons, c'était tout à la fois les attaquer dans leurs priviléges de citoyens anglais, et leur extorquer leur argent.

Dès le commencement du dix-huitième siècle, il ne manquait pas, en Angleterre, de financiers et de politiques qui voyaient de mauvais œil ces républiques américaines, et qui voulaient en détruire l'indépendance. Mais, pendant le ministère de Walpole, toutes ces prétentions jalouses échouèrent entièrement. Walpole a laissé une mauvaise réputation; on n'a pas impunément contre soi des hommes tels que Swift et Bolingbroke. Il usait d'ailleurs largement de la corruption, et se vantait

1. Pitkin, p. 101.

de connaître le tarif de chaque conscience en un temps où les consciences ne se vendaient pas très-cher, ayant peu de prix ; mais c'était un esprit sage, sans passion, et qui avait pour devise : *Quieta non movere*. Il ne se sentait nul désir de troubler les colonies et d'affaiblir un admirable marché. A tous les projets des novateurs il répondait par de sages paroles que l'histoire a conservées :

« Je laisserai, disait-il, le projet de taxer les Américains à ceux de mes successeurs qui auront plus de courage que je n'en ai, ou qui seront moins amis du commerce que je ne suis. Durant mon administration, j'ai toujours eu pour principe d'encourager le commerce des colonies américaines en lui laissant la plus grande latitude. Il a été quelquefois nécessaire de fermer les yeux sur quelques irrégularités de leur commerce avec l'Europe ; car en les encourageant à développer leurs affaires avec l'étranger, si les Américains gagnent 500,000 livres sterling, je suis sûr qu'en moins de deux ans la moitié de ce bénéfice entre dans le Trésor de Sa Majesté, par le travail et le produit de ce royaume, une immense quantité de nos marchandises s'exportant aux colonies. Plus le commerce américain grandit au dehors, plus les colonies ont besoin de nos produits. C'est là une façon de les taxer qui s'accorde bien mieux avec leurs constitutions et leurs lois [1]. »

C'était là le langage d'un homme d'État ; c'était aussi celui de Pitt qui ne voulait pas qu'on taxât directement l'Amérique. Mais, ajoutait-il avec une férocité particulière aux amis de la prohibition : « Si l'Amérique s'avisait de fabriquer un bas, ou un clou de fer à cheval,

---

1. Hinton, *Hist. of the U. S.*, p. 182.

je voudrais lui faire sentir tout le poids de la puissance de ce pays. »

Sous une administration moins prudente que celle de Walpole, ces projets revenaient sur l'eau, quand, en 1754, la question politique prit le dessus. Chasser les Français de la vallée de l'Ohio, les repousser au delà des lacs, et un jour les expulser du Canada, telle était alors la pensée commune des Américains et des Anglais; et, au premier rang, parmi les Américains, se trouvait un homme qui était alors le plus hardi et le plus décidé des ennemis de la France, comme il le fut plus tard de l'Angleterre; c'était Benjamin Franklin.

Ce sont nos pères, il faut le dire, qui avaient reconnu et parcouru ce vaste continent de l'Amérique du Nord, dont les colonies anglaises ne faisaient que la moindre part. Maîtres du Canada et des lacs, amis des Indiens, c'est nous qui, par nos missionnaires et nos coureurs de bois, avions découvert le Mississipi, fondé la Louisiane, et établi une communication par l'Ohio et les lacs entre le nord et le midi, communication défendue par des forts et des postes avancés. Nous prenions ainsi à revers les colonies anglaises adossées aux Alleghanys, et qui n'avaient point dépassé la crête de la montagne. Si la France avait soutenu ses colons, si le gouvernement ne les avait pas lâchement abandonnés, c'est à nous, à notre langue, à nos idées qu'appartenait le Nouveau Monde. On demande souvent ce que coûtent les princes voluptueux; quelquefois même on parle de Louis XV comme d'un homme d'esprit; la grandeur de la France, la civilisation française, l'avenir sacrifié à une fille publique : voilà l'œuvre de cet homme dont le règne est la honte de notre pays.

Pour nous chasser de la vallée de l'Ohio, deux hommes clairvoyants, deux amis, Franklin et Pownall, avaient imaginé, chacun de son côté, un projet de confédération entre les colonies. Tous deux complétaient ce projet par l'idée d'une union plus étroite entre l'Angleterre et les plantations. C'est ce dernier point que j'examinerai aujourd'hui, conservant, pour la prochaine leçon, les essais de confédération qui ont préparé les esprits à la révolution et à l'union.

Thomas Pownall, qui fut vice-amiral, gouverneur du Massachusetts et de la Caroline du Sud, et lieutenant-gouverneur de la Nouvelle-Jersey, est aujourd'hui fort oublié. Son livre sur l'*Administration des Colonies anglaises* a eu cependant cinq éditions de 1768 à 1774. C'était un de ces hommes qu'on n'écoute guère, parce qu'ils avancent sur leur temps, et qu'ils ont trop tôt raison; c'est le crime que les habiles pardonnent le moins. Rendons justice à ces esprits clairvoyants, nous qui sommes la postérité; c'est le moyen peut-être d'assurer une meilleure fortune à leurs successeurs.

Pownall, qui avait résidé longtemps en Amérique, et qui aimait les colonies, avait été frappé de ce grand fait qui, aujourd'hui, crève les yeux; c'est que, depuis la colonisation de l'Amérique, et depuis l'ouverture du commerce avec l'Asie, le grand intérêt qui couvrait et surmontait tous les autres, c'était l'intérêt commercial. La politique de l'avenir était la politique commerciale, et ce qui, pour lui, amenait la crise américaine, c'était précisément cet intérêt qui commençait à faire sentir sa puissance.

Pour y satisfaire que proposait-il? C'était de renverser entièrement le système anglais. Ce système commercial, qui était celui de toute l'Europe, donnait tout à la mère patrie. La métropole était un royaume souverain, tout-puissant, ayant en sa dépendance des provinces lointaines qu'on administrait comme une ferme, des colons qu'on gouvernait comme des sujets, et quelquefois comme des vaincus. Pownall proposait de remplacer ce royaume par un empire, par une grande domination maritime qui comprendrait sur le pied d'égalité tous les territoires occupés par des Anglais. L'Angleterre n'aurait plus été la maîtresse de ses colonies; elle aurait été simplement le centre, le siége politique d'un empire couvrant le monde entier.

Pownall allait plus loin; il prévoyait un avenir possible qui déplacerait ce centre politique et pourrait le porter en dehors même de l'Angleterre; mais, disait-il[1], profitons du moment où ce centre est chez nous pour établir un empire accepté de tous, et qui assure à l'Angleterre une prépondérance universelle. Si nous n'avons pas cette sagesse, les colonies, au lieu de devenir une part de notre État, deviendront une faction. Si nous les réunissons par la justice, la douceur, l'intérêt commun, elles sont à nous; si nous voulons continuer à les rattacher à nous par force, nous les unirons l'une à l'autre, et contre nous, par une communauté d'intérêts poli-

---

1. Pownall, *The Administration of the Colonies*. Lond., 1774, t. I, p. 10 et 46.

tiques. Nous aurons quelque jour un empire américain distinct et séparé de la Grande-Bretagne [1].

Pownall s'ouvrit de ce projet au duc d'York, fut bien accueilli par ce prince, demanda une audience au ministre, et naturellement ne l'obtint pas. En pleine paix il songeait aux orages à venir. Pour les sages du temps, c'était un rêveur.

On ne fera pas ce reproche à Franklin.

Ce n'est certes pas un rêveur ce bonhomme Richard, qui cherche si bien l'art de faire fortune, et qui le trouve dans le travail et l'économie. Dans une lettre adressée à Shirley, gouverneur du Massachusetts, Franklin demandait une représentation des colonies dans le Parlement, l'abolition du monopole et des priviléges de la mère patrie :

Au gouverneur Shirley.

« Boston, 22 décembre 1754.

« Monsieur,

« Depuis la conversation dont il a plu à Votre Excellence de m'honorer, au sujet d'une union plus intime entre les colonies et la Grande-Bretagne, qui s'établirait en accordant aux colonies des représentants dans le Parlement, j'ai réfléchi sur cette question, et je suis d'avis que cette union conviendrait fort aux colonies, pourvu qu'on leur accordât un nombre raisonnable de représentants, et que tous les vieux actes du Parlement qui restreignent le commerce ou paralysent les manufactures des colonies fussent rapportés en même temps. En deux mots, il faudrait que les sujets anglais de ce côté-ci de l'eau fussent, à cet égard, mis sur le même pied que ceux de

1. Pownal, *The Administration of the Colonies.* London, 1774, t. I, p. 10 et 46.

la Grande-Bretagne, jusqu'à ce que le nouveau Parlement qui représentera l'ensemble jugeât à propos, *dans l'intérêt général*, de rétablir ces anciens ou quelques-uns de ces anciens règlements.

« Ce n'est pas que j'imagine qu'on accordera aux colonies assez de représentants pour que leur nombre ait du poids ; mais je pense qu'ils seront assez nombreux pour que ces lois soient mieux et plus impartialement considérées ; que peut-être ils l'emporteront sur l'intérêt particulier de quelque petite corporation ou de quelques métiers d'Angleterre pour qui, ce me semble, on a quelquefois plus d'égard que pour toutes les colonies, plus d'égard que ne le permettent l'intérêt général et le bien public. Je crois aussi que le gouvernement des colonies par un Parlement où elles seraient sincèrement représentées serait beaucoup plus agréable à notre peuple que le système qu'on a dernièrement essayé d'introduire en vertu d'instructions royales, et qu'il conviendrait aussi beaucoup mieux à la nature de la Constitution et de la liberté anglaises. Si ce nouveau Parlement jugeait à propos, dans l'intérêt général, d'établir des lois semblables à celles qui pèsent si lourdement sur les colonies, ces lois seraient acceptées de meilleur cœur et plus facilement exécutées.

« J'espère aussi qu'au moyen de cette union le peuple de la Grande-Bretagne et le peuple des colonies apprendraient à se considérer mutuellement, non point comme appartenant à des sociétés qui ont des intérêts différents, mais comme appartenant à une seule communauté qui n'a qu'un même intérêt ; ce qui, j'imagine, contribuerait à fortifier tout le corps, et affaiblirait beaucoup le danger d'une séparation future.

« Il est, je crois, reçu que l'intérêt général d'un État, c'est que le peuple soit nombreux et riche, qu'il y ait assez d'hommes pour le défendre, et assez d'argent pour payer les taxes qui défrayent les charges publiques. Cela est nécessaire pour garantir la sécurité de l'État et pour repousser l'étranger ; mais il ne semble pas aussi important que le combat soit sou-

tenu par John plutôt que par Thomas, ni que l'impôt soit payé
par William plutôt que par Charles. La fabrication du fer
occupe et enrichit les sujets anglais ; mais qu'importe à l'État
que le fabricant vive à Birmingham ou à Sheffield, ou dans
les deux endroits à la fois, puisque de toute façon il habite
l'Empire et met à la disposition de l'État sa personne et ses
biens ! Si demain on pouvait dessécher les sables de Godwin
et gagner sur la mer des terres égales à un comté d'Angleterre,
serait-il juste de refuser aux habitants de ce nouveau territoire
les privilèges dont jouissent les autres Anglais ? Pourrait-on
leur interdire de vendre leurs produits dans les mêmes ports,
ou de faire eux-mêmes leurs souliers, parce qu'un marchand
ou un cordonnier vivant dans le vieux pays s'imaginerait qu'il
y a plus d'avantage pour lui à trafiquer ou à faire des souliers
pour le compte d'autrui ? Serait-ce juste, alors même que le
nouveau territoire aurait été conquis aux frais de l'État ? Et
ne serait-ce pas encore moins juste, si la charge et la peine
de gagner ce nouveau territoire à la Grande-Bretagne avaient
été laissées aux premiers colons ?

« La dureté de ce système ne serait-elle pas encore plus
visible si l'on refusait au peuple du *nouveau pays* de lui accorder des représentants dans le Parlement qui le soumet à de
pareilles impositions ?

« Maintenant, je considère les colonies comme autant de
comtés gagnés à la Grande-Bretagne, et bien plus avantageux
pour elle que s'ils avaient été conquis sur la mer, le long de
ses côtes, et joints à son territoire. Et, en effet, les colonies,
placées en différents climats, fournissent une plus grande variété de produits et de matières pour un plus grand nombre
de manufactures. Séparées par l'Océan, elles accroissent le
nombre des navires et des matelots. Ces colonies sont toutes
comprises dans l'Empire britannique (qui ne s'est étendu que
par elles ; la force et la richesse de l'ensemble n'étant que la
force et la richesse des parties), qu'importe donc à l'État qu'un
commerçant, un forgeron, un chapelier s'enrichisse dans la

Vieille ou dans la Nouvelle Angleterre? Si l'accroissement de
la population demande deux forgerons au lieu d'un qu'on employait jusque-là, pourquoi le nouveau forgeron n'aurait-il pas
la liberté de vivre et de travailler dans le nouveau pays, aussi
bien que l'ancien forgeron a le droit de vivre dans le vieux
pays ?

« Enfin pourquoi la protection de l'État s'exercerait-elle
avec partialité, à moins que ce ne soit pour favoriser ceux qui
ont le plus de mérite? S'il y a quelque différence, il me semble
que ceux qui ont agrandi l'Empire et le commerce de l'Angleterre, qui en ont augmenté la force, la richesse, la population,
au risque de leur vie et de leur fortune, en des pays nouveaux et étrangers, il me semble, dis-je, que ceux-là ont droit
à quelque préférence.

« J'ai l'honneur, etc.

« B. FRANKLIN. »

Voilà une lettre que l'économie moderne avoue complétement, et qui fait honneur aux lumières non moins
qu'au patriotisme de Franklin. On ne l'écouta pas, on
lutta vingt ans contre la justice et la vérité; on arriva à
la guerre et à la séparation.

Mais l'Angleterre s'est instruite par l'expérience. Aujourd'hui ses colonies sont une part de l'empire, ou,
mieux encore, elles sont des empires par elles-mêmes.
L'Angleterre les considère du même œil qu'une mère
qui voit grandir ses filles; elle ne leur demande que
leur amour, le sentiment d'une commune origine et
d'un commun intérêt. Ce n'est plus Pownall, ce n'est
plus Franklin qui est un rêveur et un révolutionnaire;
les rêveurs sont les célèbres ministres de l'époque,
illustres inconnus qui ont conquis l'obscurité comme

récompense des fautes qu'ils ont commises, du sang qu'a fait répandre leur ignorance et leur imbécillité.

Ainsi passent les choses du monde. Quand on lit l'histoire, il semble qu'on assiste à l'éternelle légende de la Sibylle. Trois fois elle se présente avec ces livres fatidiques qui contiennent l'avenir. La première fois, c'est la plainte d'un simple particulier, la voix du bon sens; elle se nomme la Raison. La seconde fois, c'est la voix d'un peuple qui souffre, la Sibylle se nomme Réforme. La troisième fois, elle est armée, et se nomme Révolution. Heureux les rois, heureux les peuples qui, laissant à toute pensée une libre carrière, accueillent, dès le premier jour, cette divinité bienfaisante à son premier sourire, et ne se laissent pas entraîner dans ces conspirations de l'ignorance, de l'intérêt et de la passion, d'où la liberté elle-même ne sort que sanglante et mutilée!

TROISIÈME LEÇON

PROJETS D'UNION ENTRE LES COLONIES. — CONGRÈS D'ALBANY
EN 1754. — FRANKLIN.

Nous avons vu quels étaient les sentiments et les idées qui régnaient aux Colonies. Ce peuple de planteurs, que l'Europe ignorait, avait pour la liberté un amour jaloux, plus ardent et plus vif que celui même des Anglais pour leurs vieilles institutions. Il fallait aux Américains toutes les libertés civiles et politiques de la mère patrie. En outre, dès le milieu du dernier siècle, ils commençaient à discuter les conditions de leur union avec la métropole; ils demandaient l'égalité commerciale, c'est-à-dire la liberté de commerce et d'industrie, la seule liberté qui leur manquât. J'ai parlé des projets hardis de Pownall et de Franklin.

Mais pour obtenir la reconnaissance de ces droits, pour forcer l'Angleterre à renoncer au privilége d'exploiter les plantations à son profit, pour lui faire abdiquer la vieille et désastreuse politique commerciale, à laquelle, comme à un talisman, elle attachait l'idée de sa puissance, il eût fallu que les Colonies fussent en état de s'unir et d'imposer à la métropole par leur nombre et leur accord.

Il n'y avait rien de semblable en Amérique.

L'Angleterre n'avait point favorisé l'union des Colonies. Tout au contraire, la devise de ses hommes d'État et de ses économistes était de diviser pour régner. Ce n'était pas assez que la grande étendue des plantations, clair-semées au milieu de cette forêt qu'on appelle l'Amérique du Nord, et qui aujourd'hui même n'est pas à demi défrichée, séparât les Colonies et isolât les comtés; l'Angleterre considérait chaque établissement comme étranger à ses voisins; les gouverneurs ne connaissaient que leurs provinces, et il y avait entre les plantations des rivalités qu'on se souciait fort peu d'apaiser.

La Virginie jalousait le Maryland, qui lui faisait concurrence dans la production du tabac; toutes les Colonies du Sud voyaient d'un œil d'envie l'activité de la Nouvelle-Angleterre. Alors, comme aujourd'hui, ou dénonçait l'esprit mercantile et l'audace de ces marchands puritains qui, au mépris des lois de la métropole, poussaient leurs affaires jusqu'à Lisbonne et faisaient une contrebande hardie et profitable avec les . Antilles. Alors, comme aujourd'hui, la diversité était dans les intérêts; mais l'unité avait des racines plus profondes : origine, langue, religion, patriotisme, poussaient à l'unité. C'était le grand courant qui entraînait le pays vers un avenir de gloire et de puissance; mais au-dessus étaient ces remous superficiels, les seuls que voient les politiques[1]. Ils se trompaient

---

[1]. Pownall, qui n'était pas un homme ordinaire, déclarait, dans son *Administration des Colonies* (1768, t. I, p. 35, 36, 93), que les Colonies n'avaient pas un seul principe commun d'association. Diversité

alors, et j'ai la confiance qu'ils se trompent aujourd'hui.

Dès le dix-septième siècle, on trouve cependant un essai d'union entre les Colonies; mais c'est une union limitée et qui ne comprend que les plantations du Nord. Là, tout est commun : foi, mœurs, idées, lois, intérêts; c'est partout le même esprit; la division des provinces est géographique, rien de plus; l'unité est si grande que l'histoire et la politique réunissent toujours ces différents États sous le nom de Nouvelle-Angleterre. C'est un même peuple et un même pays, ce qui explique son influence et sa force aux États-Unis.

Vous vous rappelez que, dès l'année 1643, les colonies de Massachusetts, Plymouth, Connecticut et New-Haven se réunirent pour se défendre contre les incursions des Indiens et les entreprises des Hollandais de la Nouvelle-Belgique. Les planteurs formèrent une ligue, offensive et défensive, qu'ils déclarèrent perpétuelle, et ils prirent le nom de *Colonies unies de la Nouvelle-Angleterre.*

Suivant les articles de la Confédération, chaque Colonie conservait la juridiction exclusive sur son propre territoire; mais, en cas de guerre, offensive ou défensive, chaque membre de la Confédération devait fournir des hommes et de l'argent en proportion de sa population.

d'établissements, diversité de chartes et de gouvernements, opposition d'intérêts, rivalités et jalousies mutuelles, rendaient toute union chimérique. C'est en 1768 qu'il réimprimait pour la quatrième fois cette prophétie, qui allait être démentie par l'événement.

Tous les ans on devait tenir un Congrès, où chaque Colonie déléguerait deux commissaires, avec pouvoir de délibérer sur la paix et la guerre, et sur tous les points d'intérêt commun. Toute décision, adoptée par la majorité des trois quarts, obligeait la Confédération [1].

Cette association, visiblement empruntée de la république des Provinces-Unies, le grand modèle de l'époque, est le premier germe d'essais successifs qui devaient amener enfin la confédération pendant la guerre de l'indépendance, et l'union après la paix. On y sent déjà une prudence jalouse, qui est sensible dans la constitution des États-Unis; chaque colonie veut conserver sa souveraineté intérieure, et avec raison, car cette indépendance municipale est une des meilleures garanties de la liberté.

A la suite de cet accord, les Colonies de la Nouvelle-Angleterre agirent, de fait, comme États indépendants, durant près de quarante années. La guerre civile qui déchirait l'Angleterre ne permettait guère de s'inquiéter de ces plantations perdues dans le désert, et à peine peuplées. On laissa donc la Confédération se mouvoir en toute liberté dans une sphère des plus étroites; on avait peu à se mêler de ses guerres avec quelques tribus indiennes; ce fut seulement en 1686 qu'elle disparut, quand Jacques II fit annuler les chartes de la Nouvelle-Angleterre, et remplaça ces libres gouvernements par une commission qui tomba avec lui [2].

1. Kent, *Commentaries on American Law*, I, 202.
2. Kent, *ibid.*, p. 203.

Après la dissolution de cette première Confédération, les habitants de la Nouvelle-Angleterre essayèrent plus d'une fois de ces réunions communes, de ces associations qui sont dans l'esprit des peuples libres. Pour traiter avec les Indiens, pour leur résister, pour empêcher les empiétements des Français, il y eut souvent de ces congrès de gouverneurs et de commissaires, et on y appela même des députés des autres Colonies.

Mais ce ne furent que des essais sans importance, quoique cependant l'idée germât et grandît peu à peu.

C'est ainsi qu'en 1697 William Penn avait proposé d'établir un congrès annuel de toutes les provinces du continent d'Amérique, avec pouvoir de régler le commerce[1]. C'est ainsi qu'en 1698, et dans une toute autre idée, Nicholson, gouverneur de la Virginie, présentait à la reine Anne un mémoire où il proposait de fonder un empire américain.

Il demandait que toutes les Colonies anglaises, sur le continent de l'Amérique du Nord, fussent réduites en un seul gouvernement, sous un vice-roi, et qu'on y entretînt une armée sur pied, afin de réduire les ennemis de la reine. « En d'autres termes, dit Beverly[2], c'était implorer le secours de Sa Majesté pour mettre les plantations sous une discipline militaire; c'était par conséquent fournir une belle occasion à un vice-roi de secouer la domination de l'Angleterre. »

C'est sans doute ce qu'on sentit dans les conseils de la reine Anne; on ne voit pas qu'il ait été donné suite

1. Bancroft, *American Revol.*, t. I, p. 111.
2. *Histoire de la Virginie*, p. 113.

aux projets de Nicholson. Les Anglais n'ont aucun goût pour cette centralisation et cette uniformité qui font la passion des gouvernements d'Europe, chez les peuples imbus des idées latines. A quoi bon établir des vice-royautés à l'espagnole? Le règne des lois suffisait.

Ce qui a une tout autre importance que ces premiers essais, c'est le Congrès qui se tint à Albany en 1754, et le projet d'union présenté par Franklin. Ce projet échoua devant les jalousies coloniales et les craintes de la métropole, mais l'idée n'en fut point perdue; elle devait renaître vingt ans plus tard. Le premier plan de confédération ressemble fort au projet de Franklin.

Avant de parler de ce projet, disons d'abord quelles causes l'avaient amené. C'est un souvenir douloureux pour des Français : car nous jouons le grand rôle dans cette affaire; c'est contre nous que la première confédération fut proposée et préparée par Franklin.

En 1753, nous étions maîtres non-seulement du Canada et de la Louisiane (et la Louisiane à cette époque était à elle seule un monde inconnu), mais encore de cet immense pays qu'on appelle aujourd'hui le Far-West, et qui est destiné à devenir le plus grand pays agricole, le plus grand État que l'histoire aura vu, la Chine exceptée. Nous avions reconnu et descendu l'Ohio, *la belle rivière;* nous avions établi soixante fortins le long des lacs, et à ne considérer que le droit de possession et de premier établissement, ce magnifique pays était à nous. Nos missionnaires, nos soldats, nos coureurs de bois, l'avaient découvert et commençaient à le coloniser. L'avenir de l'Amérique était à la France et non pas aux Anglais.

C'est ce que sentaient les Américains, c'est ce qu'ils voulaient éviter. Établis entre les Alleghanys et la mer, dans un pays dont la plus grande profondeur n'a pas plus de soixante-dix lieues, ils ne voulaient pas qu'on colonisât derrière eux et sans eux un continent qui pouvait nourrir des millions d'hommes; ils sentaient qu'un jour ce peuple nouveau les jetterait à la mer.

Et, d'un autre côté, ils n'ignoraient pas que la vallée de l'Ohio, et le pays qui borde les lacs, était un des plus beaux de l'Amérique, par l'extrême richesse et la fertilité du sol, la salubrité de l'air, la douceur du climat, l'abondance de la chasse et de la pêche, la facilité du commerce avec les Indiens, et l'immense avantage des communications par eau, les fleuves et les lacs s'étendant à des centaines de lieues[1].

« Il est indubitable, disait Franklin, qu'en moins d'un siècle peut-être il y aura là un État populeux et puissant; grand accroissement de pouvoir soit pour l'Angleterre, soit pour la France[2]. »

Franklin proposait donc de passer les Alleghanys et d'établir deux fortes colonies entre l'Ohio et le lac Érié, ce qui était couper en deux la puissance française, et briser ce cercle qui du Canada à la Louisiane enserrait les possessions anglaises. Dans ce projet, il était

1. A Saint-Louis de Missouri, on se glorifie de commander à 46,000 milles, c'est-à-dire à 15,000 lieues d'eau navigable (Mississipi, Missouri, Ohio, etc.). Trollope, *North America*, t. II, p. 261.

2. Franklin, *Plan for settling two Western Colonies in North America. 1754. Albany Papers. Works*, t. III.

secondé par Pownall, et par tous les gouverneurs de province. Pownall et Franklin sentaient qu'il y avait un moyen sûr de se délivrer de nous et de nous repousser : ce n'était pas en se battant, c'était en colonisant. C'est ainsi que grandissaient les colons anglais ; tandis que nous courions les bois, ils défrichaient, plantaient et multipliaient. Ce n'était pas au fusil que restait l'avantage, c'était à la cognée.

« Il est certain, disait Pownall, dans un Mémoire présenté au duc de Cumberland en 1756[1], que nous avons toujours fait reculer les Français et que nous avons chassé les Indiens du pays, bien plus en colonisant qu'en combattant ; et que partout où nos établissements ont été faits sagement et complétement, les Français n'ont pu nous faire reculer, ni par eux-mêmes, ni par leurs chiens de guerre, les Indiens.

« ... Un établissement (dans la vallée de l'Ohio) non-seulement finira par payer ses dépenses, mais nous rapportera tout autant qu'aucune autre colonie ; il donnera de la force et de l'unité à notre empire d'Amérique, et nous assurera la possession du pays. Mais par-dessus tout la chose est *nécessaire*. Les plantations anglaises *sont à bout* ; elles sont colonisées jusqu'aux montagnes. »

Du droit et de la possession des Français, il n'en est pas question. Pownall et Franklin ne parlent que des droits anglais. Ces droits reposent sur des chartes qui donnaient en général le pays d'une mer à l'autre ; c'est-à-dire des terres qu'on n'avait même pas vues.

---

1. Pownall, *Adm. of the Colon.*, t. II, p. 229. Il dit lui-même que ce Mémoire a été rédigé sur des notes envoyées en 1754 et 1755 au comte d'Halifax.

Quant à la possession, il n'y en avait point de trace. Tandis que nous avions soixante forts établis le long des lacs et des rivières, les Anglais n'avaient pas encore descendu la montagne; et, comme le disaient les Indiens : « Les Français sont des hommes, ils se fortifient partout; vous, vous êtes des femmes; il n'y a qu'un pas du Canada ici, les Français viendront aisément et vous mettront à la porte[1]. »

Pour s'emparer de la vallée de l'Ohio, le gouverneur de la Virginie, Dinwiddie, envoya, en 1754, à la tête de cent cinquante volontaires[2], un jeune homme de vingt-deux ans, qui, l'année précédente, avait déjà reconnu la vallée de l'Ohio : c'était George Washington. Il devait s'emparer de la fourche de l'Ohio, c'est-à-dire du confluent de la rivière des Alleghanys et de la Monongaela[3], qui en se réunissant forment l'Ohio, point où est aujourd'hui Pittsburg, mais où dès lors les Français avaient bâti un fort, appelé fort Duquesne et commandé par M. de Contrecœur.

C'est dans cette vallée que, le 27 mai 1754, Washington, prévenu, dit-on, par les Indiens que les Français voulaient tirer sur le premier Anglais qu'ils verraient, se rencontra, par une nuit pluvieuse, avec un détachement de Français, commandé par M. Villiers de Jumonville, qui venait en parlementaire.

« Feu ! » cria Washington, et il donna l'exemple; Jumonville fut tué avec dix Français; vingt et un furent

1. Bancroft, *Amer. Rev.*, I, 138.
2. Bancroft, *ibid.*, I, 131.
3. Ce que nos Canadiens appelaient la rivière *Malenguenlée*.

faits prisonniers; Washington en ce moment n'avait pas plus de quarante hommes avec lui.

La vengeance ne se fit pas attendre; cinq cents Français, soutenus par des Indiens et conduits par le capitaine Villiers, frère de Jumonville, se portèrent sur le fort Necessity, où s'était retiré Washington, et l'attaquèrent avec fureur. Washington fut obligé de traiter; il obtint de se retirer en Virginie avec ses troupes, en signant une capitulation écrite en français, et qui portait « que M. Villiers, chargé de venger l'*assassin* commis sur un officier français porteur d'une sommation et sur son escorte, voulait bien accorder grâce à tous les Anglais qui étaient dans le fort. »

Cette capitulation, rédigée en pareils termes, est restée comme une épine dans la chair des Américains; c'est une ombre sur la gloire du héros. On a prétendu que l'interprète avait trompé le jeune Washington, qui ne savait pas le français; je crois que cette excuse n'est pas nécessaire; il est probable qu'il eût suffi de savoir ce que signifiait en canadien le mot d'*assassin*, qui peut-être est synonyme de meurtre. D'ailleurs l'assassinat était involontaire : Washington n'aurait point tiré sur un parlementaire, s'il l'avait reconnu.

Ce coup de fusil, tiré dans les déserts du Nouveau Monde par un officier inconnu, alluma, comme une traînée de poudre, une guerre universelle, qui tourna tout à l'avantage de l'Angleterre. Je veux parler de la guerre de Sept ans.

C'est à ce moment que, dans la crainte d'une guerre avec la France, guerre qu'il était d'autant plus facile de

prévoir que les Anglais et les Américains y poussaient
de toutes leurs forces; c'est alors, dis-je, que, sur l'ordre des lords du commerce, on convoqua à Albany,
dans l'État de New-York, un congrès de commissaires
députés par toutes les Colonies, afin de conférer avec
les chefs des six nations indiennes sur les moyens de
défendre à la fois les intérêts des sauvages et ceux des
colons. Toutes les plantations y furent représentées, à
l'exception de la Géorgie. Un petit-fils de Penn avec
Franklin et deux autres commissaires y représenta la
Pensylvanie; le gouverneur Hutchinson y représentait
le Massachusetts; Pownall aussi était présent, mais, ce
semble, sans caractère officiel.

On se réunit au mois de juin 1754. Par une coïnci-
dence toute naturelle quand une idée est dans l'air,
plusieurs des commissaires avaient apporté des projets
de confédération et d'union, et parmi eux Franklin.
Le besoin d'une union était depuis longtemps ressenti
par les patriotes et les hommes éclairés.

Les Américains avaient toujours souffert de leurs
divisions provinciales. Quand une affaire commune demandait des mesures générales, il se trouvait toujours
quelque assemblée égoïste, qui profitait de la crise pour
demander des avantages qu'on ne lui aurait pas autrement accordés. C'était une cause de querelles et
d'impuissance; on attendait ce que faisaient les autres,
pour ne pas faire plus, ou pour faire moins[1]. C'est

1. New-York avait des visées égoïstes pour monopoliser le commerce Indien; les quakers de Philadelphie ne voulaient pas faire la
guerre. (*Albany papers*, p. 117.)

ainsi qu'on venait de laisser la Virginie seule aux prises avec les Français; la désunion des Colonies faisait la force des Canadiens[1].

A Albany, l'union fut votée à l'unanimité; on déclara l'union des Colonies absolument nécessaire *pour leur conservation*. Le projet de Franklin fut ensuite adopté par la commission avec quelques modifications. Son plan, comme il le dit lui-même, était de concentrer sur certains points d'intérêt général tous les pouvoirs des gouverneurs en une seule main, tous les pouvoirs des assemblées en une seule assemblée, appelée Grand Conseil.

Ce projet ressemble non point à la constitution des États-Unis, quoiqu'il y ait un grand nombre de traits pareils, mais à la confédération qui dura pendant la guerre avec l'Angleterre.

Le siége du gouvernement fédéral était provisoirement placé à Philadelphie (où se tint aussi plus tard le Congrès); c'était le point central, on y pouvait arriver du New-Hampshire, ou de la Caroline du Sud, en quinze ou vingt jours, à cheval. Par mer, le chemin était beaucoup plus court, une semaine de Charleston.

La Constitution était un compromis entre la prérogative royale et le pouvoir populaire; et plus encore entre le pouvoir central et la souveraineté des États.

Le roi devait nommer et entretenir un président général, qui aurait un véto sur toutes les lois. Et comme on voulait éviter toute dispute entre le président et

1. *Albany papers*. Franklin, t. II, p. 176.

le grand Conseil, disputes dont on n'avait que trop
d'exemples dans les Colonies, on lui attribuait un traitement sur le *quit rent*, ou cens des terres de la couronne en Amérique, qui, à ce qu'on supposait, suffirait
bientôt à la liste civile du président.

Le peuple des Colonies devait élire tous les trois ans
un grand Conseil, qui avait le pouvoir législatif; c'é-
taient les différentes législatures qui devaient choisir les
conseillers, comme aujourd'hui elles élisent les sénateurs.

Chaque colonie devait envoyer un nombre de représentants proportionnel à ses contributions, mais qui
ne pouvait descendre au-dessous de deux, ni s'élever
au-dessus de sept[1].

Le gouverneur général nommait tous les officiers
militaires, mais de l'avis du Conseil. La séparation
absolue de la législation et de l'administration n'a jamais été reçue en Amérique. C'est le Conseil qui nommait tous les officiers civils, c'était une conséquence de
son droit de voter le budget.

Ce gouvernement fédéral n'avait que des pouvoirs li-
mités, comme aujourd'hui le gouvernement de Washington. Chaque Colonie gardait ses institutions et ses
libertés domestiques; mais c'était le pouvoir fédéral
qui était chargé des affaires indiennes[2], des achats de

---

1. La première répartition donnait 48 membres : 7 pour le Massachusetts, 7 pour la Virginie, 6 pour la Pensylvanie, 5 pour le Connecticut, 4 pour New-York, etc.

2. C'est en attirant tout le commerce indien entre les mains de
l'Union que Franklin espérait *grandement affaiblir* le Canada. (*Albany
papers*, Franklin, t. II, p. 177 et 181.)

terre [1] et du commerce extérieur; c'était lui qui devait établir, organiser et gouverner temporairement les plantations nouvelles, ce qu'on nomme aujourd'hui les territoires. A lui de lever des troupes [2] et d'équiper des vaisseaux et navires sur les mers, lacs et rivières; à lui de faire des lois générales et de lever les taxes nécessaires pour la défense du pays et la protection des territoires.

Le grand Conseil devait se réunir tous les ans et choisir son président; on ne pouvait ni le dissoudre, ni le proroger, ni le tenir rassemblé plus de six semaines sans son consentement ou sans un ordre spécial de la couronne [3].

Le projet soumis à l'assemblée fut chaudement soutenu par les délégués de la Nouvelle-Angleterre; le seul défaut qu'y trouvait le Connecticut, c'est qu'on y donnât le véto au président général; pour lui, le projet n'était pas assez républicain. Dans le sens royaliste, il n'y eut d'opposition que de la part de Delancey, lieutenant-gouverneur de New-York, un des délégués de la Virginie. Il aurait voulu réserver aux gouverneurs coloniaux un droit de véto sur les élections au grand Conseil; on lui répondit qu'en Angleterre le roi n'est

1. C'est par l'Union que Franklin espérait établir ses colonies de l'Ouest et briser le commerce et la puissance des Français. (*Albany papers*, etc.)

2. Mais de l'aveu des législatures locales. (*Ibid.*, p. 182.)

3. Et, suivant l'usage américain, on payait aux députés des gages, 10 shillings par jour (20 milles comptant pour une journée), assez pour que nulle personne capable ne fût exclue par sa fortune, assez peu pour que des gens incapables ne fissent pas de la députation une spéculation. (Franklin, t. II, p. 180.)

qu'un tiers du pouvoir législatif, tandis qu'ici on lui donnait déjà la moitié. En allant plus loin, on serait virtuellement taxé par un congrès de gouverneurs ; ce ne seraient plus les citoyens qui voteraient librement l'impôt ; la condition essentielle de la liberté anglaise serait violée. Au contraire, avec le système proposé, le grand Conseil était la représentation des législatures, le principe était respecté.

Quant à l'impôt qui devait fournir aux dépenses générales, on pensa à un droit sur les alcools et à un droit de timbre ; c'est-à-dire à des taxes indirectes et qui n'affectassent pas la propriété.

L'union votée, l'œuvre était loin d'être achevée ; on avait réservé le droit du parlement anglais et la ratification des assemblées ; on se trouvait en face de la métropole et des Colonies, deux puissances également jalouses de leur souveraineté ; des deux côtés le projet échoua.

En recevant les minutes du Congrès, le bureau du commerce fut étonné de voir un plan complet de gouvernement ; à Londres, on n'avait nulle envie de fonder un empire américain. C'était un projet trop *démocratique* qu'on ne voulut point soumettre au roi ; on le remplaça par un autre projet où l'on ne tenait aucun compte des libertés coloniales. C'étaient les gouverneurs des Colonies qui, avec un certain nombre de leurs conseillers[1], devaient se réunir, lever des troupes, construire des forts et tirer sur le trésor de la Grande-Bretagne pour la dépense, qui plus tard devait être remboursée

1. En certains États c'était le peuple qui nommait le Conseil ; en d'autres, c'était le gouverneur.

au moyen d'une taxe mise par le parlement sur les Colonies. On en arrivait ainsi au problème devant lequel Walpole avait reculé.

Dans les Colonies, le projet ne fut pas mieux accueilli ; on trouva qu'il y avait trop de *prérogative ;* le Connecticut le rejeta, le Massachusetts s'y opposa, et New-York, où Franklin, à son retour d'Albany, avait été chaleureusement reçu, fit un très-froid accueil au projet[1]. Dans le pays même qui avait délégué Franklin, dans la Pensylvanie, le projet ne fut pas plus heureux. « Une manœuvre de certains membres, dit-il, fit qu'on saisit le moment où j'étais absent (ce qui n'était pas très-loyal), et on écarta mon plan sans discussion, ce qui ne fut pas pour moi une petite mortification[2]. »

« Les motifs différents et contraires qui dégoûtèrent de mon plan, continue-t-il, me font soupçonner qu'il tenait un juste milieu, et je suis encore d'avis[3] que son adoption eût été heureuse pour les deux parties. Unies de cette façon, les Colonies auraient été assez fortes pour se défendre elles-mêmes ; on n'aurait pas eu besoin de troupes anglaises, et par conséquent il n'y aurait pas eu de prétexte pour taxer l'Amérique. On eût évité la lutte sanglante que ces prétentions ont amenée.

« Mais (ajoute-t-il avec sa longue expérience) de telles méprises ne sont pas nouvelles ; les histoires sont pleines des erreurs des États et des princes.

« Regarde la terre, tu verras combien peu de gens connaissent leur véritable bien, ou le connaissant le poursuivent.

« Ceux qui gouvernent ont tant d'affaires sur les bras

1. Bancroft, *Amer. Rev.*, I, 141.
2. *Mémoires*, p. 53.
3. Franklin écrit ses *Mémoires* après la conquête de l'indépendance.

qu'en général ils n'aiment pas à se donner la peine d'examiner et d'exécuter de nouveaux projets. Il est bien rare que ce soient la sagesse et la réflexion qui fassent adopter les bonnes mesures : c'est l'occasion qui les impose. »

Franklin ne fut nullement découragé par son mauvais succès : il ne cessa jamais de croire à trois idées qui occupèrent la fin de sa vie : la liberté des Colonies, leur union, leur extension dans l'Ouest. Cette triple idée il la nourrit vingt ans, et si vieux qu'il fût, en 1776, il lui fut donné de voir tout ce qu'il avait prévu.

Ce sont là de ces exemples qui font du bien ; il semble qu'il en soit de la vie d'un homme comme d'une pièce bien faite : on aime à voir, au dénoûment de la tragédie, la vertu récompensée et le vice puni. Cela serait aussi juste dans la vie que sur le théâtre, si le monde, comme le drame, était fait pour nous et si le premier rôle nous y appartenait. Nous ne pouvons pas avoir une si grande ambition, c'est notre devoir de servir la vérité, le succès ne nous appartient pas.

Mais si chacun ne peut se promettre la longue vie et le bonheur de Franklin, chacun peut du moins imiter sa persévérance. Quand nous défendons la vérité, nous ne savons jamais assez combien elle est forte et féconde ; la foi nous manque. Si nous en avions davantage, nous marcherions toujours droit devant nous, semant la vérité, semant la justice, sans regarder en arrière. Il périra plus d'une semence sur les pierres et dans les bas-fonds, les oiseaux du ciel en mangeront une partie ; qu'importe, s'il en lève quelques grains ?

Nos arrière-neveux nous devront cet ombrage.

Il faut aimer la liberté comme on aime sa fille, l'élever, la doter, à force de privations et de sacrifices, et
la marier un jour à quelque rejeton d'une génération
meilleure, qui sache l'aimer et lui rester fidèle quand
nous n'y serons plus.

QUATRIÈME LEÇON

Le congrès d'Albany n'eut pas de suite; mais la guerre faite par l'Angleterre à la France réunit de fait les colonies, et de 1754 à 1760 l'effort de la lutte fut supporté par les milices coloniales et les ressources des plantations. Le danger commun rapprocha les Colonies et la métropole. Pendant la guerre, les alliés ne se disputent pas.

Mais quand le Canada eut été conquis, ce qui fut achevé en 1760, il y eut un double courant d'idées en Amérique et en Angleterre.

En Amérique, où les milices avaient combattu près des troupes régulières et avaient mieux résisté à cette guerre indienne, aux pénibles marches de ce pays sans routes et sans ressources, les colons et Franklin en tête s'étaient dit que leur admiration des troupes régulières était peut-être exagérée[1].

On se disait aussi qu'on avait fait de grands sacrifices pour abattre les Indiens et les Français, et qu'on avait conquis ces nouvelles provinces avec le sang et l'argent américains. On sentait également que, n'ayant plus rien

[1]. Franklin, *Mémoires*, I, 57.

à craindre des Français, on se trouvait n'avoir plus besoin de la mère patrie ; ce n'était qu'un sentiment vague, mais qui devait grandir à la première souffrance.

« Avant la paix, écrivait Hutchinson à lord Darmouth, le 14 décembre 1773, rien ne me paraissait plus désirable que la cession du Canada. Je suis maintenant convaincu que, si le Canada était resté aux Français, l'esprit d'opposition à la métropole n'aurait jamais paru. Cet esprit est plus dangereux pour nous que tout ce que nous avions à craindre des Indiens et des Français [1]. »

En Angleterre, on avait d'autres idées. Les troupes régulières ne rapportaient pas une grande estime des milices coloniales ; les difficultés faites par les législatures pour voter des hommes ou de l'argent plaisaient peu à un gouvernement qui attribuait à la métropole le droit de taxer à son gré les Colonies.

Mais, de 1757 à 1760, Pitt était ministre ; il avait respecté l'indépendance des planteurs, sans leur porter une bien vive affection. Pitt était un de ces hommes passionnés, d'une volonté énergique, qui ont une idée à laquelle ils subordonnent et sacrifient tout le reste. Humilier la France, la chasser de l'Inde, de l'Amérique et des mers, établir partout la suprématie de l'Angleterre et lui donner le monopole du commerce, c'était l'ambition d'un homme que l'Angleterre admire d'autant plus qu'elle retrouve en lui jusqu'à ses défauts. C'était l'Anglais le plus anglais du dix-huitième siècle,

____
[1]. Pitkin, I, 157.

et, malheureusement pour nous, ni M. de Choiseul, homme de manége plus que de génie, ni Louis XV, énervé par la mollesse, n'étaient de taille à lui résister.

Un homme tel que Pitt n'embarrasse point sa marche par de petites querelles. Les planteurs lui fournissaient des hommes et de l'argent, cela suffisait; il ne voulait pas tarir cette ressource par une querelle avec les colons.

Et d'ailleurs ces colons, c'étaient des Anglais, des citoyens. A ce titre, Pitt respectait leur indépendance et refusait d'attenter à leurs droits.

Il nous le dit lui-même dans le fameux discours qu'il prononça en 1766 sur le rappel du droit de timbre :

« Dans les administrations qui ont précédé celle-ci, personne n'a voulu, personne n'a songé à voler aux colons leurs droits constitutionnels. Cela était réservé pour marquer l'ère nouvelle de la dernière administration. Non pas qu'il ait manqué de gens, lorsque j'avais l'honneur de servir Sa Majesté, qui m'aient proposé de me brûler les doigts à un acte de timbre. Dans un jour de détresse, quand les Américains avaient l'ennemi à dos et nos baïonnettes sur la poitrine, peut-être les planteurs se seraient-ils soumis à cet impôt. A prendre un pareil avantage, il n'y avait ni générosité ni justice. Je n'ai pas voulu... »

Mais quand, en 1760, l'avénement de George III eut amené la chute de Pitt, et donné le pouvoir à des créatures telles que lord Bute, l'idée dominante, l'idée qui se retrouve toujours dans les cerveaux étroits, fut qu'il fallait *fortifier la prérogative*, c'est-à-dire l'autorité.

« Je suis né et je mourrai monarchique, disait un
des parvenus du nouveau règne, lord Melcombe; les
gens de la Cité n'ont point à nous demander compte de
ce que nous faisons; nous leur enseignerons de meilleures manières, ils en ont besoin [1]. »

« C'est Dieu, disait Barrington, qui a donné au roi
la prérogative; il a laissé aux sujets la gloire de l'obéissance [2]. »

Raisonner ainsi, ressusciter les idées et les mots de
Louis XIV, c'était oublier qu'on vivait chez le peuple
qui avait fait la révolution de 1688; mais si, en Angleterre, on souffrait de pareilles folies, en Amérique, et
surtout dans la Nouvelle-Angleterre où dominait le
vieux sang puritain, où les institutions étaient républicaines, on en était resté à Locke, et on ne comprenait
que la liberté.

Malheureusement les ministres anglais n'avaient plus
besoin du bon vouloir des colons, depuis que la paix
était assurée; et, dans leur infatuation, ils ne songeaient
qu'à les réduire à la commune sujétion. Comme ils
n'avaient aucun plan arrêté, ils écoutaient volontiers les
faiseurs de projets. Les évêques voulaient établir l'épiscopat et planter au delà des mers la hiérarchie religieuse, de façon à installer sinon l'uniformité, au moins
la domination d'une Église privilégiée; des politiques,
comme le gouverneur Bernard, parlaient de ramener à
la forme d'un gouvernement royal les gouvernements
de Charte et les gouvernements de propriétaires; ils rê-

1. Bancroft, *Amer. Rev.*, I, 171.
2. Bancroft, *Ibid.*

vaient de constituer une noblesse sur cette terre d'égalité, afin de diviser les intérêts, et de rattacher la classe riche à la monarchie, et aux institutions aristocratiques de la mère patrie; des légistes proposaient (et on les écouta) d'établir des juges amovibles, de façon à assurer le triomphe des lois de la métropole et des idées du gouvernement. Enfin des financiers, gens qu'on ne repousse guère, s'occupaient de tirer un revenu des colonies, par l'intervention du Parlement, soit afin d'affranchir les ministres des critiques et des gênes qu'opposaient les législatures coloniales, soit pour assurer et fortifier les lois de navigation et de commerce, soit pour créer de nouvelles sinécures (grand moyen de gouvernement parlementaire), soit enfin pour retirer les fonctionnaires coloniaux de la dépendance des planteurs, et les mettre dans la main de l'État.

Ce furent les financiers qu'on écouta les premiers. Leurs mesures semblaient d'exécution facile, il ne s'agissait que de réclamer l'obéissance à de vieilles lois qu'on négligeait d'appliquer. L'Amérique ne contestait pas, en principe, le droit qu'avait le Parlement de régler le commerce, pouvait-elle se refuser à l'exécution de lois votées par la suprême puissance législative? A vrai dire, Franklin lui-même ne le croyait pas.

Ce fut alors qu'un homme, jusqu'alors inconnu, un simple avocat de Boston, donna le signal de la résistance, et qu'il alluma un feu qui ne devait plus s'éteindre. Cet homme, dont le nom est resté cher à l'Amérique, mais est à peu près inconnu en Europe, c'était James Otis.

En 1760, Bernard étant gouverneur du Massachusetts (c'était un zélé défenseur de la prérogative royale), on reçut en Amérique un ordre du conseil, afin de faire exécuter strictement les Actes du commerce. Au besoin on devait s'adresser à la suprême judicature de la province pour en obtenir des *mandats d'assistance* (*Writs of assistance*) à délivrer aux employés des douanes.

Quelques explications sont nécessaires pour faire comprendre la portée de cet ordre du conseil. Quand on écrit l'histoire de la Révolution française, on n'a point besoin de ces détails; c'est toujours pour une idée, pour un principe, quelquefois pour un mot qu'on se querelle; chez les Anglais, c'est toujours pour un droit. En France, c'est le pays, c'est un parti qui se soulève. En Angleterre ou en Amérique, c'est un individu qui attend le moment où son intérêt est lésé pour demander justice, la loi à la main. Chez nous, c'est dans les Chambres qu'on discute; on remue des questions générales qui agitent tous les esprits généreux de l'Europe (là est le secret de notre influence); chez les Saxons, on s'adresse à un tribunal, et on plaide. Le théâtre est moins grand, la question n'est pas moins importante; si l'on s'y dispute avec une éloquence moins solennelle, on ne s'y bat ni avec moins d'acharnement ni avec moins de succès.

Les Actes de commerce constituaient le monopole au profit des marchands et négociants anglais; c'était à eux que la loi réservait tous les transports et toutes les fabrications. Ces Actes, on ne les exécutait pas dans la Nouvelle-Angleterre, car, à y obéir, on n'eût pas vécu.

Il y avait surtout un grand commerce avec les Antilles; on y portait du bois de construction et du poisson; on en tirait en échange du sucre, et surtout des mélasses qu'on distillait pour en tirer de l'alcool. C'est avec cet alcool qu'on faisait la traite des noirs, et c'est au moyen de la traite qu'on payait les marchandises tirées d'Angleterre. Toute l'industrie, toute la vie des plantations dépendait donc de ce commerce depuis longtemps toléré, et sur lequel Walpole et Pitt avaient fermé les yeux.

Un acte de l'année 1733, connu sous le nom d'*Acte du sucre*, avait établi un droit d'entrée dans les colonies sur ces sucres et mélasses; la loi n'avait point été exécutée au Massachusetts, non plus que dans les provinces voisines; le droit n'avait jamais été levé. L'ordre d'exécuter la loi effraya toute la colonie, « *plus encore*, écrivait le gouverneur Bernard, que la prise du fort William Henry et l'approche des Français en 1757[1]. »

Comment exécuter la loi? c'était là le difficile. La procédure qui avait été réglée par des lois du règne de Charles II, lois douteuses[2], autorisait les collecteurs de douanes à poursuivre partout la fraude, et au besoin à entrer dans les maisons suspectes et à les fouiller. Cela se faisait, ou devait se faire, en vertu d'un *general warrant* ou mandat général, qui ne spécifiait ni la maison suspecte, ni la personne dénoncée, ni l'objet fraudé.

C'est, je crois, ce qui existe encore aujourd'hui en

1. Pitkin, I, p. 160.
2. *Life of Otis*, p. 60, à la note.

France, au moins pour certains objets, tels que le tabac, les cartes à jouer, la poudre; ce droit semble indispensable pour assurer les priviléges du fisc. Nous avons une police fiscale; le mot ne se trouverait pas dans les lois anglaises.

Mais, depuis le règne de Charles II, les idées de liberté avaient fait du chemin en Angleterre. En 1760, c'était une maxime reçue que la maison d'un Anglais est son château, sa forteresse. Pour y entrer, il fallait un *warrant spécial* ou mandat, délivré par un magistrat, et spécifiant le nom de la personne et le délit commis, délit attesté par deux témoins assermentés. Un mandat spécial ruine l'arbitraire ministériel ou judiciaire; c'est une des plus solides garanties de la liberté.

En Angleterre, le dernier exemple d'une arrestation par mandat général est celui de Wilkes, qui fut arrêté en 1763. C'était un homme turbulent et séditieux, qui avait déclaré que la Chambre des communes ayant, dans certaines de ses résolutions, excédé ses pouvoirs, n'était plus légitime, et ne pouvait plus voter l'impôt; que, par conséquent, l'impôt n'était plus obligatoire. Il avait laissé saisir ses meubles, et poursuivi le collecteur en violation de domicile et saisie arbitraire. Ce fut un procès qu'il perdit. Mais le ministère voulut aller plus loin; on fit saisir les papiers de Wilkes, et arrêter cinq ou six de ses complices. Wilkes, qui connaissait les lois et l'esprit anglais, poursuivit l'agent qui avait exécuté les ordres ministériels (il n'y a pas en Angleterre d'article 75 de la Constitution de l'an VIII). L'agent, qui n'avait fait qu'obéir au ministre, fut condamné en son nom propre et privé à payer 25,000 francs; les autres agents qui avaient fait des arrestations illégales furent condamnés à 50,000 francs de dommages-intérêts.

Depuis lors il n'y a plus eu de warrant général en Angleterre; l'affaire de Wilkes a fait jurisprudence, grâce au chief justice, M. Pratt (depuis lord Cambden), qui déclara tout *general warrant* inconstitutionnel, illégal et nul. La résistance légale d'un méchant homme, qui défendait le droit commun, a servi au triomphe de la liberté.

En 1761 et longtemps avant, ce même esprit de liberté régnait dans la Nouvelle-Angleterre; et ceci nous explique comment les Actes du commerce, quoique reçus dans la colonie, n'y étaient point exécutés. Il n'y avait pas moyen de poursuivre la fraude, dès que la justice ne s'y prêtait pas; et les juges des colonies ne voulaient en rien s'associer aux exigences fiscales de la métropole.

C'était pour forcer la main aux juges que l'ordre du Conseil de 1760 leur ordonnait de délivrer, à l'exemple de la cour de l'Échiquier, des *Writs of assistance,* mandats qui mettaient au service des collecteurs tous les officiers de la colonie, et autorisaient les collecteurs agissant par l'autorité de la loi « à entrer, même de force, dans toute maison ou boutique, pour y chercher les marchandises étrangères frauduleusement importées, ou celles qui n'avaient pas payé les droits. »

Les marchands de Salem et de Boston résolurent de s'opposer à l'exécution de cet ordre; ils présentèrent une pétition à la cour supérieure, et ils prirent pour avocat James Otis, qui, pour les servir, donna sa démission d'avocat général, et entra résolûment au service de la liberté.

En février 1761, l'affaire se présenta devant la cour supérieure de Boston, dans le vieil hôtel de ville. Les quatre juges étaient présidés par le chief justice Hutchinson, tout dévoué à la métropole.

L'avocat de la couronne rappela le statut de Charles II, et le statut de Guillaume III qui donnait aux officiers du revenu en Amérique droit à la même assistance qu'aux fonctionnaires anglais. Refuser l'exécution du *writ*, c'était déclarer « que le Parlement de la Grande-Bretagne n'était pas le souverain législateur de l'empire britannique[1]; » en d'autres termes, c'était de la rébellion.

Otis, nature irritable, passionnée, et par cela même éloquente, fit un long discours dont il ne nous est resté que des fragments, conservés par la mémoire des contemporains.

Il commença en faisant allusion à la place qu'il avait résignée, et déclara qu'il était prêt à tout sacrifier, position, fortune, santé, réputation, et la vie même, s'il le fallait, pour répondre à l'appel de la patrie.

Il déclara que les mandats d'assistance lui semblaient un détestable abus du pouvoir, destructif des libertés anglaises, destructif des principes de la loi. Toujours, ajouta-t-il, je m'opposerai à cette espèce d'autorité qui

1. Bancroft, *Amer. Rev.*, I, 173.

a perdu deux rois d'Angleterre, coûtant à l'un sa tête,
à l'autre son trône [1].

Puis, passant à l'examen de ces mandats généraux,
il dit, et ceci mérite toute notre attention :

« Dans les vieux livres de droit, au titre des justices de
paix, Vos Seigneuries trouveront des précédents de warrants
généraux pour fouiller les maisons suspectes. Mais, dans les
livres modernes, vous ne trouverez que des mandats spéciaux
afin de fouiller telle et telle maison spécialement désignée.
et dans laquelle le complaignant a déjà juré qu'il suppose
qu'on a caché les objets suspects. Vous verrez dans nos précédents qu'il n'y a de légal que des mandats spéciaux.

« Voilà pourquoi je déclare que le *writ* qu'on vous demande est illégal : il est général.

« C'est un pouvoir qui met la liberté de chacun de nous
dans la main du plus petit commis.

« Je le répète, j'admets des mandats spéciaux pour fouiller
certaines places désignées, mandats délivrés sur le serment de
certaines personnes ; mais je n'admets point de *mandat universel*.

« Voyez la forme de celui-ci : il est adressé « à tous les
juges, shériffs, constables et autres sujets, » c'est-à-dire à tous
les sujets de Sa Majesté.

« Armé de ce *writ*, chacun peut devenir légalement un
tyran, contrôler, emprisonner, tuer toute personne dans le
royaume.

« Ce *writ* est perpétuel ; il n'y a point de date qui lui donne
une échéance. Personne n'est responsable de l'usage qu'il en
fait. Chacun peut s'assurer dans sa petite tyrannie et répandre
autour de lui la terreur et la désolation, jusqu'à ce que la
trompette de l'archange excite d'autres émotions dans son
âme.

1. Je suis dans ce résumé : Tudor, *Life of Otis*, p. 63 et suiv. ;
Bancroft, *Amer. Rev.*, 1, 171.

« En troisième lieu, avec ce *writ* à la main, une personne peut entrer en plein jour dans toute maison ou boutique, suivant son caprice, et en forçant chacun à l'assister.

« Or, une des branches principales de la liberté anglaise, c'est la liberté du foyer. La maison d'un Anglais est sa forteresse; tant qu'il y est tranquille, il y est aussi bien gardé qu'un prince dans son palais.

« Si vous déclarez que le *writ* est légal, vous anéantissez ce privilége. Des douaniers entreront dans nos maisons quand bon leur semblera; on nous ordonnera de leur en ouvrir les portes. Leurs agents peuvent entrer, briser serrures, barres et tout ce qu'il leur plaît. Que ce soit malice ou vengeance, il n'importe ; ni tribunal, ni personne n'a droit de s'en inquiéter. Il suffit d'un soupçon, on ne demande même pas un serment [1].

« ...On oppose, ajouta-t-il, je ne sais quels précédents, un ordre du Conseil, un statut; mais un statut ne peut pas légitimer ces mandats généraux.

« Aucun acte du Parlement ne peut établir une semblable procédure. Un acte du Parlement contraire à la Constitution est nul de soi. »

De là Otis passa au fond de la question : avait-on le droit de taxer les colonies sans leur aveu? Les Américains avaient accepté les Actes de commerce comme règlements de commerce, jamais comme impôts. C'est alors qu'il prononça (si l'on en croit Adams) le fameux mot : *Impôt sans représentation, c'est tyrannie.*

Ces paroles d'Otis mirent en feu l'auditoire ; la majorité des juges ne résista pas à l'émotion, elle était du même sang que l'avocat. Hutchinson recula devant celui qu'il appelait tout bas : le grand incendiaire des co-

1. *Life of James Otis,* p. 66.

lonies[1]. Tout ce qu'il put obtenir de ses collègues, ce fut de continuer la cause à une autre session, afin d'avoir le temps de recevoir des ordres d'Angleterre.

Ces ordres ne permettaient pas de résistance : la cour céda, et, dès lors, elle accorda des writs d'assistance chaque fois que les officiers du revenu en demandèrent; il semble qu'en fait on usa d'une grande modération[2].

Mais ces mandats étaient si impopulaires qu'en 1762 l'assemblée du Massachusetts, revenant à la charge, passa un bill pour qu'on n'accordât ces mandats qu'aux officiers de douane, et seulement sur *information spéciale et serment*. Le gouverneur Bernard refusa de consentir à ce bill, et par représailles l'assemblée réduisit le salaire du gouverneur[3].

Mais si, en 1760, Hutchinson pouvait décider trois juges à voter avec lui, il n'avait point de prise sur l'opinion; et depuis le discours d'Otis le pays était en feu.

A cinquante-sept ans de distance, John Adams, qui avait été l'élève et le protégé d'Otis, écrivait avec une chaleur toute juvénile :

« Otis était une flamme! Avec sa facilité de citations classiques, sa profonde érudition, son rapide résumé des événements de l'histoire, sa profusion d'autorités légales, son coup d'œil prophétique, avec le torrent de son impétueuse éloquence, il poussait tout devant lui. Ce jour-là est née l'indépendance américaine! Ce jour-là fut semée cette semence de

<hr>

1. Bancroft, *Amer. Rev.*, I, 476.
2. *Life of Otis*, p. 86, note.
3. Pitkin, I, 161.

patriotes et de héros qui devaient défendre la jeune Amérique : *Non sine Diis animosus infans* [1].

« Dans cette foule qui encombrait l'auditoire, chacun me parut sortir, comme je fis, pour aller prendre les armes contre les writs d'assistance. Ce fut là la première scène et le premier acte d'opposition contre les prétentions arbitraires de la Grande-Bretagne. En quinze ans, de 1761 à 1776, l'enfant avait grandi, c'était un homme, il proclama sa liberté ! »

Aux élections de mai 1761, Otis fut nommé à la législature, quoiqu'il ne se fût jamais mêlé des affaires publiques; dès ce jour, il eut des amis dévoués, et des ennemis qui ne lui pardonnèrent point.

Dans cette assemblée, il apporta sa fougue et son talent, secondé dans sa résistance contre le gouvernement par la jalousie patriotique de ses collègues. On peut juger de l'esprit public par le fait suivant :

En 1762, le gouverneur avait mis cinquante hommes sur le *Manchester*, sloop garde-côte, qui protégeait les pêcheries de Terre-Neuve; on craignait une expédition française; c'était une dépense de 72 livres sterling (1,440 francs).

En soi, le fait était insignifiant; mais ce n'était pas le premier exemple de dépenses faites sans le vote de l'assemblée; il y avait un principe engagé dans l'affaire,

1. Allusion à la médaille d'alliance frappée à Paris, et dont l'idée fut donnée par Franklin. Sur la face, la tête de la Liberté : *Libertas Americana*. 4 juillet 1776.

Au revers Hercule enfant qui lutte avec un Lion (l'Angleterre); il est défendu par Minerve (la France), qui couvre l'enfant d'un bouclier avec des fleurs de lis, sur lequel se jette le lion. La devise, fournie par sir William Jones, est : *Non sine Diis animosus infans*; au-dessous est la double date : 17 octobre 1777 — 19 octobre 1781.

une question de dignité et de souveraineté. L'assemblée réclama ; Otis dressa un projet de lettre au gouverneur. On le trouvera fort vif ; mais, comme le disait finement Burke : « En d'autres pays plus simples ou moins vifs, le peuple ne juge des mauvais principes d'un gouvernement que par ses souffrances actuelles ; en Amérique, ils préviennent le mal et jugent de la souffrance par la méchanceté du principe. Ils devinent à distance un mauvais gouvernement et sentent l'approche de la tyrannie au premier souffle qui n'est pas pur. »

Voici la lettre d'Otis :

« Nos devoirs envers nous-mêmes et envers nos constituants nous obligent à faire des remontrances à Votre Excellence contre les augmentations de dépenses faites par le gouverneur et le conseil.

« C'est ravir à la Chambre son plus cher privilége, le droit de voter en premier lieu l'impôt.

« En fait, c'est annihiler une branche de la législature. Et quand une fois les représentants du peuple ont abandonné ce privilége, le gouvernement devient promptement arbitraire.

« Il n'y a point de nécessité qui puisse justifier une Chambre de représentants qui abandonnerait un pareil privilége. Qu'importe au peuple d'être sujet de George ou de Louis, du roi de la Grande-Bretagne ou du roi de France, si tous deux sont des rois *arbitraires,* comme tous deux le seraient si tous deux pouvaient lever des taxes sans le Parlement ? »

Quand on lut ce dernier passage, un des représentants cria : *Trahison, trahison!* Mais, après un discours très-animé que prononça Otis, la lettre fut votée à une forte majorité, et Otis nommé un des commissaires pour la porter au gouverneur.

Bernard le gouverneur se plaignit de ces déclamations, qui semblaient faire croire au peuple que ses droits étaient en danger. De pareilles harangues, disait-il, pouvaient convenir au règne de Charles II ou de Jacques II, elles étaient injustes et sans fondement sous le règne bon et bienveillant de George III.

Bernard mentait, car il connaissait mieux que personne les projets du ministère; c'était lui qui poussait aux nouveautés qui amenèrent la révolution.

Comme conclusion de son discours, Bernard demandait qu'on effaçât des journaux de la Chambre certains passages « où le nom sacré d'un roi bien-aimé était traité avec peu de respect. »

La Chambre se rendit à cette demande; et Otis proposa d'insérer dans l'adresse les mots suivants en tête du passage attaqué :

« Avec tout le respect dû à la personne sacrée et au gouvernement de Sa Majesté, pour lesquels nous professons le plus sincère attachement et la plus parfaite loyauté, qu'il nous soit permis de dire qu'il importerait peu... »

Mais, à ce moment, le député irritable qui avait crié *trahison* se mit à crier : *Effacez, effacez !* L'amendement ne fut pas voté, on effaça les mots qui avaient choqué le gouverneur, et ce fut en cet état que le message lui fut renvoyé[1].

---

1. *Life of Otis*, p. 119 et suiv.

Pour justifier son opinion et la conduite de la Chambre, Otis publia un pamphlet dont nous parlerons à la prochaine leçon, car ce fut le texte où puisèrent tous les défenseurs de la révolution.

L'exemple d'Otis n'est point rare dans l'histoire. Il se trouve toujours un moment où un homme (qui n'est pas toujours un grand homme) devient l'organe et la voix de la nation. C'est un des plus curieux spectacles que présente l'humanité, une des plus grandes leçons pour les cœurs faibles et qui se laissent abattre par le succès de l'injustice.

Un gouvernement est tout-puissant. Soutenu par l'armée, par une seconde armée de fonctionnaires, par le découragement ou l'indifférence de la foule, il semble qu'il peut tout faire et que le peuple soit résigné à tout souffrir; cent fois ce gouvernement a essayé sa force, cent fois il a réussi; mais peu à peu la coupe s'emplit, le mécontentement monte; le peuple cherche ce qu'il veut, et ne le trouve pas. Tout à coup un homme se lève et prononce quelques mots, auxquels le premier peut-être il n'attache point une grande importance. Le cri est trouvé; c'est le son de la trompette qui réveille les âmes endormies; le peuple se reconnaît et reprend possession de lui-même; alors éclate ce que Napoléon nommait si bien l'impuissance de la force, alors paraît la toute-puissance de l'idée. C'est à qui servira sous ce nouvel étendard; les ambitieux se jettent du côté où souffle la fortune; en se précipitant ils emportent la balance; la victoire est certaine; l'histoire l'enregistre; mais souvent l'histoire est ingrate comme la fortune, elle oublic l'homme qui un jour a été la voix du pays. C'était, dit-on, le simple écho du sentiment national, il a dit ce que chacun pensait. Oui, mais il a eu le courage de le dire; sans ce mot magique qui a rompu le charme, qui sait si le sommeil ne durerait pas encore? L'ingratitude ne convient pas aux peuples; ils ont besoin de grands hommes; ils ont plus besoin encore de ces obscurs serviteurs, de ces soldats qui risquent tout, sans espoir et sans ambition, pour soutenir ou relever le vieux drapeau.

CINQUIÈME LEÇON

La paix de 1763 acheva la victoire de l'Angleterre, et la laissa maîtresse incontestée de l'Amérique du Nord, depuis la baie d'Hudson jusqu'au golfe du Mexique. Pour des hommes d'État, c'était une occasion admirable de relier ce continent à la mère patrie par le lien commun de l'intérêt, du droit et de la liberté.

Mais les hommes d'État de la Grande-Bretagne avaient, en politique et en économie politique, des idées toutes différentes de ces larges conceptions qui amènent une union solide. Assurer le monopole commercial et industriel de la métropole, et pour cela réduire les colonies à la plus étroite dépendance, c'était leur *Credo* commun, et ce *Credo*, il faut le dire, était celui de la grande majorité des Anglais. On différait sur le choix des moyens, mais non pas sur le principe. Robert Walpole avait refusé de se mettre la Nouvelle-Angleterre sur les bras, ayant déjà bien assez de sa querelle avec la vieille Angleterre[1]; Pitt

1. Coxe's *Life of Walpole*, I, 753.

avait trouvé indigne de lui de taxer, sans leur aveu, des citoyens anglais; mais ni Walpole ni Pitt ne doutaient un instant du droit suprême du Parlement. C'était pour eux une question de convenance, rien de plus.

Aussitôt la paix conclue, le Bureau du commerce, où ressortissaient les affaires coloniales, Bureau présidé par Charles Townshend, s'occupa des moyens à prendre pour régler et organiser les colonies. Townshend, qui avait la réputation de connaître l'Amérique, était un de ces hommes d'État qui décident légèrement les affaires sérieuses, confiants dans leur audace, et résolus d'exécuter sans scrupule les mesures où ils sont entrés sans réflexion [1].

Le premier objet que se proposait le président du Bureau du commerce, c'était de tirer des colonies un revenu dont le ministère anglais disposerait sous la simple signature du roi. Le ministère ne voulait pas supporter plus longtemps la désobéissance aux instructions royales, ni souffrir la prétention de ces Chambres coloniales, qui entendaient voter les impôts ni plus ni moins que le Parlement de la Grande-Bretagne. Il fallait mettre la royauté hors de page. On annonçait que le roi ne ferait plus de *réquisitions*, c'est-à-dire des propositions que les colonies pouvaient refuser; on remplacerait ces réquisitions par un impôt mis directement sur les colonies par le Parlement anglais [2].

---

1. Bancroft, *Amer. Rev.*, II, p. 90.
2. Bancroft, *ibid.*, II, p. 92.

Ce qu'on voulait obtenir n'est pas douteux : c'était la toute-puissance du ministère et l'affaiblissement politique des plantations. Ce revenu imposé aux colonies constituerait une liste civile avec laquelle on payerait en Amérique tous les officiers royaux. En d'autres termes, les gouverneurs, les juges, les fonctionnaires publics, jusque-là dépendant des colonies, seraient désormais dans la main du roi, et n'auraient plus rien à attendre que de lui ; révocables, du reste, à son bon plaisir. C'était constituer, en chaque colonie, une garnison civile faite pour maintenir les planteurs dans l'obéissance, et exalter l'autorité de la Grande-Bretagne[1].

Pour en arriver là, il fallait déchirer les Chartes coloniales ; mais cela n'arrêtait pas Townshend. Il voulait leur substituer partout un même gouvernement ; il avait cette passion d'uniformité que Montesquieu a si bien définie une de ces « idées qui saisissent quelquefois les grands esprits, mais qui frappent infailliblement les petits. » Un homme d'État souffre la variété et voit l'unité foncière des choses. Lord Melbourne[2], un des plus sages politiques de l'Angleterre, lorsqu'il trouvait une mesure trop difficile, demandait, comme solution, si on ne pourrait pas laisser la chose aller toute seule ; maxime d'un paresseux, plus profonde et plus utile que l'agitation stérile de ces gens qui trouvent toujours qu'il y a quelque chose à faire, et qui ne font que gâter ce qu'ils touchent.

1. Bancroft, *Amer. Rev.*, p. 93.
2. *Discours de lord Derby sur l'Adresse* 1863 (février).

Par amour de la règle, par goût de l'uniformité, Townshend voulut donc imposer l'Amérique et lui enlever ses Chartes coloniales. Ce n'est pas tout, il lui fallait une armée permanente maintenue aux frais de ceux dont elle gênerait la liberté. Vingt régiments ou dix mille hommes, nourris et payés par l'Amérique, devaient lui rappeler sans cesse qu'elle appartenait à l'Angleterre [1].

Enfin, et pour compléter le système, il fallait, tout en diminuant les droits d'importation, rendre plus stricte l'exécution de l'acte de navigation, empêcher des gens téméraires et imprudents d'élever des fabriques au delà des mers. Écraser les colons, c'était, dans le langage du temps, servir l'intérêt public [2]. Le langage n'a pas changé; l'intérêt public, c'est toujours avec ce manteau qu'on étouffe le droit et la liberté.

Il semble qu'un pareil projet aurait dû attirer l'attention des amis de la Constitution, en Angleterre; mais on ne voit pas que personne s'en soit inquiété. Le ministère, il faut lui rendre cette justice, agissait en toute sûreté de conscience, avec une foi absolue dans son droit, et sans même soupçonner une résistance possible des colonies. Qu'il y eût quelque rumeur, quelque mécontentement passager, la chose n'avait rien qui pût surprendre; mais de là à un soulèvement, il y avait un abîme. Personne n'y croyait en Angleterre : on était au lendemain du jour où l'on avait

1. Bancroft, *Amer. Rev.*, II, 97.
2. Bancroft, *ibid.*, II, 208.

abattu la France; et j'ajoute que personne n'y croyait
aux colonies[1]. Il fallut dix ans de querelles et d'agitations pour décider les Américains; mais aussi, une fois
décidés, ils ne reculèrent plus.

La chute de lord Bute, en avril 1763, amena la
retraite de Townshend, et mit à la tête des affaires
George Grenville; ce fut lui qui eut le triste honneur
d'attacher son nom à l'impôt du timbre, première entreprise sur les droits des planteurs, qui devait amener
la séparation.

George Grenville était un légiste; il se croyait libéral parce que le premier article de son symbole politique, qui était celui des whigs, c'était l'omnipotence
du Parlement. Comme si une assemblée qui n'a pas
même de responsabilité morale ne pouvait pas être
plus tyrannique qu'un homme, toujours retenu par la
crainte de l'opinion, et qui tout au moins redoute l'in-
corruptible avenir.

C'était en outre un de ces administrateurs minutieux
qui se noient dans leurs paperasses; un de ces pédants
politiques qu'on admire dans les assemblées, parce
qu'ils connaissent tous les détails sans jamais s'élever
jusqu'aux principes[2]; un de ces hommes qu'un proverbe allemand caractérise finement, en disant que les
arbres les empêchent de voir la forêt. On a dit de lui,
avec une vérité plaisante « qu'il avait perdu l'Amérique parce qu'il avait lu les dépêches américaines, ce

<hr>

1. Voyez le discours d'Otis à Boston, en 1763. Bancroft, *Amer.
Rev.*, t. II, p. 101.
2. Bancroft, *ibid.*, II, p. 114.

qu'aucun de ses prédécesseurs n'avait fait[1]. » Confiants
dans leur travail et leur logique, ces esprits étroits sont
entêtés, sans savoir commander, et mènent un pays à
l'abîme avec une sécurité qui ne les abandonne jamais.
Ils ressemblent aux médecins de Molière : pourvu que
le patient meure dans les formes, ils ne doutent pas un
moment ni de leur droit, ni de leur génie.

Grenville voulut mettre un impôt sur les plantations.
La dernière guerre avait été entreprise pour défendre
les colonies, il lui semblait juste que les colons prissent
leur part des lourdes charges que la victoire avait laissées. La dette publique anglaise était de 140,000,000
liv. st. (3,500,000,000 fr.)[2]. Les planteurs avaient
fourni plus que leur contingent d'hommes et d'argent : dans la guerre contre la France, ils avaient
dépensé 16,000,000 de dollars (80,000,000 fr.), sur
lesquels le Parlement leur avait remboursé 5,000,000
de dollars (25,000,000 fr.)[3]; cependant ils n'auraient
pas refusé de contribuer, si on leur avait demandé un
libre concours. Grenville n'y songea même pas; il avait
pour lui la lettre de la loi; il ne lui vint pas à l'esprit
de mettre en balance le danger d'aliéner les colons
et le revenu net d'un impôt.

Toutefois, il faut lui rendre cette justice, qu'il ne
procéda point de façon violente ou téméraire.

Dans la session de 1764, Grenville proposa tout un

---

1. Lord Mahon, *Hist. of Engl.*, ch. xliii, t. V, p. 84. Édit. de
Leipsig.
2. Hildreth, II, 516.
3. Hildreth, *Hist. of the U. S.*, t. II, p. 511.

système de mesures coloniales, fondées, disait-il, sur les vrais principes de la politique, du commerce et des finances[1]. En d'autres termes, il augmentait le nombre des douaniers, employait les forces navales et militaires d'Angleterre à réprimer la contrebande, établissait un règlement uniforme et sévère pour les cours d'amirauté, qui jugeaient ce délit sans assistance du jury, et se flattait d'arriver ainsi à la suppression d'un commerce défendu avec l'étranger[2]. Étouffer l'industrie coloniale, cela était correct, régulier, légal ; Grenville ne douta ni de son droit, ni du succès.

Quant à l'impôt du timbre, invention fiscale empruntée de la Hollande, Grenville se contenta de le proposer, sans demander un vote immédiat. Il voulait d'abord faire vider une question de droit constitutionnel, et répondre par des faits aux gens qui prétendaient que le Parlement n'avait pas le droit d'établir aux colonies des taxes intérieures[3]; il voulait, en outre, que l'Amérique payât sa part des dépenses de la métropole; l'impôt du timbre lui paraissait commode et bien choisi ; mais il était prêt à le remplacer par un autre si les colonies en trouvaient un préférable. Il mettait un an d'intervalle entre la proposition et le vote, pour entendre les agents que les plantations entretenaient en Angleterre, leur laisser le temps d'écrire à leurs commettants et d'en recevoir des instructions.

1. Bancroft, *Amer. Rev.*, II, 177.
2. Bancroft, II, 181.
3. Bancroft, *Amer. Rev.*, II, 211. — Hildreth, *Conf.*, II, 517.

Grenville, suivant ses propres expressions, voulait
ainsi prouver sa tendresse aux colonies[1]. Non-seulement il les consultait, mais il favorisait leur exportation des matières premières, en donnant des primes
à l'importation en Angleterre des chanvres et des lins
d'Amérique. En outre, il mettait la Nouvelle-Angleterre presque sur le pied d'égalité avec la métropole
pour la pêche de la baleine, encore bien qu'il fût convaincu qu'une fois libres les pêcheurs américains sur-
passeraient les Anglais, et qu'on leur donnait là de
l'occupation pour plus de trois mille matelots[2].

Quand la question de droit fut présentée au Parlement, il ne se trouva pas, dans toute l'opposition, une
seule personne pour contester l'omnipotence parlementaire. Un membre se leva et dit : « Nous sommes
forts, j'espère que nous serons indulgents[3]; » et tout
fut dit.

Avec les agents des colonies, Grenville prit ce langage tendre qui est particulier aux financiers lorsqu'ils
établissent un impôt.

C'était par amour pour les colonies qu'il avait présenté ce projet. Il était raisonnable que les plantations
contribuassent à se protéger elles-mêmes, et payassent
leur part des lourdes charges d'une guerre que la
Grande-Bretagne avait faite pour leur compte. L'impôt
du timbre était d'une assiette commode, d'une perception facile, ne demanderait qu'un petit nombre

1. Bancroft, *Amer. Rev.*, II, 207.
2. Bancroft, *ibid.*, II, 210.
3. Bancroft, *ibid.*, II, 212.

d'agents, n'entraînerait aucune visite dans les maisons, aucune influence extralégale. En consentant à l'établissement de cet impôt, les colons établiraient un précédent qui ferait qu'à l'avenir on ne les taxerait pas sans leur demander leur avis[1].

Donner leur avis n'était pas ce que demandaient les planteurs; c'était leur libre vote qu'ils voulaient conserver. Ce délai accordé par le ministre était un leurre, un mensonge, disait Burke, dans un moment où il était moins parlementaire que de coutume. Cette façon de traiter les contribuables rappelle trop une caricature publiée en France, en 1787, lors de l'assemblée des notables; le contrôleur général de Calonne consultait des dindons et leur demandait à quelle sauce ils voulaient être mangés. — Nous ne voulons pas être mangés, disaient les dindons. — Vous sortez de la question, répondait le ministre. — Réponse ridicule, mais qui plus d'une fois a été faite sérieusement, en tous pays.

Quand la nouvelle arriva en Amérique, les colonies, sans se consulter, furent toutes d'avis de refuser l'impôt et de n'en proposer aucun autre. Pour elles, comme pour Grenville, le point en question n'était point l'argent à fournir, mais le principe engagé; elles ne voulaient pas être taxées dans un Parlement où elles n'étaient pas représentées.

Ce fut alors qu'Otis publia, à Boston, un livre intitulé : *les Droits des colonies anglaises*. C'était moins un pamphlet qu'un traité sur les premiers principes du

----

1. Bancroft, *Amer. H r.*, II, 211.

gouvernement et sur les droits naturels de l'homme et du citoyen. Otis nous donne un résumé de sa philosophie politique; on y voit à quel degré on en était arrivé dans ce pays, que l'Europe regardait comme bien au-dessous d'elle par la civilisation, et qui, en politique, était de plus d'un siècle en avant de ce continent qui le dédaignait.

« Le gouvernement, dit Otis, n'est pas fondé sur la force, comme Hobbes le prétend, ni sur un contrat : c'est la théorie de Locke et de la révolution de 1688; ni sur la propriété, comme l'a prétendu Harrington, dans son *Océana*. Il sort des besoins de notre nature; il a son fondement éternel dans l'immuable volonté de Dieu. C'est au même instant que l'homme est entré dans le monde et dans la société.

« Dans toute société humaine, il doit exister une volonté souveraine, dont les décisions suprêmes n'ont d'appel qu'au ciel. Ce souverain pouvoir est originairement et finalement dans le peuple. En fait, jamais peuple n'a renoncé librement à ce droit divin; en droit, toute renonciation est nulle. Royauté et prêtrise sont des inventions pour attraper la foule. Le bonheur de l'humanité demande que cette antique et puissante alliance soit brisée à jamais.

« Dans la grande Charte qu'il a donnée à la race humaine, le tout-puissant Monarque de l'univers, ce Maître qui sait tout, a placé la fin du gouvernement dans le bonheur des hommes. La forme du gouvernement est laissée aux membres de chaque société; l'organisation du gouvernement et son administration doivent être conformes à la loi de la raison universelle. Il n'y a pas de prescription assez longue pour annuler la loi de la nature et la concession de Dieu, qui a donné à tous les hommes le droit d'être libres. Quand tous les princes, depuis Nemrod, auraient été des tyrans, cela n'établirait pas le droit de la tyrannie. Lorsque les dépositaires de la puissance législative et exécutive penchent vers la tyrannie, leur résister est un devoir; s'ils sont incorrigibles, il faut les déposer.

« Le premier principe, la fin du gouvernement, c'est de pourvoir au bonheur du peuple entier. Cela ne peut se faire que par un pouvoir législatif et exécutif qui, en dernière analyse, est aux mains du peuple, là où Dieu l'a placé; mais les difficultés qui s'opposent à l'assemblée universelle du peuple ont donné lieu au droit de représentation. Ce transfert du pouvoir entre un petit nombre de mains était nécessaire; mais remettre à un seul ou à un petit nombre le pouvoir de tous, et donner à ce petit nombre l'hérédité, c'est l'œuvre intéressée des faibles et des méchants. Rien n'est héréditaire que la vie et la liberté. Le grand problème de la politique, c'est de trouver la meilleure combinaison des pouvoirs législatif et exécutif... mais le premier principe, c'est l'égalité et la puissance du peuple.

« Les meilleurs écrivains du droit public ne contiennent rien de satisfaisant sur les droits naturels des colonies. Grotius et Puffendorf établissent le droit sur le fait. Leurs recherches ne sont trop souvent que l'histoire des anciens abus; c'est de ces savants que les cours d'amirauté apprennent à juger les affaires par les règles du droit romain et du droit féodal. Trop d'étude n'amène qu'une ridicule infatuation. Les colons anglais ne tiennent pas leurs libertés et leurs terres de la volonté du prince. Les colons sont des hommes, enfants communs du même Créateur, frères de leurs concitoyens de la Grande-Bretagne.

« Les colons sont des hommes, ils sont donc libres de naissance; car, par la loi de nature, tous les hommes naissent libres, qu'ils soient blancs ou qu'ils soient noirs. Il n'y a point de raison pour asservir un homme, quelle que soit la couleur de sa peau. Est-il juste de réduire un homme en esclavage, parce que sa peau est noire et qu'il a des cheveux crépus au lieu de cheveux chrétiens? Un nez plat, une face écrasée, est-ce un argument logique en faveur de la servitude? Les richesses des Antilles, l'intérêt de la métropole, ne peuvent fausser la balance de la vérité et de la justice. La liberté est un don de Dieu, rien ne peut l'anéantir.

« Les droits politiques et civils des colons anglais ne reposent pas davantage sur une Charte de la couronne. La grande Charte, si vieille qu'elle soit, n'est pas le commencement de toutes choses; elle n'est pas sortie du chaos au jour de la création. Un jour peut venir où le Parlement déclarera nulle et de nul effet toute Charte américaine; mais ce jour-là les droits des colons, comme hommes et comme citoyens, ces droits naturels, inhérents à leur qualité, inséparables de leurs têtes, ne seront pas atteints. Périssent les chartes, ces droits dureront jusqu'à la fin du monde.

« La distinction des taxes extérieures et intérieures n'a point de fondement. Si le Parlement peut taxer notre commerce, il peut taxer nos terres, établir la dîme, établir le timbre; il n'y a point de limite à son autorité. Ces impôts, quelle que soit la chose qu'ils frappent dans les colonies, commerce, terres, maisons, vaisseaux, meubles, sont inconciliables avec les droits des colons, comme sujets anglais et comme hommes. Tout acte du Parlement contraire aux principes fondamentaux de la Constitution anglaise est nul de soi.

« Les colons n'ignorent pas ce que l'indépendance leur coûtera de sang et d'or. Ils n'y songeront jamais, à moins qu'ils ne soient poussés à ce moyen suprême par cette oppression ministérielle qui rend fous les plus sages, et qui rend forts les plus faibles. Le monde est à la veille du plus grand spectacle qu'aura jamais vu l'humanité. Qui veut gagner le prix, Dieu est avec lui. L'humanité veut en finir avec cette servitude générale qui a si longtemps pesé sur elle, l'humanité triomphera[1]. »

Malgré ce langage énergique, Otis ne songeait à rien

----

1. Bancroft, *Amer. Rev.*, II, 231.

de moins qu'à une rébellion ; c'est de résistance légale qu'il parlait. « Résister par la force au roi et au Parlement, disait-il, c'est haute trahison. Si le Parlement nous impose le fardeau, c'est notre devoir de nous soumettre jusqu'à ce qu'on nous décharge. »

Otis était un légiste et croyait à la puissance du droit [1]. Il y avait auprès de lui des hommes, comme Samuel Adams, moins confiants, plus hardis, et qui déjà envisageaient froidement l'avenir.

Cet écrit d'Otis fut envoyé en Angleterre par les représentants du Massachusetts. « Jamais, était-il dit dans la lettre énergique qui était jointe à cet envoi, jamais nous ne reconnaîtrons au Parlement de la Grande-Bretagne le droit d'imposer un peuple qui n'est pas représenté dans la Chambre des communes. Si nous ne sommes pas représentés, nous sommes esclaves [2]. » La lettre fut imprimée avec l'écrit et, en 1766, on y fit allusion dans la Chambre des lords, à la suite des troubles qu'amena en Amérique l'acte du timbre voté en 1765 par le Parlement. On déclara que l'homme qui avait pu écrire de pareilles choses était un fou.

« Fou ? dit lord Mansfield. Prenez garde. La folie est contagieuse. Masaniello était fou, personne n'en doute ; cela ne l'empêcha pas de renverser le gouvernement de Naples. Dans toute assemblée populaire, en toute question populaire, la folie gagne vite [3]. »

Lord Mansfield avait raison : quand de pareilles ques-

---

1. Hildreth, *U. S.*, II, p. 523.
2. Hildreth, *Hist.*, II, 521.
3. *Life of Otis*, p. 172.

tions sont soulevées, quand les droits les plus sacrés sont menacés, un peuple libre est bientôt fou ; il n'y a de sages que des peuples nés pour la servitude ou qui ont lâchement abdiqué jusqu'au sentiment de l'honneur.

Les assemblées coloniales ne s'élevèrent pas aussi haut que l'avocat de Boston ; elles se contentèrent de défendre le principe, que toute taxe doit être votée par ceux qui la payent.

« Sans ce droit, disait l'assemblée de New-York, il n'y a ni liberté, ni bonheur, ni sécurité ; l'idée même de la propriété n'existe plus. La vie est intolérable.

« Nous rejetons avec horreur l'idée de nous prétendre indépendants du suprême pouvoir du Parlement. Nous sommes prêts à reconnaître que le Parlement de la Grande-Bretagne a autorité pour régler le commerce de tout l'empire... Ce que nous réclamons humblement, ce sont ces droits essentiels qui nous appartiennent comme colons, unis par le lien d'une commune liberté avec les libres enfants de la Grande-Bretagne. »

Le Massachusetts, le Connecticut et Rhode-Island allaient plus loin que l'assemblée de New-York. Comme Otis, ils contestaient au Parlement, non pas le droit de régler le commerce, mais le droit de faire des douanes un impôt établi sur les colons sans leur aveu. Déjà on commençait à parler d'union et à sentir le besoin de s'entendre pour résister.

Cette résistance des colonies blessait Grenville dans son amour-propre de ministre, dans sa foi de whig en l'omnipotence du Parlement. Suivant un usage qui, pour être resté dans la politique, n'en est pas moins injuste et mauvais, il fit de l'opposition des colonies défendant leurs droits une révolte, et se cacha derrière la prérogative royale en faisant appel aux préjugés et à l'orgueil du Parlement.

Le 10 janvier 1765, à l'ouverture de la session, le roi présenta la question américaine comme une « question d'obéissance aux lois et de respect à l'autorité législative du royaume[1]. » C'était le moyen de gagner une majorité et de perdre un empire.

La Chambre des lords et la Chambre des communes firent écho aux paroles royales; Charles Townshend déclara qu'il ne fallait pas émanciper les colonies. C'était un de ces mots qui plaisaient à tous les commerçants qui vivaient du monopole colonial. Les paroles de Townshend furent reçues avec acclamation. Que de discours, chaudement accueillis dans les Chambres, ont perdu ceux qui les ont faits sans sauver ceux qui les ont applaudis !

Grenville reçut les agents des colonies et protesta de son respect pour les droits des colons, en même temps que de sa ferme intention de soumettre les plantations à l'impôt, dans l'intérêt commun. Pour que rien ne manquât aux procédés ordinaires des gouvernements qui s'aveuglent, Soame Jenyns, un des plus anciens membres du Bureau du commerce, publia un pamphlet contre l'absurdité d'Otis et l'insolence de New-York et du Massachusetts[2].

<hr>

1. Bancroft, *Amer. Rev.*, II, 261.

2. *Life of Otis*, p. 189. Sous le titre de *Objections on the Taxation of the Colonies by the legislature of Great Britain, briefly considered.*

En fait d'insolence, rien ne vaut d'ordinaire les pamphlets commandés : celui de Soame Jenyns ne faisait pas exception à la règle.

« Le grand argument, la raison capitale, l'éléphant à la tête de cette armée de nababs, est ceci : « Nul Anglais n'est ou ne peut être taxé que de son aveu, ou de l'aveu de ceux qu'il a choisis pour le représenter. » Ceci est justement le contraire de la vérité. Personne, que je sache, n'est taxé de son aveu, et moins que personne un Anglais... Tout Anglais paie l'impôt; il n'y en pas un sur vingt qui soit représenté. Les gens de Manchester et de Birmingham sont-ils Anglais ? Payent-ils l'impôt ? Si les gens qu'on impose sont juges de l'équité de l'impôt, le Parlement n'aura jamais le pouvoir d'établir un impôt [1]. »

Partir d'un abus qui existe pour s'opposer à un droit réclamé, c'est de la logique de pamphlétaire; vient ensuite le cynisme obligé.

« Y a-t-il un moment plus favorable pour demander quelque assistance aux colonies qu'alors que l'Angleterre s'est épuisée à leur procurer le salut ? Y a-t-il un temps plus convenable pour mettre un impôt sur leur commerce que lorsque notre protection leur permet de faire concurrence à nos manufactures? Y a-t-il une saison plus propice pour les obliger à constituer quelque joli revenu à leurs gouverneurs que lorsque ces gouverneurs ne peuvent vivre qu'à la condition de manquer à leurs instructions? Y a-t-il un temps mieux choisi pour les obliger à fixer le traitement des juges que lorsque ces juges dépendent de l'humeur des assemblées, et ne peuvent

1. Otis disait plus tard qu'avec ce système de représentation *virtuelle*, les sauvages Tuscaroras représenteraient l'Angleterre.

obtenir des salaires que durant leur *mauvaise conduite* [1]? Y a-t-il un temps plus favorable pour les obliger à maintenir une armée à leurs propres frais que lorsque cette armée est nécessaire pour leur propre protection, et que nous sommes incapables de l'entretenir?

« ... Pour rendre, dit-on, l'exercice du pouvoir parlementaire juste et légal, on a proposé d'introduire dans la Chambre des Communes quelques représentants des colonies. Mais j'ai vu tant de preuves de la facilité de parole que possèdent ces *gentlemen* de l'autre monde, que j'ai peur qu'une pareille importation d'éloquence ne mette en danger l'Angleterre. Nous aurions meilleur marché à payer leur armée que leurs orateurs. »

Jenyns terminait en affirmant que le droit était incontestable, et son exercice nécessaire; il faisait appel à tous les partis pour soutenir des mesures que tout homme de bon sens devait approuver, que tout sujet anglais devait exiger d'une administration anglaise [2].

C'est toujours le même procédé; les ministres aiment qu'on leur commande au nom du pays ce qu'ils ont envie de faire. J'imagine qu'il y a un moule commun pour tous les pamphlets officiels; ils ont tous le même caractère et la même laideur. Qui en a lu un les a lus tous. Toujours l'insolence de la force, le cynisme de l'intérêt, le mépris du public, l'appel aux préjugés; toujours le même défi au bon sens, le même calcul sur l'ignorance des peuples. Les pamphlétaires officiels réus-

1. Allusion à l'expression *during good behaviour*, qui équivaut à l'inamovibilité.
2. Bancroft, *Amer. Rev.*, t. II, p. 263.

sissent comme les charlatans : leur grand secret, c'est l'impudence.

La loi portée au Parlement, les agents des colonies, Franklin à leur tête, essayèrent d'adresser des pétitions. On les refusa; l'usage n'étant pas, en Angleterre, de recevoir des pétitions contre un *money bill*[1]. On eût dit qu'il s'agissait d'établir le péage d'un pont ou d'une route.

Le courant était irrésistible : « Nous avons le pouvoir de les taxer, disait un ministre, nous les taxerons. » On voulait en finir avec ces prétentions d'indépendance du Parlement qui révoltaient les vieux Bretons.

« Nous ne pouvons rien, écrivait tristement Franklin, autant vaudrait empêcher le soleil de se coucher[2]. »

Le 25 février 1765, malgré l'opposition de Barré, du général Conway et de l'alderman Beckford, la loi fut votée par les Communes à une majorité des quatre cinquièmes[3]. Le 8 mars, elle passa à la Chambre des lords sans amendement, sans opposition.

Personne en Angleterre ne soupçonnait que la loi pût rencontrer la moindre résistance en Amérique. Quelques années plus tard, dans ses mémoires financiers, Grenville déclarait qu'il n'avait prévu aucune opposition, et qu'il aurait parié sa tête que la loi serait exécutée. C'est à l'avidité et à l'ingratitude des colons qu'il attribuait tout le mal.

Du reste, les agents des colonies eux-mêmes étaient

<hr>

1. Hildreth, *U. S.*, I, 524.
2. Bancroft, *Amer. Rev.*, II, 281.
3. Hildreth, II, 525. 294 contre 49.

convaincus qu'il fallait se soumettre, Franklin tout le premier. Dans ses rêves les plus hardis, il ne prévoyait la résistance des colonies que dans un lointain reculé, quand la population se serait élevée au niveau de celle de la métropole. Il fallait un siècle pour cela.

Aussi dit-on que, lorsqu'un des agents s'embarqua pour porter en Amérique la nouvelle de l'adoption de la loi et demanda à Franklin ses instructions secrètes, Franklin répondit : « Dites à nos concitoyens qu'ils aient le plus d'enfants possible et le plus tôt possible. »

L'Amérique fut moins prudente que ses agents ; confiante dans son droit, elle entreprit aussitôt de résister en multipliant les protestations légales, les pétitions et les pamphlets.

Cette résistance raisonnée, cette patience que rien ne lasse, ces chicanes de légistes nous étonnent. Le premier mot d'un Français, c'est : Battons-nous ; le premier mot d'un Saxon doublé d'un Normand c'est : Plaidons.

Cette différence foncière des deux peuples n'a jamais été si visible que dans l'histoire des deux révolutions. Nous donnons tout au hasard, le Saxon défend son droit par tous les moyens légaux avant d'en appeler à la force. Le caractère des deux nations est peint dans la devise que chacune d'elles a choisie : *Dieu protége la France*, disons-nous ; belle devise, mais incomplète ; car enfin Dieu ne nous a pas promis sa protection si nous ne nous aidons nous-mêmes ; il ne s'est pas chargé de nous sauver de nos erreurs et de nos folies. « Avant

d'agir, disait je ne sais plus quel sage, réfléchissez qu'i
y a un Dieu et qu'il vous voit ; une fois votre parti pris,
agissez comme si Dieu n'existait pas. »

Dieu et mon droit, dit la devise anglaise ; celle-là
est complète, elle fait la part de Dieu et celle de l'homme ;
elle ne convient pas moins au citoyen qu'au chrétien.

SIXIÈME LEÇON

L'ACTE DU TIMBRE EN AMÉRIQUE. — PATRICK HENRY.

La loi du timbre, promulguée le 22 mai 1765, fut aussitôt envoyée aux colonies ; l'exécution n'en devait commencer que le 1er novembre de la même année. Sûr de l'exécution d'une loi à laquelle nul ne pouvait se soustraire sans rendre sa propriété et ses droits incertains, le ministre avait voulu laisser aux planteurs le temps de s'habituer à une mesure dont la justice lui paraissait évidente. En même temps il avait décidé qu'on prendrait les officiers du timbre parmi les Américains eux-mêmes ; c'était un moyen de rendre la perception de l'impôt plus facile [1], et de se faire des créatures dans les colonies.

Les gouverneurs avaient naturellement désigné leurs amis pour ces fonctions, qui promettaient d'être lucratives ; et des hommes qui plus tard figurèrent au premier rang de la révolution avaient accepté, sans scrupule, un emploi légal. Personne ne soupçonnait qu'on pût résister à la Grande-Bretagne. « L'acte du timbre, écrivait Hutchinson, est reçu ici aussi bien qu'on pouvait l'espérer ; il n'y a pas moyen d'y échapper ; l'acte

---

1. Ce sera comme aux Antilles, disaient les mécontents ; les commandeurs nègres sont les plus cruels. Bancroft, II, 319.

s'exécutera de soi-même [1]. » — « Les larmes me soulagent, » écrivait Otis, imagination ardente, facile à accabler comme à se redresser. Et il ajoutait : « Le devoir de tous est de se soumettre humblement et silencieusement aux décisions de la suprême législature. Sur mille colons, il y en a neuf cent quatre-vingt-dix-neuf qui n'auront jamais d'autre pensée que de se soumettre en tout et pour tout au roi et à l'autorité du Parlement [2]. »

Cette résignation désespérée n'était pas du goût d'une jeunesse bouillante, et, d'un autre côté, elle valait à Otis les injures des amis du gouvernement; c'était, disait-on, un Masaniello qui avait peur de la tempête qu'il avait appelée; mais, à part quelques âmes emportées, c'était le sentiment général qu'il faudrait obéir. Ce n'est pas volontiers qu'un peuple laborieux, sage et patient, envisage les dangers d'une révolution. Il y a dans tous les grands événements un calme qui précède et qui annonce l'orage : on en était là.

Ce fut de la Virginie que partit l'étincelle qui devait tout enflammer. L'assemblée coloniale était réunie; les chefs ordinaires de l'opinion, presque tous grands propriétaires, avaient évité de toucher à une question brûlante; mais à la fin de la session, aux derniers jours de mai, un jeune avocat qui venait d'entrer à la Chambre, et qui y était à peu près inconnu, Patrick Henry, sans avoir consulté personne que deux membres, proposa tout à coup des résolutions d'une

1. Bancroft, *Amer. Rev.*, II, 310.
2. Bancroft, *ibid.*, II, 308.

hardiesse extrême. Il fallait une voix qui dît ce que chacun pensait; cette voix fut celle de Patrick Henry. Suivant un mot de Jefferson : ce fut lui qui lança la balle de la révolution [1].

Patrick Henry, qui joua un rôle considérable dans les premiers jours de la révolution, était un de ces hommes qu'on ne rencontre guère qu'en Amérique, de ces gens qui se sont faits eux-mêmes, *self made*, suivant une expression qui nous manque comme la chose même.

Né en 1736, il avait essayé de bonne heure plus d'un métier, sans réussir dans aucun. Deux fois commerçant, il avait deux fois fait de mauvaises affaires. Agriculteur, il avait été obligé de vendre ses propriétés pour payer ses dettes. En désespoir de cause il s'était fait avocat, après six semaines d'études [2]. Il avait lu Coke sur Littleton et les lois de la Virginie, cela lui avait suffi.

Les contemporains nous le représentent comme une espèce de paysan du Danube, gauche dans ses manières, plus que négligé dans ses habits, tour à tour indolent et ardent, sans aucun goût pour l'étude ou la lecture; mais avec cela causeur, observateur, et ayant cette éloquence simple et franche qui prend les hommes mieux que l'art le plus recherché. Les Américains, qui ont un surnom pour leurs grands hommes, comme nous pour nos rois, l'ont appelé l'*Orateur de la nature*, titre exact s'il signifie que Patrick Henry devait tout à l'ardeur de son âme et rien à l'éducation.

1. Wirt's *Life of Patrick-Henry*, p. 38.
2. Wirt's, *ibid.*, p. 21.

Voici les résolutions[1] que proposa le nouveau venu :

« *Résolu* que les premiers aventuriers et planteurs de cette colonie de Sa Majesté ont apporté avec eux et transmis à leur postérité tous les priviléges, franchises et immunités qui ont été de tout temps possédés par le peuple de la Grande-Bretagne.

« *Résolu* que, par deux Chartes accordées par le roi Jacques Ier, les planteurs de la Virginie ont été reconnus comme ayant droit à toutes les libertés, priviléges et immunités des sujets anglais, de même que s'ils habitaient et s'ils étaient nés dans le royaume d'Angleterre.

« *Résolu* que le caractère distinctif de la liberté anglaise, caractère sans quoi l'ancienne Constitution anglaise ne peut subsister, c'est que le peuple a droit de se taxer par lui-même ou par des représentants, qui seuls peuvent connaître quelles taxes le peuple est en état de supporter, quel est le meilleur mode de perception, et qui sont eux-mêmes atteints par les taxes qu'ils établissent.

« *Résolu* que le peuple lige de Sa Majesté, le peuple de cette très-ancienne colonie, a joui sans interruption du droit d'être gouverné par sa propre assemblée en tout ce qui touche ses impôts et sa police intérieure; que jamais ce droit n'a été forfait, ni abandonné; qu'il a été constamment reconnu par le roi et le peuple de la Grande-Bretagne.

« *Résolu donc* que l'assemblée générale de la colonie a seule le droit et le pouvoir d'imposer des taxes sur les habitants; et que tout essai afin d'investir de ce pouvoir une personne ou quelques personnes que ce soit en dehors de cette assemblée a une tendance manifeste à détruire la liberté anglaise non moins que la liberté américaine[2]. »

---

1. C'est sous cette forme que les assemblées, en Angleterre et en Amérique, expriment leur opinion ; la résolution répond à notre *ordre du jour motivé*.

2. Wirt's *Life of Patrick-Henry*, p. 49.

Une résolution aussi hardie que la dernière était faite pour troubler toute assemblée. Déclarer par acte législatif que le peuple des colonies n'était pas tenu d'obéir à une loi faite par le Parlement, c'était lever l'étendard de la révolte contre la mère patrie. Robinson le président, Peyton Randolph, l'attorney du roi, et George Wythe, employèrent toutes leurs forces pour modérer le ton de ces résolutions violentes ; mais Patrick Henry enleva l'assemblée.

Il déclara que mettre un impôt sur les colonies sans leur consentement était un acte tyrannique ; que le roi d'Angleterre, en donnant sa sanction à la loi, avait pris le rôle d'un tyran ; et, faisant une audacieuse et menaçante allusion à la destinée des tyrans : — « César, dit-il, a eu son Brutus, Charles I⁰ʳ son Cromwell, et George III… (*Trahison !* cria le président. *Trahison ! trahison !* cria l'assemblée). George III, dit Patrick Henry en regardant le président et d'une voix ferme, fera bien de songer à leur exemple. Si c'est là de la trahison, faites-en votre profit. »

Ces paroles violentes entraînèrent les jeunes membres de l'assemblée ; les résolutions furent toutes adoptées, à une faible majorité ; la cinquième à une voix seulement[1]. Mais la nuit porte conseil, le lendemain on décida (en l'absence de Henry) qu'on rayerait la cinquième résolution sur le journal de la Chambre.

L'assemblée fut aussitôt dissoute par le lieutenant gouverneur, qui voulait étouffer la révolte dans le bou-

---

1. Bancroft, *Amer. Rev.*, II. 315.

ton; mais les résolutions furent imprimées et circulè-
rent aussitôt dans toutes les colonies, avec les deux
paragraphes suivants, ajoutés par une main inconnue :

« *Résolu* que le peuple lige de Sa Majesté, les habitants de
cette colonie, ne sont tenus d'obéir à aucune loi ou ordon-
nance établissant une taxe quelconque, si cette loi ou ordon-
nance n'est pas le fait de l'assemblée générale.

« *Résolu* qu'on regardera comme ennemi de la colonie de
Sa Majesté quiconque, par parole ou par écrit, maintiendra
qu'en dehors de l'assemblée coloniale une personne ou plusieurs personnes ont le droit d'imposer une taxe quelconque
en ce pays [1]. »

Les résolutions de l'assemblée de Virginie se répan-
dirent aussitôt par toute l'Amérique; la Virginie, la
vieille province, *the old dominion*, jouissait d'une
grande autorité; c'était un pays tout anglais, respectable par la richesse et la grande situation des planteurs; elle et le Massachusetts formaient les deux têtes
des colonies.

Déjà d'ailleurs, avant que ces nouvelles fussent arri-
vées à Boston, Otis, convaincu que l'union était le seul
moyen de faire une résistance efficace, sans sortir de
la soumission due à la mère patrie, avait proposé de
convoquer un congrès américain, congrès qui se réunirait sans convocation royale, et qui serait composé de
délégués de treize colonies, nommés par les Chambres
de représentants, sans consulter le conseil ni le gouverneur. C'était un souvenir du congrès de 1754; mais la

1. Pitkin, *Hist. of the U. S.*, I, 176.

portée de cette mesure était tout autre, car il s'agissait
d'y juger les actes mêmes du Parlement.

Les tories d'Amérique sourirent à cette folle proposition ; Grenville lui-même était convaincu que les jalousies provinciales et la différence des intérêts empêcheraient toujours les colonies de s'unir, et les tiendraient
dans l'étroite dépendance de la métropole. Mais, sans
s'inquiéter de cette prophétie, la Chambre des représentants du Massachusetts adopta le projet d'Otis, en écartant tout ce qui pouvait diviser les esprits. On n'aborda
point, on refusa même de discuter la question de savoir
si les colonies seules avaient le droit d'établir des taxes
intérieures. On envoya une lettre circulaire à toutes
les assemblées coloniales, en demandant que les délégués de ces différentes assemblées se réunissent à New-
York, le premier lundi d'octobre 1765, pour consulter
ensemble, et considérer s'il n'était pas nécessaire d'adresser au gouvernement et au peuple anglais une réclama-
tion commune. Otis et deux autres membres, amis du
gouvernement, furent choisis comme délégués[1].

Cette décision, soutenue par des pamphlets, par des
articles de journaux, d'autant plus ardents que le timbre
menaçait la presse, mirent en feu toutes les têtes. —
« Si nous sommes Anglais, disait-on, qu'est-ce donc
que notre propriété ? » — « Le grand M. Locke, ajoutait-on, a établi que nul n'est propriétaire de ce qu'un
autre peut lui prendre. » — « Coke, disait un légiste, a
établi qu'un seigneur peut tailler son vilain à merci et

---

1. Bancroft, *Amer. Rev.*, II, 318.

miséricorde; mais qu'il est contre les franchises de la
terre qu'un homme libre soit taxé autrement que de son
aveu dans le Parlement. » — « Où va-t-on? disaient les
hommes d'affaires. Qui arrêtera le Parlement dans cette
voie? Bientôt nous verrons un impôt foncier. Que faire
avec ces gens qui crient toujours : Donne, donne, et qui
ne disent jamais : Assez[1]. »

La religion, qui en Amérique se mêle à toute la vie,
était invoquée à l'appui de la résistance. A New-York,
les partisans de l'Église épiscopale prêchaient l'obéissance au roi, comme étant l'oint du Seigneur. —
« L'oint du Seigneur, répondait un puritain, c'est le
peuple. » On citait la Bible, qui ordonne de se soumettre
à l'autorité. Mais à Boston cette citation était proclamée
une sottise jointe à une impiété. — « La tyrannie, criait-
on, n'est pas un gouvernement; l'Évangile nous promet
la liberté, la glorieuse liberté des enfants du Christ. »

« Je n'ai pas de doute sur ce point, disait le célèbre
prédicateur Mayhew, la religion n'oblige aucun peuple
à être esclave, quand ce peuple peut conquérir sa liberté[2]. »

C'était, je crois, donner aux paroles de l'Évangile un
tout autre sens que le véritable; mais les épiscopaux
n'étaient pas plus dans le vrai. L'Évangile ordonne
l'obéissance aux pouvoirs établis; mais, quand ce pouvoir est contractuel, l'Évangile n'autorise pas le souverain à briser le contrat; c'est ainsi du moins que saint
Thomas et les théologiens de son école l'ont toujours

1. Bancroft, Amer. Rev., II, 326.
2. Bancroft, t. II, p. 351.

entendu. Il faut rendre cette justice aux jésuites qu'ils ont maintenu, en théorie, le droit du peuple contre le droit de l'usurpateur et du tyran.

Au milieu de cette effervescence on formait des associations pour résister à la loi du timbre par tous les moyens légaux. Ces associations s'intitulaient *les Fils de la liberté*; c'était un mot dont s'était servi le colonel Barré, et qui avait fait fortune en Amérique.

Par malheur, à côté de ces associations qui voulaient respecter la loi, le peuple, plus facilement ému, agissait avec violence. Des officiers du timbre insultés, des maisons pillées, c'était le triste côté de la résistance, la tache qui gâte toutes les révolutions, et qui trop souvent perd la liberté. Disons à l'honneur de l'Amérique que, s'il y eut de ces excès, il y en eut moins qu'en aucun autre pays, et que l'opinion les condamna résolûment.

Malgré l'émotion générale, la proposition du Massachusetts recevait un accueil assez froid dans les autres provinces. Les gouverneurs écrivaient à Londres que la mesure échouerait; cette prétendue résistance allait s'évanouir et couvrir le Massachusetts de ridicule, quand la hardiesse d'une assemblée releva les esprits. Le pays qui fonda l'unité américaine était celui qui, un siècle plus tard, devait essayer de la briser, c'était la Caroline du Sud.

Les représentants de la Caroline étaient en session quand la proposition du Massachusetts y fut discutée, le 25 juillet 1765. Elle y rencontra d'abord de l'opposition; un membre de l'Assemblée, bel esprit, s'amusa à ridiculiser le projet d'union :

« Si vous acceptez, dit-il, le projet de composer un congrès de députés pris parmi les différentes colonies anglaises, quel plat singulier vous allez faire ! La Nouvelle-Angleterre y mettra du poisson et des oignons ; les colonies du centre y mettront de la graine de lin et de la farine ; le Maryland et la Virginie y ajouteront du tabac ; la Caroline du Nord, de la poix, du goudron et de la térébenthine ; la Caroline du Sud, du riz et de l'indigo ; la Géorgie saupoudrera le tout de sciure de bois. Voilà le mélange absurde que vous ferez avec des éléments aussi hétérogènes que les treize colonies anglaises. »

Un membre campagnard, qui n'était point sot, répondit qu'assurément il ne prendrait pas pour cuisinier le *gentleman* qui raisonnait avec tant d'esprit, mais que néanmoins il ne craignait pas d'assurer que, si les colonies choisissaient judicieusement les délégués du congrès, elles apprêteraient un plat qui ne serait pas indigne des têtes couronnées de l'Europe[1].

Après une discussion animée où se montra John Rutledge, qui devait jouer un rôle dans la révolution, l'assemblée, entraînée par un patriote, Christophe Gadsden, accepta la proposition à une faible majorité. L'exemple de la Caroline décida le sort de l'Union.

De toutes parts on nomma des commissaires pour se réunir à New-York, et à ces commissaires on donna des instructions rédigées, pour la plupart, en termes énergiques, véritables programmes de liberté.

Parmi ces instructions, il en est une qui est restée célèbre : c'est celle que la petite ville de Plymouth donna au représentant qu'elle envoyait à l'assemblée

---

1. Ramsay, *Hist. de la Carol. mérid.*, I, 15.

du Massachusetts. Plymouth, c'était la ville fondée par les pèlerins venus sur la *Fleur-de-May*, le berceau du puritanisme américain.

Après avoir exprimé leur estime et leur amour pour la Constitution anglaise et établi leurs griefs, les habitants de Plymouth disent à leur représentant, M. Forster :

« Monsieur, vous représentez un peuple descendu des premiers planteurs, et qui habite encore la place où ils ont débarqué. Ici a été posé le fondement de l'empire britannique dans cette partie de l'Amérique. C'est de ce faible commencement que les colonies sont sorties et qu'elles ont grandi d'une façon incroyable, surtout quand on considère que tout a été fait sans le secours d'aucune puissance de la terre. Nous nous sommes défendus, protégés, sauvés nous-mêmes, et de la cruauté des sauvages, et de l'adresse et de l'inhumanité de nos ennemis naturels et invétérés, les Français; tout cela sans impôt de timbre mis sur nos concitoyens pour faire face à nos dépenses.

« Ici a été le premier asile de la liberté; nous espérons que cette terre lui sera toujours consacrée, alors même qu'elle deviendrait un désert habité par les sauvages et les bêtes de proie. C'est ici que nos pères, dont la mémoire est sainte, ont fui loin de l'esclavage, pour jouir en paix des priviléges qui leur appartenaient, mais dont la violence et l'oppression les dépouillaient dans la mère patrie. Nous, leurs fils, qu'animent les mêmes sentiments et le même amour de la liberté, nous regardons aujourd'hui comme notre premier devoir de vous exprimer nos sentiments sur l'acte du timbre, et sur ses fatales conséquences pour notre pays. Il y va non-seulement du bien-être, mais de l'existence de notre peuple. Aussi nous vous enjoignons d'exercer toute votre influence en ce qui touche l'acte du timbre, sans manquer à l'allégeance que

nous devons au roi, sans altérer nos rapports avec le gouvernement de la Grande-Bretagne. Nous ne voulons pas déshonorer nos ancêtres, nous ne voulons pas encourir les reproches de notre conscience et les malédictions de la postérité ;
aussi nous vous recommandons d'obtenir de la Chambre des
représentants une déclaration complète de nos droits. Faites-
la insérer dans les actes publics, afin que les générations à
venir soient convaincues que non-seulement nous avons le
juste sentiment de nos libertés, mais que jamais (tout en nous
soumettant à la divine Providence) nous ne serons esclaves
d'aucun pouvoir sur la terre. Nous avons toujours abhorré
l'émeute et le désordre : aujourd'hui nous avons le bonheur de
ne rien craindre de pareil, nous avons de bonnes lois suffisantes pour garder la paix de la province, si d'imprudentes
mesures ne viennent provoquer le désordre. Vous n'aurez
donc point à vous intéresser à la protection des employés du
timbre ou du papier timbré [1]. »

Le congrès se réunit à New-York dans les premiers
jours d'octobre 1765 ; le gouverneur de la province,
Cobden, déclara cette assemblée inconstitutionnelle et
illégale, et annonça qu'il ne la reconnaîtrait pas ; mais
il n'y avait pas d'armée dans les colonies, le gouverneur
ne pouvait agir.

La première question soumise au congrès fut de
savoir quelle serait la situation réciproque des colonies,
et si l'on tiendrait compte des différences de population
et de territoire. On déclara qu'on se reconnaissait tous
pour égaux, sans aucune prééminence d'une colonie sur
l'autre, et que par conséquent chaque colonie n'aurait
qu'une voix.

1. Pitkin, *Hist. of the U. S.*, I, 189.

La seconde question fut de savoir si l'on s'appuierait
sur les Chartes coloniales ou sur le droit naturel; sur
des précédents et des priviléges, ou sur la justice et la
raison. Gadsden fit prononcer l'assemblée dans le dernier sens.

« On peut, dit-il, tirer de nos Chartes la confirmation de
nos droits communs, de nos droits essentiels comme citoyens
anglais ; mais s'y appuyer davantage serait chose fatale. Éta-
blissons-nous sur le large terrain de ces droits naturels que
nous sentons et que nous reconnaissons tous en notre qualité
d'hommes et comme descendants des Anglais. Les Chartes
seraient un piége et amèneraient les diverses colonies à agir
différemment dans cette grande cause. Il ne doit plus y avoir
ici ni des hommes de la Nouvelle-Angleterre, ni des hommes
de New-York : nous sommes tous Américains[1]. »

L'assemblée se rendit à cette grande idée; mais quand
Gadsden parlait des droits naturels, ne nous imaginons
pas qu'il entendît ces mots au sens de Rousseau ; l'Amérique en était restée à Locke. La liberté civile, la propriété, c'étaient là les droits naturels des Américains,
et non pas cet état de nature qui préexiste à toute
société, et, qui en la rendant factice et volontaire, la
rend impossible.

Le 19 octobre 1765, le congrès vota une déclaration
des droits et des griefs des colonies. Dans ce manifeste,
composé de quatorze articles, les planteurs reconnais-
sent l'allégeance qu'ils doivent au roi et leur juste subordination au Parlement ; mais ils affirment que les

1. Bancroft, *Amer. Rev.*, II, 381.

colons ont droit à toutes les libertés anglaises ; et que la condition essentielle de la liberté, le droit incontesté de tout Anglais, c'est qu'on ne puisse le taxer que de son consentement donné directement ou par ses représentants :

Ils ajoutent :

Que les colons ne sont pas représentés dans la Chambre des communes, et que par leur situation ils ne peuvent pas l'être ;

Que les représentants des colons ce sont les législateurs qu'ils choisissent, et qui seuls peuvent constitutionnellement établir l'impôt que payera le mandant ;

Que tout impôt payé à la couronne étant le libre don du peuple, il est déraisonnable et contraire à la Constitution anglaise que le Parlement de la Grande-Bretagne donne à Sa Majesté le bien des colons ;

Que le jury est le droit inhérent et l'inestimable privilége de tout Anglais, dans les colonies aussi bien que dans la métropole, et que par conséquent l'acte du timbre et tout autre acte qui étend la juridiction des cours d'amirauté au delà de ses anciennes limites a une tendance manifeste à détruire les droits et les libertés des colons [1].

La déclaration des droits fut suivie d'une adresse au roi et d'une pétition à chacune des deux Chambres. Dans ces trois pièces, rédigées par des hommes aussi remarquables qu'Otis, John Rutledge, Robert Livingston, on trouve la même fermeté, la même sagesse, la

1. Pitkin, t. I, p. 182 et note 8.

même modération que dans la déclaration des droits. De tous ces papiers de la guerre d'Amérique on tirerait un cours de droit politique incomparable; il n'y a là rien de révolutionnaire, rien de chimérique, mais une foi raisonnée et des principes arrêtés.

L'état de l'opinion publique en Amérique fut bientôt connu en Angleterre. « Soyez sûr, écrivait une personne haut placée, que les planteurs ne souffriront jamais la levée de taxes intérieures que n'auront pas votées leurs assemblées. Aucun des employés du timbre n'ose agir. Il faudrait un cœur doublé d'un triple airain pour oser soutenir ici que le Parlement peut disposer du bien des colons sans leur consentement [1]. »

Quand il fallut prendre un parti, le ministère avait changé. Les auteurs de l'acte du timbre avaient quitté le pouvoir, le marquis de Rockingham était à la tête de la nouvelle administration.

Rockingham était un personnage considérable par son rang et sa fortune; il avait peu d'expérience, mais c'était un cœur honnête et sincèrement attaché à la liberté. Il avait pour secrétaire et ami un des hommes qui ont le mieux compris la liberté anglaise, et qui l'ont le plus éloquemment défendue, Edmond Burke. Les affaires d'Amérique se trouvaient entre les mains de Conway, du petit nombre de ceux qui s'étaient opposés à l'acte du timbre.

Le ministère était bienveillant pour les colonies, mais indécis sur ce qu'il devait faire. L'honneur du

____

1. Adolphus, *Hist. of England.* App. n° 5.

gouvernement semblait engagé ; l'opposition que l'Amérique faisait à la suprématie du Parlement était ressentie comme une injure, non-seulement par le pouvoir, mais par la nation. On résolut de soumettre la question aux Chambres. Au fond, on voulait faire déclarer au Parlement sa suprématie et, du même coup, abandonner un impôt qui devenait menaçant pour la tranquillité de l'empire.

Franklin, qui résidait en Angleterre comme agent de diverses colonies, fut interrogé devant le Parlement avec d'autres personnes. Cet interrogatoire, préparé par les amis que le docteur et l'Amérique comptaient dans la Chambre, est resté célèbre par la vivacité et la finesse des réponses de Franklin. — « Ne pensez-vous pas, lui dit un des adversaires du rappel de l'acte, ne pensez-vous pas que les colonies sont en état de payer le droit de timbre ? » — « Selon moi, répondit Franklin, il n'y a pas assez d'or ni d'argent dans les colonies pour payer une année de droit. » — « Ne savez-vous pas, reprit le membre du Parlement, que le revenu du timbre sera dépensé en Amérique ? » — « Je le sais, dit Franklin ; mais c'est dans les colonies conquises, c'est au Canada qu'on dépensera ce revenu, et non pas dans les colonies qui le payeront. » — « On pourrait amender l'acte, dit un autre membre, de façon à le rendre acceptable aux colonies. » — « J'avoue, répondit gravement le facétieux docteur, que j'ai songé à un amendement. Acceptez-le, l'acte pourra subsister et les Américains seront tranquilles. C'est peu de chose, il n'y a qu'un mot à changer. Au lieu de mettre :

à partir du premier novembre mil sept cent soixante-cinq on payera, mettez *deux mil* sept cent soixante-cinq, et tout ira de soi. »

Ceci était de la plaisanterie ; d'autres réponses plus sérieuses étaient presque menaçantes. — « Si l'on réduit le droit, les Américains payeront-ils ? » — « Non, jamais, à moins d'y être contraints par la force des armes. » — « Que feraient-ils, si on mettait une autre taxe, imposée en vertu des mêmes principes ? » — « Ce serait exactement la même chose que pour l'acte du timbre : les Américains ne payeraient pas. »

Les défenseurs de la loi, qui ne comprenaient rien à la résistance de l'Amérique, et qui ne s'expliquaient pas qu'un peuple habitué à l'acte de navigation se laissât taxer au dehors et refusât de se laisser taxer au dedans, déclarèrent qu'ils ne voyaient rien de fondé dans cette subtile distinction. La réponse de Franklin est un chef-d'œuvre d'ironie : « On a, dit-il, employé une foule de raisonnements pour démontrer aux Américains qu'il n'y a aucune différence entre une taxe intérieure et une taxe extérieure. Jusqu'à présent, ils ne voient pas les choses de cette façon; mais avec le temps on finira peut-être par les persuader. »

Les dernières questions furent faites par un ami; on peut croire qu'elles étaient convenues à l'avance. — « Quel était naguère, dit-il, l'orgueil des Américains ? » — « C'était de tirer leurs modes et leurs marchandises d'Angleterre. » — « Et quel est maintenant leur orgueil ? » — « C'est de porter leurs vieux habits jusqu'à ce qu'ils soient en état de s'en faire de neufs. »

Sur cette réponse, Franklin se retira, et la commission leva séance.

Dans cette discussion, comme dans celle de l'adresse, Grenville et ses amis dénoncèrent les prétentions de l'Amérique et les troubles qui avaient accompagné toutes ces résolutions coloniales. « Nous sommes à la veille d'une rébellion ouverte, disait Grenville; si les doctrines que j'entends professer sont acceptées par le Parlement, il n'y aura plus de gouvernement au-dessus des colonies; ce sera une révolution. »

Grenville ajoutait qu'il ne comprenait rien à la distinction des taxes intérieures et extérieures; c'était là une querelle de mots. Taxer, disait-il, c'est l'apanage de la souveraineté, et la souveraineté est en Angleterre dans le Parlement. Protection et obéissance sont réciproques. La Grande-Bretagne protége l'Amérique, l'Amérique doit obéir. Quand donc l'Amérique a-t-elle été émancipée? Lorsque les colons ont besoin de notre protection, ils sont toujours prêts à la solliciter. C'est pour les protéger que la nation a contracté une dette immense, et maintenant qu'on leur demande d'y contribuer pour une faible part, ils renoncent à notre autorité, insultent nos officiers et se révoltent.

« L'esprit séditieux des colonies, continuait-il, doit sa naissance aux factions de cette Chambre. On ne réfléchit pas aux conséquences de ce qu'on dit, pourvu que cela serve à l'opposition. On nous a annoncé que nous marchions sur un terrain dangereux; on nous a prédit la désobéissance. Qu'était cela, sinon dire aux Américains de résister aux lois et encourager leur obstination, en leur promettant un soutien ici?...

Peuple ingrat d'Amérique !... Quand j'avais l'honneur de servir la couronne, nous, chargés d'une énorme dette, nous leur avons donné des primes sur leurs bois, leur fer, leur chanvre et le reste. Nous avons abandonné en leur faveur l'acte de navigation, ce palladium du commerce britannique, et cependant je suis injurié dans tous les journaux comme un ennemi du commerce américain [1]. »

Pitt se leva pour répondre :

« On m'accuse, dit-il, d'avoir donné naissance à la sédition en Amérique. Les colons ont librement exprimé leur opinion sur un Acte malheureux ; cette liberté est devenue leur crime. Je suis fâché d'entendre dénoncer comme un crime la liberté de parole dans cette Chambre. Mais cette imputation ne me décourage pas. C'est une liberté que j'entends exercer. Personne ne doit s'effrayer de l'exercer. C'est une liberté dont aurait pu profiter celui qui la calomnie. Il aurait dû en profiter. Il aurait dû abandonner son projet.

« On nous dit que l'Amérique est en état de rébellion ouverte. Je me réjouis que l'Amérique résiste. Trois millions d'hommes, si bien morts à tout sentiment de liberté qu'ils se résignent à devenir esclaves, seraient des instruments faits pour asservir tout le reste.

« Pour défendre la liberté, je ne viens point ici armé de toutes pièces, avec des précédents et des actes du Parlement, avec le livre des Statuts relié en parchemin... Il me serait trop aisé de montrer que, même sous des rois arbitraires, le Parlement a rougi de taxer le peuple sans son consentement, et lui a accordé des représentants... Le pays de Galles n'a jamais été taxé par le Parlement jusqu'à ce qu'il ait été incorporé.

« Mais je ne veux pas discuter un point de droit particulier avec l'orateur ; je connais son talent ; j'ai été éclairé par ses recherches.

1. Pitkin, I, 207.

« Mais pour la défense de la liberté en vertu d'un principe général, d'un principe constitutionnel, c'est là un terrain où je me sens assuré, où je ne crains personne.

« ... Notre pouvoir *législatif* sur les colonies est un pouvoir suprême. Quand il cessera d'être suprême, je conseillerai à chacun de nous de vendre ses terres et de s'embarquer pour l'Amérique. Quand deux pays sont liés, comme l'Angleterre et ses colonies, sans être incorporés ensemble, il faut qu'il y en ait un qui gouverne. Le plus grand gouverne le moindre, mais de façon à ne point ruiner les principes fondamentaux qui sont communs à tous deux. Si l'orateur ne comprend pas la différence entre les taxes intérieures et extérieures, je n'y puis que faire; il est trop évident qu'il y a une distinction entre des droits imposés pour régler le commerce, dans l'intérêt commun, et des impôts mis pour lever un revenu.

« On nous demande quand les colonies ont été émancipées. Je désire savoir quand elles ont été asservies.

« On a parlé beaucoup, au dehors, de la force et de la puissance de l'Amérique. C'est un sujet délicat. Dans une bonne cause, sur un bon terrain, la force de l'Angleterre peut écraser l'Amérique. Je connais la valeur de vos troupes, l'habileté de vos officiers. Il n'y a pas une compagnie d'infanterie, ayant servi en Amérique, où vous ne puissiez trouver un homme d'assez de science et d'expérience pour en faire un gouverneur de colonie.

« Mais sur le terrain où nous sommes, quand il s'agit d'une grande injustice, votre succès serait hasardeux. Si l'Amérique tombait, elle tomberait comme Samson. Elle embrasserait les piliers de notre État, et en tombant écraserait la Constitution avec elle. Est-ce là cette paix dont vous êtes si fiers? L'avez-vous faite, non pas pour remettre l'épée au fourreau, mais pour la plonger dans les entrailles de vos concitoyens? Allez-vous vous quereller ensemble, quand toute la maison de Bourbon est unie contre vous?...

« Les Américains n'ont pas toujours agi avec prudence et

modération. Soi!; mais on les a insultés. On les a rendus fous
à force d'injustice. Les punirez-vous de la folie que vous leur
avez causée ? Laissez la prudence et la modération venir d'abord
de votre côté, je me porte fort que l'Amérique suivra votre
exemple. Comme dit une ballade de Prior :

> Fermez un peu les yeux sur leurs fautes,
> Soyez justes pour leurs vertus.

« En résumé, mon opinion est qu'il faut rappeler l'acte du
timbre, absolument, totalement, immédiatement. La raison,
c'est qu'il est fondé sur un principe erroné.

« En même temps, proclamez la suprématie de ce pays sur
les colonies. Proclamez-la dans les termes les plus forts et les
plus absolus. Oui, nous pouvons lier leur commerce, limiter
leur industrie, et exercer tous les pouvoirs, hormis un seul :
nous ne pouvons pas prendre leur argent dans leur poche sans
leur aveu [1]. »

La déclaration de suprématie et le bill de rappel
furent votés le 5 mars 1766, et portés à la Chambre des
lords.

Là, l'opposition était forte ; mais le droit fut défendu
par l'habile jurisconsulte Pratt, devenu chancelier sous
le nom de lord Cambden. Il refusa au Parlement le droit
de taxer l'Amérique, parce que l'Amérique n'était pas
représentée.

« Taxation et représentation, dit-il, sont joints de
façon inséparable. C'est Dieu qui les a unis ; il n'y a pas
de Parlement anglais qui puisse les séparer. Essayer de
le faire, c'est nous frapper au cœur. »

Les deux lois furent votées, et sanctionnées par le

1. Pitkin, I, 211

roi le 18 mars suivant. C'était là une sagesse dont par malheur on devait bientôt s'écarter.

De pareils exemples sont rares dans l'histoire. Les gouvernements, princes ou ministres, s'engagent aisément et plus tard ne veulent plus reculer. Si le peuple se tait, la réforme est, dit-on, inutile; s'il se plaint, reculer semble une lâcheté. On s'entête dans l'erreur avec un courage insensé. C'est confondre l'honneur individuel et le devoir d'un gouvernement; un gouvernement ne doit pas avoir raison contre ses mandataires. Résister à l'injustice de tout un peuple et se laisser briser, c'est le devoir de tout honnête homme; mais dans les questions d'intérêt général (et les affaires publiques ne sont pas autre chose), quel droit a-t-on de résister? La plupart du temps, c'est quelque institution surannée qu'on défend avec cette opiniâtreté; on se croit d'autant plus fort qu'on ne veut rien reconnaître au-dessus de soi. Un gouvernement s'honore et se grandit en reconnaissant quelque chose de plus puissant que lui, le droit, l'intérêt commun. S'il met le droit sous ses pieds, il n'est que la force; s'il le respecte, il est la loi vivante; il a pour lui la conscience humaine, plus forte que les baïonnettes et les soldats.

SEPTIÈME LEÇON

Le 13 mai 1776 on apprit en Amérique que l'acte du
timbre était révoqué ; la joie fut universelle. Les noms
de Pitt, de lord Cambden, du colonel Barré étaient dans
toutes les bouches. La Caroline du Sud vota une statue à
Pitt ; New-York en éleva une à Pitt et au roi. La Virginie vota une statue au roi, et un obélisque où seraient
gravés les noms de ceux qui, dans le Parlement d'Angleterre, avaient défendu la liberté. A Boston, ce furent des
illuminations sans fin ; l'arbre de la liberté eut une lan-
terne à chaque branche. On paya les dettes des prisonniers civils et on les mit en liberté. Hancock donna
au peuple un tonneau de madère et un feu d'artifice [1].
Heureux d'être sorti vainqueur d'une crise terrible, on
se comparait à Joseph, vendu par ses frères, et racheté
d'une éternelle servitude. La chaire retentissait des
louanges de l'homme d'État qui avait pris en main la
cause de la justice. On faisait partout des vœux pour
son bonheur et sa santé.

« C'est à vous, Pitt, s'écriait Mayhew, l'orateur populaire,

[1] Lossing, *Amer. Revol.*, I, p. 173.

c'est à vous que l'Amérique reconnaissante doit d'être rétablie dans sa première liberté ! Que cette joie universelle d'un pays qui vous bénit comme étant son père, que ces vœux ardents adressés au ciel pour vous, vous donnent un sublime et divin plaisir. Puissent-ils vous donner la force de prendre votre lit et de marcher, comme le paralytique guéri par la parole de Celui qui est descendu du ciel pour nous affranchir. Puissiez-vous vivre longtemps, en pleine santé, heureux et honoré !... Que de longues années s'écoulent avant que vous cessiez de plaider la cause de la liberté sur la terre [1]. »

Au milieu de cette joie, Otis, animé par le succès, disait tout haut ce que chacun commençait à penser tout bas, c'est que la distinction entre les taxes intérieures et les taxes extérieures n'avait point de sens. Puisque le Parlement venait de renoncer à la première prétention, il avait abandonné du même coup la seconde ; les marchands auraient grand tort d'accepter des lois qui taxeraient leur commerce ; leur propriété devait être libre comme toutes les autres.

Ces paroles d'Otis, qui se faisait l'écho de ses concitoyens, ouvrent le second acte de cette tragédie qui devait finir par l'émancipation de l'Amérique. En Angleterre on avait cédé, comme un père cède à ses enfants, en réservant ses droits tout en abandonnant une demande particulière. La déclaration qui affirmait la suprématie illimitée du Parlement, et qui accompagnait le rappel de l'acte du timbre, était plus hostile que le timbre même aux droits prétendus par les colons. Elle disait « que le Parlement a, et doit avoir de droit la puissance de lier

____
1. Bancroft, *Amer. Rev.*, II, p. 524.

et d'obliger les colonies, en toute circonstance[1]. » En Amérique, au contraire, on supposait que la mère patrie avait renoncé à toute prétention d'imposer les colonies. Il y avait là un malentendu qui devait amener bientôt de nouvelles difficultés.

George III n'avait vu dans le rappel de la loi qu'une faiblesse fatale, qui avait à jamais blessé la majesté de l'Angleterre. Dans le Parlement comme dans le pays, ce n'était peut-être pas la minorité qui pensait comme le roi.

L'acte rappelé, le secrétaire d'État Conway écrivit le 31 mars 1766, aux gouverneurs des colonies, une circulaire où il était dit que « le roi et le Parlement étaient disposés non-seulement à pardonner, mais à oublier les preuves injustifiables d'un esprit de désobéissance qui n'avait été que trop visible dans les dernières affaires; » en même temps on enjoignait aux gouverneurs de recommander fortement aux assemblées d'indemniser les personnes qui avaient souffert à cause de leur déférence aux actes de la Législature anglaise. Il y avait eu en effet des excès regrettables à Boston et à New-York dans l'été de 1765.

En juin 1766, la lettre du secrétaire d'État fut mise sous les yeux de l'assemblée du Massachusetts par le gouverneur Bernard. C'était un partisan déclaré de la suprématie anglaise; son ambition était de faire de l'Amérique une Angleterre avec noblesse et Église établie; c'était de plus un homme raide et quinteux; il

---

1. Ramsay, *Amer. Rev.*, I, p. 73.

avait donc peu d'égards pour cette assemblée de planteurs et de marchands qui, de son côté, se défiait de lui comme d'un ennemi, et qui n'avait que trop raison de s'en défier.

En communiquant la lettre à l'assemblée, Bernard ajouta que la justice et l'humanité de cette réquisition [1] était si évidente, qu'elle ne souffrait pas de discussion, et que d'ailleurs l'autorité dont elle émanait devait empêcher tout débat.

L'assemblée reçut fort mal ce langage hautain, que rien ne justifiait. Elle demanda au gouverneur quelle liberté il lui restait, si elle ne pouvait ni discuter une réquisition si juste, ni débattre ce qui était proposé par une autorité si élevée. Elle attendit jusqu'au mois de décembre pour accorder une indemnité, et elle le fit d'une façon qui ne pouvait manquer d'être désagréable au gouvernement anglais.

La loi d'indemnité commençait par accorder une amnistie complète pour tous les délits des derniers temps. Puis, après avoir concédé une amnistie qu'il ne lui appartenait pas de donner sans l'aveu de la couronne, l'assemblée ajoutait « qu'elle ne voulait pas voir dans la recommandation une réquisition qui interdirait toute discussion, mais que par égard aux recommandations de Sa Majesté, par déférence pour les illustres patrons des colonies dans la Grande-Bretagne, par amour de la paix, elle accordait une indemnité à ceux qui avaient

______

1. Le mot était choisi pour humilier la Chambre ; il n'y avait que *recommandation* dans la lettre de Conway et l'acte du Parlement. *Life of Otis*, p. 281.

souffert, tout en étant convaincue qu'ils n'avaient aucun titre légitime contre la province. Elle finissait en disant que cette complaisance ne pourrait jamais servir de précédent.

L'acte fut désavoué par le roi à cause de l'amnistie; mais l'indemnité fut payée. En tout ceci, c'était sur le droit qu'on discutait; la question d'argent n'était rien des deux côtés.

A New-York l'indemnité fut votée sans discussion par l'assemblée; mais la question de souveraineté intérieure reparut aussitôt sous une autre forme, et montra le fond des cœurs.

En 1765, en même temps que le Parlement votait la déclaration de suprématie du Parlement et la loi du timbre, il rendait une loi qui réglait le logement des soldats dans les colonies. Cet acte ajoutait aux anciennes prescriptions qui, ainsi que nos lois françaises, donnaient au soldat place au feu et à la chandelle; il obligeait l'habitant à fournir du sel, du vinaigre et du cidre ou de la bière. L'assemblée refusa d'autoriser ces fournitures; c'était un impôt, elle avait donc le droit constitutionnel de l'accorder ou de le refuser.

En communiquant ce refus au ministère anglais, le gouverneur de New-York, sir Thomas Moore, écrivait : « Vous verrez par ce refus quelle est la déférence qu'on a ici pour les actes du Parlement, et ce que nous devons attendre de l'avenir. Vous remarquerez que mon message est traité comme une réquisition que j'aurais faite; l'assemblée a évité la mention de la loi sur laquelle j'appuie ma demande. C'est mon opinion, que tout acte du

Parlement recevra en ce pays le même accueil, s'il n'y a pas une force suffisante pour l'appuyer[1]. »

Ce refus de concours, qui se répéta dans la Nouvelle-Jersey, blessa le gouvernement anglais; l'idée qu'il fallait réduire les colonies entra plus avant dans l'esprit des politiques. On voulait les taxer, d'une part, pour les réduire à reconnaître la suprématie du Parlement, et de l'autre, pour constituer en Amérique des gouvernements, des administrations salariées par l'État, avec l'impôt américain, et par conséquent dépendant du roi, qui les nommerait, et non pas du peuple, qui ne payerait plus directement.

Ce fut à ce moment que changea le ministère anglais. L'administration du marquis de Rockingham finit en juillet 1766, et fut remplacée, sous la direction de Pitt, par une réunion d'hommes qui n'appartenaient pas à un même parti et qui n'avaient pas les mêmes principes. Le duc de Grafton fut placé à la tête de la trésorerie, lord Shelburne et le général Conway eurent les deux secrétaireries d'État. Charles Townshend fut fait chancelier de l'Échiquier, Cambden lord chancelier, lord North et George Cooke payeurs généraux; Pitt, rongé de goutte et fatigué d'esprit, fut lord du sceau privé, et se retira dans la Chambre des lords avec le titre de comte Chatham. « Ce ministère, a dit Burke, dans un passage célèbre, était une mosaïque sans ciment; ici une pierre blanche, là une pierre noire; des patriotes et des courtisans, des royalistes et des républicains, des amis per-

____

1. Pitkin, I, p. 210.

fides et des ennemis déclarés; quelque chose de fort curieux à voir, mais à quoi il n'était pas sûr de toucher, et sur quoi il était dangereux de s'appuyer [1].

La main puissante de lord Chatham pouvait réunir en faisceau ces éléments divers; mais, déjà malade quand il fut nommé, Pitt tomba dans un accablement qui ne lui laissa plus de volonté. C'était une de ces maladies nerveuses qui affligent quelquefois les hommes de cabinet et de tribune, c'est la fatigue qui succède à une longue surexcitation du cerveau. Junius, dans son cruel langage, appelle Chatham « un fou qui brandit sa béquille [2]; » cela n'était pas : ce n'était point l'agitation d'un cerveau malade; ce fut, durant toute une année, la prostration d'un cerveau fatigué.

Cette maladie de lord Chatham laissait un des premiers rangs à Charles Townshend, un des plus brillants orateurs des communes, si brillant qu'un de ses discours fut appelé *champagne-speech* [3]. Le public l'avait surnommé la *girouette;* ce n'est pas tout à fait à tort, puisqu'il avait chaudement soutenu lord Grenville pour faire passer l'acte du timbre, et n'avait pas moins chaudement soutenu lord Rockingham pour en faire voter le rappel. Il y a en tout pays plus d'une de ces têtes ardentes ou habiles pour qui l'expérience n'existe pas et qui tournent à tous les vents.

En ce moment le vent soufflait du côté de la force; on voulait faire de l'autorité. On y était poussé par Gren-

<hr>

1. *Speech on Amer. Taxat.*, 1774.
2. Woodfall's Junius, II, p. 474, éd. 1812.
3. Lord Mahon, V, 188.

ville, qui ne perdait pas une occasion de rappeler l'ingratitude et l'entêtement des Américains, et qui accusait le Parlement et le ministère de faiblesse et de lâcheté, reproche coutumier de l'opposition et qui en tout pays a fait faire aux ministres plus d'une folie.

— Vous êtes des lâches, disait Grenville aux ministres; vous avez peur des Américains; vous n'osez pas taxer l'Amérique.

— Nous, des lâches, s'écrie Townshend. Vous verrez si j'oserai.

C'est de cette façon qu'on affolle les esprits faibles. Il avait suffi d'un reproche de lâcheté pour que Charles IX consentît au crime de la Saint-Barthélemy. Townshend n'était ni moins léger ni moins emporté. Par malheur, la Chambre accueillit ces paroles avec une faveur qui ferma la bouche à Conway, et entraîna l'adhésion du ministère. Chatham était absent; il eût fallu faire sortir Townshend du cabinet; personne ne se sentit cette autorité. On s'engagea à la légère dans une voie dont on ne soupçonnait pas le danger [1].

Cette promesse téméraire, Townshend voulut la tenir. Il proposa à la Chambre d'établir des taxes peu considérables sur le verre à vitre, le papier, les couleurs et le thé; ces taxes devaient être payées comme droit d'entrée, et, suivant le calcul du ministre, devaient rapporter 40,000 livres sterling (un million) par an [2].

Le préambule de la loi déclarait : « Qu'il était à propos de lever un revenu en Amérique, afin d'avoir des moyens

---

1. Mahon, t. V, p. 362. *Extrait des Mémoires du duc de Grafton.*
2. 20,000 livres seulement, suivant Ramsay. *Amer. Rev.*, I, 75.

sûrs et suffisants pour défrayer les charges de l'administration de la justice, soutenir le gouvernement civil
et solder les dépenses nécessaires pour assurer la défense, la protection et la sécurité des colonies [1]. »

Le 29 juin 1767, la loi passa sans opposition, et
presque sans remarque. C'était une opinion générale,
confirmée par les interrogatoires de Franklin, l'année
précédente, que les Américains reconnaissaient au Parlement le pouvoir incontestable d'établir des droits à
l'importation. On ne prévoyait pas que ces droits seraient
aussi désagréables que le droit de timbre, la question
n'étant plus une question d'argent, mais de souveraineté [2]; on ne savait pas que les Américains et Franklin
lui-même désavoueraient une distinction subtile le jour
où ils se sentiraient atteints dans leurs priviléges et leur
propriété.

Ce ne fut pas le seul acte que vota le Parlement. On
avait été fort blessé de la conduite tenue par l'assemblée de New-York, à propos des logements militaires.
Une loi, votée par le Parlement, mit une espèce d'interdit sur l'assemblée de New-York, et lui défendit de
voter aucune loi avant d'avoir exécuté le *mutiny-bill*,
ou loi de l'armée.

Enfin on décida d'établir en Amérique un nouveau
bureau d'officiers de douanes, qui serait indépendant
des colonies [3]; ce bureau central assurerait l'exécution
des lois de commerce et la perception des droits. Ce

1. Pitkin, I, p. 217.
2. Ramsay, I, 75.
3. Hutchinson, p. 180.

ne fut pas une des moindres causes de la révolution[1].

Ces trois actes arrivèrent coup sur coup en Amérique. L'imposition de nouvelles taxes, accompagnée de l'établissement d'un bureau qui allait faire revivre la sévérité des anciennes lois et donner aux perceptions une vigueur qu'elles n'avaient jamais eue, excita une grande alarme dans les colonies. On se mit à étudier de nouveau la nature du lien qui rattachait les plantations à la métropole, et l'étendue des droits qui appartenaient au Parlement. On réfléchit, on écrivit beaucoup; l'esprit de liberté, qui avait été éveillé par l'acte du timbre, s'agita avec une nouvelle vivacité.

Parmi ces pamphlets, il en est un qui fit sensation en Amérique, et plus tard en Angleterre. Il était intitulé : *Lettres d'un fermier*[2] *de Pensylvanie aux habitants de l'Amérique septentrionale*. L'auteur était un jeune avocat de Philadelphie, que les Américains, peu avares d'éloges, avaient surnommé le Démosthène de l'Amérique[3]. Il s'appelait Dickinson et était quaker de religion. Le succès de ces lettres fut si grand qu'on en fit trente éditions en six mois. Pour récompenser l'auteur de son zèle patriotique, un riche Virginien lui fit cadeau de 10,000 livres sterling, tandis que Boston et d'autres villes lui votèrent des remercîments publics[4]. Franklin fit réimprimer ce pamphlet à Londres,

---

1. Mahon, V, 362.

2. La vraie traduction de *farmer* serait *propriétaire*, et non pas *fermier*; mais je garde le titre de la traduction française qui parut à Amsterdam. (Paris.) — 1769, 1 vol. in-12.

3. *Lettres d'un fermier*, p. 214.

4. *Life of Otis*, p. 291.

en 1768, avec une préface malicieuse; il est probable que ce fut lui aussi qui fit publier la traduction française. Au moins, dans la préface du traducteur français, reconnaît-on les idées favorites de Franklin sur la grandeur future du continent américain.

Quelques extraits de ces lettres, écrites par un homme qui, durant la révolution américaine, se signala par son excessive modération, montreront quel était l'état des esprits lorsqu'on reçut en Amérique les actes du Parlement.

« ... Réveillez-vous, mes chers concitoyens, considérez la ruine suspendue sur vos têtes. Si vous admettez une fois que la Grande-Bretagne peut imposer des droits sur ses exportations, *à dessein de lever de l'argent sur nous uniquement*, dès lors il ne lui restera plus autre chose à faire que d'imposer ces droits sur des articles qu'elle nous défend de fabriquer, et voilà la fin de la tragédie de la liberté d'Amérique. Il nous est défendu de tirer des marchandises de toutes autres manufactures que de celles de la Grande-Bretagne; il nous est défendu par rapport à quelques articles de les fabriquer nous-mêmes, et on peut étendre cette prohibition à d'autres articles. Nous sommes donc exactement dans la situation d'une ville assiégée, qui est investie de toutes parts par les ouvrages des assiégeants, à l'exception d'un seul côté. Si l'on ferme ce passage, il n'y a plus d'autre ressource que de *se rendre à discrétion*. Si la Grande-Bretagne peut nous ordonner de tirer de chez elle les choses qui nous sont absolument nécessaires, et si elle peut en même temps nous ordonner de payer telles taxes qu'elle jugera à propos, soit avant d'enlever ces marchandises, soit en les débarquant ici, nous sommes d'aussi vils esclaves que ceux que l'on voit en Pologne et ailleurs, avec des sabots à

leurs pieds et des buissons de cheveux qui ne furent jamais
peignés[1]. »

La conclusion qui résume le livre est un morceau
aussi solide qu'éloquent. Je ne puis me lasser de répé-
ter qu'en lisant tous ces pamphlets, on voit qu'en fait
d'éducation politique les Américains sont de beaucoup
nos aînés.

« Chers compatriotes, que ces vérités soient gravées dans nos
cœurs en caractères ineffaçables : Nous ne saurions être heureux sans être libres. Nous ne saurions être libres sans être
assurés de nos biens. Nous ne saurions être assurés de nos
biens, si d'autres ont le droit de nous les enlever sans notre
consentement. Or les taxes que le Parlement nous impose
nous enlèvent nos biens. Des droits établis dans la seule vue
de lever de l'argent sont des taxes; il faut donc s'opposer immédiatement et vigoureusement à l'entreprise d'imposer de
tels droits. Cette opposition ne peut être efficace si ces provinces ne réunissent leurs efforts; en conséquence, une affection réciproque et l'unanimité des résolutions sont essentielles
à notre commune prospérité. Quiconque parmi nous tend de
quelque manière que ce soit à encourager la division, la défiance ou l'indifférence des colonies, est ennemi de lui-même
et de la patrie[2]...

« Défendons nos droits, et par-là même nous sauverons nos
biens. *La servitude commence toujours par le sommeil*[3]. Des particuliers peuvent s'attacher à des ministres, s'ils le veulent;
des États doivent regarder cela comme au-dessous d'eux. Si
vous ne vous manquez pas à vous-mêmes, vous jouirez d'une
juste considération aux yeux de ceux qui vous mépriseraient

1. *Lettres d'un fermier*, p. 33.
2. *Ibid.*, p. 200.
3. Montesquieu : *Esprit des Lois*, XIV, 13.

infailliblement si vous ne vous faisiez pas respecter. Mais si
nous avons déjà oublié les raisons qui nous poussèrent à nous
défendre nous-mêmes, il y a deux ans, avec une unanimité
sans exemple ; si notre zèle pour le bien public s'est usé plus
vite que les habits qu'il nous a fait prendre le parti de fabriquer chez nous ; si nos résolutions sont si faibles, que notre
conduite actuelle fasse la condamnation de l'heureux exemple
que nous avions donné nous-mêmes ; si nous n'avons aucun
respect pour la vertu de nos ancêtres qui nous ont transmis
cette liberté dont ils ont joui ; si nous n'avons aucun égard
pour notre postérité, à qui nous sommes engagés par l'obligation la plus sacrée de laisser cet héritage inestimable, alors
il est incontestable que tout ministre, tout valet de ministre,
toute créature de valet de ministre, et tout autre plus vil
instrument du ministre, s'il peut y en avoir de plus vil, devient un personnage que nous devons craindre d'offenser [1].

« *Certe ego libertatem quæ mihi a parentibus tradita est expe-
riar ; verum id frustra, an ob rem faciam, in vestra manu situm
est, Quirites.*

« Je défendrai assurément de toutes mes forces la liberté
« que mes pères m'ont transmise ; mais de savoir si je le ferai
« utilement ou en vain, c'est de vous, citoyens, que cela
« dépend [2].

« Un Fermier. »

« Il n'y a pas de limites : un pareil pouvoir aura des effets
regrettables. Une armée de fonctionnaires peut devenir aussi
dangereuse pour un pays qu'une armée de soldats ; on peut
aussi bien asservir un peuple par artifice que par force. »

Au reçu de la loi qui la frappait, l'assemblée de New-
York protesta contre l'interdit qu'on jetait sur elle.

1. *Lettres d'un fermier*, p. 203.
2. *Ibid.*, p. 213.

« Un **corps** législatif qui n'a pas le libre exercice de son pouvoir, disait-elle, est quelque chose d'incompréhensible ; autant vaut dire qu'il n'y a pas d'assemblée... Nous aurons le droit de disposer de l'argent de nos constituants, en suivant l'ordre donné et la disposition faite par le Parlement, sinon notre droit nous sera ôté. Que nous obéissions ou non, dans les deux cas n'est-ce pas notre mort politique et notre anéantissement[1] ? »

Quant au bureau central des commissaires de douanes, c'était, ajoutait-on, une innovation dangereuse et une augmentation inutile d'officiers royaux. C'était de plus une charge menaçante, car, disait l'assemblée, le bureau est autorisé à établir autant d'officiers qu'il le jugera à propos.

Comme toujours, ce fut le Massachusetts qui se mit en tête de la résistance.

L'assemblée générale se réunit en janvier 1768 ; elle rédigea une pétition au roi, écrivit au comte Shelburne, au marquis de Rockingham, au général Conway, au comte Chatham, à lord Cambden, et aux lords commissaires de la trésorerie[2]. Toutes ces pièces, rédigées par Samuel Adams, ont un grand caractère de dignité. C'est un plaidoyer ferme et modéré ; mais on sent que ceux qui discutent ainsi ne céderont pas.

Les colons déclarent qu'ils sont fiers de vivre sous l'empire de la Constitution anglaise.

« C'est la gloire de cette Constitution qu'elle a son fondement

1. Pitkin, I, 221.
2. L'analyse de ces lettres se trouve dans *Life of Otis*, p. 297 et suiv.

dans la loi de Dieu et dans la nature. C'est un droit essentiel, naturel, que tout homme jouisse paisiblement de son bien, et en ait seul la disposition. Ce droit fait partie de la Constitution. Ce droit naturel et constitutionnel est si familier aux sujets américains, qu'il serait difficile, pour ne pas dire impossible, de les convaincre que le Parlement a le droit de leur imposer des taxes internes ou externes, afin d'en tirer un revenu. La raison en est claire; les colons ne peuvent pas être représentés; leur consentement ne peut donc pas constitutionnellement être donné en Parlement. »

Les colons vont plus loin; ils rappellent que les Chartes des colonies sont des contrats solennels avec la couronne, et que ces contrats les exemptent de toute taxe parlementaire :

« Le contrat originaire entre le roi et les premiers planteurs a été une promesse royale, faite au nom de la nation, et jusqu'en ces derniers temps on n'a jamais contesté le droit qu'avait le roi de consentir ce contrat. L'engagement est celui-ci : « Si les planteurs, au risque de leur vie, au hasard de leur personne et de leurs biens, conquièrent un nouveau monde, subjuguent le désert, et agrandissent ainsi l'empire, eux et leur postérité jouiront de tous les droits qui sont exprimés dans la Charte; ces droits, ce sont les libertés et les priviléges dont tout Anglais jouit dans la mère patrie. Et la première de ces libertés, c'est l'exemption de toute taxe, hormis celle qui aura été votée par les représentants de son choix[1]. »

D'ailleurs, ajoutaient-ils, à supposer que le Parlement eût ce droit, pourrait-il en user dans les circonstances présentes avec quelque apparence d'équité? Le régime colonial est-il autre chose qu'un système d'im-

[1]. Pitkin, I, 220.

pôt, et d'impôt très-lourd mis sur les colonies au profit de la métropole?

En forçant les colonies à ne prendre que des marchandises anglaises, la métropole en élève le prix d'une somme qu'on ne peut évaluer à moins de 20 p. 100. Sur un marché libre, les planteurs achèteraient à 20 p. 100 moins cher. La perte des colons est le bénéfice de la Grande-Bretagne. C'est bien là une taxe, quoique indirecte, et une taxe qu'on peut évaluer à 400,000 livres sterling (10 millions) sur les 2 millions sterling (50 millions) de marchandises anglaises consommées dans les plantations. On en peut dire autant des articles que les colons ne peuvent vendre qu'aux Anglais. Cette restriction produit l'encombrement du marché et l'avilissement des prix; nouvel avantage pour la Grande-Bretagne, nouvelle taxe pour les colons.

Et pourquoi ce nouvel impôt? Pour créer une administration et une justice qui ne dépendent plus des colons, et qui cependant soient payées par eux.

« Sous une administration corrompue, cette puissance introduirait en Amérique le gouvernement absolu. Tout au moins elle mettrait le peuple dans un état d'incertitude et d'insécurité qui n'est pas la liberté civile. Dans plusieurs colonies, les juges ne sont pas inamovibles. Si leur traitement ne dépend pas du peuple, il sera trop aisé à un gouverneur corrompu d'avoir des juges suivant son cœur et de priver la justice de l'honneur et le peuple de la sécurité qui lui appartient [1]. »

1. Pitkin, I, 221.

D'ailleurs l'assemblée protestait (et avec sincérité) de son attachement à la couronne et au pays.

« Quand nous parlons des droits des sujets américains, de l'intérêt qu'ils ont dans la Constitution anglaise comme tous les autres Anglais, on ne peut pas nous soupçonner d'avoir la moindre idée de nous rendre indépendants de la Grande-Bretagne. Nous savons qu'il est des gens qui se sont imaginé cela, et que d'autres peut-être ont artificieusement propagé cette crainte pour exciter une jalousie mal fondée et déraisonnable ; mais cela est si loin de la vérité, que nous croyons que les colonies refuseraient la séparation si elle leur était offerte, et la regarderaient comme le plus grand des malheurs si elles étaient forcées de l'accepter [1]. »

A ces plaintes légitimes, l'assemblée du Massachusetts joignit une circulaire adressée par le président à toutes les colonies. On les engageait à prendre des mesures afin de s'opposer aux taxes qu'on voulait imposer au pays [2]. La lettre était modérée, mais elle pouvait provoquer la réunion d'un nouveau congrès, l'union des colonies ; c'était ce qu'on craignait par-dessus tout en Angleterre. On y voyait une coalition factieuse et révolutionnaire.

Le nouveau secrétaire d'État chargé des colonies, lord Hillsborough, écrivit aussitôt au gouverneur Bernard, afin qu'il exigeât de l'assemblée le rappel de cette résolution téméraire. L'ordre ministériel était peu judicieux, et de plus blessant. La circulaire était envoyée, répandue : on avait agi en conséquence ; com-

1. Pitkin, I, 223.
2. *Life of Otis*, 313 et suiv.

ment la révoquer? D'ailleurs, pouvait-on interdire rai-
sonnablement aux colonies de communiquer ensemble?
Enfin, ce n'était plus la même assemblée qui siégeait;
comment pourrait-elle annuler un acte déjà exécuté [1]?
Lord Hillsborough n'avait rien prévu de tout cela; il
voulait faire de la force; il ordonnait au gouverneur de
dissoudre immédiatement l'assemblée si elle refusait
d'obéir, et de transmettre toutes les pièces au gouvernement, afin qu'on prît des mesures pour prévenir à
l'avenir une conduite de nature si extraordinaire et si
inconstitutionnelle [2].

La nouvelle assemblée refusa fermement de revenir
sur la circulaire.

« Si nos votes, dit-elle dans sa réponse au gouverneur, doivent être contrôlés et changés par un ministre, on ne nous laisse plus que l'ombre de la liberté. »

Otis s'écria : « Quand le ministre saura que nous ne
voulons pas rétracter nos actes, qu'il s'adresse au Parlement pour lui faire rétracter les siens. Si l'Angleterre
ne révoque pas ses mesures, elle est perdue. »

C'est en juin 1768 que l'Assemblée refusa de céder
par 92 voix contre 17; sa dissolution fut aussitôt pro-
noncée [3].

Dans les autres colonies, le ministre avait envoyé des
instructions pour s'opposer à toute union, et pour empêcher des pétitions dangereuses; partout ces mesures
furent mal reçues. L'assemblée du Maryland déclara

1. Ramsay, Amer. Rev., I, 78.
2. Pitkin, I, 225.
3. 1er juillet 1768.

que le droit de pétition lui était garanti par le bill des droits de 1689, la vraie grande Charte, le *palladium* des Anglais, et que désirer l'union était un vœu parfaitement légitime. « Nous avons, disait l'assemblée, l'attachement le plus vif et le plus sincère pour notre gracieux souverain ; nous avons toujours le respect du pouvoir juste et constitutionnel du Parlement, mais nous ne nous laisserons pas intimider par de grands mots ; ils ne nous empêcheront point d'user de ce que nous regardons comme notre droit [1]. »

A l'occasion de la résistance de l'Assemblée du Massachusetts, John Dickinson envoya à Otis une chanson qui eut grande vogue. Il remarquait que le cardinal de Retz soutenait sa politique par des chansons.

« — Braves Américains, venez, joignons nos mains ; élevons nos cœurs à l'appel de la liberté ; ou les actes de la tyrannie n'étoufferont pas nos droits, ou ils déshonoreront le nom d'Amérique.

« CHOEUR. Nés dans la liberté, nous voulons être libres. Nos bourses sont prêtes ; mais ce n'est pas comme esclaves, c'est comme citoyens que nous voulons donner notre argent.

« Nos pères sont partis courageusement pour des climats inconnus ; ils ont traversé l'Océan, et choisi le désert pour y porter la liberté ; ils nous ont laissé leur liberté et leur gloire.

« Qu'ils sont doux les travaux qu'endure l'homme libre, afin de jouir en paix du fruit de ses sueurs ; ces doux labeurs, les Américains ne les connaîtront plus, si les Anglais moissonnent ce que sèment les Américains.

1. Pitkin, I, 227.

« Des nuées de fonctionnaires et de pensionnaires vont s'abattre sur nous, comme des sauterelles qui gâtent toute l'année; en vain le soleil se lèvera, en vain la pluie tombera, si ce que nous gagnons d'autres le dépensent.

« La main dans la main, Américains, unissons-nous. Unis, nous résistons, divisés nous tombons; dans une cause si juste, espérons le succès; le ciel sourit aux nobles actions.

« Tous les siècles parleront avec étonnement et sympathie du courage que nous aurons montré en défendant nos lois; la mort, nous pouvons la supporter; mais nous dédaignons de servir. La honte pour un citoyen est plus cruelle que la mort.

« Je porte cette santé à notre souverain, cette autre à la gloire et à la richesse de la Grande-Bretagne. Que cette richesse et cette gloire soient immortelles, si l'Angleterre est juste et si nous sommes libres. »

L'assemblée de New-York ne fut pas moins décidée; c'était l'Amérique tout entière qui s'engageait dans une voie sans retour.

Comment cette résistance devait-elle être accueillie par l'Angleterre? il était aisé de le prévoir. Charles Townshend était mort en 1767, à quarante-trois ans; mais son esprit lui survivait. C'était par la force qu'on voulait intimider les Américains et les réduire à l'obéissance. Dès le mois de juin, lord Hillsborough avait écrit au général Gage, commandant en chef de l'Amérique du Nord, d'envoyer d'Halifax à Boston deux régiments et quatre vaisseaux de guerre. C'était le gouverneur Bernard qui avait sollicité cet appui, trouvant qu'il n'avait pas l'ombre d'autorité. Lord Hillsborough, dans une lettre confidentielle adressée au général Gage, lui ordonnait d'envoyer un régiment qu'on logerait en ville, et qui donnerait assistance au magistrat civil pour maintenir la paix publique et soutenir les officiers de douane dans l'exécution des actes de commerce et de revenus. Le ministre ajoutait que « par la nature délicate de ce service, il serait possible qu'on en arrivât à des conséquences qu'on ne pouvait prévoir, et que par conséquent il fallait choisir un officier sur la prudence, la résolution et l'intégrité duquel on pût compter[1]. » En d'autres termes on prévoyait une collision, et peut-être n'en avait-on pas peur. « On ne trouvera pas de rébellion, on en fera une, avait dit Franklin à la Chambre des communes. » Il ne s'était pas trompé.

La nouvelle mit en feu tout le pays. L'assemblée était dissoute ; on proposa une Convention composée de comités des différents *townships* ou cantons, afin de prendre les mesures nécessaires au service de Sa Majesté et au salut de la province. En outre, on ordonna de s'armer, en vue d'une guerre avec la France, qui certes était peu à craindre[2]. Les élections se firent le 22 septembre 1768 ; les députés de 96 *townships* se réunirent dans la salle Faneuil, le berceau de la liberté américaine[3].

Bernard, le gouverneur, adressa à la Convention une lettre d'un ton ferme et décidé, assurant « que le roi

---

1. Pitkin, I, 233.

2. Ramsay, I, 81.

3. Cette salle était ainsi appelée du nom de Pierre Faneuil, Français d'origine et huguenot, qui l'avait léguée à la ville de Boston. Elle avait été construite en 1742, et servait de marché et de salle d'assemblée. Lossing, *Amer. Rev.*, I, 179.

était déterminé à maintenir son entière souveraineté sur la province, et que quiconque oserait usurper les droits de la souveraineté aurait à se repentir de sa témérité[1]. »

La Convention protesta de son respect pour le roi, recommanda au peuple de s'abstenir de toute violence, et peut-être effrayée de sa propre audace, se décida à se dissoudre après six jours de séances, où l'on avait rédigé une pétition au roi. Ce fut le premier essai de ces assemblées populaires qui prirent bientôt tout le pouvoir dans les colonies[2].

Le jour même de sa dissolution, les vaisseaux de guerre jetèrent l'ancre dans le port, et 700 soldats, commandés par les colonels Dalrymp et Carr, se préparèrent à débarquer.

Les loger n'était pas facile ; les casernes étaient insuffisantes. Le gouverneur s'adressa au Conseil, mais le Conseil refusa de se mêler en rien de cette affaire ; suivant lui, l'établissement des troupes permanentes dans les colonies, en temps de paix, n'était pas autorisé par le *mutiny-bill*, et était chose contraire à la Constitution. Les magistrats civils refusèrent de délivrer des billets de logement. Il fallut loger les troupes dans la salle même du Conseil, dans celle de l'Assemblée, dans les chambres de justice, sur le *Common* ou promenade publique. Boston devint une ville de garnison ; deux nouveaux régiments rejoignirent les premiers, et au grand désespoir des puritains, on entendit résonner le

1. Lettre de Bernard. Lossing, *Amer. Rev.*, I, 180.
2. Lossing, *Ibid.*, I, 180.

fifre et la trompette, même le jour du Seigneur. L'ordre public ne fut pas troublé, mais la colère était dans tous les cœurs.

Ce fut alors que, reprenant une idée déjà en cours d'exécution avant le rappel de l'acte du timbre, les Américains prirent entre eux des engagements de non-importation. Puisque l'Angleterre abusait de sa puissance pour grever les colons, il fallait exclure son commerce des colonies et ne plus porter que des étoffes de fabrique américaine. On prendrait ainsi les Anglais par leur endroit sensible; on les réduirait par la famine. « Nous ne dépendons pas de l'Angleterre, disait-on, c'est l'Angleterre qui dépend de nous pour son commerce. Nous avons un continent à peupler, l'Angleterre n'est qu'un point sur la carte [1]. » A compter de ce jour, les fils de la liberté n'eurent plus que des habits grossiers et renoncèrent à l'usage du thé; les filles de la liberté, encouragées et soutenues par l'opinion (le sacrifice était plus grand), renoncèrent aux robes de soie et aux rubans.

« Que nous trouverons ce sexe charmant dans sa beauté naturelle, disait un journal de Boston, lorsqu'un sublime patriotisme fera toute sa parure [2]. »

Ce n'est pas une des moindres différences des révolutions américaine et française, que l'ardeur avec laquelle les femmes américaines épousèrent la cause de la liberté.

Bernard appelait ces engagements les derniers efforts

1. Ramsay, *Amer. Rev.*, I, 75.
2. *Appendice aux Lettres d'un fermier*, p. 215.

d'une faction mourante[1]. Il ne savait pas ce que pouvait l'esprit public. Ce fut avec patriotisme qu'on but un misérable thé fait avec des feuilles de framboise[2], et qu'on se résigna à ne plus manger de mouton pour avoir plus de laine et porter des habits filés et tissés à la maison. Dans ces moments de fièvre tout est facile, l'amour de la liberté anoblit tous les sacrifices. Quiconque parlait de céder, quiconque doutait de la victoire était honni comme un traître[3].

Ce qui frappe en lisant toutes ces longues discussions, toute cette procédure, c'est le sentiment du droit, je dirais presque l'absence de passion. Il n'y a ni intérêt personnel, ni ambition en jeu; la résistance est si générale qu'elle est anonyme. Il n'y a pas un homme qui soit à la tête du mouvement, tout se fait par des assemblées. Rien de dramatique, rien qui ressemble à notre révolution; mais quelque chose de décidé, de viril. On sent la force et la résolution d'un peuple qui veut son droit et qui l'aura.

Est-ce à la race qu'il faut attribuer cette supériorité politique? Non, je n'adopte pas cette excuse commode pour toutes les faiblesses et toutes les lâchetés. C'est à l'éducation que les Américains devaient leur énergie; ils avaient un siècle et demi de liberté derrière eux.

Nous aussi nous avançons, lentement il est vrai, et avec plus d'un retour; mais nous avançons! Qu'on compare la révolution de 1848 à celle de 1789, on en sen-

---

1. *Life of Otis*, p. 289.
2. Lossing, *Amer. Rev.*, I, 481.
3. Bancroft, *ibid.*, III, 254.

lira toute la différence ; moins d'enthousiasme et plus
de volonté. La liberté est une œuvre qui ressemble à ces
cathédrales qu'élevait le moyen âge : ceux qui les commençaient n'ignoraient pas qu'ils n'en verraient pas la
fin. Qu'importe, la foi suffisait à tous ; ils apportaient
leur pierre, et pensaient non point à eux, mais à Dieu et
à l'avenir. Ces œuvres magnifiques n'ont point de nom,
elles n'ont point immortalisé l'architecte, elles ont abrité
et consolé vingt générations. C'est là notre œuvre ; por-
tons aussi notre pierre au temple de la liberté, et nous
aussi comptons sur l'avenir et sur Dieu.

HUITIÈME LEÇON

En novembre 1768, quand le Parlement anglais se
réunit, les nouvelles d'Amérique, et surtout celles du
Massachusetts, émurent le roi[1] et les deux Chambres.
Sur la motion du secrétaire des colonies, lord Hillsborough, la Chambre des lords passa à la presque unanimité une série de résolutions qui plus tard furent adoptées par la Chambre des communes.

On y déclarait :

« Que le vote passé dans l'assemblée de Boston, vote qui
mettait en question le droit suprême que le roi et le Parlement avaient de lier les colonies en toutes choses, était un vote
illégal, inconstitutionnel, contraire à tous les droits de la couronne et du Parlement ;

« Que la circulaire envoyée aux autres colonies était un précédent injustifiable et de la plus dangereuse nature ; qu'elle
était calculée pour influencer les autres colonies, et qu'elle
tendait à créer des coalitions contraires aux lois de la Grande-
Bretagne, et subversives de la Constitution ;

« Que la ville de Boston était dans un tel état de désordre et

---

1. Bancroft, *Amer. Rev.*, III, 251.

de confusion que la paix ne pouvait être maintenue ni la loi exécutée sans l'aide d'une force militaire.

« Que l'appel d'une convention était une attaque au gouvernement, un dessein d'établir une nouvelle autorité inconstitutionnelle, indépendante de la couronne.

« Que la réunion de cette convention était une insulte à l'autorité royale, une audacieuse usurpation des pouvoirs du gouvernement. »

Il y avait du vrai dans ces reproches ; Boston était dans un état d'agitation des plus inquiétants, et l'appel d'une Convention était chose peu régulière ; mais il y avait une autre question que le Parlement tranchait à son gré, et qui était douteuse, c'était le droit de taxer les colonies. Là était la cause du trouble. Affirmer un droit douteux, c'était prouver qu'on se croyait le plus fort ; ce n'était pas démontrer qu'on avait raison.

« Je voudrais, disait crûment Barrington, que l'acte du timbre n'eût jamais été voté ; mais les Américains sont des traîtres, bien pis que des traîtres envers la couronne, traîtres envers le Parlement. Il faut que les troupes amènent ces séditieux devant la justice. »

La déclaration des lords, eût-elle été juste, n'était guère politique. Ce n'était pas le moyen d'apaiser les esprits des deux côtés de l'Atlantique[1]. Telle qu'elle était, elle ne suffit point aux adversaires des prétentions américaines : on voulait faire de la force à tout prix.

« Nous n'avons plus qu'un mot à la bouche, écrivait

---

1. Lord Mahon, t. V, p. 252.

Pownall, alors membre des Communes, c'est notre souveraineté; c'est comme un de ces mots qui, dit à un fou, amène le paroxysme et le rend furieux [1]. » A la tête des plus violents était lord Hillsborough soutenu par le duc de Bedford. La façon dont le jury de Boston s'était conduit dans le jugement des troubles qui avaient ému la ville, la partialité dont les jurés avaient fait preuve pour des concitoyens dont ils partageaient les idées et les sentiments, tout en blâmant des actes coupables, poussèrent le duc de Bedford et ses amis à déclarer qu'on ne pouvait plus compter sur un jury colonial.

Le duc proposa donc une adresse au roi, adresse adoptée par les deux Chambres, où l'on priait Sa Majesté d'ordonner une enquête sur les derniers événements de Boston, afin que, s'il y avait eu trahison, ou tentative de trahison, Sa Majesté pût mettre en vigueur contre les coupables, ou supposés tels, un statut rendu sous la trente-cinquième année du règne de Henri VIII, statut en vertu duquel on pouvait transporter les prévenus en Angleterre, et les faire juger par une commission spéciale [2].

Déjà on désignait ceux qu'on voulait atteindre : Otis, Cushing, Samuel Adams et seize autres membres [3]. C'est par la terreur qu'on voulait régner.

Ainsi, au mépris de toutes les conquêtes de la liberté, on allait tirer de la poudre l'édit d'un tyran pour l'appliquer non-seulement à des coupables, mais à des in-

---

1. Bancroft, *Amer. Rev.*, III, 296.
2. Pitkin, I, 235.
3. Bancroft, *Amer. Rev.*, III, 251.

nocents, pour dépouiller les colons d'un des droits les plus sacrés du citoyen anglais, le jugement par jurés.

Dans un langage prophétique, Burke s'opposa à cette incroyable proposition. Il rappela que le duc d'Albe demandait aussi les têtes des principaux traîtres pour en finir avec les Pays-Bas, et il ajouta :

« Si les mesures que vous prenez ne sont pas de nature à apaiser les Américains, si elles sont faites pour les exaspérer, vous levez sur l'ennemi une arme qui se retournera contre nous. Et pourquoi en agissez-vous ainsi ? Parce que, dites-vous, vous ne pouvez vous confier à un jury d'Amérique. Voilà une parole qui devrait terrifier toute âme sensible. Si dans un peuple de deux millions d'âmes vous n'avez point de partisans, changez votre plan de gouverner, ou renoncez pour jamais à vos colonies [1]. »

Burke avait raison. Au lieu d'intimider les colonies, cette mesure ne fit que les exalter et les unir. Dès le mois de mai 1769, l'assemblée de Virginie s'éleva contre le droit de transportation judiciaire, qui prive l'accusé de ses juges naturels, de sa liberté et de ses témoins.

L'assemblée rédigea une pétition au roi, où elle s'exprimait avec non moins de chaleur que de raison. Après avoir nié la constitutionnalité d'un acte semblable, elle ajoutait :

« Qu'elle sera déplorable la situation d'un malheureux Américain qui aura encouru le déplaisir de quelque personne au pouvoir ! Arraché à son pays, à sa famille, à ses amis, on le jette en prison, non pas pour y attendre le verdict d'un jury,

1. Lord Mahon, t. V, p. 251.

ou l'arrêt d'une cour qu'il connaît, et dont il peut attendre prompte justice, mais pour y languir dans les fers parmi des étrangers!

Transporté sur une terre étrangère, sans amis qui soulagent sa détresse ou subviennent à ses besoins, sans témoins qui attestent son innocence, objet de mépris pour les honnêtes gens, jeté dans la société d'êtres perdus et de scélérats, il n'aura qu'une prière à adresser au ciel, c'est de finir bientôt sa misère et sa vie [1]. »

Pour toute réponse à ces plaintes, le gouverneur de Virginie prononça la dissolution de l'assemblée.

Aussitôt les principaux membres de la Chambre se réunirent dans la salle d'Apollon (c'était une taverne célèbre), et s'engagèrent sur l'honneur à ne plus importer de marchandises anglaises jusqu'à ce que l'acte de 1767 fût rappelé. Au bas de cet acte figurent des noms alors obscurs, mais destinés à devenir bientôt célèbres : ceux de Patrick Henry, de Peyton Randolph, de Thomas Jefferson, et enfin de George Washington [2]. Toutes les provinces au sud de la Virginie acceptèrent les résolutions de la *vieille province*. Les représentants de New-York en firent autant, et ordonnèrent de transcrire ces résolutions sur leurs procès-verbaux.

Suivant Bancroft [3], c'est Washington qui avait apporté de Mont-Vernon ces résolutions, et il est permis de le croire en lisant la lettre qu'à la même époque Washington adressait à son ami George Mason :

1. Pitkin, I, 237 ; Ramsay, I, 83.
2. Lord Mahon, V, 274.
3. Bancroft, *Amer. Rev.*, III, 311.

« Nos bons seigneurs de la Grande-Bretagne ne seront satis-
faits par rien de moins que par la ruine de la liberté américaine. Il nous faut faire quelque chose pour maintenir la liberté
que nous avons reçue de nos ancêtres. Personne ne doit hésiter
à prendre les armes pour défendre ce précieux bienfait. Mais
les armes doivent être la dernière ressource. Nous avons déjà
éprouvé l'efficacité des adresses au roi et des remontrances
au Parlement. Il nous reste à essayer si, en affamant leur commerce et leur industrie, nous éveillerons leur intérêt pour nos
droits et nos libertés. »

Au Massachusetts l'assemblée, dissoute depuis le
mois de juillet 1768, se réunit le dernier mercredi de
mai 1769, date fixée par la Charte. Elle adopta aussi les
résolutions de la Virginie, mais elle y joignit une protestation contre la présence des troupes, déclarant que
l'établissement d'une armée permanente en temps de
paix, et sans le consentement de l'assemblée générale,
était une attaque au droit naturel des peuples, et à
celui que tout Anglais tient de la grande Charte et du
bill des droits de 1689, droit confirmé à la colonie par
sa Charte particulière.

L'assemblée ajouta que la dignité et la liberté de ses
délibérations étaient également violées par la présence
des troupes et par les canons pointés sur la porte de
la Chambre, elle requit le gouverneur d'éloigner les
troupes durant la tenue de l'assemblée [1].

Bernard répondit qu'il n'avait d'autorité ni sur la
marine royale dans le port, ni sur les troupes royales
dans la ville, et ne pouvait donner l'ordre qu'on lui

---

[1]. Pitkin, I, 237.

demandait. Mais il ajourna l'assemblée à Cambridge, ville séparée de Boston par un bras de mer, et dans laquelle il n'y avait pas de soldats [1].

En réponse à ce message, la Chambre déclara : « Que l'emploi de la force militaire pour assurer l'exécution des lois était incompatible avec l'esprit d'une libre constitution et la nature du gouvernement. C'était au peuple, au *posse Comitatus* [2], qu'il appartenait d'aider le magistrat dans l'exécution des lois. Cette aide était suffisante. Supposer que tout un peuple se refuse à l'exécution de la loi est la plus forte présomption que la loi est injuste ou tout au moins mauvaise; ce ne peut pas être la *loi du peuple*, puisque, par la nature même d'une constitution libre, le peuple doit d'abord consentir à la loi avant que d'être obligé, en conscience, de lui obéir [3]. » On sent là le fier langage d'une démocratie.

Vers la fin de la session, le gouverneur adressa deux messages à l'assemblée pour qu'elle votât les dépenses du casernement des troupes, dépenses faites et à faire. L'assemblée refusa, maintenant dans les termes les plus hardis qu'à elle seule il appartenait de voter l'impôt, et par conséquent d'en régler l'usage. « En notre qualité de représentants, dit-elle, nous ne pouvons accorder que des impôts raisonnables, impôts dont nous sommes juges, libres de suivre nos sentiments sans égard pour des ordres étrangers. Votre Excellence nous

1. Lord Mahon, 5, 274.
2. Réunion des officiers du comté.
3. Pitkin, I, 238.

excusera donc, si nous lui déclarons en termes exprès que, fidèles à notre honneur, à notre intérêt, à notre devoir envers nos mandataires, nous ne voterons *jamais* ce que nous demande son message [1]. » Voter l'impôt quand on n'en peut décider l'emploi, c'est mettre son nom au bas d'une dépense faite et d'une recette à faire; mais où est la garantie de la propriété des citoyens, où est le droit des mandataires et des mandants?

C'est à ce moment que le gouverneur Bernard informa l'assemblée qu'il était mandé en Angleterre par le roi, pour lui exposer la situation de la colonie. L'assemblée adressa aussitôt une pétition au roi pour que cette mission du gouverneur fût un véritable rappel. Parmi les griefs énoncés, l'assemblée déclara que Bernard avait voulu renverser la Charte coloniale et dépouiller la plantation de ses droits. Des lettres confidentielles de Bernard aux ministres avaient été soumises au Parlement anglais; les planteurs en avaient eu copie. Il n'est pas douteux que Bernard voulait transformer les colonies, et en faire tout autre chose qu'un pays libre. Bernard fut remplacé par Hutchinson.

A son arrivée en Angleterre, le roi reçut Bernard et le nomma baron et. Il avait échoué dans son administration un peu par la faute des événements, et beaucoup par la sienne; on le récompensa pour montrer qu'on ne cédait pas. C'est une des plus sottes prétentions du pouvoir, que de se croire infaillible. Combien de gens ont

1. Bancroft, *Amer. Rev.*, III. 320.

dû leur fortune à de pareilles causes, et sont comme La Harpe :

> Tombés de chute en chute au trône académique.

Tandis que l'Amérique résistait avec une chaleur extrême, on se calmait en Angleterre. Dès le mois de mai 1769, dans un conseil des ministres, le duc de Grafton avait proposé de révoquer les droits imposés. La mesure était sage, elle échoua devant un de ces compromis qui réussissent souvent dans les assemblées, et qui gâtent les meilleures décisions. Lord North voulut sauver l'honneur du gouvernement, cet honneur que des gens entêtés et incapables mettent à ne pas céder : « Il faut que l'Amérique nous craigne avant de nous aimer, » disait-il[1]. Il demanda donc qu'on maintînt le droit du thé seulement; il voulait en outre qu'une lettre-circulaire adressée aux colonies les assurât qu'on ne songeait nullement à établir des taxes en Amérique pour en tirer un revenu, et qu'à la prochaine session on proposerait l'abolition des droits sur les papiers, les vitres et les couleurs, en considération de ce que ces droits étaient contraires aux véritables principes du commerce. Cette proposition fut adoptée à la majorité de cinq voix contre quatre[2]; elle avait le défaut de laisser toute vive la question de droit, la seule qui agitât les deux pays.

La circulaire, écrite par lord Hillsborough en termes

.

---

1. Bancroft, *Amer. Rev.*, III, 257.
2. Lord Mahon, t. V, p. 232 et p. 380.

secs et impératifs, ne satisfit personne en Amérique.
Un meeting, tenu à Boston le 4 octobre 1769, publia
un *Appel au monde*, qui sans doute n'arriva pas à son
adresse, mais où les idées des colons sont nettement
exprimées.

« Les actes du Parlement, y est-il dit, sont une invasion de
nos droits; tant que ces actes ne sont pas révoqués, la cause
de nos justes plaintes subsiste. Jamais nous ne considérerons
comme réparés les torts dont nous souffrons, avant que le
Parlement anglais n'ait révoqué tout acte ayant pour objet de
lever sur nous un revenu sans notre aveu; avant que le bureau des commissaires de douane soit dissous, avant que les
troupes ne soient rappelées, avant que les choses ne soient
remises sur le pied où elles étaient avant les mesures extraor-
dinaires qu'a prises le présent ministère[1]. »

Vers la même époque, en novembre 1769, les marchands de Philadelphie (il n'y avait que des marchands
et des propriétaires en Amérique) écrivaient aux marchands de Londres, d'une part, pour combattre les as-
sertions injurieuses du gouverneur Bernard et de son
parti; de l'autre, pour repousser le droit d'impôt prétendu par le Parlement. Leur langage était éloquent et
décidé :

« Nous nous croyons obligés de vous avertir que, encore bien
que nous autres marchands nous soyons réunis seulement
pour réclamer le rappel des droits sur le papier, le thé, les
couleurs, les verres à vitre, etc., rien ne pourra calmer et satisfaire le peuple que le rappel de toute loi de revenu et le
rétablissement des choses sur le pied où elles étaient avant les

[1]. Pitkin, I, 212.

dernières innovations. Des flottes et des armées peuvent terrifier nos villes, des cours d'amirauté, des bureaux de commissaires, avec leur essaim de créatures, peuvent exécuter des
lois inconstitutionnelles, ruiner notre commerce et rendre
l'Amérique à peu près stérile pour le peuple de la Grande-
Bretagne. Mais tant que chaque propriétaire sera un libre cultivateur, l'esprit de liberté prévaudra; toute tentative afin de
le dépouiller de son droit de citoyen entraînera des conséquences aussi fatales aux colonies qu'à la mère patrie[1]. »

Dans le comité qui rédigea cette lettre, on voit figurer
les noms de Robert Morris et de Charles Thompson,
qui plus tard jouèrent chacun un rôle considérable
dans la révolution.

Le Parlement anglais se réunit le 9 janvier 1770.
Après trois années d'accablement, lord Chatham, se-
coué par une violente attaque de goutte, avait retrouvé
son énergie et sa volonté. Il reprit la parole. Le roi,
dans son discours, avait qualifié certains actes des Américains comme étant injustifiables[2]; Chatham prit la
défense des Américains. Il déclara qu'il regrettait les
mesures malheureuses qui éloignaient les colonies de
la mère patrie, et qui, il le craignait, avaient conduit
les planteurs à des actes qu'il ne pouvait approuver. Il
avoua sa partialité naturelle pour l'Amérique, et dit
qu'il se sentait enclin à excuser même ses excès.
C'était, suivant son expression pittoresque, des ébul-
litions de liberté qui poussaient à la peau; c'était un
signe, sinon de santé parfaite, du moins d'une consti-

<hr>

1. Pitkin, I, 213.
2. *Highly unwarrantable.*

tution robuste ; les supprimer soudainement, c'était
faire rentrer la maladie et frapper le malade au cœur.
Il demanda la suppression du mot *injustifiables*.

Le discours de Chatham, qui touchait d'ailleurs à
des questions intérieures, beaucoup plus vives en Angleterre que la question d'Amérique, amena un changement dans l'administration. Mais, au lieu d'appeler
au pouvoir les chefs de l'opposition, George III, imbu
des vieilles doctrines de la prérogative royale, voulut
faire un ministère de créatures. Il choisit pour premier
ministre lord North, déjà chancelier de l'Échiquier, et
qui se décida à prendre le poste de premier lord de la
Trésorerie et à devenir le chef d'une nouvelle administration.

Lord North, l'ami, la créature du roi, resta ministre
de 1770 à 1782 ; il a laissé dans l'histoire cette triste
réputation que, sous son administration, l'Angleterre
perdit plus de territoire et contracta plus de dettes qu'à
aucune autre époque de son histoire.

Ce n'était cependant ni un méchant homme ni un
homme incapable ; il ne cherchait ni la popularité ni la
fortune. C'était un de ces esprits médiocres qui perdent les empires, sans soupçonner même leur incapacité.

De sa personne il était peu agréable, fort lourd de
corps et très-myope [1] ; Burke le peint en quelques
mots : « Le noble lord, après avoir allongé sa jambe

---

1. Ce qui est un grand obstacle en toute assemblée, obstacle qui,
dans les Chambres anglaises, n'a été surmonté que par lord North, et,
de nos jours, par lord Derby. (*Note de lord Mahon.*)

droite trois pas en avant de sa jambe gauche, roulant des yeux enflammés et remuant son énorme corps, a enfin ouvert la bouche. »

Mais une fois cette bouche ouverte, il faut rendre cette justice à lord North, qu'il savait saisir le côté ridicule de ses adversaires, et mettre les rieurs de son parti. Cela lui était d'autant plus aisé qu'il était l'homme le plus flegmatique et le plus placide de son temps. Rien n'émouvait cette masse énorme ; et tandis que ses adversaires (et quels adversaires, Fox, Burke, Barré, et plus tard le jeune Pitt !) le dénonçaient comme coupable des plus criminels attentats, il s'endormait paisiblement ; il fallait que ses voisins lui donnassent des coups de coude pour le tenir éveillé, et ils n'y réussissaient pas toujours.

Quelques-unes de ses réponses nous sont restées, et prouvent la douceur de son caractère et la finesse de son esprit. Fox, en 1778, l'accusa de n'aimer que l'indolence et les flatteries. « Permettez, lui dit lord North, je passe une grande partie de ma vie à la Chambre ; il me semble qu'on ne m'y laisse guère oisif, et assurément on n'y me flatte pas. »

Dans un discours violent, un membre le désigna par cette expression peu polie : « Cette chose qu'on appelle un ministre. » — « Certes, dit lord North en portant ses mains sur ses larges flancs, je ne suis pas une belle chose ; l'honorable membre, en m'appelant *cette chose*, a dit vrai ; je ne peux pas lui en vouloir. Mais quand il a ajouté : « Cette chose qu'on appelle un ministre, » il m'a appelé celle de toutes les choses qu'il désire le

plus être ; je prends donc le mot comme un compli-
ment[1]. »

On ne reçoit pas plus gracieusement une injure ; par
malheur, il faut ajouter qu'avec cette indifférence et
cette placidité, avec le seul désir d'être agréable à son
maître, on perd gaiement un empire. La seule justice
que l'histoire puisse rendre à lord North, c'est qu'il
servit par faiblesse d'esprit et non par ambition ni par
intérêt. C'était un aimable courtisan et un détestable
ministre.

Tel était l'homme qui, dans les affaires d'Amérique,
allait trouver devant lui lord Chatham, lord Camden,
lord Shelburne, lord Stanhope, le colonel Barré, l'alderman Beckford, M. Dunning et Burke.

Le 5 mars 1770, lord North présenta sa motion sur
le revenu américain. C'était l'ancienne promesse ministérielle qu'il voulait transformer en loi. Il proposa le
rappel de tous les droits imposés en 1767, hormis le
droit sur le thé. Ce n'était pas un impôt qu'il voulait
maintenir ; il n'évaluait pas le revenu probable à plus
de 12,000 livres sterling (300,000 francs environ), et
la diminution de 25 p. 100 sur les thés exportés en
Amérique devait faire baisser le prix de l'article ; ce
qu'il voulait, il le dit en termes exprès, c'était affirmer
la suprématie du Parlement. Une fois ce point conquis,
il céderait aisément sur le reste : « Plaise à Dieu, dit-il,
que la conduite des Américains m'autorise à leur accorder des concessions nouvelles, et à révoquer des droits

______

1. Lord Mahon, V, p. 260.

que j'ai eu l'intention d'abandonner. » Il s'agissait de droits sur le thé[1].

La proposition de lord North fut attaquée comme une concession inadmissible par les ardents amis de la prérogative royale et des droits du Parlement; ils ne pardonnaient pas à l'Amérique sa résistance; elle fut attaquée comme impolitique par toute l'opposition, qui s'était formée et réunie autour de lord Chatham. Quel intérêt pouvait décider lord North à maintenir l'impôt du thé? Ce n'était pas l'intérêt financier. La contrebande était telle qu'on n'avait perçu, l'année précédente, que 300 livres sterling (7,500 francs) sur le thé importé en Amérique[2]. C'était donc l'intérêt politique. Quoi! c'était pour une question de théorie qu'on s'exposait à mécontenter des colonies qui rapportaient des millions au commerce anglais? La déclaration, jointe au rappel de l'acte du timbre, avait proclamé le principe. Qu'y avait-il de mieux à faire que de s'en tenir là? Le silence des Américains était un aveu suffisant : l'honneur était satisfait.

A tous ces arguments, lord North répondait : « Le rappel de l'acte du timbre a-t-il appris aux Américains à obéir? Notre douceur leur a-t-elle inspiré de la modération? Au moment où ils nous dénient le droit de les taxer, est-il convenable d'accepter ce reproche d'illégalité? Convient-il d'abandonner le pouvoir qui nous appartient? Non, le moment d'exercer notre droit de taxation, c'est le moment où on le conteste. Temporiser,

1. Lord Mahon, V, 277.
2. Lord Mahon, V, 278.

c'est céder. Ne pas maintenir aujourd'hui l'autorité de la métropole, c'est l'abandonner à jamais. Qu'on ne songe pas au rappel de la loi avant que l'Amérique soit prosternée à nos pieds [1]. »

Avec cet appel aux passions, on a toujours la majorité dans une assemblée. La loi fut votée par 204 voix contre 142.

Dans la Chambre des lords, le 6 mars 1770, Chatham, sans approuver lord North, prononça quelques paroles à l'adresse des Américains qui nous montrent la situation des libéraux en Angleterre; ils étaient déjà loin de comprendre les pétitions et les désirs des Américains.

« On a pensé que j'étais un trop grand ami de l'Amérique. Je l'avoue, je suis un ami de ce pays. J'aime les Américains parce qu'ils aiment la liberté; je les aime pour les nobles efforts qu'ils ont faits dans la dernière guerre. Mais je confesse qu'en plus d'un point je trouve qu'ils ont tort; ils vont trop loin; ils se sont mépris sur l'idée qu'on voulait leur prendre de l'argent par des taxes. Le commerce, voilà notre objet avec eux; il faut les encourager. Mais (je désire que tout Américain intelligent, ici ou là-bas, écoute ce que je dis), s'ils portent trop loin leurs idées de liberté, comme je le crains, s'ils ne veulent pas se soumettre aux lois de ce pays, et en particulier, si, comme j'en vois plus d'un symptôme, ils veulent se dégager des lois de commerce et de navigation, ils ne trouveront pas d'adversaires plus déclarés que moi, tout Américain que je suis. Il faut qu'ils soient subordonnés. Dans toutes les lois de commerce et de navigation, l'Angleterre est la mère patrie, les Américains sont les enfants; c'est à eux

---

1. Hilton, p. 302.

d'obéir, à nous de commander. C'est chose nécessaire. Quand deux pays sont dans la situation où nous sommes, il faut quelque chose de plus qu'une connexion; il faut de la subordination, il faut de l'obéissance, il faut de la dépendance. Et si vous ne faites pas de lois pour les Américains, Mylords, permettez-moi de vous le dire, les Américains voudront en faire pour vous, et ils en feront[1]. »

C'étaient là des paroles éloquentes, mais qui ne pouvaient rien sauver. L'esprit public avait changé en Amérique; les colons entendaient maintenant conquérir la pleine égalité de droits entre les deux pays[2].

Tandis que la loi était votée en Angleterre, de graves événements se passaient à Boston.

Le 5 mars 1770, c'est-à-dire le jour même où la loi de rappel était adoptée par la Chambre des communes, il y avait à Boston collision entre le peuple et les soldats anglais, collision inévitable dans la situation des esprits, et qu'un peu de sagesse aurait prévenue.

L'assemblée du Masachussetts avait refusé de rien fournir aux soldats, hormis la paille, le bois, la chandelle et des casernes, où, comme le dit plus tard un officier au Parlement, aucun gentlemen de cette Chambre n'aurait voulu loger ses chiens[2]. Ainsi placés au milieu de la ville, détestés par les riches, odieux aux pauvres, les habits rouges ne pouvaient sortir sans être insultés dans les rues; la discipline ne peut pas toujours empêcher un soldat de se rappeler qu'il est un homme.

1. Lord Mahon, t. V, p. 381.
2. Ramsay, *Amer. Rev.*, I, 87.

Le samedi 3 mars il y eut une rixe, où les gens du peuple, les agresseurs, dit-on, furent battus. Ils se tinrent tranquilles le dimanche; c'étaient des puritains; mais le lundi soir, 5 mars, une foule nombreuse, armée de cannes et de bâtons, attaqua la garde, jetant aux soldats des boules de neige renfermant des pierres[1], des glaçons, des morceaux de bois, et n'épargnant pas les injures et les provocations à *ces coquins de homards*, qui n'avaient pas, leur criait-on, le courage de tirer.

L'officier qui commandait, le capitaine Preston, montra une grande patience; les soldats restèrent immobiles sous les armes; mais enfin un soldat, qui avait reçu un coup, tira sans en avoir reçu l'ordre; six autres l'imitèrent[2]. Trois des assaillants tombèrent; huit autres personnes furent blessées dans la foule[3].

La ville fut aussitôt dans une extrême agitation; un meeting fut convoqué le lendemain matin, une résolution votée : « Qu'il fallait à tout prix que Boston fût évacué par les soldats. » Un comité, à la tête duquel était Samuel Adams, se rendit auprès du gouverneur Hutchinson pour demander le retrait immédiat des troupes. Le gouverneur et le colonel Dalrymple, pour éviter une lutte, commencèrent à retirer les troupes, qui se rendirent au château William.

L'affaire n'en resta pas là. Non-seulement l'imagination populaire y vit un plan préparé pour amener le massacre des citoyens, et célébra plus tard et longtemps,

---

1. *Snowballs covering stones* dit Ramsay, *Amer. Rev.*, I, 90.
2. Lord Mahon, V, 279; Pitkin, I, 244.
3. Lord Mahon, V, 279.

avec solennité, ce triste anniversaire ; non-seulement
ou n'appela plus les soldats anglais que les *assassins*,
mais on voulut les juger.

La loi anglaise ne connaît pas de tribunaux d'exception pour l'armée. Quand il y a des coups, des blessures,
un vol, ou quelque délit que ce soit où figure le soldat,
c'est le jury qui juge ; ce n'est pas une des moindres
garanties de la loi anglaise. Il n'y a pas d'officier qui
puisse se croire au-dessus des lois faites pour le simple
citoyen.

Le capitaine Preston fut donc accusé et emprisonné ;
on ne négligea rien pour enflammer l'esprit de la population, parmi laquelle on devait prendre le jury. Mais
là se montra l'excellent esprit anglais et le respect de
la loi.

La grande difficulté fut d'abord de trouver un avocat.
Il y eut des gens qui refusèrent par peur et d'autres par
haine. Enfin, un ami du capitaine alla trouver John
Adams, jeune avocat, ardent patriote, dont le nom commençait à grandir. Les larmes aux yeux, l'ami du capitaine dit à Adams : « Je viens avec un message solennel
de la part d'un homme bien malheureux, le capitaine
Preston, qui est en prison. Il a besoin d'un avocat, il
ne trouve personne. J'ai vu M. Quincy, qui accepte si
vous acceptez ; sinon, il refuse. Nous n'avons d'espoir
qu'en vous. »

Adams était jeune, patriote, ami de la popularité ;
défendre le capitaine, c'était risquer son avenir. Il n'hésita pas cependant, et répondit que dans un pays libre
jamais un accusé ne devait manquer d'avocat, et que le

barreau devait être impartial et indépendant en tout temps et en toute circonstance. Sur quoi, et suivant le vieil usage, on lui offrit une guinée en guise d'arrhes, et M. Adams l'accepta gaiement.

Il avait prévu l'orage qui allait s'élever contre lui; mais qu'importe, il faisait son devoir. Il réunit une foule de témoins qui prouvèrent la parfaite innocence du capitaine; et, quand le jury eut rendu un verdict de *non coupable*, un des juges de la cour ne craignit pas de dire au public qui écoutait en silence :

« Je suis heureux de dire qu'après un examen des plus sévères, la conduite du prisonnier se montre sous le jour le plus favorable; mais je suis profondément affligé que cette affaire tourne à la confusion de ceux qui s'y sont employés et à la honte de la ville en général. »

Les soldats furent aussi jugés et acquittés, à l'exception de deux qui avaient tiré sans ordre et qui furent déclarés coupables d'homicide simple [1].

Je ne sais rien de plus remarquable que ce procès obscur et à peu près négligé par les historiens, surtout par les Américains, plus attentifs au massacre qu'à la procédure qui l'a suivi.

A voir la parfaite loyauté avec laquelle le procès est instruit, plaidé et jugé, qui ne sent combien était odieux et injuste le plan proposé par le duc de Bedford pour faire juger les Américains en Angleterre?

Qui ne sent aussi combien ce peuple américain, malgré toute sa passion, était mûr pour la liberté?

1. Lord Mahon, V, 280.

Les jugements, c'est là, il faut le dire, le côté le plus sombre de notre révolution, la cause la plus directe de son insuccès. Ce ne sont pas des jugements que rend le tribunal révolutionnaire : ce sont des proscriptions qu'il prononce. Il ne juge pas des accusés : il abat des ennemis. « Qu'est-ce que la guillotine ? s'écrie Camille Desmoulins : un coup de sabre appliqué par la main du bourreau ! » Il avait raison ; mais quelle condamnation pour les hommes qui ont fait un pareil abus de la justice ?

Songez-y, ce qui fait la force du citoyen, sa sécurité, sa noblesse, c'est qu'en respectant des lois honnêtes, faites par ses représentants, il a droit de compter qu'il vivra libre et respecté. C'est là sa planche de salut. Mais si vous le noyez sur cette planche même, si la justice est un piége et le juge un bourreau, qu'est-ce donc que la liberté ? Où est la garantie ?

La société n'est plus alors qu'un peuple en guerre : violences, intérêts, ruse, tous les crimes et toutes les passions y règnent en souverains. La fin d'un pareil régime est écrite dans l'histoire et dans la conscience humaine. Le peuple, épuisé et démoralisé, maudit cette liberté et cette justice déshonorées ; il lui faut le repos, et, pour l'avoir, il se jette aux pieds d'un maître. Heureux au contraire le pays qui, même au milieu de ses passions et de ses souffrances, sent qu'il y a quelque chose au-dessus de lui : la justice, divinité sereine, qui le défend de ses propres faiblesses et lui garantit tous ses droits.

Si l'on me demandait ce qui distingue les peuples

libres de ceux qui ne le sont pas, les peuples qui sont mûrs pour la liberté de ceux qui en sont encore loin, je dirais : Ce n'est ni une constitution, ni des chambres, ni des journaux ; tout cela peut devenir un instrument de passion et de tyrannie ; la véritable distinction, c'est la justice, c'est le règne de la loi. Dites-moi ce que sont les tribunaux, je vous dirai ce qu'est le peuple. Le gouvernement et les citoyens s'inclinent-ils devant la loi et les formes protectrices qu'elle constitue? N'en doutez pas, la liberté est là! Ruse-t-on avec la loi, l'élude-t-on par des mesures perfides ou violentes ; y a-t-il des tribunaux d'exception, des juges corrompus par la passion ou par l'intérêt? Fuyez! la liberté de ce pays n'est qu'un piége, et les institutions qu'une moquerie. La liberté, sachez-le bien, est le respect du droit ; elle n'est qu'un autre nom pour la justice.

C'est parce que la justice est le bien du moindre citoyen, la garantie du plus fort comme du plus faible, que notre vieux jurisconsulte Beaumanoir la définissait si nettement par ces mots énergiques : *justice est le commun proufict de tous.*

NEUVIÈME LEÇON

Depuis le massacre de Boston, le 5 mars 1770, jusqu'au mois de mai 1773, il y eut un moment de calme qui put donner le change, mais ce calme était plus apparent que réel.

Après la loi qui révoquait les taxes sur tous les autres articles que le thé, les colonies avaient renoncé à leur agrément de non-importation et repris leurs relations commerciales avec l'Angleterre, le thé excepté. C'était sur ce seul point que le Parlement avait concentré la reconnaissance de sa suprématie; c'était sur ce seul point que les planteurs concentraient leur résistance. Cette résistance était d'autant plus facile aux colons qu'elle n'entraînait pour eux aucune privation. Sur une étendue de côte de quinze cents milles, il était impossible d'empêcher la contrebande, surtout quand cette contrebande était regardée par tous les habitants comme une œuvre patriotique. Les défenses royales n'y faisaient rien, car, disait Franklin, *les marchands payent mieux que les rois.* Par patriotisme ou par intérêt, les douaniers fermaient les yeux sur ces importations qui se faisaient sur tous les points. Hollandais, Danois, Français, se livraient à ce commerce interlope et fructueux. Franklin calculait qu'il y avait en Amérique un million de personnes qui prenaient du thé deux fois par jour ; il n'évaluait pas cette dépense à moins de 12 millions 500,000 francs par an ; tout ce commerce échappait à l'Angleterre ; les thés de la Compagnie des Indes pourrissaient dans les magasins, et, en l'année 1772 , les douanes américaines avaient rapporté pour le thé 85 livres sterling (2,125 fr.) [1]. Voilà ce que coûtait à la métropole son entêtement ; c'est pour cela qu'elle entretenait à grands frais des troupes, une marine et des commissaires en Amérique. Elle avait voulu atteindre les planteurs dans leur intérêt non moins que dans leur orgueil ; c'était dans son intérêt que les planteurs l'attaquaient avec une persévérance et une unanimité que le temps ne lassait point.

Si, durant ces trois années, l'Angleterre n'eut point à s'inquiéter de l'Amérique, il s'en faut de beaucoup cependant que l'Amérique fût tranquille. Tout se préparait à la résistance armée. Les esprits les plus calmes, les gens les plus sensés, Washington, par exemple, commençaient à désespérer d'une paix durable avec la métropole. En Virginie comme au Massachusetts, on s'habituait de jour en jour à l'idée d'une séparation.

A Boston surtout, il y avait un homme qui, dès le premier jour et au milieu même des espérances de réconciliation qui avaient suivi le bill de 1770, regardait la lutte comme inévitable et prochaine, c'était Samuel Adams. Il était l'âme de la révolution.

[1]. Franklin, *Works*, I, p. 221.

Otis avait été en 1763 le chef du parti, par son fameux discours sur les *writs of assistance;* son talent et son éloquence l'avaient longtemps maintenu au premier rang; encore bien que la mobilité de son esprit et la crainte légitime de lancer son pays dans l'inconnu lui eussent souvent dicté des ménagements qu'on taxait de faiblesse ; il est beau pourtant de craindre pour son pays. Mais en 1769, lorsqu'on publia des lettres du gouverneur Bernard et des commissaires de douanes, lettres adressées au gouvernement d'Angleterre, et qui accusaient Otis de trahison, Otis ayant protesté contre cette cabale par une lettre publique fut attaqué le lendemain dans un café, par Robinson, un des commissaires de douane; il reçut à la tête une blessure si grave, que sa raison en fut altérée.

Depuis lors, il ne fut plus que l'ombre de lui-même ; son esprit, naturellement excitable, comme celui de tout orateur, n'eut plus qu'une flamme passagère. Toujours noble et grand dans ses moments de lucidité, il ne voulut pas se venger, croyant qu'on ne guérit pas de pareils attentats avec de l'argent, et alors que le jury lui eût accordé 2,000 livres sterling de dommages-intérêts, somme énorme pour la colonie, il fit grâce du payement à Robinson, en échange d'une lettre d'excuses.

En 1770 la ville de Boston lui vota des remercîments publics pour le zèle indomptable et le dévouement patriotique dont il avait fait preuve depuis le commencement de la querelle avec l'Angleterre; mais cet hommage mérité ne pouvait lui rendre la santé.

Il se retira à la campagne, où il languit seize ans, avec des intervalles de lucidité et de folie; il y mourut de la façon la plus étrange, le 23 mai 1783. Un orage venait d'éclater, Otis, à la porte de la maison, regardait le ciel; tout à coup brille un éclair, un seul, Otis tombe foudroyé.

Telle fut la fin d'un homme que la fortune se fit un jeu de trahir. Tout lui manqua au moment où, parvenu à l'âge mûr, il pouvait arriver aux affaires et servir son pays. De plus heureux, mais non de plus dévoués, achevèrent l'œuvre qu'il avait commencée en un temps où la résistance était sans espoir; mais l'histoire ne doit pas être ingrate envers lui, et sur ce grand édifice de la liberté américaine elle gravera au pied de la pyramide le nom du patriote et du martyr James Otis.

Otis disparu de la scène politique, quatre hommes prirent la tête du mouvement. Samuel Adams, le puritain; John Hancock, riche marchand; Joseph Warren, qui devait mourir, mortellement blessé à Bunkerhill, au premier engagement avec les Anglais, et John Adams, qui devait un jour être ambassadeur à Saint-James et président des États-Unis. Mais de 1770 a 1773, l'âme du mouvement, celui que les Anglais appelaient le *grand incendiaire*, c'est Samuel Adams. On reconnaît sa rudesse et son inflexibilité dans tous les débats et toutes les querelles de l'assemblée du Massachusetts avec le gouverneur Hutchinson.

Ces débats furent perpétuels, ou pour mieux dire le gouverneur n'y put échapper que par des prorogations successives de l'assemblée.

En 1771, Hutchinson refuse son consentement à la loi d'impôt, parce qu'on n'en a point excepté les commissaires des douanes, qui sont des officiers royaux.

« Ce refus, dit l'assemblée, et la cause que vous en donnez a quelque chose d'étrange et d'alarmant ; vous nous parlez de commissaires des douanes de Sa Majesté, nous ne savons ce que c'est. Nous ne savons pas davantage ce que c'est que ce revenu que Sa Majesté a le droit d'établir en Amérique. Nous ne voyons dans tout cela qu'un tribut qu'on prétend extorquer à des hommes qui, s'ils ont une propriété, ont le droit absolu d'en disposer.

« Donner à des instructions royales force de loi, au mépris de la charte provinciale, ce serait réduire les représentants d'un peuple libre à l'alternative fatale ou de ne plus lever d'impôts, ou de les lever de la seule façon qui plairait aux ministres de Sa Majesté et pour le seul profit de ses créatures [1]. »

La réponse à ce fier langage fut l'ajournement de l'assemblée. Quand elle se réunit en juin 1772, Hutchinson fit connaître que le gouvernement anglais avait fixé lui-même le traitement du gouverneur : c'était 7,500 livres sterling à prendre sur le revenu américain, en dehors des votes de l'assemblée [2]. Le coup fut terrible pour les planteurs ; ils n'admettaient pas que le gouverneur ne fût pas leur officier et leur mandataire. Ils prièrent Hutchinson de recevoir son traitement d'un vote de l'assemblée, et non point des mains du gouvernement. Le gouverneur refusa.

1. Pitkin, I, 245.
2. Pitkin, I. 218.

Depuis l'acte du timbre, rien ne blessa davantage les puritains du Massachusetts que cette situation faite au gouverneur. Il devenait indépendant de l'assemblée et du pays. La discussion ne resta pas dans la chambre ; le peuple voulut manifester son opposition, et comme le Massachusetts était partagé en *townships* ou communes, qui étaient de véritables républiques, où le peuple avait toujours le droit de s'assembler, il se tint partout des *meetings* pour protester contre l'usurpation. Ces *meetings* commencèrent à Boston, le 2 novembre 1772. Faire céder le roi ou établir une république à la hollandaise, et ouvrir l'Amérique au libre commerce du monde entier, ce fut le thème qu'on discuta le plus souvent dans ces réunions. C'était le pouvoir, c'était la révolution qui passait de l'assemblée dans le peuple, et qui n'en devait plus sortir.

Au premier de ces *meetings*, tenu à Boston, sur la proposition de Samuel Adams, un comité de vingt et un membres fut choisi pour établir dans un rapport les droits des colons comme hommes, comme chrétiens et comme sujets.

Le 19 novembre, ce rapport, rédigé avec grand talent, fut adopté par le *meeting*, et aussitôt imprimé à six cents exemplaires et distribué dans toutes les villes de la colonie.

En leur qualité d'hommes, les planteurs, fidèles disciples de Locke, revendiquaient la liberté, la propriété, droits sacrés auxquels le gouvernement ne pouvait toucher sans leur aveu.

Comme sujets anglais, ils réclamaient les droits

garantis par la grande charte et le bill des droits de 1689.

Comme chrétiens, ils réclamaient la liberté religieuse, menacée, croyaient-ils, par l'établissement projeté d'un évêque dans les colonies.

Enfin ils commençaient à réclamer contre les lois qui gênaient leur industrie, et déclaraient que l'acte qui empêchait l'établissement d'usines de fer était une violation du droit qu'ils tenaient de Dieu et de la nature, du droit d'user de leur talent et de leur industrie pour se procurer toutes les nécessités et les commodités de la vie.

Le rapport finissait par un appel aux colons; on les engageait à soutenir ou à reconquérir leurs droits, à sauver d'une ruine prochaine leur heureuse et glorieuse constitution. « Si cependant, disait-on en finissant, la province trouve que ces droits ne lui appartiennent pas, ou qu'ils n'ont pas été violés, ou qu'il ne vaut pas la peine de les défendre, nous ne pourrons que pleurer la perte de ce généreux amour de la liberté civile et religieuse, qui, en face du danger et de la mort même, poussa nos pères à quitter le sein de la patrie et à s'établir dans le désert.

« Quant à nous, nous ne sommes pas effrayés de la pauvreté et nous méprisons l'esclavage [1]. »

« Bravo ! s'écriait lord Chatam en lisant cette lettre; ces braves de la Nouvelle-Angleterre ont les sentiments que devraient toujours avoir les vieux Anglais. » Mais

____

1. Pitkin, I, 250.

ils sont rares les hommes d'État qui, à l'exemple de
Chatam, n'ont pas peur de la liberté [1].

Le gouverneur Hutchinson s'effraya de ces réunions,
qui prenaient un caractère inquiétant. A l'ouverture de
l'assemblée, en janvier 1773, il déclara que ces *meetings*
étaient irréguliers et dangereux. « C'est la Constitution
même, disait-il, qu'on met en question ; c'est l'autorité législative et suprême du Parlement qu'on ose
nier. »

C'était rallumer la discussion et toucher une plaie qui
saignait toujours. L'assemblée releva le gant ; ce ne fut
pas seulement la question en jeu qu'elle discuta ; elle
nia absolument que le Parlement eût le droit de lier
constitutionnellement l'Amérique :

« S'il y a eu chez nous, dit-elle, quelques exemples
« d'une soumission aux actes du Parlement, ça été un
« manque de réflexion ou la répugnance à lutter avec
« la métropole, mais nous n'avons jamais reconnu la
« suprématie législative du Parlement [2]. »

Jusqu'au moment où nous sommes arrivés, c'est-à-
dire au commencement de 1773, le Massachusetts seul
avait agi ; les autres provinces ou s'étaient résignées,
ou étaient restées muettes ; mais le feu gagnait ; chacun
avait les yeux fixés sur Boston, et quand les lettres du
meeting de Boston et les actes de l'assemblée parvin-
rent en Virginie, en mars 1773, l'assemblée de Virginie fit un pas décisif : elle proposa l'Union des colonies.

1. Bancroft, *Amer. Rev.*, III, 479.
2. Pitkin, I, 252.

« Attendu, dit-elle, que les fidèles sujets de Sa Majesté dans les colonies ont été troublés par diverses rumeurs et annonces d'actes qui les priveraient de leurs droits anciens, légaux et constitutionnels; et attendu que les affaires de Virginie sont liées à celles de la Grande-Bretagne aussi bien que des colonies voisines, ce qui rend nécessaire un échange de sentiments;

« Pour écarter l'inquiétude et calmer l'esprit du peuple, il est résolu qu'on établira un comité de correspondance et d'enquête composé de onze personnes (Peyton Randolph, Richard Henry Lee, Patrick Henry, Thomas Jefferson, Dabney Carr, l'auteur de la proposition, etc.).

« Ce comité aura pour fonction d'obtenir la connaissance authentique de toutes les résolutions du Parlement, de tous les actes de l'administration qui peuvent toucher les colonies anglaises; ainsi que d'établir et d'entretenir une correspondance avec nos sœurs les colonies, de façon à soumettre de temps en temps à l'assemblée les résultats de ces communications.

« Il est en outre résolu que le président de cette assemblée transmettra aux présidents des assemblées des autres colonies copies des susdites résolutions, en les priant de les soumettre à leurs chambres respectives, et de demander qu'on établisse des comités qui communiquent avec les comités de Virginie [1]. »

Sous une apparence pacifique, c'était là une mesure des plus graves, c'était l'union de toutes les assemblées qu'on proposait au moment où Samuel Adams couvrait l'Amérique de comités de vigilance, qui réunissaient tout le peuple des colonies dans un commun sentiment de résistance à la violation de leurs droits.

1. Pitkin, I, 251.

Ainsi grandissait peu à peu une force terrible, quand on apprit en Amérique, au mois de juin 1773, que lord Hillsborough, secrétaire d'État, venait d'être remplacé par lord Darmouth.

Lord Darmouth, le bon lord Darmouth, comme on l'appelle toujours, même parmi ses adversaires (il n'avait pas d'ennemis), était un homme de grande vertu et de grande piété. Ennemi de la violence, il désirait que le roi régnât sur le cœur de ses peuples, et croyait, un peu trop aisément peut-être, que les bonnes intentions suffisent pour gouverner les hommes. C'était, disait-on, le modèle que Richardson avait eu devant les yeux en écrivant son *Grandisson*, cette vertu si parfaite, qu'on n'en peut lire l'histoire sans en mourir d'ennui.

L'assemblée du Massachusetts lui écrivit aussitôt pour lui dire combien on se réjouirait du rétablissement de la bonne harmonie entre la métropole et les colonies; mais, ajoutait la lettre, « si Votre Seigneurie a la bonté de nous demander quel est le moyen de rétablir cette harmonie tant désirée, nous lui répondrons en un mot : notre avis est qu'il faut rétablir les choses sur le pied où elles étaient avant la dernière guerre [1] (c'est-à-dire avant 1763). »

Le conseil était sage ; par malheur, le ministère anglais et la nation même s'étaient trop avancés pour reculer. Un changement de ministres était un changement de personnes, et non point de politique.

---

1. Pitkin, I, 257.

On s'en aperçut bientôt à l'occasion d'une affaire qui fit du bruit, et dans laquelle Franklin joua le grand rôle : je veux parler de la publication de lettres confidentielles écrites en Angleterre, par Hutchinson, et son beau-frère, le lieutenant gouverneur Olivier; lettres qui prouvaient trop clairement que, à l'exemple de Bernard, son devancier, le gouverneur du Massachusetts poussait la métropole à agir énergiquement contre la colonie, à punir la résistance et à entamer les anciennes libertés.

L'histoire est un peu longue; mais outre qu'elle joue un certain rôle dans la Révolution, elle nous met en face d'un personnage qui eut une grande part dans cette affaire, et que nous retrouverons plus d'une fois : Benjamin Franklin.

Au moment où nous sommes arrivés, en 1773, Franklin était un vieillard; il était né à Boston en 1706. Dans ses aimables Mémoires, lui-même nous a conté comment, à force de travail, de patience et d'économie, il s'était élevé de la plus humble condition à l'aisance et à la richesse, et comment le pauvre apprenti imprimeur qui, en 1723, s'était enfui de Boston sans un sou dans sa poche, était devenu le riche imprimeur et éditeur de Philadelphie, et non-seulement un habile industriel, mais un physicien distingué, l'inventeur du paratonnerre, et, ce qu'il estimait presque autant, des cheminées économiques qui portent son nom.

L'utilité, en effet, l'utilité particulière et générale, c'était sa philosophie; nous le trouvons à la tête de toutes les inventions charitables ou morales. En 1738 il organise, à Philadelphie, la première compagnie de pompiers, et bientôt après la première Compagnie d'assurances contre l'incendie ; en 1742, il établit par souscription la première bibliothèque publique de Philadelphie ; en 1749, il établit par souscription une académie publique, première forme de l'Université de Pensylvanie ; en 1752, il établit de la même façon le premier hôpital de Philadelphie ; et de même, en 1754, il forme le premier plan de l'Union des colonies.

A la fin de sa vie, nous le voyons établir une société pour l'amélioration des prisons, et une autre pour l'abolition de l'esclavage (1787). C'était donc un philanthrope dans toute l'acception du mot.

En 1757, Franklin avait été envoyé en Angleterre comme agent de Pensylvanie. Le Massachusetts, le Maryland et la Géorgie lui avaient conféré le même titre. Il se trouvait donc à Londres le véritable représentant de l'Amérique, et ses dépositions devant le Parlement, en 1766, n'avaient pas peu contribué à faire révoquer l'acte du timbre.

Néanmoins, malgré toute son expérience et tous ses services, il ne faut pas croire que Franklin fut très-populaire au Massachusetts ; nul n'est prophète en son pays ; et il ne faudrait pas non plus faire de Franklin le type de l'Américain en 1773. On lui reprochait trois choses : sa foi, sa politique et son habileté.

Sa foi était un scandale en Amérique. Franklin était déiste ; il croyait à Dieu et à une âme immortelle ; sur tout le reste il était sceptique. Son opinion sur Jésus de Nazareth se bornait à ceci : que le système de morale et de religion que Jésus nous a laissé est le meilleur que le monde ait jamais vu, et que probablement il verra jamais. L'horreur du *cant* et des *prédicants* protestants l'avait éloigné du christianisme; erreur commune des gens qui rendent l'Évangile responsable des fautes de ceux qui l'enseignent.

En politique, Franklin était opposé à la séparation. Une de ses comparaisons favorites était de dire que l'empire britannique était un magnifique vase de porcelaine, qui serait perdu le jour où on en casserait un morceau.

Il avait prévu le magnifique développement de l'Amérique, le long des lacs et du Mississipi, et avait, dit-on, cette idée singulière qu'un jour viendrait où la colonie emporterait la métropole, et où le siége du gouvernement anglais serait de l'autre côté de l'Océan.

Enfin il était vieux, et par expérience il détestait la guerre, disant qu'il n'avait jamais vu de bonne guerre ni de mauvaise paix. Il voulait gagner du temps, puisque chaque année et chaque jour ajoutait à la force de l'Amérique et faisait pencher la balance en sa faveur.

Cette modération n'est jamais du goût des partis; ils pardonnent tout, excepté la mesure; aussi reprochait-on à Franklin son succès dans les affaires de ce bas monde et sa sagesse temporelle. Il était maître des postes des colonies, c'était une place de la couronne. Son fils était gouverneur de la Nouvelle-Jersey, et fort avant dans les projets du ministère. Enfin, Franklin avait fait donner des places de distributeur du timbre en Pensylvanie et dans la Nouvelle-Jersey, à quelques-uns de ses amis, et en 1772 nous le voyons engagé dans une Compagnie qui voulait s'établir sur le territoire de l'Ohio.

En un mot, c'était un de ces hommes qui, en faisant les affaires de la république, ne négligent point de faire les leurs; ils savent tenir une ligne parfaite entre leur devoir et leur intérêt. Mais comme le nombre de ceux qui maintiennent cet heureux équilibre est peu nombreux, et qu'en général on penche plus de son côté que de celui du public, l'opinion a quelque peine à croire, je ne dirai pas à l'honnêteté, mais à la délicatesse de ces heureux mortels. C'est pourquoi Franklin a laissé la réputation d'un habile homme plus que d'un grand homme; et cependant il est vrai de dire que personne n'a servi son pays avec plus de talent, d'honnêteté, de courage et de dévouement. Le monde a-t-il tort d'être soupçonneux? Trop d'exemples l'excusent pour que j'ose le blâmer. Franklin était une exception, je l'affirme; mais les exceptions sont si rares, que le monde fera bien de garder ses scrupules; il n'aura que trop d'occasions de s'en applaudir.

Dans son long séjour en Angleterre, Franklin s'était lié avec les hommes distingués du temps : avec Barré, Conway, Hume, lord Kames, etc., etc. Personne ne s'entendait mieux que lui à ménager les hommes, on le vit bien à Paris, dans sa résidence à Passy. Il avait contribué à renverser lord Hillsborough et à faire arriver lord Darmouth. Quoique en Angleterre il ne fût qu'un chétif personnage, il s'était servi de la presse de façon à mettre les gens d'esprit de son côté.

Nul mieux que Franklin n'a su se servir de l'imprimerie et du journal; nul n'a mieux manié l'ironie; on peut le citer à côté de Swift et de Voltaire, quoiqu'il n'ait ni la cruauté du premier ni la légèreté du second.

Une pièce publiée en 1773, dans un journal anglais : *Woodfalls, Public Advertiser*, est une sanglante satire des prétentions anglaises sur des colonies qu'elle n'a pas fondées, et qui se sont établies à leurs risques et périls. Le morceau est un peu long, mais comme il résume les griefs des Américains et les actes du Parlement, il faut le lire tout entier. D'ailleurs personne ne supporte mieux la lecture que Franklin; chaque mot porte coup.

ÉDIT PRUSSIEN ÉTABLISSANT LES DROITS DE LA PRUSSE
SUR L'ANGLETERRE.

« Dantzig, 5 septembre 1773 [1].

« Nous avons été longtemps surpris de la nonchalance avec laquelle la nation anglaise se soumettait aux impôts que les Prussiens mettaient sur son commerce, à l'entrée dans notre port. C'est *tout dernièrement* que nous avons connu les *droits* anciens et modernes qui pèsent sur cette nation; nous ne pouvions pas supposer qu'elle se soumît à ces prétentions par sentiment du devoir et par principe d'équité. L'édit suivant, qui vient de paraître, doit, *s'il est sérieux,* jeter quelque lumière sur la question.

« Nous Frédéric, par la grâce de Dieu roi de Prusse, etc., à tous présents et à venir, salut.

« La paix dont nous jouissons dans tout notre empire nous ayant donné le loisir de nous occuper de la réglementation

1. Franklin. *Works*, I, 225.

du commerce, de l'amélioration de nos finances, et des moyens d'alléger l'impôt de nos sujets *domestiques*;

« Par ces causes, et après en avoir délibéré en notre conseil, en présence de notre bien-aimé frère et autres grands officiers de l'État, Nous, de notre certaine science, plein pouvoir et autorité royale, avons fait et rendu le présent édit;

« Attendu qu'il est connu du monde entier, que les premiers établissements germaniques faits dans l'île de Bretagne sont des colonies de notre peuple; que ces émigrants étaient sujets de nos célèbres ancêtres, ducs de Prusse, et qu'ils sont sortis de nos domaines sous la conduite d'Hengist, Horsa, Hella, Uffa, Bardicus, etc.;

« Que les susdites colonies ont fleuri, pendant des siècles, sous la protection de notre auguste maison, n'ont jamais été émancipées, et *cependant nous ont donné très-peu de profits*;

« Attendu que dans la dernière guerre nous avons défendu les susdites colonies contre la puissance de la France, et que nous les avons aidées à faire des conquêtes en Amérique, pour lesquelles nous n'avons pas encore reçu suffisante compensation;

« Attendu qu'il est juste et expédient qu'un revenu soit levé sur les susdites colonies britanniques pour nous indemniser;

« Qu'il est juste que ceux qui descendent de nos anciens sujets, et qui, par conséquent, nous doivent obéissance, contribuent à *remplir nos coffres royaux*, comme ils l'auraient fait si leurs ancêtres étaient restés sur les territoires à nous appartenant aujourd'hui;

« En conséquence, nous ordonnons et commandons qu'à compter de la date des présentes nos officiers de douane percevront un droit *ad valorem* de 4 p. 100 sur toutes les marchandises, grains et *produits de toute la terre*, exportés de la susdite île de Bretagne ou y importés, et cela au profit de nous et de nos successeurs.

« Et pour que le susdit droit soit plus effectivement perçu,

nous ordonnons que tout navire sortant de la Grande-Bretagne, à destination de quelque partie du monde que ce soit, ou
tout navire quelconque à destination de la Grande-Bretagne,
soit obligé, dans ses différents voyages, de toucher à notre port
de Kœnigsberg, pour y être déchargé, visité, et rechargé ensuite, après payements des susdits droits.

« Et attendu que, dans la suite des temps, nos colons ont
découvert des mines de fer dans la susdite île de Grande-
Bretagne ;

« Que certains sujets de nos anciens domaines, habiles à
convertir le minerai en métal, se sont, au temps passé, transportés dans l'île, emportant avec eux et communiquant leur
industrie ;

« Que les habitants de l'île, *présumant qu'ils avaient un droit
naturel à faire le meilleur usage possible des produits de leur pays,
dans leur propre intérêt*, ont, non-seulement bâti des hauts-
fourneaux pour fondre le minerai, mais ont érigé des forges
pour manufacturer le fer, risquant ainsi de diminuer les manufactures de notre ancien domaine :

« Nous ordonnons qu'à compter de ce jour, nulle forge, nul
engin pour forger, étirer ou marteler le fer, ne puisse être
établi en Grande-Bretagne ;

« Nous chargeons le lord-lieutenant d'ordonner la destruction, et de détruire immédiatement tout établissement semblable, le rendant responsable de sa négligence.

« Mais, *gracieusement*, il nous a plu de permettre aux habitants de la Bretagne de transporter leur fonte en Prusse, pour
y être manufacturée, et de là renvoyée dans la Bretagne ;
les Bretons payant à nos fidèles sujets de Prusse la main-
d'œuvre avec tous les frais de commission, frêt, risques mari-
times d'aller et de retour, et ce nonobstant toutes dispositions
contraires.

« Néanmoins nous ne jugeons pas convenable d'étendre
cette indulgence à l'article *laine;* mais, voulant encourager
dans nos anciennes provinces, non-seulement les fabriques de

lainage, mais aussi la production de la laine, et voulant autant que possible empêcher la susdite production dans l'île susdite, nous défendons absolument toute exportation de laine, même à destination de la Prusse, la mère patrie.

« Et pour que ces insulaires soient plus effectivement empêchés de tirer parti de la laine de leurs moutons, en la manufacturant, nous ordonnons qu'on ne puisse porter de la laine d'un comté dans l'autre; nous défendons qu'on puisse passer d'un comté dans l'autre drap, serges, futaine, flanelle, tricots, droguet, étoffes de pure laine ou mélangées; nous défendons qu'on les fasse circuler par terre ou par eau, même sur le plus petit ruisseau, sous peine de confiscation de la marchandise et des bateaux, voitures ou chevaux de transport. Néanmoins nos bien-aimés sujets auront la permission (s'ils le jugent à propos) de se servir de la laine de leurs moutons pour *en faire du fumier et améliorer leurs terres.*

« Et attendu que l'art et le mystère de la fabrication des chapeaux est arrivé en Prusse à une grande perfection, et qu'il faut autant que possible empêcher la fabrication des chapeaux par nos sujets *de l'autre côté de l'eau.*

« Attendu en outre que les susdits insulaires possédant laine, castor et autres fourrures, ont conçu l'*idée téméraire* qu'ils *avaient quelque droit* de s'en servir pour faire des chapeaux au préjudice de nos fabriques domestiques, nous commandons que nul chapeau ou feutre, tissé ou non, fini ou non, ne puisse être chargé sur un vaisseau, char, charrette ou cheval quelconque pour être transporté en quelque place que ce soit, sous peine de confiscation et d'une amende de 500 livres sterling pour chaque contravention.

« Nul chapelier, dans la susdite île, ne pourra employer plus de deux apprentis, sous peine de cinq livres sterling d'amende par chaque mois, *notre intention* étant que les susdits chapeliers, *étant ainsi gênés*, ne puissent trouver nul avantage à continuer leurs affaires.

« Mais de crainte que les susdits insulaires ne souffrent

quelque inconvénient *faute de chapeaux*, il nous plaît *gracieusement* de leur permettre d'envoyer leurs peaux de castor en Prusse; et nous permettons d'exporter les chapeaux de Prusse en Bretagne, *laissant au peuple ainsi favorisé* le soin de payer tous les frais, intérêts, commissions, assurances et fret d'aller et retour, comme nous l'avons déjà établi pour la fabrication du fer.

« Et enfin, pour *favoriser* plus encore nos colonies de Bretagne, nous ordonnons et commandons que tous voleurs, brigands de grands chemins, filous, faussaires, assassins et scélérats de toute espèce, qui, suivant les lois de Prusse, ont confisqué leur vie, mais que dans notre grande clémence nous dédaignons de pendre, soient tirés de nos geôles et versés dans la susdite île de la Grande-Bretagne, afin de mieux peupler ce pays.

« Nous nous flattons que ces règlements et commandements royaux seront reconnus *justes* et *raisonnables* par les colons d'Angleterre que *nous favorisons*, ces règlements étant copiés des statuts de Guillaume III, George II, et d'autres *équitables* lois faites par *leur* Parlement, ou tirés d'instructions données par *leurs* princes, ainsi que de résolutions des deux chambres, prises pour le *bon gouvernement* de leurs propres colonies d'Irlande et d'Amérique.

« Avis est donné à toute personne de l'île susdite de ne s'opposer en aucune façon à l'exécution de cet édit, ou de partie de cet édit, *toute opposition étant crime de haute trahison*, et toute personne suspecte devant être mise aux fers et transportée de l'île de Bretagne en Prusse, pour y être jugée et exécutée suivant la loi prussienne.

« Car tel est notre plaisir.

« Donné à Potsdam, le 25e jour du mois d'août 1773, dans la trente-troisième année de notre règne.

« Pour le roi en son conseil,

« *Rechtmœssig* [1], secrétaire. »

1. C'est-à-dire *Légalité*.

« Il y a quelques personnes, continue l'article, qui prennent cet édit pour un de ces *jeux* d'esprit où s'amuse le roi ;
d'autres supposent qu'il est sérieux, et qu'il indique une querelle avec l'Angleterre ; mais tous sont d'avis que l'assertion
finale « que ces règlements sont pris des actes du Parlement
« anglais concernant les colonies, » est une injustice, étant
impossible de croire qu'un peuple distingué par son amour
de la liberté, une nation si sage, si libérale dans ses sentiments, si juste et si équitable avec ses voisins, puisse céder à
des vues étroites et fausses, tout sacrifier au misérable profit
de l'heure présente, et traiter ses enfants de façon aussi arbitraire et tyrannique. »

Franklin est tout entier dans ce morceau : malice
ingénieuse, bonhomie plus apparente que réelle, au
fond, satire amère. Mais cherchez ce qui manque à
cette pièce ; ce n'est pas le sérieux ; l'ironie est une
des grandes formes de l'éloquence : voyez les *Lettres provinciales*. Ce qui manque à ce pamphlet,
c'est la conclusion. L'Angleterre est moquée, mais
l'idée que l'Amérique ne cédera pas parce qu'elle a
pour elle le droit, cette idée est absente, et c'est pour
cela que la raillerie, si fine qu'elle soit, ne porte qu'à
moitié.

C'est la différence de Franklin avec Samuel Adams et
ses amis. Moins ingénieux, moins aimables, ils s'atta-
chaient à l'idée du droit, obstinés, insupportables, mais
résolus et déjà disposés à tous les sacrifices, même celui
de leur vie.

Ce sont ces hommes-là qui gouvernent le monde ou
qui le mènent ; ils ont la foi et la volonté !

Les beaux esprits politiques, les diplomates ne croient

pas cela; ils supposent qu'on mène le monde avec des intérêts; c'est une illusion; on mène le monde avec des idées. L'intérêt est personnel, multiple, divisé; l'idée assemble en bataillons tous les hommes; les plus obscurs ne sont pas les moins dévoués. Washington n'a qu'une idée, l'idée qu'on se doit à la patrie injustement opprimée; sur cette idée, il risque son honneur et sa vie non pas avec plus de gaieté ni de courage que Franklin, mais avec plus de résolution et de noblesse, et c'est pour cela que le héros de l'Amérique et des temps modernes, ce n'est pas Franklin, le malicieux bonhomme, c'est celui qui fut simple et grand de cœur et d'âme, c'est Washington.   .

Mais, en finissant, j'ai honte, je l'avoue, de ma sévérité. Ai-je le droit de reprocher à un homme d'avoir usé des facultés que Dieu lui a données; toute comparaison n'est-elle pas odieuse, et au lieu de distinguer, ne vaut-il pas mieux féliciter l'Amérique, qui eut à son service un cœur dévoué comme Adams, un homme d'esprit comme Franklin et un patriote comme Washington?

DIXIÈME LEÇON

Nous avons laissé Franklin au moment où il venait de publier son fameux *Édit du roi de Prusse, concernant les droits de la Prusse sur la Grande-Bretagne*. Cette pièce mordante, qui avait mis les rieurs du côté de l'Amérique, fut suivie, au commencement de l'année 1774, d'un pamphlet plus sérieux, plus amer, et que je regarde comme un des morceaux les plus importants qu'un politique ait jamais écrits. Ce n'est pas seulement une œuvre de circonstance, c'est une leçon qui s'adresse à tous les gouvernements, un véritable Code de police coloniale. C'est ironiquement, c'est par l'absurde, que Franklin essaie de convertir ses ennemis : le moyen ne lui réussit pas, le raisonnement n'eût pas mieux fait; mais Franklin met de son côté l'opinion, ou, sous un autre nom, la raison, qui finit toujours par avoir le dessus.

Cette pièce [1] est intitulée : *Comment d'un grand empire on peut faire un petit État, instruction présentée à un nouveau ministre [2] à son entrée au pouvoir.*

1. Franklin, I, 227.
2. C'est lord Hillsborough.

« Un ancien sage s'estimait en ceci que, s'il ne savait pas jouer du violon, il savait du moins comment d'une petite cité on en fait une grande. Le secret que je veux propager, moi qui ne suis ni ancien, ni sage, est le contraire de ce qu'enseignait ce vieux Grec. Je m'adresse à tous les ministres qui ont de grands territoires à gouverner, ce qui est très-fatigant, car la multiplicité des affaires ne laisse pas le temps de jouer du violon.

« I. D'abord, messieurs, il faut considérer qu'un grand empire, comme un grand gâteau, est plus facile à entamer par les bords. Occupez-vous donc, en premier lieu, de vos provinces les plus éloignées; celles-là perdues, le reste viendra tout naturellement.

« II. Pour que cette séparation soit toujours possible, ayez bien soin que les *provinces ne soient jamais incorporées à la mère patrie;* ne leur donnez ni le droit commun, ni les priviléges de votre commerce; gouvernez-les par des *lois plus sévères et faites par vous;* ne leur accordez aucune part dans la nomination des législateurs. En observant strictement cette distinction, vous agirez (permettez-moi de continuer ma comparaison) comme un sage fabricant de pain d'épices, qui, pour faciliter la division, coupe la pâte au point où, une fois cuit, chaque morceau doit casser naturellement.

« III. Peut-être ces provinces éloignées ont-elles été acquises ou conquises aux seuls risques des planteurs ou de leurs ancêtres, sans l'aide de la mère patrie. Peut-être même ont-elles contribué à la force de la métropole en lui fournissant des soldats, à son commerce et à sa marine en lui fournissant un marché; peut-être qu'à ce titre ces provinces se croient quelque droit à la faveur de la mère patrie? *Oubliez tout,* ou plutôt *regardez* ces services comme une injure qu'on vous a faite. Si les habitants sont des wighs zélés, amis de la liberté, nourris dans les principes de la révolution, rappelez-vous tout cela, mais pour tourner contre eux de pareils sentiments et pour les en punir. Quand une révolution est achevée et consolidée, tous ces principes de liberté sont inutiles ; que dis-je ! ils sont odieux et abominables.

« IV. De quelque façon pacifique que vos colonies se soient soumises à votre gouvernement, quelle que soit l'affection qu'elles aient pour vos intérêts, quelle que soit la patience avec laquelle elles aient supporté leurs souffrances, *supposez toujours* qu'elles veulent se révolter, et traitez-les en conséquence. Établissez chez elles des troupes qui, par leur insolence, provoquent l'émeute et la répriment ensuite avec des balles et des baïonnettes. Par ce moyen, de même qu'un mari jaloux qui maltraite sa femme, vous pourrez, avec le temps, changer vos soupçons en réalité.

« V. A des provinces éloignées il faut des gouverneurs et des juges, qui représentent le roi et exercent son autorité par délégation. Vous autres, ministres, vous savez que la force du gouvernement dépend de l'opinion du peuple, et que cette opinion dépend beaucoup du mérite de ceux qui gouvernent. Si vous envoyez aux colonies des gens sages et honnêtes, qui étudient l'intérêt de la plantation et en favorisent la prospérité, les planteurs croiront que le roi est bon et sage, et qu'il désire le bien-être de ses sujets. Si vous envoyez des juges instruits et droits, les colons croiront que le roi est ami de la justice. *Évitez cela.*

« Mais si vous trouvez des prodigues qui ont ruiné leurs affaires, des joueurs qui ont tout perdu au tapis vert ou à la Bourse, voilà qui fera d'excellents gouverneurs ; vous aurez là des gens rapaces qui provoqueront le peuple par leurs extorsions.

« Joignez-y des avocats de cours d'assises, des légistes ignorants, entêtés et insolents, tout sera pour le mieux.

« VI. Si l'opprimé se plaint, punissez-le par de longs délais, d'énormes dépenses, et un jugement rendu au profit de l'oppresseur.

« VII. Récompensez, au contraire, ces gouverneurs qui ont empli leurs caisses, et au besoin faites-en des *baronets*[1].

« De cette façon, vous évitez qu'on vous adresse de nouvelles plaintes, vous encouragez les gouverneurs et les juges dans leur oppression et leur injustice; vous rendez le peuple mécontent, vous l'outragez, et enfin vous le réduisez au désespoir.

« VIII. Si, lorsque vous êtes engagés dans une guerre, vos colonies rivalisent dans leurs offres d'hommes et d'argent, et vous donnent plus qu'elles ne peuvent le faire, réfléchissez qu'un *penny* pris de force est plus honorable pour vous qu'une *livre sterling* que vous offrirait leur bienveillance. Méprisez ces dons *volontaires*, harassez-les par de nouvelles taxes.

« Elles se plaindront à votre Parlement; elles diront qu'elles sont taxées par un corps où elles ne sont pas représentées, et que cela est contraire au droit commun; elles vous adresseront des pétitions pour vous demander justice.

« Qu'alors le Parlement se rie de leurs réclamations, qu'il rejette leurs pétitions, qu'il refuse même de les lire, qu'il traite les pétitionnaires avec le dernier mépris. Rien n'est préférable à ce moyen d'amener l'aliénation désirée. On oublie souvent l'injure, on ne pardonne jamais le mépris.

« IX. Quand vous aurez établi votre taxe arbitraire, ayez soin de la rendre plus vexatoire pour la province, en proclamant que votre droit n'a point de limites; dites bien que, lorsque, sans le consentement des planteurs, vous leur prenez un schelling à la livre, vous avez *clairement* le droit de leur prendre les dix-neuf autres.

« Il est probable que, de cette façon, vous affaiblirez chez les colons toute idée de sécurité, en ce qui touche leurs biens; vous les convaincrez que, sous un pareil gouvernement, ils n'ont rien qui soit vraiment à eux; c'est là un sentiment qui

---

1. Allusion au gouverneur Bernard.

ne peut manquer de produire les plus heureuses conséquences.

« X. Il est possible que quelques planteurs se consolent
néanmoins, en se disant : « Si nous n'avons point de propriété,
au moins nous laisse-t-on quelque chose qui a un grand prix,
la liberté individuelle et la liberté de conscience. Nous avons
l'*habeas corpus* et le jury; personne ne peut nous ôter notre
Église et nous forcer à devenir papistes ou mahométans. »

« En ce cas, abolissez le jury, transportez les suspects dans
la métropole, établissez des juridictions arbitraires; agissez
de même en fait de religion; soumettez les colons à une juridiction ecclésiastique, n'oubliez rien pour les convaincre qu'ils
sont dans la main d'un pouvoir comme celui dont parle l'É-
criture, pouvoir qui non-seulement peut tuer leurs corps,
mais damner leurs âmes pour toute l'éternité, en les forçant
d'adorer le diable si ce pouvoir le juge à propos.

« XI. Pour rendre vos taxes plus odieuses, faites-les perce-
voir par un corps d'officiers envoyés de la mère patrie, et
largement payés aux frais des administrés.

« XII. Employez ces taxes à payer le gouverneur et les juges,
afin de les tenir dans votre main et de les rendre au besoin
indépendants et ennemis de la colonie.

« XIV. Fatiguez les assemblées coloniales par des dissolutions perpétuelles [1].

« XV. Transformez vos braves marins en agents de douanes.

« XVI. Si l'on vous parle de mécontentement dans les colonies, n'admettez jamais que ce mécontentement soit général,
ni que vous puissiez en être cause; aussi n'y appliquez jamais
de remède; ne révoquez jamais une mesure qui blesse les
planteurs. Ne leur faites pas justice sur un point, ce serait les
engager à demander la réparation d'une autre injustice. N'accordez jamais une demande juste et raisonnable, de crainte

1. J'abrége pour ne pas fatiguer le lecteur.

qu'on ne vous en adresse une autre qui serait déraisonnable.
Pour vos renseignements sur l'état des colonies, n'écoutez que
les gouverneurs et les officiers ennemis des plantations. Encouragez et récompensez ces dépositions intéressées, cachez
ces accusations menteuses pour qu'on ne les réfute pas, mais
agissez comme si ces mensonges étaient la vérité même, et
n'écoutez jamais les amis du peuple. Supposez toujours que
les plaintes populaires sont l'invention et l'œuvre d'une poignée de démagogues, et que si vous pouviez attraper et pendre
ces factieux, tout serait tranquille. Attrapez-en quelques-uns
et pendez-les. Le sang des martyrs fera des miracles pour
amener ce que vous désirez.

« XVII. Et si vous voyez des nations rivales qui se réjouissent
à l'aspect de vos discordes, et qui essaient de les envenimer;
si, publiquement, elles applaudissent aux plaintes de vos
colonies, tandis que tout bas elles vous poussent à des mesures
plus sévères, ne *vous inquiétez pas!* Pourquoi vous inquiéter,
puisque, vos ennemis et vous, vous voulez la même chose.

« XVIII-XX. C'est ainsi que vous serez bientôt délivrés de
l'ennui de gouverner ces colonies lointaines; et toute la fatigue
que vous donne leur commerce et leur union vous sera épar-
gnée dès lors et à tout jamais. »

Il était difficile de parler avec plus de sens et plus
d'esprit; mais le public aime peu qu'on lui dise la vérité
tout entière; la vérité inquiète l'ignorance et le préjugé, elle blesse l'égoïsme et la passion; en ce point les
ministres sont du peuple, et Franklin ne leur était rien
moins qu'agréable. Leur jalousie eut bientôt occasion
de se satisfaire; cette occasion, ils ne la laissèrent pas
échapper.

M. Thomas Whately, secrétaire privé de M. Grenville, et plus tard sous-secrétaire d'État, était mort dans

l'été de 1772. Durant plusieurs années, il avait été en correspondance intime et active avec plusieurs officiers de la couronne au Massachusetts, notamment avec Hutchinson, le gouverneur, et Andrew Olivier, lieutenant gouverneur et beau-frère d'Hutchinson. Après la mort de M. Whately, ces lettres, qui avaient déjà circulé, tombèrent entre les mains d'une personne, jusqu'à présent inconnue; on les remit à Franklin, à la condition que le docteur (comme on nommait Franklin) ne révélerait jamais le nom de celui qui lui avait confié ce dépôt. Cette promesse, Franklin la tint jusqu'au bout; on n'a jamais su le nom du révélateur ni par quel moyen ces lettres avaient été obtenues, hasard ou moyen honteux [1].

Ces lettres, écrites de 1762 à 1769 à un homme qui était alors simple membre du Parlement, mais qui sans doute servait d'intermédiaire avec les ministres, étaient de la plus haute importance. Elles prouvaient que le gouverneur, qui, en Amérique, semblait toujours du côté des planteurs, poussait énergiquement le ministère à agir contre les colonies. « Il faut, écrivait Hutchinson, il faut entamer et diminuer ce que ces gens appellent les libertés anglaises [2]. » — « Il est impossible qu'une colonie, située à trois mille milles de la métropole, ait la liberté de la métropole... C'est le bien de la colonie que je veux, quand je demande qu'on restreigne sa liberté, pour éviter que le lien qui l'unit à la métropole

1. Lord Mahon, V, 337; Parton, *Life of B. Franklin*, I, 596.
2. Pitkin, I. 257.

soit rompu [1].» C'est toujours pour le bien des peuples qu'on les dépouille de leurs droits, et cependant ils sont ingrats !

Ce qui ajoutait à la gravité de ces insinuations, c'est qu'en 1769, en un temps où la presse ne faisait que de naître, où les communications entre l'Angleterre et les colonies étaient rares et difficiles, c'est par les gouverneurs que la métropole connaissait la situation des colonies. Elle n'avait pas ces moyens de contrôle qui, aujourd'hui, déchargent les gouvernements de leurs soucis les plus lourds. La presse est un thermomètre qu'on peut regarder à toute heure, dans les pays libres, et qui donne le degré de l'opinion. En 1769, on n'en était pas là. Il fallait voir par les yeux des agents royaux aux colonies. Les lettres d'Hutchinson expliquent les préjugés et les résistances du gouvernement anglais.

Que devait faire Franklin de ces lettres dont on avait effacé l'adresse? Lord Mahon soutient aujourd'hui qu'il ne devait pas s'en servir; c'est aussi l'opinion de lord John Russell dans ses *Mémoires de Fox* [2]. Ces lettres, disent-ils, étaient confidentielles et adressées à un particulier; les publier, c'était un abus de confiance. Malgré ces grandes autorités parlementaires, j'avoue que je ne puis partager cet avis; je ne vois pas que la justice ait de pareils scrupules. «Ce n'était pas des lettres privées écrites entre amis, a dit Franklin; c'étaient des lettres écrites par des officiers publics à des personnes

1. Lord Mahon, V, 338; Bancroft, *Amer. Rev.*, III, 511; Parton, *Life of B. Franklin,* I, 560 et suivantes.
2. Tome I, livre III.

publiques, pour amener des mesures publiques [1]. »
Bancroft fait à ce sujet une observation aussi vraie que
profonde : « Si ces lettres eussent donné la preuve
d'une conspiration contre le roi ou ses ministres, quel
honnête homme n'eût communiqué ces pièces au secrétaire d'État? Conspirer contre l'Amérique afin de la
soumettre au régime militaire et de lui enlever ses
libertés n'était pas un crime moins odieux [2]. » Si l'on
prouvait que Franklin n'a eu communication de ces
pièces que par des moyens illégaux ou déloyaux, sans
doute il serait coupable; mais si le hasard les avait
mises dans ses mains, il avait, selon moi, le droit et le
devoir de s'en servir pour sauver son pays.

C'est ce qu'il fit; il envoya ces lettres au président
de la chambre des représentants du Massachusetts, en
lui dénonçant les traîtres, en insistant pour que les
lettres ne fussent ni imprimées, ni publiées, mais communiquées seulement à un petit nombre de personnes.
C'est à cette condition, paraît-il, qu'on lui avait communiqué les originaux [3].

Cette réserve fut sans effet; Franklin, qui connaissait
les hommes, n'y pouvait guère compter. Samuel Adams
lut ces lettres à l'assemblée, *confidentiellement*, il est
vrai; mais une confidence faite à cent-six représentants n'est pas un secret facile à garder; aussi, quelques jours plus tard, l'assemblée, après avoir mis le
gouverneur en demeure de se justifier, fit-elle imprimer

1. Franklin's, Works, I, 217.
2. Bancroft, III, 482.
3. Lord Mahon, V, 339.

ces lettres, dont d'autres copies, dit-on, circulaient déjà dans la colonie.

En outre, l'assemblée, à la majorité de cent une voix contre cinq, décida que ces lettres, injurieuses pour la province et les personnes y désignées, n'avaient d'autre objet que de renverser la charte et d'établir le pouvoir arbitraire.

L'assemblée vota, en outre, une pétition au roi pour lui demander la révocation d'Hutchinson et d'Olivier. La pétition accusait les deux gouverneurs d'avoir aliéné l'affection de Sa Majesté pour la province, d'avoir détruit la bonne harmonie entre les deux pays, d'avoir empêché les pétitions de parvenir au roi; enfin d'avoir été cause qu'on avait introduit dans la province des *flottes* et des *armées*[1].

Cette pétition adressée à Franklin, et remise par lord Darmouth au roi, causa un grand scandale en Angleterre. Le frère de Th. Whately accusa un ami de Franklin, M. John Temple, qui avait été commissaire des douanes à Boston, d'avoir soustrait ces lettres. Il en résulta un duel, où W. Whately fut blessé. Pour justifier M. Temple, Franklin se vit obligé de déclarer que c'était lui qui avait envoyé ces lettres à Boston, et qu'il avait cru remplir *un devoir*.

Hutchinson était le vrai coupable; ce ne fut pas à lui qu'on s'en prit, mais à la colonie qu'il avait dénoncée, et surtout à Franklin. C'est lui qu'on voulait punir. Il avait porté la lumière dans les ténèbres, c'était un crime d'État.

<hr>

1. Voyez cette pétition, *Franklin's Works*, 216.

Le roi renvoya l'affaire au conseil privé. Franklin fut cité comme un coupable devant le conseil. Il n'y eut pas moins de trente-cinq membres qui y assistèrent; Londres tout entier s'intéressa à cet événement, plus peut-être à cause du scandale qu'à cause des graves intérêts qui y étaient engagés.

L'affaire fut jugée le 29 janvier 1774; M. John Dunning (plus tard lord Ashburton) et M. John Lee défendirent la pétition et Franklin; ils citèrent entre autres pièces une lettre d'Olivier qui conseillait « de saisir et d'enlever les incendiaires dont les écrits soufflaient le feu de la sédition dans la *Gazette de Boston*[1]. » C'étaient Samuel Adams, Cooper, Mayhew, Warren, Quincy, qu'on désignait sous ce nom. Dans cette singulière affaire, c'étaient les plaignants qui étaient les insulteurs. Les lettres d'Hutchinson étaient pleines de mépris pour les *fils de la liberté*.

M. Wedderburn (plus tard lord Longhborough), solicitor général, prit la parole pour le gouverneur et pour le lieutenant gouverneur.

Son discours fut d'une amertume, d'une violence extrême contre Franklin. « Il est impossible, dit-il, que cet homme ait eu ces lettres autrement que par fraude ou par corruption, à moins qu'il ne les ait volées lui-même au voleur. » C'était une injure; il est permis de croire que ce n'était pas un raisonnement.

« J'espère, Milords, ajouta-t-il, que, pour l'honneur du pays, de l'Europe et de l'humanité, vous marquerez cet homme d'un

____

1. *Franklin's Works*, 218.

sceau d'infamie. Des lettres particulières, c'est un dépôt sacré qu'on a respecté au milieu de toutes les fureurs religieuses et politiques. Cet homme a perdu tout droit au respect. Dans quelle compagnie le recevra-t-on ? On le surveillera d'un œil jaloux, on cachera ses papiers, on fermera son bureau. L'appeler homme de lettres, ce sera désormais pour lui une injure ; il sera l'*homo trium literarum* [1]. »

Je vous fais grâce de la prosopopée où le solicitor général représente Franklin froid et impassible, en face de deux hommes qui s'entre-tuent en duel par sa faute, d'un digne gouverneur blessé dans ses plus chers intérêts, et des destinées de l'Amérique en suspens. Nous sommes faits à cette rhétorique. Wedderburn finit par une magnifique citation de la tragédie de *Zanga* ou *la Vengeance*, par Young, dans laquelle un nègre tue son ennemi ; il demanda «si la fiction poétique qui personnifiait la vengeance dans le sanguinaire Africain n'était pas surpassée par la froideur et l'*apathie* de cet Américain *rusé* [2]. » Ces violences sont, à ce qu'il paraît, en tous pays, le privilége des représentants de l'impassible justice.

L'homme qu'un intrigant obscur traitait de cette sorte était un vieillard de soixante-huit ans, respectable moins encore par l'âge que par la noblesse de sa vie, ses découvertes scientifiques, et les services que durant vingt ans il avait rendus à sa patrie et à l'Angleterre, c'était Benjamin Franklin.

1. En France, on est un *sot* en trois lettres ; chez les Romains on était un *voleur*, *fur*.
2. *Franklin's Works*, 219.

La décision du conseil n'était pas douteuse ; à l'exception de lord North, qui eut une tenue convenable, les lords du conseil applaudirent à chacun des traits d'esprit de l'avocat général ; aussi n'hésitèrent-ils pas à déclarer :

« Que la pétition était fondée sur des allégations fausses ou erronées, qu'elle était mal fondée, injurieuse, scandaleuse et séditieuse. Qu'au contraire, dans les pièces produites, comme dans l'opinion du conseil, rien n'attaquait l'honneur, l'intégrité, ni la conduite du gouverneur et du lieutenant gouverneur ; qu'en conséquence la pétition devait être rejetée. »

Ce qui fut fait par décision du roi du 7 février 1774.

Dénier la justice aux planteurs et les insulter quand ils la demandaient, c'était une des règles qu'avait données Franklin pour amener les grands empires à n'être plus que des petits États. La sagesse royale d'Angleterre n'eut garde d'y manquer.

Durant la philippique de Wedderburn, Franklin resta froid et impassible. Il ne perdit pas contenance un instant, mais en sortant il serra silencieusement la main du docteur Priestley, et le lendemain il lui dit « que jamais il n'avait mieux senti le pouvoir d'une bonne conscience. Car, s'il n'avait pas considéré comme une des meilleures actions de sa vie celle qui lui avait valu de telles insultes, il n'aurait jamais pu supporter un pareil outrage [1]. » Être injurié par des intrigants et voir les sots applaudir à ces violences, ce fut toujours la

____

1. Parton, *Life of Franklin*, I, 591.

destinée de ceux qui défendent les droits de la vérité et
de la justice. Ce que les hommes pardonnent le moins,
c'est qu'on leur porte sous les yeux la lumière qui doit
les sauver.

Ce n'était pas assez pour le gouvernement d'avoir repoussé la pétition; on voulut frapper Franklin dans sa
personne. Il était maître des postes pour toute l'Amérique, c'est lui qui avait créé ce service, qui rapportait
à la métropole plus de 3,000 livres sterling par an ;
on lui fit savoir que le roi n'avait plus besoin de son
ministère; et, suivant l'usage, on l'insulta dans les
journaux.

A ces attaques, Franklin fit la réponse suivante : elle
prouve qu'il avait bientôt repris toute sa sérénité :

« Monsieur,

« Votre correspondant, qui signe *Britannicus*, déclame vio-
lemment contre le docteur Franklin, et lui reproche son ingratitude envers le ministère d'une nation qui lui a conféré
tant de faveurs. On l'a fait maître général des postes en Amérique, son fils est gouverneur, et on lui a offert une place de
500 livres sterling dans la régie des sels, s'il voulait abandonner les intérêts de son pays; mais il a eu la méchanceté de
rester fidèle à sa patrie, et il est plus Américain que jamais.
Comme dans le gouvernement d'Angleterre, c'est un point
établi que chaque homme a son prix, il est clair que les ministres sont des *maladroits* qui n'ont pas fait assez pour ce personnage. Leur maître a tout autant raison de leur en vouloir
que Rodrigue dans la comédie, quand il reproche à l'apothicaire de ne pas avoir empoisonné Pandolphe ; et il est probable
qu'ils peuvent se justifier par les raisons mêmes que donne
l'apothicaire.

« RODRIGUE. Tu m'as promis de mettre ce Pandolphe dans

« la bière en moins d'une semaine; voici plus d'un mois
« écoulé, Pandolphe se promène et me brave.

« FELL (l'apothicaire). C'est vrai; cependant j'ai fait de mon
« mieux. A diverses reprises j'ai donné à ce mécréant plus de
« poison qu'il n'en faudrait pour tuer un éléphant. Il a avalé
« dose après dose, et loin d'en être atteint, il semble qu'il ne
« s'en porte que mieux. Il a une constitution et une force
« extraordinaire. Je crois qu'on ne peut le tuer qu'en lui cou-
« pant la gorge, et ce n'est pas mon affaire.

« RODOLPHE. Ce sera la mienne. »

Le procès de Franklin nous a fait avancer jusqu'à
l'année 1774; revenons sur nos pas, au mois de mai
de l'année 1773, année mémorable, car c'est alors que
fut prise, et sans grande réflexion, la mesure qui rendit
tout à fait ennemies l'Amérique du Nord et l'Angleterre.

Les affaires de la Compagnie des Indes étaient fort
embarrassées; l'Amérique, en refusant d'acheter le thé
de la Compagnie, lui faisait perdre une vente de plus de
dix millions par an. Les actions perdaient 50 p. 100;
le gouvernement, de son côté, perdait par an 400,000 livres sterling de droits. Lord North proposa d'accorder
à la Compagnie un drawback sur tous les thés qu'elle
exporterait « dans les colonies britanniques ou les plantations américaines. » On l'autorisait en même temps à
exporter directement de ses propres magasins et pour
son propre compte[1]. Resterait simplement la taxe coloniale de trois pences par livre, établie par l'acte du Parlement de 1767; mais le drawback permettait de réduire

<hr>

1. Lord Mahon, V, 32.

les prix de telle façon, qu'en payant la taxe le planteur aurait le thé à si bon marché que la contrebande même en serait atteinte.

La loi passa, non-seulement sans opposition, mais sans réflexions; il semblait que la Compagnie des Indes fût seule intéressée en cette affaire. On ne supposait pas que l'Amérique poussât le puritanisme jusqu'à refuser d'acheter son thé bon marché.

La compagnie avait hâte de profiter de son nouveau privilége; dans le cours de l'été 1773, elle fréta un certain nombre de navires, à destination de différentes colonies, et établit en chaque port des consignataires ou agents pour vendre ses thés. Charleston, Philadelphie, New-York et Boston étaient les marchés principaux.

La mesure prise par le gouvernement anglais déplut singulièrement aux Américains; on reprit les accusations de tyrannie; on annonça que, si on se résignait à payer le droit sur le thé, on verrait défiler à la suite l'impôt des fenêtres, des cheminées, l'impôt sur les terres, et le reste [1]; il y eut des émeutes même avant l'arrivée des vaisseaux; mais que faire? C'était là ce qui embarrassait les partisans des libertés américaines; ils sentaient que, si on laissait débarquer le thé, le droit serait payé par le consignataire; comment ensuite empêcher la vente et la consommation de la marchandise?

On adopta l'idée suggérée dans une lettre du comité de correspondance du Massachusetts. On résolut de s'opposer au débarquement.

1. Pitkin, I, 263.

A Philadelphie, on répandit des affiches à la main qui défendaient aux pilotes de la Delaware de faire entrer dans le port des navires qui apportaient aux Américains le *poison de l'esclavage*. A New-York, on affichait que ce n'était pas du thé qu'on apportait aux colons, mais des fers forgés pour eux en Angleterre [1]. L'opposition était si vive que les consignataires effrayés refusèrent d'accepter la cargaison ; les navires retournèrent en Angleterre, sans même entrer en douane.

A Charleston, le thé fut débarqué ; mais on ne permit pas aux consignataires d'en prendre livraison. Les collecteurs le saisirent et en poursuivirent l'adjudication, personne ne se présenta. Le thé pourrit dans les magasins.

A Boston, les patriotes qui étaient à la tête du mouvement avaient promis à leurs amis de Philadelphie et de New-York qu'ils empêcheraient le débarquement du thé ; mais l'œuvre était plus difficile qu'ils ne croyaient. Trois navires arrivèrent à Boston. Les consignataires étaient les amis du gouvernement ; soutenus par lui, ils n'entendaient pas céder.

On tint des meetings, on passa des résolutions pour défendre de décharger les navires. On ordonna aux capitaines des vaisseaux de demander la libre pratique afin de retourner en Angleterre sans entrer en douane; toutes demandes illégales et qui sentaient la révolution.

Les capitaines, effrayés, se résignèrent à partir. Le collecteur des douanes refusa de donner la libre pra-

---

1. Lord Mahon, VI, 1.

tique avant que l'entrée ne fût faite; le gouverneur donna l'ordre d'empêcher la sortie d'aucun navire sans permission de l'autorité civile. Cependant, durant plusieurs nuits, le peuple de Boston veillait sur les quais pour s'opposer à tout débarquement.

Dans cette situation tendue, qui dura vingt jours, les chefs populaires prirent la résolution hardie de détruire le thé sur les vaisseaux même. C'était risquer leurs biens et leur vie; ils ne l'ignoraient pas; mais l'opinion était avec eux, et ils commençaient à ne point reculer devant l'idée d'une révolution.

Le 16 décembre 1773, un des capitaines de vaisseau fut envoyé au gouverneur, à sa demeure de Milton, pour lui demander ses passe-ports.

L'heure était solennelle, le refus probable; aussi, tandis que le peuple, assemblé à cette occasion dans la vieille église d'Old-South [1], attendait la réponse, Josiah Quincy, s'adressant à la réunion, lui dit :

« Ce n'est pas l'esprit qui nous anime en ce moment qui nous sauvera. Ce que nous allons faire aujourd'hui va déchaîner des événements qui rendront nécessaire un tout autre esprit pour nous sauver. Voyez la fin. Supposer que des cris et des hosannahs termineront les épreuves de ce jour, c'est un rêve d'enfant. Ne vous méprenez pas sur la valeur et l'importance du prix pour lequel nous allons combattre; ne vous trompez pas sur la puissance de ceux qui sont conjurés contre vous; ne vous aveuglez pas sur la haine et la soif de vengeance qui animent tous nos ennemis publics et privés, au delà des mers et jusque dans notre sein; nous ne finirons pas cette querelle sans la lutte la plus vive et la plus rude. Ce ne sont

1. Bancroft, *Amer. Rev.*, III, 538.

ni des résolutions populaires, ni des harangues populaires, ni des acclamations, ni du bruit, qui décideront de cette affaire. Voyez la fin. Voyez le but. Pesez toutes choses, considérez sérieusement la chose avant de prendre des mesures qui amèneront sur ce pays le plus terrible conflit qu'il aura jamais vu [1].

« Nous avons mis la main à la charrue, lui cria une voix, nous ne reculerons pas [2]. »

La réponse du gouverneur arriva ; c'était un refus. Aussitôt le meeting se sépara ; mais, au moment même, deux ou trois bandes d'hommes déguisés et peints en Mohicans abordèrent les vaisseaux de la Compagnie. En trois heures, on en tira 340 caisses qu'on brisa, et on jeta le thé à la mer ; il y en avait pour une valeur de plus de 18,000 livres sterling (450,000 francs).

« Tout a été conduit avec grand ordre, grande décence et parfaite soumission au gouverneur, » écrivait John Adams. On peut trouver que la dernière phrase est de trop.

Des milliers de spectateurs assistaient à cette exécution ; après quoi on se dispersa tranquillement sans avoir outragé personne. C'était l'obéissance à un mot d'ordre, cette sagesse populaire qui est d'autant plus effrayante qu'on sent qu'un seul mot va déchaîner l'orage.

Personne ne se faisait illusion sur la gravité d'un pareil acte ; c'était plus qu'une désobéissance formelle, c'était une insulte à l'Angleterre, le gant jeté à la mère patrie. C'était une révolution. C'est ainsi qu'on le

1. Bancroft, III, 538.
2. Pitkin, I, 264.

comprit en Angleterre, ce fut par les lois les plus violentes qu'on répondit à la violence des habitants de Boston.

De pareils actes portent avec eux leur leçon. Ce qui décide les révolutions, c'est qu'il vient un moment où les deux partis, surexcités, affolés, se jettent tête baissée dans la guerre civile et ne voient de salut que dans les armes. A distance, il est aisé pour de graves historiens de condamner les fautes et les excès, et de prononcer sentencieusement que la modération eût sauvé tout le monde; mais tant qu'on n'aura pas trouvé un moyen de corriger les princes, les ministres ou les assemblées de leur infatuation, tant que les dépositaires de l'autorité feront de leur pouvoir la mesure de leur droit, on n'évitera jamais qu'un peuple ne se soulève pour revendiquer sa liberté. Si l'on veut être juste, ce n'est pas l'explosion qu'il faut considérer, ce sont les causes qui l'ont préparée. Les vrais coupables sont ceux qui ont chargé la mine, non pas ceux qui y ont mis le feu. Envisagée à ce point de vue, la révolution américaine aura pour elle la faveur des juges les plus sévères; il avait fallu l'entêtement du roi, la faiblesse de lord North et la passion du Parlement pour pousser à la révolte un peuple qui ne demandait que le maintien de ses droits. C'est là ce qui fait le grand caractère de la révolution d'où sortirent les États-Unis. Nulle trace d'ambition, nul calcul, nulles passions mauvaises, mais l'énergique résistance d'un peuple qui préfère tous les maux de la guerre à la servitude et à l'infamie.

ONZIÈME LEÇON

C'est le 16 décembre 1773 qu'à Boston une émeute avait jeté les caisses de thé dans la mer. Quand ces nouvelles arrivèrent en Angleterre, elles portèrent au plus haut degré l'irritation, non-seulement du roi et du ministère, mais du Parlement et même du peuple. Les peuples aussi s'habituent à dominer, et n'ont ni moins d'ambition, ni moins d'orgueil que les rois. Il y avait près de dix ans que de part et d'autre on s'essayait à la domination ou à la résistance; l'affaire de Boston était la dernière goutte qui fait déborder la coupe. L'Angleterre, bravée, voulut en finir avec ces colons qu'elle méprisait, à raison même de leur patience et de leur respect de la légalité! Il ne manqua pas de bravaches pour déclarer en plein Parlement, comme le fit lord Sandwich, un ministre du roi, que les Yankees étaient des drôles et des lâches, et qu'avec dix mille hommes on les ferait rentrer dans leurs trous. Ce sont de ces mots qui blessent à jamais un peuple; Washington lui-même, après les premiers coups portés, y voyait une réponse à ces paroles insensées, réponse qui devait apprendre au noble lord si les Américains étaient capables de combattre pour leurs libertés et leurs propriétés [1].

Le 7 mars 1774, le roi fit mettre sous les yeux du Parlement les dépêches et les pièces concernant les événements d'Amérique; il signala, dans son message, « les violences et les outrages commis à Boston pour empêcher le commerce anglais, et cela par suite de prétentions destructives de la constitution, » et il invita les deux chambres à prendre les mesures nécessaires « pour arrêter immédiatement le désordre, et en outre pour assurer à l'avenir l'exécution des lois et la juste dépendance des colonies à l'endroit de la couronne et du Parlement [2]. »

Dans ces termes généraux, l'adresse fut votée à l'unanimité; personne n'entendait reconnaître l'indépendance des colonies; l'opinion publique, si puissante sur les assemblées, était presque aussi ardente qu'à l'époque où Granville présenta l'acte du timbre.

Le 14 mars 1774, lord North présenta l'acte resté célèbre sous le nom de *Bill du port de Boston.*

Le préambule déclarait que, dans la condition présente de la ville et du port de Boston, il n'y avait de sécurité ni pour le commerce anglais, ni pour la perception des douanes. En conséquence, la loi ordonnait qu'à compter du 1er juin 1774 il serait interdit de décharger ou de charger aucune marchandise sur les quais et dans le port de Boston. C'est à Salem, petite ville voisine, qui a un bon port, qu'on transférait le commerce

1. Lord Mahon, VI, 8.
2. Pitkin, I, p. 265.

du Massachusetts. Ce blocus singulier était d'ailleurs regardé comme un châtiment passager. Le bill réservait à Sa Majesté le droit de rouvrir le port de Boston, quand l'ordre et la paix y seraient rétablis et quand on aurait payé une juste indemnité à la Compagnie des Indes, pour les thés qu'on lui avait détruits.

En présentant cette mesure violente, lord North ne sortit ni de sa placidité, ni de sa langueur ordinaires; il se contenta d'alléguer des précédents. « On dira que les innocents souffriront autant que les coupables, mais quand les autorités d'une ville sont restées inactives et endormies, rien n'est plus ordinaire que d'imposer une amende à la ville, pour la punir de sa négligence. A Londres, sous le règne de Charles II, quand le docteur Lamb fut tué par des inconnus, la cité fut mise à l'amende. Dans l'affaire du capitaine Porteous, à Édimbourg, toute la ville fut mise à l'amende. A Glasgow, quand la maison de Campbell fut détruite, on séquestra une partie des revenus de la ville pour payer le dommage [1]. »

Le bill rencontra peu de résistance; cependant, sans parler de la sévérité de la punition, il contenait une injustice. Suivant les règles de la loi anglaise, qui regarde les villes comme des personnes morales, libres et responsables, et suivant les lois de l'équité, il fallait demander réparation à la ville de Boston, et n'agir qu'à son refus. « Ici, disait Quincy [2], c'est tout un peuple accusé, jugé, condamné à la ruine, sans être entendu. »

1. Lord Mahon, VI, 3.
2. Pitkin, I, 270.

C'était la politique prenant la place de la justice. Telle était aussi l'opinion de Chatham, qui s'en ouvrait à lord Shelburne. Telle était celle de Washington [1]. Le mot d'indemnité fut prononcé dans la Chambre des communes. Franklin, fort effrayé, avait pris sur lui, comme agent des colonies, d'offrir un remboursement immédiat. Lord North répondit en disant que ce qu'on voulait du peuple de Boston, ce n'était pas indemnité, mais obéissance. Et à côté de lui, des gens moins sympathiques criaient « *Delenda est Carthago*. Jamais vous ne retrouverez d'obéissance que vous n'ayez détruit ce nid de sauterelles [2]. »

La loi fut donc votée par les deux chambres, le roi riant avec ses ministres de la faiblesse et de la futilité de l'opposition.

Quelques jours plus tard, le 28 mars 1774, lord North demanda aux communes la permission de présenter un bill pour régler le gouvernement du Massachusetts. Régler la liberté, en langue ministérielle, c'est la confisquer. Lord North fut chaudement soutenu par lord Germaine, un de ces hommes trop communs dans les Assemblées, qui veulent la liberté pour eux, mais non pour les autres, et qui sont convaincus qu'il n'y a qu'une forme de gouvernement raisonnable, celle qui leur convient.

« Mettez un terme à leurs *meetings* communaux, dit-il ; qu'est-ce que c'est que ces marchands qui se réunissent pour

1. Lord Mahon, VI, 5.
2. Bancroft, *Amer. Rev.*, III, 567.

parler politique? Qu'ils s'occupent de leurs boutiques, au lieu
de se regarder comme les ministres de leur pays. Qu'on réduise leurs villes à des corporations particulières comme ici.
Qu'on règle leurs grands et leurs petits jurys. Qu'on rende la
Constitution d'Amérique aussi semblable que possible à la
nôtre. Faites de leur Conseil quelque chose comme notre
Chambre des lords. Réformez leurs Assemblées. Il n'y a là-
bas ni gouvernement, ni gouverneurs; tout est mené par une
foule tumultueuse et querelleuse, qui ferait mieux de s'occuper de ses affaires que de se mêler de politique et de gouvernement, où elle ne comprend rien. On nous dit : « Ne
« brisez pas leur Charte; ne leur ôtez pas des droits donnés
« autrefois par la Couronne. » Je n'ai qu'une réponse à faire
à ceux qui veulent conserver des Chartes pareilles : je ne leur
souhaite rien de pis que de gouverner de pareils sujets.
Soyons des hommes, et à force de persévérance nous en finirons avec l'anarchie et la confusion, nous rétablirons la paix,
la sécurité et l'obéissance [1]. »

Lord North remercia le jeune lord, qu'il appela un
grand esprit; il ne lui devait pas moins. Le bill rédigé par
Wedderburn, l'adversaire de Franklin, et par Thurlow,
déclara que désormais le Conseil, au lieu d'être élu par
le peuple, serait nommé par la couronne, comme en
plusieurs autres colonies. C'était enlever au peuple le
contrôle du pouvoir exécutif et charger l'autorité de se
contrôler elle-même, ce qui ne la gêne jamais. Les
town-meetings ne devaient plus avoir lieu que pour le
choix des officiers municipaux, à moins de permission
expresse du gouverneur. Les jurés étaient nommés sur
une liste dressée par le sheriff [2]. Enfin les juges et même

1. Bancroft, *Amer. Rev.*, III, 572.
2. Bancroft, *ibid.*, III, 581.

les sheriffs étaient choisis par le gouverneur, et en certains cas révoqués par lui, sans la sanction ni l'aveu du conseil.

C'était déchirer une charte, sous l'empire de laquelle une province avait été peuplée; c'était supprimer la constitution sous laquelle le peuple avait grandi; c'était menacer toutes les colonies dans une seule. Pour approuver ce coup d'État, on trouva des légistes; par malheur on en trouve toujours. A leur tête était le grand lord Mansfield, un de ces oracles judiciaires qui ne cherchent jamais dans les lois qu'une arme pour le pouvoir et contre la liberté.

« Ce qui s'est passé à Boston, dit-il, est un acte patent de trahison, dû à notre faiblesse et à notre imprudence. Néanmoins, c'est l'événement le plus heureux qui puisse nous arriver, car maintenant nous pouvons tout réparer. L'épée est tirée, il faut jeter le fourreau. Faites passer le bill, et vous aurez passé le Rubicon. Boston se soumettra, et vous aurez une victoire sans carnage [1]. »

O folie de la métaphore! C'est avec de grands mots militaires, qu'un vieillard, un magistrat, poussait la Chambre à une mesure injuste et violente. Une charte est un contrat: de quel droit une des parties pouvait-elle le violer?

A cette objection, il est vrai, lord North avait trouvé une réponse : « Nous avons, disait-il, le droit de détruire la charte des Américains, parce qu'ils en abusent; nous avons le droit de les gouverner parce qu'ils

1. Bancroft, *Amer. Rev.*, III, 591.

ne sont pas capables de se gouverner eux-mêmes. »
Cette réponse, je ne sais si lord North l'avait inventée,
mais en tout cas elle a fait fortune. On ne dépouille
jamais les peuples de leurs droits sans déclarer que ce
sont des mineurs dont on prend en main l'intérêt. Mais
qui est juge de l'incapacité? C'est le tuteur qui fait siens
les fruits de la tutelle. Il est permis de douter de son
impartialité.

Au milieu des mesures violentes qu'on venait de
voter et de celles qu'on annonçait, un membre de la
Chambre des communes, Rose Fuller, proposa d'abolir
le droit sur le thé, cause de toutes ces querelles; c'était
pour un grain de poivre [1], disait-il, qu'on risquait un
empire. Les ministres répondirent que la question était
de savoir si l'Angleterre perdrait toute son autorité et
abdiquerait devant l'Amérique. Le Parlement applaudit.
La passion au lieu de la raison, c'est toujours le grand
moyen de succès.

La proposition de Rose Fuller n'avait aucune chance
de réussir, mais elle appela à parler Edmond Burke, qui,
à cette occasion, fit un des plus beaux discours qu'on
ait jamais prononcés dans une Assemblée. On cite en
Angleterre les discours sur l'*American Taxation*,
comme on citait à Rome les Catilinaires ou la défense
de Muréna.

Il y a deux parties dans ce discours, qui est très-
long; une histoire de la politique anglaise à l'égard de
l'Amérique, pleine de faits et de portraits admirables,

1. *Peppercorn.*

celui de Townshend, par exemple; puis une conclusion d'une rare éloquence et d'un rare bon sens.

Burke demande comment, dans un pays qui a des intérêts immenses, et qui est lié à ses colonies par le sang, la religion, la langue, le commerce, il est possible qu'on en vienne à se quereller pour une puérile métaphysique. « Revenez au passé, dit-il aux ministres; point d'inutiles menaces, point de concessions. A vous le règlement du commerce, à l'Amérique le droit des taxes intérieures.

« Reprenez votre ancienne position, position forte, excellente, et alors restez-en là, — ne faites rien de plus, — ne raisonnez pas. A toutes les spéculations des théoriciens, de quelque côté qu'ils soient, opposez comme un rempart l'ancienne politique, l'ancienne pratique de l'empire. Vous serez sur un terrain solide, large, puissant! Sur cette base profonde établissez vos machines, et vous ferez venir les mondes à vous[1].

« Mais, au nom du ciel, ayez un système, un système à vous avant la fin de la session. Voulez-vous taxer l'Amérique et en tirer un revenu productif? Si vous le voulez, dites-le bien haut; nommez, fixez, déterminez le revenu; établissez-en la quantité, nommez-en l'objet, réglez-en la perception; et alors, quand vous vous battrez pour quelque chose, battez-vous. Si vous tuez, volez; si vous assassinez, pillez; mais ne soyez pas en même temps des assassins et des fous, violents, vindicatifs, sanguinaires et tyrans pour rien ! Puissent de meilleurs conseils vous guider !

« Encore une fois, revenez à vos propres principes; cherchez la paix et obtenez-la. Si l'Amérique a quelque matière imposable, laissez-la s'imposer elle-même. Je ne viens pas ici

1. Burke, I, 131.

faire des distinctions de droit, ni leur tracer des limites. Je n'entre pas dans ces distinctions métaphysiques, j'en hais jusqu'au nom. Laissez les Américains comme ils étaient naguère ; toutes ces distinctions, nées de nos malheureuses querelles, mourront avec elles. Les Américains et nous, nos pères et leurs pères, ont été heureux sous cet ancien système. Effaçons à jamais, effaçons des deux côtés le souvenir des actes malheureux qui ont troublé nos vieux usages. Contentez-vous de lier les Américains par vos lois de commerce ; vous l'avez toujours fait : que ce soit là votre raison pour continuer à le faire. Ne les chargez pas d'impôts ; vous ne l'avez jamais fait : que ce soit là votre raison pour ne point le faire. Voilà les arguments des États et des royaumes. Laissez le reste aux écoles ; c'est là seulement que de pareilles discussions sont sans danger.

« Mais si au lieu d'être sages et modérés, vous empoisonnez la source même du gouvernement ; si de la nature illimitée et illimitable de la souveraineté, vous tirez, à force de subtilités, des conséquences odieuses à ceux que vous gouvernez, vous leur apprendrez à mettre en question cette souveraineté même. Quand il est poussé à bout, le sanglier se retourne contre le chasseur. Si votre souveraineté et leur liberté ne peuvent se concilier, que choisiront-ils? Ils vous jetteront votre souveraineté à la face. Y a-t-il au monde un homme qui se laisse réduire en servitude par un argument?

« Que nos adversaires réunissent tout leur talent, qu'ils parlent, qu'ils me disent ce qui reste de liberté aux Américains, et ce qui leur manque de servitude, si vous pouvez lier leur propriété et leur industrie par toutes les restrictions commerciales qu'il vous plaira d'imaginer, et si en même temps vous en faites des bêtes de somme, chargées de tous les impôts qu'il vous plaira de leur imposer, sans les consulter? Ils portent le fardeau d'un monopole illimité ; y ajouterez-vous le fardeau d'impôts illimités? Les *Anglais d'Amérique* sentiront bien que ceci est de l'esclavage. — Que cet esclavage soit *légal*, cela ne satisfera ni leur cœur, ni leur esprit.

« ... Voilà les faits; demandez-vous maintenant si ces Anglais d'Amérique seront contents dans leur esclavage? Si vous dites que non, voyez les conséquences. Demandez-vous comment vous gouvernerez un peuple qui pense qu'il a droit d'être libre, et qui pense qu'il ne l'est pas. Votre système ne produit point de revenus. La seule chose qu'il produise, c'est le mécontentement, le désordre et la désobéissance. Vous avez amené l'Amérique à ce point, qu'après vous être baignés dans le sang jusqu'aux yeux, il vous faudra finir juste où vous commencez; il vous faudra taxer où il n'y aura plus de revenu : il vous faudra... Je m'arrête, je ne vois plus rien... Au-delà, tout est confusion [1].

« ... Sur ces affaires d'Amérique, je l'avoue, je suis sérieux jusqu'à la tristesse. Depuis que je suis au Parlement, et avant même d'y siéger, je n'ai jamais eu qu'une opinion à ce sujet. Le noble lord [2], suivant son habitude, attribue sans doute le rôle que mes amis et moi nous avons choisi, au désir de lui prendre ses places. Qu'il jouisse en paix de cette idée heureuse et originale. Si je la lui ôtais, je lui ôterais la plus grande part de son esprit et tous ses raisonnements. Mais j'aime mieux souffrir ses plaisanteries, et même des coups plus rudes, que d'être responsable devant Dieu, en embrassant un système qui va à la destruction de l'un de ses meilleurs et plus beaux ouvrages. Mais, aussi bien que le noble lord et ses amis, je connais la carte d'Angleterre; je sais que la route que je prends n'est pas celle qui mène aux *préférences.* Il y a vingt ans que mon excellent et honorable ami [3] suit cette route difficile; elle ne l'a pas conduit encore à la place du noble lord. C'est là cependant la route que je veux suivre; elle mène à l'honneur. Puissions-nous longtemps faire cette route ensemble ;

1. Burke, I, 132 et suiv.
2. Lord North.
3. M. Dowdeswell.

quel que soit le nombre de ceux qui nous accompagnent, quels que soient ceux qui se rient de notre voyage.

« Je le déclare en toute sincérité et solennellement, j'ai toujours adhéré à la politique de 1766, parce qu'elle est le véritable intérêt de l'Angleterre, et qu'en limitant dans son exercice l'autorité du Parlement, elle lui donne une base solide, durable, inébranlable. Jusqu'à ce que vous reveniez à ce système, il n'y aura point de paix pour l'Angleterre [1]. »

Ému par les paroles de Burke, lord Dowdeswell s'écria : « Faisons justice avant qu'il soit trop tard. » Il était trop tard. Tout ce que put obtenir l'éloquence de Burke, ce fut une minorité de 49 voix, le même chiffre qui s'était opposé au bill du timbre.

On en était au règne de la force. Obliger Boston à demander grâce à deux genoux, et terrifier l'Amérique par cet exemple, c'était toute la politique du ministre. Le général Gage, commandant en chef de toutes les forces militaires d'Amérique, fut nommé gouverneur civil du Massachusetts, et envoyé avec quatre régiments pour fermer le port de Boston.

Dans les instructions qu'on lui donnait, on le chargeait de prendre les mesures nécessaires pour arrêter les chefs du mouvement et les faire punir. C'est surtout à Samuel Adams, l'âme de la résistance, qu'on en voulait. On ne se trompait pas; sans son énergie et sa résolution, peut-être n'eût-on pas été jusqu'au bout. Il avait prévu la séparation; il savait ce qu'il voulait.

Si l'on voulait s'emparer militairement des chefs de parti et violer la loi, c'est qu'on sentait qu'un jury amé-

____

1. Burke, I, 137.

ricain ne frapperait jamais les hommes qui étaient à la
tête du pays. On prévoyait aussi une lutte avec les soldats, et l'on voulait éviter qu'un jury américain ne punît
les agresseurs. Un troisième bill, recommandé par le
roi, décida que tout officier de revenu, tout magistrat,
tout soldat accusé de crime capital serait jugé soit en
Massachusetts, soit en Nouvelle-Écosse, soit en Grande-
Bretagne. C'était un bill d'indemnité pour tout excès
commis contre les citoyens.

C'est à propos de ce bill que le colonel Barré fit un
de ses plus beaux discours, un discours qu'en plus d'un
pays on peut encore méditer aujourd'hui.

« Messieurs, j'ai été élevé pour être soldat, j'ai servi longtemps; je respecte la profession, je suis lié d'amitié étroite avec
un grand nombre d'officiers; mais il n'y a pas de *country
gentleman* qui regarde l'armée d'un œil plus jaloux, ou qui
résiste plus énergiquement à l'idée de la mettre au dessus du
contrôle de la puissance civile. Ne vous fiez à personne dans
cette situation. Ce n'est pas la faute du soldat : c'est la faute
de l'humaine nature. Quand la loi ne la bride pas, elle devient insolente et licencieuse; elle viole capricieusement la
paix de la société et foule aux pieds les droits du genre
humain.

« ... En me faisant l'avocat de l'Amérique, je sais que je
suis le plus solide ami de mon pays. Nous vivons du commerce de l'Amérique. Aliénez vos colonies, et vous renverserez
les fondements de votre richesse et de votre puissance. Le jour
où les drapeaux seront déployés en Amérique, vous êtes un
peuple perdu.

« Et cependant, c'est à cette extrémité désespérée que vous
vous jetez. Et vous vous y jetez avec tant de violence, par des
moyens qui vont si directement à cette issue fatale, qu'il sem-

ble que vous vouliez résolûment vous perdre, si votre folie n'était votre excuse. En acceptant le bill qui ferme le port de Boston, j'ai résisté à la violence américaine, au risque de perdre là-bas ma popularité. C'est au même risque que je résiste aujourd'hui à votre fureur[1].

« Vous changez de terrain, dit-il encore aux ministres ; vous devenez les agresseurs, vous infligez le plus cruel outrage aux Américains, en les soumettant à la merci du soldat. Je sais l'immense supériorité que vos troupes disciplinées auront sur des provinciaux ; mais prenez garde que le désespoir ne supplée à la discipline. Au lieu de leur envoyer la branche d'olivier (j'entends par là le rappel de toutes ces mesures inutiles pour vous, oppressives pour eux), vous leur envoyez l'épée nue. Demandez leur concours de façon constitutionnelle, ils vous donneront tout ce qu'ils peuvent donner. Lorsque vous les avez mis régulièrement en demeure, ils ne vous ont jamais rien refusé. Vos procès-verbaux constatent vos remerciements pour le zèle avec lequel ils ont contribué aux besoins de l'État. Quelle folie vous pousse à essayer d'emporter de force ce que, certainement, vous pouvez obtenir par simple réquisition. En les flattant, vous pouvez tout en espérer ; mais ne les menacez pas, ils vous ressemblent trop pour céder. Ayez quelque indulgence pour votre sang ; respectez cette solide vertu anglaise ; rétractez cette odieuse parade d'autorité, et rappelez-vous que le premier pas pour faire contribuer les colons à vos dépenses, c'est de les réconcilier avec votre gouvernement[2]. »

On remarqua qu'en présentant une mesure aussi contraire à toutes les idées anglaises, lord North tremblait et bégayait à chaque mot. Il obéissait à une volonté plus forte que la sienne. Mais, autour de lui, on n'hé-

1. Hazlitt, *Eloquence of the British Senate*, I, 107.
2. Bancroft, *Amer. Rev.*, III, 581.

sitait pas. On déclarait que si les Américains résistaient,
il fallait tout brûler et tout détruire. Mieux valait tout
ruiner que de favoriser la révolte impie d'enfants ingrats.

Un quatrième bill, présenté par lord North, légalisait
les logements militaires dans la ville de Boston.

Un cinquième bill réglait le gouvernement de Québec.

L'Angleterre, jusque-là fort indifférente, sinon même
hostile aux Français catholiques du Canada, s'aperce-
vait enfin que pour les peuples conquis la religion est
une seconde patrie. C'est sur les Canadiens français et
catholiques que les ministres anglais s'appuyaient pour
comprimer les colons anglais et protestants. Le Canada,
il faut le dire, gagnait beaucoup à cette générosité peu
désintéressée. Le bien sortait du mal. Ce peuple anglais, qui ne voulait pas reconnaître l'existence des
catholiques en Irlande, établissait sur les bords du Saint-
Laurent le libre exercice de la religion de l'Église de
Rome et confirmait le clergé de cette Église dans ses
droits et priviléges.

Jusque-là tout était louable; mais, sous le nom de
Canada, le bill comprenait tous les territoires disputés
à la France, c'est-à-dire l'Ouest tout entier, entre l'Ohio,
les grands lacs et le Mississipi. On enserrait les treize
colonies entre un gouvernement soumis tout entier à
l'arbitraire ministériel (on avait eu soin de garder les
lois françaises), sans *habeas corpus*, sans part au vote
de l'impôt, sans aucune de ces libertés qui font la gloire
de l'Angleterre.

La mesure, du reste, était habile ; les Canadiens, séparés des Américains par la langue, la religion et les souvenirs, n'auraient pu passer à la révolte que si on les avait opprimés. Maîtres de leurs droits, ils demeuraient fidèles à l'Angleterre. Et, par un résultat bizarre d'apparence, et juste au fond, il n'y eut que les Français conquis qui restèrent fidèles à la métropole. L'Angleterre ne garda en Amérique que ceux de ses sujets dont elle avait respecté les droits.

Tous ces bills passèrent à des majorités considérables. Il y eut cependant plus d'une protestation. « J'ai vos mesures en horreur, s'écria le colonel Barré ; vous avez déjà une réunion des colonies en congrès ; vous en aurez bientôt une autre. Les Américains n'abandonneront pas leurs principes ; s'ils cèdent, ils sont esclaves [1]. » Barré connaissait l'Amérique ; on ne l'écouta pas plus que Burke ; c'était une de ces heures fatales où l'on ne veut entendre que la passion.

Le 10 mai 1774, le jour même où mourait Louis XV, où arrivait au trône un prince honnête homme, qui loin d'accepter l'héritage de honte que lui laissait son aïeul, devait relever la France et la venger de la perte du Canada et des Indes en affranchissant l'Amérique, ce jour-là même, le bill du port de Boston parvenait au Massachusetts.

On convoqua aussitôt un meeting à la salle Faneuil. La situation devenait de plus en plus difficile ; trois ou quatre milliers de marchands et d'ouvriers, c'était là le

---

1. Bancroft, *Amer. Rev.*, III, 582.

noyau de la résistance à un grand pays comme l'Angleterre. Ils n'hésitèrent pas cependant, et déclarèrent « que l'injustice, l'inhumanité et la cruauté de l'acte qui fermait le port de Boston dépassaient toute expression, qu'ils laissaient à l'opinion à le juger, et qu'ils en appelaient à Dieu et au monde[1].

Puis, invoquant le secours des colonies, leurs sœurs, leur rappelant que Boston souffrait pour la cause commune et que c'était la liberté générale qu'on attaquait, les Bostoniens déclarèrent que « si les autres colonies voulaient se joindre à eux pour arrêter tout commerce avec l'Angleterre et les Antilles, jusqu'à ce que le bill du port de Boston fût révoqué, cette résolution serait le salut de l'Amérique du Nord et de ses libertés. »

Ces résolutions furent adressées à toutes les colonies, et partout elles trouvèrent de l'écho.

En Virginie, la Chambre était assemblée. Suivant un vieil usage anglais et américain, elle fixa le 1er juin, jour où le port de Boston devait être fermé, « comme un jour de jeûne, d'humiliation et de prières, où l'on implorerait dévotement la protection divine, afin que Dieu, dans sa bonté, écartât les terribles calamités qui menaçaient de détruire les droits civils des colons, afin qu'il éloignât les maux de la guerre civile, afin qu'il donnât à tous un cœur et une âme pour s'opposer par tous les moyens justes et légitimes à toute injure faite aux droits de l'Amérique. »

Cette résolution effraya le gouverneur, qui prononça

1. Pitkin, I, 270.

la dissolution de l'assemblée. Mais les pasteurs n'étaient pas moins patriotes que les fidèles. Le jeûne fut célébré partout en vêtements de deuil, et les membres de l'assemblée se réunirent en grand nombre pour signer une protestation dans laquelle ils déclaraient que la fermeture du port de Boston, « que l'attaque faite à une des colonies, leur sœur, pour la contraindre à se soumettre à des taxes arbitraires, était une attaque faite à toute l'Amérique et menaçait de ruine tous les droits, si la sagesse réunie de toutes les colonies n'y prenait garde[1]. »

C'était l'idée du congrès qui renaissait.

Le 7 juin, l'Assemblée du Massachusetts, transférée à Salem par le nouveau gouverneur, le général Gage, ne fut pas plutôt en séance qu'elle déclara que rien n'était plus urgent qu'une réunion des différents comités des colonies. L'objet de cette réunion, ou pour mieux dire de ce congrès, devait être d'examiner les mesures à recommander aux colonies, pour recouvrer et rétablir leurs droits et leurs libertés civiles et religieuses, en même temps que pour rétablir l'union et l'harmonie entre la Grande-Bretagne et les colonies, union désirée ardemment par tous les honnêtes gens[2].

La Chambre nomma aussitôt cinq membres pour ce congrès projeté : les deux Adams, Cushing, J. Bawdoin et R.-T. Paine. Le lieu de réunion indiqué fut Philadelphie. C'était le centre des colonies.

Le gouverneur, informé de ces résolutions, tandis

1. Pitkin, I, 271.
2. Pitkin, I, 272.

qu'on les discutait, accourut pour dissoudre l'Assemblée. Il trouva les portes fermées et fut obligé de lire sa proclamation de dissolution sur l'escalier. Ce fut la dernière Chambre tenue à Boston *sous l'autorité du roi.*

Cependant l'idée qu'un congrès était le seul moyen de salut faisait de grands progrès. Cette idée réunissait tous les partis. En Pensylvanie, où les quakers dominaient, où l'horreur de la guerre gênait la résistance, Dickinson, l'auteur des *Lettres d'un Fermier*, poussait au congrès, pour éviter toute mesure violente et pour ramener la concorde entre les colonies et la mère-patrie. Il voulait (et beaucoup de Pensylvaniens étaient de son avis) un acte de non importation, de non exportation, de non consommation, et un congrès, mais rien de plus. En un mot, une résistance passive et légale qui permît de gagner du temps[1].

Les deux Adams, Quincy, les hommes clairvoyants et décidés parce qu'ils étaient clairvoyants, ne se faisaient pas illusion sur le résultat final de cette politique; mais la grosse question était la réunion d'un congrès, et pour marcher d'accord, il était inutile de remuer de plus gros problèmes. On s'en tint là.

Mais à l'intérieur de la colonie, dans le Massachu-

---

1. Comme traité final Dickinson acceptait les lois de navigation, il offrait une indemnité pour les thés, et un revenu annuel voté par les colonies, et soumis au contrôle du Parlement; moyennant quoi il espérait le rappel du Boston-Port-bill, du bill des logements militaires, des prérogatives excessives des cours d'amirautés, et du droit prétendu de taxes intérieures. Deux ans plus tôt on aurait pu traiter sur ce pied, mais les événements avaient pris une tournure telle qu'aucun des deux pays n'eût voulu accepter ces arrangements.

setts, les âmes puritaines étaient trop ardentes pour accepter, même provisoirement, un régime nouveau, qui leur enlevait toutes leurs vieilles libertés. Le bill du gouverneur du Massachusetts interdisait les libres réunions, et le gouverneur déclarait que, si ces réunions ne se dissipaient pas à la voix du sheriff, il viendrait lui-même avec des soldats pour soutenir le magistrat[1]; mais, malgré ces menaces, on se réunissait. Ces *town-meetings*, ces assemblées communales, c'était le vrai gouvernement de la colonie depuis son origine. C'était là qu'on se réunissait comme hommes, comme citoyens, comme chrétiens, pour régler tous les intérêts. C'est là qu'on élisait les officiers, qu'on faisait ses doléances, qu'on réglait l'éducation, qu'on discutait les salaires du clergé, les affaires de religion. C'est là, il est vrai, qu'était le foyer de la résistance, parce que là était la vie. Renoncer à ces assemblées, pour un Américain, c'était abdiquer.

Dans ces réunions, on prenait les résolutions les plus hardies, et on les faisait imprimer.

Un des plus célèbres de ces *meetings* est celui qui se tint à Milton, dans le comté de Suffolk, le 7 septembre 1774 ; les résolutions avaient été rédigées par Joseph Warren, qui devait bientôt tomber à Bunker-Hill, premier martyr de l'indépendance.

« Ce n'est pas, disait-il, la justice qui nous menace, c'est la force ; ce n'est pas la sagesse, c'est la vengeance. C'est la Grande-Bretagne qui, autrefois, persécuta, tortura, chassa nos pères, et qui maintenant poursuit leurs enfants innocents avec

1. Pitkin, I, 279.

une impitoyable sévérité. Ce désert, ce sol sauvage et sans culture, nos pères l'ont acquis par leur travail et conquis par leur sang ; c'est à nous qu'ils ont laissé cet héritage, qui leur a coûté si cher ; ils nous ont légué l'obligation sacrée de le transmettre à nos descendants, sans souillure et sans entraves. De notre courage et de notre sagesse dépend le destin du Nouveau-Monde et de ces millions d'hommes qui ne sont pas encore nés.

« Si un continent immense, si un peuple de plusieurs millions d'hommes se soumet lâchement à vivre suivant l'arbitraire de ministres capricieux, il accepte honteusement une servitude volontaire ; les générations futures chargeront sa mémoire d'une perpétuelle malédiction [1]. »

Après ce préambule, l'assemblée déclarait que le bill de lord North « n'était que l'effort d'une administration criminelle pour asservir l'Amérique, » et qu'on n'y devait pas obéir.

« Que les conseillers qui accepteraient leurs titres de la couronne et non du peuple ; que les juges qui accepteraient une semblable nomination, étaient des magistrats inconstitutionnels, » auxquels on ne devait pas obéir.

L'assemblée allait plus loin, elle déclarait vouloir rester sur la défensive aussi longtemps que cette conduite ne mettrait en danger ni la liberté ni la vie des citoyens, mais pas plus longtemps. On recommandait aux milices de s'organiser, de s'exercer une fois au moins par semaine, et de choisir des officiers capables : c'était une réponse aux bravades de lord Sandwich.

C'était là du reste l'état des esprits dans toute la province. La ville de Salem, à qui l'on donnait les privilé-

____
1. Pitkin, I, 279.

ges du port de Boston, protestait entre les mains du général Gage contre cette générosité suspecte, et déclarait que les citoyens de Salem « seraient morts à toute notion de justice et à tout sentiment d'humanité, s'ils pouvaient concevoir l'idée de saisir la richesse de leurs voisins et de s'enrichir de leur ruine[1]. »

Devant les menaces du peuple, les conseillers nommés par le gouverneur résignaient leur commission, volontairement ou non. Les jurés, convoqués suivant la nouvelle loi, refusaient de siéger. Là où les juges avaient été nommés par le gouverneur, le peuple s'assemblait et obstruait le passage, refusant au sheriff de laisser les juges s'installer. « Nous ne connaissons de juges, disait-il, que ceux qu'établissent nos anciennes lois et l'ancienne coutume du pays. Nous ne connaissons pas ces intrus, nous ne les laisserons pas entrer ici[2]. » La révolution commençait.

Quand on considère à distance ces grands événements qu'on nomme révolutions, on se demande comment on ne les a pas évités; il semble que le droit n'est jamais douteux, et qu'avec le moindre bon sens on eût tout concilié. Il y a plus, on trouve à toutes les époques d'honnêtes gens comme Barré, et quelquefois des hommes de génie comme Burke, qui montrent du doigt l'abîme et annoncent l'avenir. Comment ne les a-t-on pas écoutés?

Il y a là une ignorance et un aveuglement qui nous étonnent.

1. Pitkin, I, 273.
2. Id., I, 281.

C'est qu'à distance nous n'avons plus les passions du temps; c'est ce qui fait que le passé nous semble si absurde et que nous nous jugeons si raisonnables, parce que nous avons d'autres passions.

Oui, Burke avait raison, Chatham voyait l'avenir, Franklin était prophète. Oui; mais ce qui fait la force de la vérité et de la justice, ce n'est pas le génie de celui qui l'annonce, c'est la sagesse de celui qui l'écoute. Cette sagesse-là n'est pas chose extérieure; on ne la donne pas aux peuples ni aux rois comme une cocarde; c'est l'œuvre de l'éducation, de la raison et du temps.

Voilà pourquoi les vrais bienfaiteurs de l'humanité sont ceux qui instruisent et qui avertissent les nations; voilà pourquoi l'histoire est une œuvre morale quand, sans faiblesse et sans passion, elle juge et condamne le passé. Mais, il faut le dire, l'historien manque trop souvent à son devoir; il se fait le complice des événements; il nous parle des fautes des rois et des ministres; il ne nous dit rien de la passion et de la folie du peuple. Ce coupable-là est toujours amnistié. Et non-seulement il est amnistié, mais sa folie sert à amnistier les crimes de ses chefs. La Saint-Barthélemy, les massacres de septembre, les échafauds de 1793, les excès du despotisme, la bassesse de ceux qui le servent, tout se justifie par la faute de cet être irresponsable et multiple qu'on nomme le peuple, et dont chacun se détache avec dédain. Repoussons cette lâche morale, condamnons tous les coupables et tous les complices. L'histoire est à refaire; elle doit assigner à chacun sa part. Sévère pour les rois ou les tribuns qui ont flatté la foule et entretenu l'ignorance ou la passion qui les sert, mais sévère aussi pour les peuples qui se sont mis au-dessus des éternelles lois de la justice : c'est ainsi que l'histoire devient la leçon et le salut des générations futures, véritable tribunal qui, en condamnant le passé, protége l'avenir.

DOUZIEME LEÇON

L'idée d'un congrès avait été accueillie avec enthousiasme par toutes les colonies, et dès l'été de 1774 on s'était réuni pour nommer des délégués. Quel était l'état des esprits? Nous en pouvons juger par une pièce importante, la lettre écrite par le colonel Washington à Bryan Fairfax, qui demandait qu'on s'en tînt à d'humbles pétitions. Cette lettre est un des plus précieux documents de l'histoire de la révolution. Quand une âme aussi grande et aussi modérée en était venue à l'idée de résister, quelles ne devaient pas être l'agitation et l'effervescence des têtes ardentes et des cœurs passionnés.

« *A Bryan Fairfax.*

« Mount-Vernon, 20 juillet 1774.

« Cher Monsieur,

« ... Je n'hésite pas à reconnaître combien je suis loin de m'accorder avec vous sur les moyens d'obtenir le rappel des actes dont on se plaint avec tant de force et de justice; je conviens même que cette différence d'opinion semble provenir des différentes interprétations que nous donnons à la conduite du ministère. Comme je ne vois rien qui puisse porter à croire que le Parlement saisira une occasion favorable de rapporter des actes qu'il s'empresse d'adopter pour maintenir son système tyrannique, comme d'ailleurs je remarque ou crois remarquer que le gouvernement, au mépris des lois et de la justice, persiste dans son plan arrêté de détruire nos lois et nos libertés constitutionnelles, comment puis-je espérer quelque chose d'une mesure qui a déjà été essayée inutilement? En somme, Monsieur, que repoussons-nous? Est-ce l'imposition de trois pence par livre de thé, comme excessive? Non, c'est le droit seul que nous avons toujours contesté, et nous avons déjà fait parvenir nos réclamations à Sa Majesté, avec le respect et le dévouement de sujets fidèles. De plus, nous nous sommes adressés à la Chambre des lords et à la Chambre des communes pour leur représenter qu'en notre qualité d'Anglais nous ne pouvions être privés de cette disposition essentielle et précieuse de notre Constitution. Si donc c'est contre le droit de taxe que nous protestons maintenant, et que nous avons constamment protesté, pourquoi supposerait-on en Angleterre que l'application de ce droit soit aujourd'hui moins odieuse que par le passé? Quelle raison avons-nous de croire qu'on se décide là-bas à faire une seconde tentative, quand les mêmes ressentiments remplissent toujours nos cœurs, si l'on n'a pas l'intention de la pousser jusqu'au bout par tous les moyens qu'on a en son pouvoir?

« La conduite du peuple de Boston ne peut justifier la rigueur des mesures qui ont été prises à son égard, que dans le cas où il y aurait eu demande ou refus de payement; il ne fallait pas, à cause de cette conduite, priver de sa charte le gouvernement de Massachusetts, ou empêcher que les coupables fussent jugés dans le lieu où le délit a été commis, puisqu'il n'y a et ne peut y avoir aucun cas qui exige cette mesure. Tous ces faits ne sont-ils pas des preuves évidentes d'un plan fixe et arrêté pour nous soumettre à l'impôt? Et, si nous avions besoin d'autres preuves, les débats de la Chambre des communes ne nous en fourniraient-ils pas? La conduite du général Gage, en supprimant l'adresse de son conseil, en publiant une proclamation plus digne d'un pacha turc que d'un général anglais, où il qualifie de trahison toute association ayant pour but d'affecter le commerce de la Grande-Bretagne ; cette conduite, dis-je, n'est-elle pas un témoignage sans exemple du plus despotique système de tyrannie qui ait jamais été mis en pratique sous un gouvernement libre? En un mot, pour nous convaincre des projets ministériels, quel besoin est-il d'autres preuves que les actes mêmes du ministère, actes qui tendent tous au même but, c'est-à-dire, si je ne me trompe, à établir le droit de nous taxer? Que pouvons-nous espérer de nos réclamations, lorsqu'on nous dit que le moment est arrivé, ou jamais, de décider la question? Ferons-nous entendre nos plaintes après cela, et demanderons-nous justice lorsque nous l'avons déjà fait en vain? Est-ce qu'à la vue d'une pareille conduite nous nous bornerons à nous lamenter, et à supplier humblement les ministres de nous accorder justice, après qu'on nous l'a déniée si souvent? Ou bien resterons-nous les bras croisés, tandis que nos provinces sont immolées l'une après l'autre à un aveugle despotisme?

« Si je voyais quelque raison en faveur du droit que s'arroge le Parlement de la Grande-Bretagne, de nous soumettre à la taxe sans notre aveu, je croirais très-volontiers avec vous que c'est à la voie de la pétition, et à la voie de pétition seulement, qu'il conviendrait d'avoir recours pour obtenir le redressement de nos griefs, parce qu'alors nous demanderions une faveur au lieu de réclamer un droit qui, dans mon opinion, nous appartient incontestablement, et par la loi naturelle, et par notre Constitution. Ce serait même, selon moi, un crime que de faire un pas de plus, si l'on avait une telle idée; mais je ne l'ai point. Je pense que le Parlement de la Grande-Bretagne n'a pas plus le droit de mettre ses mains dans ma poche, sans mon aveu, que je n'ai le droit de mettre les miennes dans la vôtre. Et comme il a déjà repoussé les représentations respectueuses de toutes les colonies, que peut-on attendre maintenant de sa justice ?

« Quant à la proposition d'une adresse à la Couronne, je vous avoue, Monsieur, que je pense que le mieux aurait été de ne pas s'en occuper. Je n'attends rien de cette mesure, et ma voix ne l'aurait pas sanctionnée, si elle devait retarder l'adoption du système de non-importation ; car je suis convaincu, comme de ma propre existence, qu'il n'y a de salut pour nous que dans la détresse de nos adversaires ; et je pense, ou du moins j'espère qu'il est resté parmi nous assez de vertu publique pour nous refuser tout, à l'exception des choses nécessaires à la vie, afin d'arriver à ce résultat. Nous avons le droit d'agir ainsi ; il n'y a pas de pouvoir au monde qui puisse nous forcer à l'abdiquer, tant que nous n'aurons pas été réduits à l'esclavage le plus abject. L'interdit mis sur nos exportations serait sans doute un moyen plus prompt que l'autre pour atteindre notre but ; mais si nous devons de l'argent à la Grande-Bretagne, l'extrême nécessité seule peut justifier le refus de s'acquitter. Aussi j'ai des doutes sur cette mesure, et je désire d'abord qu'on fasse l'essai de l'autre moyen, qui est légal, et doit faciliter les payements.

« Je ne finirai pas sans exprimer quelque regret de ce que je diffère d'avis avec vous sur une question d'une si grande importance et d'un intérêt si général ; je me défierais de mon propre jugement dans cette circonstance, si tout mon être ne reculait pas devant la pensée de me soumettre à des mesures que je crois subversives de tout ce qui doit être cher et sacré, et si je ne sentais pas en même temps que la voix du genre humain est avec moi. Je dois m'excuser de vous envoyer une ébauche peu lisible des idées que m'a suggérées votre lettre. Mais, en voyant l'étendue de la mienne, comme je suis très-occupé dans ce moment-ci, je ne puis songer à en faire une copie plus nette.

« Je suis, cher Monsieur, votre obéissant serviteur. »

Le lundi 5 septembre 1774, les délégués de douze colonies [1] se réunirent à Philadelphie. Là se trouvaient les hommes qui allaient jouer le rôle le plus considérable dans une révolution que le plus grand nombre espérait encore écarter. Patrick Henry, Peyton Randolph, Henri Lee et Washington, de la Virginie; Philippe Livingston, John Jay et Deane, de New-York, les deux Adams, du Massachusetts; Sherman et Deane, du Connecticut; William Livingston, de New-Jersey; Gadsden, et John Rutledge de la Caroline du Sud.

Tous ces délégués, au nombre d'un peu plus de cinquante, élus de façons diverses, les uns par les assemblées coloniales ou par des conventions, les autres par des comités ou par le cri public [2], tous ayant reçu des instructions différentes [3] et nommés en nombre inégal, se trouvaient représenter des colonies dont les intérêts commerciaux, l'industrie, les mœurs, les églises étaient différents et quelquefois opposés; mais tous étaient unis par une même pensée, c'est que l'Amérique ne pouvait céder aux prétentions anglaises sans abdiquer ses libertés. C'était l'Angleterre qui faisait naître l'Union.

On se réunit à Carpenter's Hall, et aussitôt la réunion s'intitula *Congrès* et se choisit un président et un secrétaire. Le président fut Peyton Randolph, speaker de l'assemblée de Virginie; le secrétaire fut Charles Thomson.

---

1. La Géorgie ne s'était pas encore jointe à la Confédération.
2. Lord Mahon, VI, 11; Ticknor Curtis, I, 13.
3. Curtis, *History of the Constitution*, I, 18.

Le Congrès constitué, la question fut de savoir comment on voterait? Il n'y avait pas de précédents. Représentait-on le peuple américain, représentait-on les colonies? Patrick Henry soutenait la première opinion. « Toute l'Amérique, disait-il, ne fait plus qu'un corps. Où sont vos frontières coloniales? Il n'y en a plus. Il n'y a plus de Virginiens, de Pensylvaniens, de New-Yorkais, de Nouveaux-Anglais. Je ne suis plus un Virginien, je suis un Américain[1]. » Cette opinion ne prévalut pas, on n'en était pas encore arrivé-là. Restait toujours la question de savoir comment on voterait. Serait-ce par tête? Serait-ce par colonie? Par tête, la décision eût été difficilement juste, car chaque colonie avait envoyé autant de délégués qu'elle avait voulu. Par colonie? c'était donner à des provinces sans importance autant d'autorité qu'à un grand pays comme la Virginie. Là d'ailleurs, et dès le premier jour, perça la jalousie des États; les petites colonies ne voulaient pas céder aux grandes. Comme le Congrès était composé de mandataires coloniaux, et n'avait d'autre pouvoir qu'un pouvoir d'opinion, on décida sagement que chaque colonie aurait son vote, et n'en aurait qu'un; « attendu, dit le journal du Congrès, que le Congrès ne peut pas se procurer les matériaux nécessaires pour établir l'importance de chaque colonie [2]; » c'était une façon de réserver l'avenir.

La seconde décision fut de siéger portes fermées.

---

1. Ticknor Curtis, I, 15.

2. Suivant Bancroft, *Amer. Rev.*, IV, 124, en 1775, le chiffre des habitants aurait été de 2,600,000, dont 500,000 nègres.

Chaque membre s'obligea sur l'honneur à garder le
secret sur les délibérations, jusqu'à ce que le Congrès
en ordonnât la publication. On ne devait publier que les
résolutions.

Deux raisons, également bonnes, engageaient le Congrès à prendre cette mesure. Dans l'état d'excitation où
étaient les esprits, les discussions du Congrès n'auraient
fait qu'enflammer les passions, et c'était le calme qu'on
voulait obtenir. Ensuite, il y avait deux partis dans le
Congrès comme dans le pays ; les âmes ardentes, comme
Samuel Adams et Patrick Henry, qui poussaient à la
rupture et à la guerre ; les gens timides et prudents,
comme Dickinson, décidés à obtenir réparation, mais
non moins décidés à maintenir leur dépendance de
l'Angleterre, si on reconnaissait leurs libertés et leurs
droits. C'était l'opinion très-arrêtée de Washington, et
suivant lui, cette opinion était celle du Congrès et du
peuple du Massachusetts [1].

Quoique les discussions du Congrès aient été secrètes, et qu'il n'en soit resté que des procès-verbaux
insignifiants, on sait cependant, par un mot de Patrick Henry, que Washington y fit reconnaître, dès le
premier jour, la supériorité de son caractère et la solidité de son esprit. « Si vous parlez d'éloquence, disait
Patrick Henry à un ami, M. Rutledge, de la Caroline du
Sud, est de beaucoup le plus grand orateur ; mais si
vous parlez de la solidité du jugement et de la profonde
connaissance des choses, le colonel Washington est in-

---

1. Sparks, *Vie de Washington* (trad. franç.), I, 159.

contestablement l'homme supérieur [1]. » Noble justice rendue à Washington par un homme qui avait plus d'éloquence que de fermeté.

Ces mesures prises, on proposa que le Congrès s'ouvrit le lendemain par une prière. Jay et Rutledge s'y opposèrent, à cause de la diversité des opinions religieuses. Ce fut Samuel Adams, le puritain, qui insista : « Je ne suis pas un bigot, dit-il ; quelle que soit l'Église du pasteur, je puis entendre une prière faite par un homme de piété et de vertu, qui est en même temps l'ami de son pays. » Et il désigna Duché, de Philadelphie, ministre de l'Église épiscopale, qui fut nommé [2]. C'était la liberté religieuse qui s'installait dans le Congrès : elle y est restée.

Le lendemain, Duché lut le psaume du jour ; il sembla qu'on entendît un oracle. Le psaume du jour était le psaume 35 [3] :

« Seigneur, plaidez ma cause contre ceux qui me font injustice, combattez contre ceux qui combattent contre moi. Prenez vos armes et votre bouclier, levez-vous pour venir à mon secours.

« Tirez votre épée, fermez le passage à ceux qui me persécutent ; dites à mon âme : C'est moi qui suis ton salut. »

Une fois le Congrès rassemblé, on lui soumit les résolutions prises par les délégués du comité de Suffolk au Massachusetts ; le Congrès n'hésita point à les approuver,

---

1. Wirt, *Life of Patrick Henry*, p. 88.
2. Bancroft, *Amer. Rev.*, IV, 131.
3. Wash. Irving. *Life of Wash.*, I, 281.

quoiqu'elles déclarassent nulles et illégales des lois rendues par le Parlement.

« L'assemblée, dit la résolution du Congrès, ressent vivement les souffrances que ses concitoyens du Massachusetts éprouvent par l'effet des actes injustes, cruels et oppressifs du Parlement britannique; elle approuve la sagesse et la fermeté qui ont dirigé l'opposition à ces mauvaises mesures ministérielles; elle recommande sérieusement à ses frères de persévérer dans la conduite ferme et modérée qu'expriment les résolutions. En même temps elle espère que les efforts unis de toute l'Amérique du Nord porteront dans l'esprit de la nation britannique la conviction que la politique suivie par l'administration présente est folle, injuste et ruineuse, et qu'il est nécessaire d'en appeler à de meilleurs hommes et à de plus sages mesures [1]. »

Un peu plus tard, le Congrès, informé que le général Gage faisait fortifier l'isthme qui unit Boston à la terre ferme, écrivit au général, pour qu'il eût à suspendre ces travaux inquiétants, et passa une résolution nouvelle qui approuvait l'opposition des citoyens du Massachusetts.

« Si, dit l'assemblée, on emploie la force pour mettre à exécution les derniers actes du Parlement, en ce cas toute l'Amérique doit soutenir les citoyens du Massachusetts dans leur résistance. Quiconque acceptera une fonction, établie par l'acte du Parlement pour changer la forme du gouvernement et violer la Constitution, sera vouée à l'exécration de tous les gens de bien et regardée comme le détestable instrument de despotisme qui se prépare à détruire les droits et les libertés que l'Amérique a reçus de Dieu, de la nature et d'un contrat. »

1. Pitkin, I, 281.

A notre point de vue, cette assemblée qui, par simple mandat des citoyens, se met à gouverner le pays, nous paraît une assemblée révolutionnaire et séditieuse; mais dans un pays immense comme l'Amérique, et de plus habitué à la liberté, on n'en jugeait pas ainsi. Le Congrès se déclarait le gardien des droits et des libertés des colonies; rien de plus [1]. Chatham devait faire bientôt le pompeux éloge du Congrès, et le général Gage, loin de s'irriter de la lettre du Congrès, protestait que les troupes n'avaient donné et ne donneraient aucun sujet de plainte; il finissait en disant : « Je désire ardemment que les ennemis communs des deux pays puissent voir, à leur désappointement, que ces disputes entre la mère patrie et les colonies ont fini comme les querelles d'amoureux, en augmentant l'affection qu'elles se doivent porter mutuellement. »

Le Congrès n'entendait point agir, il n'en avait pas reçu le mandat; il ne comptait pas davantage rendre des lois, il n'avait pas le pouvoir législatif. Ce n'était pas une autorité révolutionnaire, c'était, si je puis me servir de ce mot, une assemblée consultante, une réunion de tous les avocats de l'Amérique, chargés d'exposer à l'Angleterre et à l'Europe les droits et les griefs des colonies.

Une déclaration de droits, une association de non-importation, des adresses au roi, au peuple anglais, aux colonies américaines et aux habitants de la province de Québec, voilà ce qui sortit de ce Congrès de 1774; ce

1. Curtis, I, 19.

sont des pièces remarquables. Elles font le plus grand
honneur aux lumières et au patriotisme de leurs auteurs ; en outre, elles ont pour nous cet avantage qu'elles
contiennent un cours complet de politique ; elles nous
apprennent en même temps ce que c'est que la liberté,
et comment on la défend.

La déclaration de droits soulevait deux difficultés.
Étaient-ce les droits naturels, tels que Locke les entendait, qu'on allait réclamer? Étaient-ce les droits con-
tractuels du citoyen anglais? Le premier système sentait
la révolution.

D'un autre côté, en réclamant le droit de taxation
comme conséquence du droit de représentation, recon-
naîtrait-on au Parlement anglais le droit de régler le
commerce des colonies et de la métropole?

Le reconnaître, c'était respecter les précédents, mais,
d'autre part, c'était tout abandonner au Parlement ; car,
disait justement Gadsden : « Le droit de régler le commerce, c'est un droit de législation, et qui a le droit
de faire la loi en un cas, a le droit de la faire dans tous
les autres [1]. »

Les deux questions furent résolues dans le sens anglais et pratique ; et, chose remarquable, on doit ces so-
lutions à l'influence de Samuel Adams ; non point qu'il
n'aimât mieux des mesures plus hardies, mais c'était
un politique qui connaissait les hommes, et qui savait
à quel prix et par quelles concessions on obtient l'unanimité dans les assemblées. Sur ce point nous avons

1. Bancroft, *Amer. Rev.*, IV, 133; Curtis, I, 21.

l'éloge de Samuel Adams fait de main de maître, par Galloway de Philadelphie, membre du Congrès, et royaliste si ardent qu'il se faisait volontairement l'espion du gouvernement anglais.

« Samuel Adams, écrit-il, est un homme qui, sans être remarquable par des qualités brillantes, est l'égal des plus habiles pour les intrigues populaires et le ménagement d'une faction. Il mange peu, boit peu, dort peu et pense beaucoup ; il est décidé, et infatigable dans la poursuite de l'objet qu'il veut atteindre. C'est lui qui, par sa persévérance, a organisé la faction dans le Congrès de Philadelphie, et les factions de la Nouvelle-Angleterre [1]. »

Les injures d'un ennemi valent souvent mieux que les éloges d'un ami.

Le 14 octobre, le Congrès vota à l'unanimité une déclaration de droits ; il y fait appel au droit naturel, aux principes de la Constitution anglaise et aux Chartes coloniales.

« Le bon peuple de chacune des colonies de New-Hampshire, etc., etc., justement alarmé par les procédés arbitraires du Parlement et du ministère anglais, a élu des députés pour siéger en Congrès général dans la ville de Philadelphie, afin de pourvoir à ce que la religion, les lois, les libertés des colons ne soient point détruites.

« Les députés, réunis en pleine et libre représentation des Colonies, prenant en considération les meilleurs moyens de parvenir au résultat désiré, et imitant ce que leurs ancêtres les Anglais ont fait en semblable occasion,

« Déclarent :

« Que les habitants des Colonies anglaises de l'Amérique

____
1. Bancroft, *Amer. Rev.*, IV, 131.

du Nord ont les droits suivants, droits qu'ils tiennent des lois immuables de la nature, des principes de la Constitution anglaise et de leurs différentes chartes.

« I. *Résolu N. C. D.* [1]. Ils ont droit à la vie, à la liberté, à la propriété, et n'ont cédé à aucun pouvoir étranger, quel qu'il soit, le droit d'en disposer sans leur aveu.

« II. A l'époque où ils émigrèrent de la mère patrie, nos ancêtres, qui les premiers fondèrent ces Colonies, étaient en juste possession de tous les droits, libertés et immunités qui appartiennent aux sujets nés dans le royaume d'Angleterre.

« III. En émigrant ils n'ont ni abdiqué, ni perdu aucune de ces libertés ; leurs enfants ont aujourd'hui le droit d'en jouir et d'en user autant que leur situation leur en permet la jouissance et l'exercice.

« IV. Le fondement de la liberté anglaise, et de tout libre gouvernement, est le droit qu'a le peuple d'avoir une part dans sa législation. Les Colons anglais ne sont pas représentés, et ne peuvent pas l'être dans le Parlement anglais ; ils ont droit d'exercer librement, et à l'exclusion de qui que ce soit, la puissance législative dans leurs assemblées provinciales, la seule place où leur droit de représentation peut être effectif, et cela dans toutes les questions d'impôt et de police intérieure, sauf le veto du souverain, ainsi qu'il en a été usé jusqu'à présent.

« Mais [2] vu les nécessités actuelles, et en égard à l'intérêt mutuel des deux pays, nous consentons de grand cœur aux effets produits par les actes du Parlement anglais, lorsque de bonne foi ces actes se bornent à régulariser notre commerce extérieur, afin d'assurer à la mère patrie les avantages du

---

1. *Nemine contradicente.* Ce *résolu* se trouve en tête de chaque article ; je l'ai retranché, et j'ai supprimé tout ce qui est du patois juridique, pour laisser à la pensée toute sa netteté.

2. C'était la concession faite au parti de la paix, aux idées de Dickinson ; on réservait le principe. Curtis, I, 21.

commerce de tout l'empire, et de garantir en même temps les intérêts commerciaux de tous ses membres.

« Mais nous excluons toute idée de taxe intérieure ou extérieure qui aurait pour objet de lever un revenu sur les sujets d'Amérique sans leur consentement.

« V. Les Colons ont droit à la *Common law* d'Angleterre, et particulièrement au grand et inestimable privilége d'être jugés par leurs pairs et voisins, suivant les formes de la loi.

« VI. Les Colonies ont droit aux bénéfices des statuts anglais qui existaient au temps de la colonisation, et qu'elles ont, par expérience, trouvés applicables à leur situation.

« VII. Comme Colonies de Sa Majesté, elles ont également droit à tous les priviléges et immunités qui leur ont été accordés par Chartes royales, ou assurés par les différents Codes de lois provinciales.

« VIII. Elles ont le droit de s'assembler paisiblement, d'examiner leurs griefs et d'adresser des pétitions au roi. Toutes défenses, proclamations ou poursuites contraires à ce droit sont illégales.

« IX. Il est illégal de maintenir en temps de paix une armée permanente dans les Colonies, sans le consentement de la législature coloniale, là où l'armée est établie.

« X. Il est absolument nécessaire pour un bon gouvernement, et il est essentiel, suivant la Constitution anglaise, que les branches qui constituent la législature soient mutuellement indépendantes. Donc remettre l'exercice du pouvoir législatif à un Conseil nommé par la Couronne, et révocable à volonté, c'est chose inconstitutionnelle, dangereuse, et qui détruit la liberté de la législation américaine.

« Tels sont les droits et les libertés indubitables que les députés réclament en leur nom et au nom de leurs constituants, droits et libertés qu'aucun pouvoir ne peut leur enlever, ni leur diminuer sans le consentement des représentants du pays, donné dans l'assemblée de chaque colonie [1]. »

A la suite de cette déclaration de droits, et dans le même acte, le Congrès énumérait les différentes lois rendues par George III, et dont l'Amérique avait à se plaindre. C'étaient avant tout les lois du timbre et du thé, la loi qui fermait le port de Boston et altérait la Charte du Massachusetts, la loi qui étendait le pouvoir des cours d'amirauté [2], celle qui permettait de juger en Angleterre des délits commis en Amérique, la loi des logements militaires, le bill qui constituait la province de Québec et quelques autres.

Cette loi qui organisait la province de Québec, et en remettait l'administration à un gouverneur et à un conseil nommés par la Couronne, le conseil n'ayant point le vote des impôts, cette loi qui ne reconnaissait ni assemblées représentatives, ni jury civil, ni *habeas corpus*, ni droit de réunion et de pétition, avait été dénoncée dans le Parlement par Chatham et Dunning, comme un vol des libertés anglaises fait à des citoyens anglais.

Le Congrès américain déclarait que cet acte abolissait l'équitable système des lois anglaises, et qu'en établissant une religion, des lois et un gouvernement tout différents, il fondait une *tyrannie*, au grand danger des colonies voisines, qui avaient versé leur or et leur sang pour conquérir le Canada.

A la même époque les Canadiens, si l'on en croit une

____

1. Pitkin, I. 286.
2. *Id.*, I, 287-289.

déposition faite devant le Parlement par le général Carleton, qui avait été leur gouverneur, se félicitaient de n'avoir pas l'ennui des libertés anglaises [1].

Il y a un proverbe turc qui dit : *On méprise toujours ce qu'on ne connaît pas.* Les Canadiens en ont appelé. Tout Français de cœur qu'ils sont, et quoique de race centraliste, à ce que disent de grands théoriciens, ils tiennent aujourd'hui aux libertés anglaises, et ils en usent tout autant que les Saxons.

Revenons à l'Amérique. Après cette ferme déclaration, les députés au Congrès ne voulaient pas fermer la porte à un accommodement. Suivant leurs propres paroles, ils comptaient « que leurs concitoyens d'Angleterre voudraient rétablir les colonies dans cette situation qui avait donné aux deux pays bonheur et grandeur. »

C'est pourquoi, afin de laisser à l'Angleterre le temps de la réflexion, et pour la prendre aussi par son côté sensible, l'intérêt, les députés s'engageaient eux et leurs constituants, « par les liens sacrés de la vertu, de l'honneur, et du patriotisme, » à ne rien importer des posses-

---

1. *Question.* — Les Canadiens désapprouvent-ils le jury en matière civile ?

Carleton. — Beaucoup. Ils m'ont souvent dit qu'il était extraordinaire que des *gentlemen* anglais trouvassent plus de sûreté pour leurs propriétés dans la décision de tailleurs, de cordonniers, mêlés à des gens de boutique, que dans la main de juges de profession.

Lord North. — Ont-ils exprimé le désir d'avoir une assemblée ?

Carleton. — Tout au contraire. Dans nos conversations, ils m'ont toujours répété qu'en voyant les disputes perpétuelles de la Couronne et des assemblées dans les autres colonies, ils aimaient mieux ne pas avoir d'assemblées. — Lord Mahon, VI, 18.

sions anglaises et à n'y rien exporter. Ils déclaraient en même temps, et par un article spécial, qu'ils n'importeraient point d'esclaves, et qu'ils n'achèteraient point d'esclaves importés. C'était alors un de leurs grands griefs contre l'Angleterre; ils lui reprochaient de leur avoir imposé l'esclavage, comme si dans une vue prophétique ils découvraient les misères de l'avenir.

L'acte de non-importation, cet acte qui suspendait toute vie commerciale entre les deux pays, avait une clause remarquable, et qui révèle chez les Américains une délicatesse des plus rares. Arrêter toutes relations commerciales, c'était un moyen que Washington et ses amis croyaient infaillible pour réduire l'Angleterre; mais l'Amérique était débitrice de la Grande-Bretagne : suspendre l'exportation, c'était lui faire banqueroute. Aussi, malgré l'intérêt évident des colonies, on décida que l'importation cesserait au 1er décembre 1774[1]; mais on permit l'exportation jusqu'au 10 septembre 1775; c'était donner un délai d'un an aux colons pour se liquider, et cela dans des conditions défavorables. Il y a là un exemple de probité et de bonne foi qui mérite de passer à la postérité.

En même temps on s'engagea à encourager la frugalité, l'économie, l'industrie intérieure. Des comités furent établis en chaque ville pour surveiller l'exécution de la mesure. Le châtiment, c'était l'insertion dans les gazettes du nom de ceux qui, en favorisant le luxe, se déclaraient ennemis de l'Amérique; et en ce cas on de-

---

[1]. La Caroline du Sud fit stipuler l'exportation du riz. Déjà perce l'égoïsme qui a toujours tristement distingué cet État.

vait les traiter comme des publicains, et ne plus communiquer avec eux [1].

Les adresses au roi, aux colonies, à la province de Québec, au peuple anglais, sont des monuments célèbres en Amérique, de véritables titres de liberté.

L'adresse au roi avait d'abord été rédigée par Patrick Henry; l'éloquent paresseux était un de ces hommes qui savent parler, mais qui ne savent pas écrire. Le Congrès, peu satisfait de ce projet, chargea Dickinson de faire une autre adresse, qui fut universellement adoptée. C'est l'œuvre d'un homme qui croit en la bonté de la nature humaine, et qui jusqu'au dernier moment espère le triomphe de la raison.

« Si Dieu nous avait fait naître sur une terre d'esclavage, l'ignorance et l'habitude auraient émoussé en nous le sentiment de notre condition. Mais, grâce à son adorable bonté, nous avons reçu la liberté en héritage, et nous avons toujours joui de notre droit sous les auspices de vos royaux ancêtres, dont la famille a été établie sur le trône anglais afin de sauver une pieuse et brave nation du papisme et du despotisme d'un tyran superstitieux et inexorable. Nous sommes sûrs que Votre Majesté se réjouit que son titre à la Couronne soit fondé sur le titre de son peuple à la liberté; aussi nous ne doutons pas que Votre Royale Sagesse n'approuve la sensibilité qui nous pousse à garder les bénédictions que nous avons reçues de la divine Providence, afin de maintenir le contrat qui a élevé l'illustre maison de Brunswick à la dignité impériale qu'elle possède aujourd'hui.

« La crainte d'être dégradés et de tomber du rang élevé d'hommes libres et d'Anglais dans un état de servitude, et cela

1. Pitkin, I, 289.

quand nos âmes gardent à la liberté l'amour le plus fort,
quand nous voyons clairement la misère qui se prépare pour
nous et pour notre postérité : voilà ce qui trouble nos cœurs.
Cette émotion, nous ne pouvons l'exprimer, mais nous ne voulons pas la cacher. Avec nos sentiments et nos idées, comme
hommes et comme sujets, le silence serait déloyauté. En vous
donnant un avis fidèle, nous faisons tout ce qui est en notre
pouvoir pour seconder le grand objet de vos royales inquié-
tudes, la tranquillité de votre gouvernement, le bien-être de
votre peuple.

« ... Nous ne demandons que paix, liberté, sécurité. Nous
ne désirons point une diminution de la prérogative royale,
nous ne sollicitons pas de nouveaux droits en notre faveur.
Avec autant de soin que de zèle, nous tâcherons toujours de
maintenir votre royale autorité sur nous et notre liaison avec
la Grande-Bretagne.

« ... Nous attestons Celui qui sonde les cœurs que nul autre
motif n'influence notre conduite que la crainte de la destruction qui nous menace.

« Gracieux Souverain, au nom de votre peuple d'Amérique,
permettez-nous de vous implorer : pour l'honneur du Dieu
tout-puissant, dont nos ennemis attaquent la pure religion ;
pour votre gloire, qui ne peut grandir qu'en rendant vos
sujets heureux et unis ; pour l'intérêt de votre famille, qui
dépend de son attachement aux principes qui lui ont valu un
trône ; pour le salut et le bien-être de vos royaumes, menacés
de dangers et de malheurs inévitables,

« Que Votre Majesté, père d'un peuple qui habite des pays
divers, mais que réunissent les mêmes lois, la même loyauté,
la même foi, le même sang, que Votre Majesté ne laisse pas
briser ces liens sacrés pour atteindre un résultat douteux, et
qui, s'il était obtenu, ne vaudrait jamais le prix qu'il aurait
coûté[1]. »

1. Pitkin, I, 295.

On voit que sous les formes d'humilité, habituelles aux pétitions, et qui sont de style en Angleterre, Dickinson parlait néanmoins avec autant de fermeté que d'éloquence.

L'adresse aux Américains était l'œuvre de Richard Henry Lee, de Virginie ; elle est d'un ton sévère qui convient à la gravité des circonstances.

Après le long récit de tous les actes du Parlement qui ont violé l'indépendance coloniale et qui menacent de la détruire, l'adresse explique et justifie la modération du Congrès, en faisant appel à la loyauté, c'est-à-dire à la fidélité dont les colonies ont fait preuve au milieu de leurs souffrances, à la tendre affection qu'elles portent au peuple d'où sont sortis leurs ancêtres. Elle déclare qu'en choisissant un moyen d'opposition qui laisse au peuple anglais le temps de la réflexion, elle a voulu retarder un mouvement dont la rapidité est alarmante [1], et associer le peuple tout entier à une résistance qui sera d'autant plus efficace qu'elle sera l'œuvre de la commune vertu et du commun patriotisme.

« C'est de vous que dépendent maintenant et votre salut et celui de votre postérité... En regard des souffrances momentanées que vous causera une suspension de commerce, pesez les misères sans fin que vous et vos enfants aurez à endurer une fois que le pouvoir arbitraire sera établi. N'oubliez pas l'honneur de votre pays ; c'est votre conduite qui, dans l'estime de l'univers, fera ou la honte ou la gloire de l'Amérique. Si la résistance pacifique que nous vous recommandons ne tient pas, comme le prédisent insolemment vos cruels enne-

1. Pitkin, I, 298.

mis, vous serez inévitablement réduits à choisir entre une soumission définitive, infâme, ruineuse, et un conflit plus dangereux que celui d'aujourd'hui.

« Dans cette crise malheureuse, mettez donc tout votre zèle,
toute votre énergie à soutenir les mesures pacifiques prises
pour votre salut; mais n'oubliez pas (notre devoir nous force
à le dire) que les plans formés contre les Colonies ont été
suivis de telle sorte, qu'il est prudent de prévoir des circonstances douloureuses et d'être prêt à tout événement [1]. »

Entre toutes ces adresses, la plus remarquable, celle
qui a gardé le plus de célébrité est l'adresse au peuple
de la Grande-Bretagne.

L'auteur en était John Jay, député de l'État de New-
York. C'était un jeune avocat, descendant d'une famille
française de la Rochelle, qui avait fui devant la révocation de l'Édit de Nantes : Jay devait jouer plus tard un
rôle important, comme défenseur de la Constitution fédérale avec Madison et Hamilton, et comme le principal
diplomate employé par Washington.

Cette adresse, écrite avec une clarté, une ironie toute
française, une âpreté toute saxonne, mériterait d'être
traduite en entier. En voici du moins le commencement
et la fin.

« Amis et Concitoyens,

« Quand une nation qui a été conduite à la grandeur par
la main de la liberté, et qui est en possession de toute la
gloire que peuvent donner l'héroïsme, la munificence et
l'humanité, descend à la tâche ingrate de forger des chaînes

1. Pitkin, I, 299.

pour ses amis et ses enfants ; quand, au lieu de soutenir la liberté, elle se fait l'avocat de la servitude et de l'oppression, on a raison de soupçonner que cette nation a cessé d'être vertueuse, ou qu'elle est singulièrement négligente dans le choix de ceux qui la gouvernent.

« Dans tous les siècles, au milieu de conflits sans nombre, parmi des guerres longues et sanglantes soutenues au dedans et au dehors contre les attaques de puissants ennemis, contre la trahison d'amis dangereux, les Anglais, vos grands et glorieux ancêtres, ont maintenu leur indépendance. Ils vous ont transmis, à vous, leur postérité, les droits de l'homme et les bienfaits de la liberté.

« Nous sommes fils des mêmes aïeux ; nos pères ont eu leur part de ces droits, de ces libertés, de cette Constitution dont vous êtes si justement fiers ; ils nous ont soigneusement transmis ce noble héritage, garanti par la foi du serment, par des contrats solennels avec la royauté ; ne vous étonnez donc pas si nous refusons de rendre notre part d'héritage à des hommes qui ne fondent leurs prétentions sur aucun titre raisonnable, et qui ne les poursuivent que dans un seul dessein. Ils veulent avoir en leur puissance notre vie, notre propriété, pour pouvoir plus facilement vous asservir.

« ... Sachez donc que nous nous regardons comme devant être aussi libres que nos concitoyens de la Grande-Bretagne ; nous le sommes, et nous avons droit de l'être. Nul pouvoir sur la terre n'a le droit de nous prendre notre propriété[1] sans notre consentement.

« ... Les propriétaires de terres dans la Grande-Bretagne ne sont-ils pas maîtres et seigneurs de leur propriété ? Peut-on la leur prendre sans leur aveu ? L'abandonneront-ils à la disposition arbitraire d'un homme quel qu'il soit, ou d'aucun nombre d'hommes ? Vous savez qu'ils ne le feront pas.

---

1. *Property*, dans la langue constitutionnelle de l'Angleterre, a un sens plus étendu que notre mot propriété. Il désigne tout ce qui appartient à l'homme, sa vie, ses droits, ses biens.

« Pourquoi donc les citoyens d'Amérique seraient-ils moins maîtres de leurs biens que vous ne l'êtes des vôtres? Pourquoi se mettraient-ils à la disposition de votre Parlement ou de toute autre Assemblée qu'ils n'auront pas élue? La mer qui nous sépare met-elle une différence dans le droit? Y a-t-il quelque raison qui prouve qu'un Anglais qui vit à mille lieues du palais de ses rois doit jouir de moins de liberté que celui qui n'en est éloigné que de cent lieues?

« La raison rejette ces distinctions misérables; des hommes libres n'en sauraient voir la raison. Et cependant, si chimériques, si injustes que soient ces distinctions, le Parlement affirme qu'il a le droit de nous lier, dans tous les cas, sans exception, avec ou sans notre aveu. Il peut nous prendre nos biens, en user quand et comme il lui plait; tout ce que nous possédons, nous le tenons de sa générosité et à titre précaire; nous ne pouvons le garder qu'aussi longtemps qu'on veut bien le permettre.

« Ces déclarations, nous les regardons comme des hérésies politiques en Angleterre; elles ne peuvent pas plus nous dépouiller de notre propriété que les interdits du pape ne peuvent arracher aux rois le droit qu'ils tiennent des lois du pays et de la volonté du peuple [1]. »

L'Adresse énumère ensuite les longs griefs de l'Amérique depuis dix ans, et termine par des pages d'une véritable éloquence, éloquence des choses plus que des mots.

« Voici les faits; considérez maintenant où l'on vous mène.

« Supposez qu'à l'aide de la puissance de la Grande-Bretagne et du concours des catholiques du Canada, le ministère finisse par emporter ce point de l'impôt, qu'il nous réduise à une humiliation, à une servitude complète; il n'est pas douteux

1. *Life of John Jay.* Appendice, I, 166.

qu'une telle entreprise n'ajoutera quelque chose à cette dette
nationale qui déjà pèse sur vos libertés, et vous inonde de
pensionnaires et de fonctionnaires. Il est probable aussi que
votre commerce en sera quelque peu diminué.

« Il n'importe, vous serez victorieux. Quelle sera alors
votre situation? Quels avantages, quels lauriers recueillerez-
vous d'une telle conquête? Un ministère ne pourra-t-il pas se
servir des mêmes armées pour vous asservir? — Nous cesse-
rons de payer ces troupes, direz-vous; mais rappelez-vous que
les taxes d'Amérique, les richesses de ce vaste continent, les
hommes même, et particulièrement les catholiques du Canada,
seront dans la main de vos ennemis. Vous n'espérez pas qu'a-
près avoir fait de nous des esclaves, il se trouvera chez nous
beaucoup de gens qui refuseront de contribuer à vous réduire
au même état d'abjection.

« Ne traitez pas ceci de chimère. Sachez qu'avant un demi-
siècle, les droits de cens réservés à la Couronne sur les innom-
brables concessions de terre de ce vaste continent verseront
à flots la richesse dans le coffre royal. Ajoutez à cela le pouvoir de taxer l'Amérique à discrétion; la Couronne ne dépen-
dra plus de vous par les subsides, elle possédera plus d'argent
qu'il n'en faut pour acheter ce qui reste de liberté dans votre
île. En un mot, prenez garde de tomber dans le piége qu'on
dresse pour nous.

« Nous croyons que chez le peuple anglais il y a encore
beaucoup de justice, beaucoup de vertu, beaucoup d'esprit
public. C'est à cette justice que nous en appelons. On vous
répète que nous sommes des séditieux, impatients de gouvernement, avides d'indépendance. Ce sont des calomnies. Permettez-nous d'être aussi libres que vous l'êtes, nous regarde-
rons toujours notre union avec vous comme notre plus grande
gloire et notre plus grand bonheur; nous serons toujours prêts
à contribuer de toutes nos forces à la prospérité de l'Empire. Vos ennemis seront les nôtres, votre intérêt sera notre
intérêt.

« Mais si vous souffrez que vos ministres se jouent follement des droits du genre humain ; si, ni la voix de la justice, ni les préceptes de la loi, ni les principes de la Constitution, ni les conseils de l'humanité ne vous empêchent de verser le sang pour cette cause impie, sachez bien que nous ne nous soumettrons jamais à devenir les coupeurs de bois et les porteurs d'eau [1] d'aucun ministre ni d'aucun peuple au monde.

« Replacez-vous dans la situation où nous étions après la dernière guerre (1763), et l'ancienne harmonie sera rétablie [2]. »

Telles étaient ces adresses, dont Chatham devait faire bientôt un magnifique éloge en plein Parlement [3]. Peut-être aurez-vous quelque peine à vous associer à cette admiration. Ce n'est pas là le ton auquel on nous a habitués : cette discussion calme et ferme, cet appel à la raison et au droit ne ressemblent guère à l'éloquence troublée que nous prenons pour la véritable éloquence. Nul appel aux passions, nulles personnalités, rien de ces invectives qui font souvent tout le talent de l'orateur. Ici, c'est le *vir probus dicendi peritus*, qui expose en bons termes, sans menaces et sans injure, ce qu'il veut et jusqu'où il ira. Ce ne sont pas des hommes qu'il attaque, ce n'est pas une position qu'il veut emporter, un ministère qu'il veut détruire, ce sont ses droits qu'il réclame, sa liberté qu'il défend.

Là est la profonde différence de la Révolution américaine et de la Révolution française. En toutes deux il y

1. Expressions bibliques souvent employées par les Anglais pour désigner des gens asservis.
2. *Life of John Jay*, I, 471.
3. Voyez la leçon suivante.

a de grands principes engagés (et de plus grands peut-être dans la Révolution française, quand on songe à ce qu'on avait devant soi) ; mais en Amérique il n'y a que des principes engagés, les hommes ne les offusquent jamais ; il n'y a point d'ambitions privées qui fomentent la discorde pour s'élever au milieu du trouble, et grandir par le malheur du pays.

En France, au contraire et de bonne heure, les hommes passent avant les principes ; dès la Constituante il y a des partis qui songent moins à la liberté qu'au pouvoir. Qu'est-ce que la Convention ? Quelle différence d'idées justifie la guerre à mort des Girondins et des Jacobins ? Est-ce pour fonder la liberté, ou pour écraser un parti qu'on accumule les confiscations, les proscriptions, les fusillades, l'échafaud ? Qu'est-ce que le 18 fructidor, et les déportations qui le suivent ? Qu'est-ce que tous ces coups d'État dont notre histoire est pleine ? Qu'y a gagné la liberté ? Qu'y a gagné la France ?

Aujourd'hui même le grand obstacle à la liberté, n'est-ce pas que chacun ne la voit que pour soi et pour ses amis ? Ne demande-t-on pas six mois de dictature pour la fonder ; comme si rien pouvait le supporter qu'elle-même ? On la veut blanche, bleue, rouge, parce qu'on est ou rouge, ou blanc, ou bleu. Messieurs, notre drapeau est de trois couleurs, comme pour nous apprendre que ce n'est pas trop de tous les partis pour défendre au dehors l'unité nationale et l'honneur du pays. En est-il autrement à l'intérieur ? Ne sentirons-nous pas qu'il faut en finir avec les vieux partis, les souvenirs odieux, les haines séculaires, et que ce n'est pas trop et de toutes les mains, et de tous les cœurs pour servir, non pas une idole sanglante, mais cette amie du foyer et de la commune, cette gardienne de l'âme et de la conscience qu'on nomme la Liberté !

TREIZIÈME LEÇON

Le 26 octobre 1774, le Congrès de Philadelphie se sépara, en invitant les Américains à nommer un autre Congrès qui se réunirait au même endroit le 10 mai de l'année suivante.

Tandis qu'il siégeait encore, la lutte continuait dans le Massachusetts; le peuple et le gouvernement se séparaient chaque jour davantage. Le gouverneur avait convoqué une nouvelle assemblée qui devait se réunir à Salem, au commencement d'octobre. Mais comme les conseillers qu'il avait nommés donnaient leur démission, et que le conseil n'était plus en nombre pour l'expédition des affaires, il changea d'avis, et fit une proclamation pour ajourner la réunion.

Cette proclamation fut dédaignée par les patriotes. Ils se réunirent à Salem, et de là se retirèrent à Concord, ville de l'intérieur qui était moins sous la main du gouverneur. Là ils se déclarèrent *Congrès provincial*, et commencèrent à administrer la colonie comme s'ils avaient été légalement convoqués. Ils déléguèrent leurs pouvoirs à une commission qu'ils appelèrent *Comité de salut public*, exemple suivi bientôt par les autres colonies, et qui nous a donné les comités de salut pu-

blic en France, assemblées qui malheureusement n'ont
eu de commun que le nom avec les comités américains.

Mais, avant tout, les patriotes du Massachusetts préparèrent les moyens de résistance; ils réunirent des
provisions pour douze mille hommes de milice, et mirent à leur tête quelques citoyens qui s'étaient distingués dans la guerre du Canada; ils enrôlèrent un grand
nombre de miliciens *dévoués*, qui prirent le nom de
minute-men, parce qu'ils s'engageaient à prendre les
armes à la minute [1].

Une proclamation royale fut lancée d'Angleterre pour
empêcher les exportations d'armes et de munitions aux
colonies. L'annonce de cette proclamation ne fit qu'enflammer davantage les esprits. En Rhode-Island le
peuple saisit un train d'artillerie qui appartenait à la
Couronne; dans le New-Hampshire le peuple surprit
le petit fort de William et Mary, qui n'avait que cinq
hommes de garnison. C'était la révolution qui s'essayait.

Tandis que chaque navire arrivant d'Amérique apportait en Angleterre des nouvelles toujours plus sombres pour les amis de la paix, le peuple anglais était
tout occupé d'élections générales; et ces élections, il
faut le dire, se faisaient dans un esprit fort ennemi de
l'Amérique. Le sentiment général en Angleterre, c'est
qu'on avait été provoqué et bravé par le Massachusetts;
l'honneur national était engagé, il fallait à tout prix
écraser la rébellion. Bristol, qui nomma Burke, fut
presque la seule ville qui changea son représentant, au

---

1. Lord Mahon, VI, 18.

bénéfice de l'Amérique. Cette irritation et d'autres raisons plus grossières, mais non pas moins fortes[1], assu-
rèrent à lord North et à sa politique une triomphante
majorité.

Le nouveau Parlement se réunit le 29 novembre 1774.
Dans la Chambre des lords, ce fut lord Hillsborough qui,
en réponse aux menaces contenues dans le discours du
trône, proposa l'adresse pour y exprimer toute l'horreur que les lords ressentaient pour les principes séditieux du Massachusetts. Il ne craignit pas de dire (c'était
une allusion à Franklin et à Quincy) qu'il y avait en ce
moment des gens qui se promenaient dans les rues de
Londres, et qui devraient être à Newgate ou à Tyburn.
Après une assez vive discussion l'adresse fut votée par
une majorité considérable. Il y eut 13 voix d'opposition; Rockingham, Shelburne, Cambden, Stanhope et
cinq autres pairs protestèrent par écrit « contre une
témérité inconsidérée qui pouvait précipiter le pays dans
une guerre civile. » Je ne doute pas que, dans les journaux du temps, on n'en fît des séditieux. A la même
époque, Garnier, agent français, écrivait à M. de Vergennes : « Le discours du roi achèvera d'aliéner les
colonies. Chaque jour rend la conciliation plus difficile,
chaque jour la rendra plus nécessaire[2]. » C'était voir
les choses en homme d'État.

Dans la Chambre des communes, malgré l'éloquence

1. Si l'Amérique, disait Franklin, voulait économiser durant trois
ou quatre ans l'argent qu'elle emploie en modes, en luxe, en nouveautés
venues d'Angleterre, elle pourrait acheter le Parlement, le ministère
et le reste. Bancroft, *Amer. Rev.*, IV, 175.

2. Bancroft, *Amer. Rev.*, IV, 178.

de Fox et de Burke, l'opposition ne réunit que 73 voix ; elle n'avait pour elle ni le nombre ni l'opinion.

L'adresse votée, les affaires importantes furent, suivant l'usage, ajournées après les fêtes de Noël.

Lorsque les papiers américains furent soumis aux Chambres, Chatham sortit de sa retraite et de son silence. Son patriotisme, sa haine de la France, son amour de la liberté lui faisaient voir bien au delà de misérables querelles de vanité ; il voulait la paix et l'union avec l'Amérique ; et il voulait la paix, de la seule façon vraiment possible et féconde, en effaçant le passé, en agissant franchement, loyalement, en ne craignant pas que l'Angleterre avouât ses torts. Ce n'est pas que lord Chatham fût aveugle sur ce qui s'était passé au Massachusetts ; il y avait là des germes de révolution qui lui paraissaient coupables ; mais quand onze provinces se joignaient au Massachusetts, il voyait là un . avertissement qu'il ne fallait point laisser perdre. L'heure de la raison avait sonné : on ne met pas en accusation un peuple entier.

Le 20 janvier 1775, Chatham parut à la Chambre des lords. Sans rien préciser, il avait annoncé seulement qu'il parlerait sur les affaires d'Amérique. Le banc était encombré d'Américains ; au premier rang était Franklin, placé là par Chatham, qui aimait à voir auprès de lui l'homme qui connaissait le mieux l'Amérique.

Chatham demanda qu'on fît une adresse au roi pour prier Sa Majesté de rappeler le plus tôt possible les troupes de Boston, afin d'ouvrir la voie à l'apaisement des animosités en Amérique.

« Mylords, dit-il, ces papiers qu'on vous soumet aujourd'hui pour la première fois sont, à ma connaissance, depuis cinq ou six semaines dans la poche du ministre. Et quoique les destinées du royaume dépendent de cette grande question, c'est aujourd'hui seulement qu'on nous appelle à l'examiner.

« Mylords, je n'ai nul désir de regarder ces papiers. Je sais déjà ce qu'ils contiennent. Il n'y a pas un membre de la Chambre qui n'en soit instruit. Entrons donc de suite en matière, abordons la question. Saisissons le premier moment pour ouvrir la porte de la réconciliation [1].

« ... Bientôt il sera trop tard. Une heure perdue peut produire des années de malheur. Rappeler les troupes de Boston, c'est le premier moyen de rétablir la paix et de fonder votre prospérité.

« ... L'esprit d'indépendance qui anime les peuples d'Amérique n'est pas chose nouvelle; leur foi n'a jamais changé. A l'époque de l'acte du timbre, une personne respectable et sûre m'affirmait que les Américains étaient décidés à tout. Vous pouviez détruire leurs villes, leur enlever les superfluités et peut-être les commodités de la vie; mais ils étaient prêts à mépriser votre pouvoir, et ne regretteraient rien tant qu'ils auraient — quoi, mylords? — leurs biens et leur liberté.

« Si des violences ont été commises en Amérique, préparez la voie pour qu'on les reconnaisse et qu'on vous donne satisfaction : mais pour la faute de cinquante individus, n'opprimez pas trois millions d'hommes. Cette sévérité, cette injustice feront naître dans vos colonies une inguérissable rancune. — Vous marcherez de ville en ville, de province en province? — Comment assurerez-vous l'obéissance du peuple que vous laisserez derrière vous, dans votre marche pour saisir six cents lieues de continent?

« Il était facile de prévoir qu'on résisterait à vos taxes arbitraires; il suffisait de connaître la nature des choses, le cœur humain, et surtout cet esprit whig qui fleurit en Amérique.

1. Pitkin, I, 307.

Cet esprit de résistance qui, en Amérique, rejette vos taxes, c'est celui qui autrefois en Angleterre repoussait les emprunts, les dons gracieux, le *ship money;* c'est ce même esprit qui, dans le bill des droits, vengea la Constitution anglaise; c'est ce même esprit qui a établi cette maxime essentielle de nos libertés, que *nul Anglais ne peut être taxé que de son consentement.*

« Ce glorieux esprit de liberté anime trois millions d'hommes en Amérique; j'espère qu'en Angleterre il y en a le double qui y applaudissent. L'Irlande s'y associe comme un seul homme. Établissez donc à jamais ce principe : *L'impôt leur appartient, la loi du commerce est à nous.*

« Les Américains disent que vous n'avez pas le droit de les taxer sans leur aveu; ils ont raison. Je leur reconnais ce droit suprême sur leur propriété, ce droit inaliénable qu'ils peuvent justement défendre jusqu'à la dernière extrémité. Maintenez ce principe, c'est la cause commune des whigs des deux côtés de l'Océan, c'est la liberté unie à la liberté; c'est l'alliance de Dieu et de la nature, alliance immuable, éternelle.

« A cette force unie, quelle force opposerez-vous? Quelques régiments en Amérique, dix-huit mille hommes ici! L'idée est trop ridicule pour y insister. Si vous ne révoquez pas ces mesures fatales, l'heure du danger arrivera avec toutes ses horreurs. Et alors, malgré toute leur assurance, ces ministres vaniteux seront forcés d'abandonner des principes qu'ils avouent, mais qu'ils ne peuvent pas défendre, des mesures qu'ils peuvent bien essayer de prendre, mais qui, ils le savent bien, ne réussiront pas.

« Pour ramener l'Amérique dans notre sein, il ne suffit pas de déchirer un morceau de parchemin; apaisez ses craintes et ses ressentiments, et alors espérez en sa reconnaissance et en son amour. Tant qu'une force armée postée à Boston irrite et insulte les Américains, toute concession, si vous pouviez l'arracher, serait incertaine; mais n'est-il pas évident qu'unis comme ils sont, vous ne pouvez pas les forcer à une honteuse soumission ?

« Que Vos Seigneuries lisent ces papiers américains, qu'elles en considèrent la convenance, la fermeté, la sagesse, elles ne pourront que respecter une pareille cause, et désirer se l'approprier. Pour moi, je l'avoue, dans toutes mes lectures (et j'ai lu Thucydide, et j'ai étudié et admiré les États qui ont été les maîtres du monde) je n'ai rien vu qui l'emportât pour la solidité de la raison, la force de la sagacité, la sagesse de la conclusion. Au milieu de circonstances si difficiles et si compliquées, je ne connais pas une nation, une assemblée que je mette au-dessus du Congrès de Philadelphie.

« Les histoires de Grèce et de Rome ne nous donnent rien d'aussi grand. Imposer la servitude à de pareils hommes, établir le despotisme sur ce puissant continent, c'est un effort insensé et qui sera fatal. Nous finirons par être forcés de nous rétracter ; rétractons-nous donc quand nous le pouvons faire librement ; n'attendons pas la nécessité. Vous serez obligés de révoquer ces actes violents ; vous les révoquerez, je vous l'affirme au prix de ma réputation ; vous les révoquerez. Évitez donc cette nécessité humiliante : avec la dignité qui convient à votre grande position, faites les premiers pas pour obtenir la paix, la concorde, la prospérité ; là est la vraie dignité. Ces concessions ont meilleure grâce quand elles viennent d'un pouvoir supérieur ; elles établissent une confiance solide sur le fondement de l'affection et de la reconnaissance. Soyez humains les premiers, jetez les armes que vous avez à la main.

« Justice, politique, dignité, prudence, tout vous crie d'apaiser l'Amérique en retirant vos troupes de Boston, en révoquant vos lois, en témoignant aux colonies des dispositions amicales. A persévérer dans vos mesures ruineuses, tous les dangers, tous les hasards vous menacent ; la guerre étrangère est suspendue sur vos têtes par un fil ; la France et l'Espagne surveillent votre conduite ; elles n'attendent que la maturité de vos erreurs.

« Si les ministres persévèrent à mal conseiller le roi et à
l'égarer, je ne dirai pas que le roi est trahi, mais j'affirme
que le royaume est perdu. Je ne dis pas que les ministres dé-
truiront l'affection que les sujets portent à la Couronne, mais
j'affirme que, quand ce diamant de l'Amérique n'y sera plus,
la Couronne ne vaudra pas la peine de la porter[1]. »

Chatham fut soutenu par lord Cambden, l'ancien lord
chancelier, l'homme de la justice et du droit.

« Mylords, dit-il, ce n'est pas comme politique, homme
d'État ou philosophe que je vous parle, c'est comme simple
légiste. Vous n'avez pas le droit de taxer l'Amérique ; les
droits naturels de l'homme, les lois immuables de la nature
sont avec ce peuple. Rois, lords, communes sont de beaux
noms et qui sonnent bien, mais les rois, les lords et les communes peuvent devenir tyrans tout comme d'autres. Il est
aussi *légal* de résister à la tyrannie de plusieurs qu'à la tyrannie d'un seul. On demanda un jour au grand Selden dans quel
livre se trouvait le droit de résistance à la tyrannie. « Ce fut
« toujours la coutume d'Angleterre, répondit Selden, et la
« coutume d'Angleterre est la loi du pays. »

Dans ces simples et fortes paroles de Cambden, il y
avait plus de raison que dans tous les in-folio des juris-
consultes, et plus de sagesse que dans tous les discours
ministériels.

Avoir raison contre Chatham et Cambden était chose
difficile ; mais leur répondre était aisé ; il y a des sophismes parlementaires toujours prêts pour toutes les
questions, et quand une assemblée est ignorante, passionnée ou corrompue, ces sophismes réussissent d'au-

1. Bancroft, *Amer. Rev.*, IV, 200.

tant mieux que les grandes et nobles réponses ne vont à l'adresse que des grands et nobles esprits.

Aussi vit-on défiler toute la bande ordinaire des sophismes politiques : l'appel à la force et à l'intérêt, le dédain, la colère, l'accusation de complicité.

« Mylords, dit lord Gower, avec hauteur, laissez les Américains parler de leurs droits naturels ou divins. Leurs droits comme homme et comme citoyen ! leurs droits qu'ils tiennent de Dieu et de la nature ! Mon avis est d'employer la force. » Lyttleton reprocha à Chatham de répandre le feu de la sédition, et accusa les Américains de vouloir s'affranchir de l'acte de navigation. Rocheford déclara que Chatham n'était pas moins responsable que les Américains, et responsable en sa personne de tout ce qui suivrait[1].

Toutes ces criailleries ne pouvaient émouvoir l'homme d'État ; mais son éloquence n'eut pas plus d'effet que le sifflement du vent ; la motion fut rejetée par 68 voix contre 18. Parmi ces 18 voix se trouvait celle du duc de Cumberland, frère du roi. Il était tout à l'Amérique. On raconte qu'un jour, dans le pourtour de la chambre, il s'approcha du docteur Price, qui venait de publier un pamphlet des plus vifs en faveur de l'Amérique. « Je l'ai lu hier soir, dit-il, et si tard que votre livre m'a presque aveuglé. — Vraiment ! dit Dunning, l'ami de Burke ; cela m'étonne, il a fait l'effet contraire sur la plus grande partie de la nation, il lui a ouvert les yeux[2]. »

Le roi, qui entraînait lord North dans cette voie sans

<hr>

1. Bancroft, *Amer. Rev.*, IV, 203.
2. Lord Mahon, VI, 21.

retour, s'applaudit de cette belle majorité ; suivant lui, rien n'était mieux calculé pour amener les Américains à se soumettre[1]. Erreur commune des politiques à courte vue ; réduire un peuple au désespoir, c'est le moyen sûr de le précipiter dans la guerre civile, *Spoliatis arma supersunt.* C'est ce que sentait Chatham. Sans s'inquiéter de son échec, il suivit sa pensée et tenta un nouvel effort pour empêcher la guerre civile. « Que la volonté de Dieu soit faite, disait-il, et que l'ancien et le nouveau monde nous jugent. »

Ce fut à Franklin qu'il s'adressa ; ce fut à lui qu'il soumit son projet de réconciliation : « Je veux régler mon jugement sur le vôtre, disait-il, comme on règle une montre sur un *régulateur*[2]. »

S'adresser à l'homme capable, à celui qui possède la question, c'est le cachet des grands politiques ; ils cherchent des maîtres, eux qui n'en ont pas besoin ; les autres cherchent des flatteurs et des valets. Ce sont des aveugles à qui il faut des aveugles pour les conduire.

Le 1er février 1775, Chatham présenta son projet de *vraie réconciliation et d'accord national.* C'étaient les propositions du Congrès de Philadelphie que Chatham acceptait en substance. Le Parlement révoquait les statuts dont l'Amérique se plaignait, et renonçait au droit de taxation ; de son côté, l'Amérique devait reconnaître à l'Angleterre le droit de régler le commerce de tout l'empire. En outre, et par un don volontaire, les assemblées devaient fournir aux dépenses du gouvernement.

1. Bancroft, *Amer. Rev.*, IV, 203.
2. Lord Mahon, VI, 26.

Enfin et comme marque de confiance, c'était le Congrès qui allait se réunir à Philadelphie au 10 mai 1775 que Chatham chargeait : 1° de reconnaître la suprême autorité législative du Parlement ; 2° de faire un *don volontaire* au roi, en fixant un certain revenu perpétuel pour alléger la dette ; « non pas comme condition imposée pour obtenir justice, mais comme un juste témoignage d'affection. » Ainsi l'Angleterre ouvrait la voie par une déclaration de principe, et l'Amérique venait au-devant de la métropole par la déclaration du Congrès et par une concession d'argent [1].

L'accord était honorable ; Franklin était convaincu que Chatham voulait satisfaire les Américains ; Jefferson, en lisant le bill, espérait qu'il amènerait la réconciliation ; Samuel Adams, toujours méfiant, s'inquiétait pour l'avenir de cette reconnaissance conditionnelle de l'autorité suprême du Parlement. « Prenons garde, disait-il, qu'au lieu d'avoir une épine dans le pied, nous n'ayons un poignard dans le cœur [2]. »

Quand Chatham eut fini sa lecture, le bon lord Darmouth parla de la grandeur de la question, et demanda que le bill fût *mis sur table*, c'est-à-dire qu'on l'examinât. Chatham répondit aussitôt qu'il ne demandait rien de plus. Lord Sandwich, un des membres ardents du cabinet, prit alors la parole pour blâmer la faiblesse de son collègue. « Cette mesure qu'on nous propose, dit-il, ne mérite que le mépris ; il faut la rejeter immédiatement. Jamais je ne croirai que ce soit là l'œuvre d'un

---

1. Lord Mahon, VI, 27.
2. Bancroft, *Amer. Rev.*, IV, 220.

pair d'Angleterre. » — Et se tournant vers Franklin qui était appuyé à la barre : « Je suppose, continua-t-il, que c'est là une œuvre américaine; et j'imagine que j'ai devant moi la personne qui l'a esquissée, un des ennemis les plus âpres et les plus dangereux que ce pays ait jamais eus. »

Tous les yeux se tournèrent vers Franklin, Chatham répondit : « Ce plan est entièrement mon œuvre; mais si j'étais premier ministre, et si j'avais la charge de terminer cette importante affaire, je ne rougirais pas d'appeler publiquement à mon aide un homme aussi parfaitement instruit des choses américaines, un homme que toute l'Europe place auprès de nos Boyle et de nos Newton, comme faisant honneur non-seulement à la nation anglaise, mais à l'humanité[1]. »

Lord Darmouth, effrayé de la vivacité de son collègue et surtout des compliments de l'opposition, qui l'avait félicité de sa suprême honnêteté, fut pris de sa faiblesse ordinaire; il déclara qu'il ne pouvait accepter de tels éloges et qu'il avait changé d'avis. Le ministère demanda le rejet immédiat de la proposition.

Contre tant de violence et de faiblesse, Chatham éclata.

« Rejetez ce bill, dit-il, il n'en fera pas moins son chemin dans le public, dans la nation, dans les plus lointaines solitudes de l'Amérique. Quels que soient ses défauts, il montrera du moins quel zèle j'ai mis à détourner les orages qui menacent de fondre sur mon pays. Je ne m'étonne pas que des

1. Bancroft, Amer. Rev., IV, 221.

hommes qui haïssent la liberté détestent ceux qui l'aiment ; je ne m'étonne pas que des gens sans vertu détestent ceux qui en ont. Toute votre politique n'a été qu'une suite continuelle de faiblesse et de témérité, de despotisme et de servilité, d'incapacité et de corruption. Je vous reconnais cependant un mérite : c'est une jalouse attention pour votre intérêt personnel. A ce point de vue, qui peut s'étonner de votre résistance à toute mesure qui peut vous faire perdre votre place et vous réduire à l'insignifiance pour laquelle Dieu et la nature vous ont faits [1] ? »

Tout ce qu'obtint l'éloquence de Chatham fut de grossir la minorité en faveur de la conciliation. Il eut 32 voix, le ministre en eut 61.

Toutefois l'opinion s'était émue; lord North, pour la ramener, proposa des mesures violentes et faites pour terrifier les Américains. On déclarait le Massachusetts en état de révolte, on gênait les pêcheries américaines pour prendre la Nouvelle-Angleterre par la famine, et répondre ainsi aux actes de non-importation par une loi de talion; on parlait de déchaîner les sauvages en arrière des colonies, et même de susciter une insurrection servile. Au fond, tout cela cachait une certaine peur de la guerre; lord North, tout en secouant les foudres de la Grande-Bretagne, faisait sonder Franklin par l'amiral lord Howe, qui devait avoir bientôt le suprême commandement en Amérique; le ministre cherchait des moyens d'accommodement [2]. Il était trop tard. Au fond, lord North n'était ni cruel, ni vindi-

---

1. Bancroft, *Amer. Rev.*, IV, 221.
2. Lord Mahon, VI, 32.

catif, il commençait à s'effrayer de la responsabilité qu'entraînait sa faiblesse pour le roi et pour quelques-uns de ses collègues. C'était la guerre qui allait éclater, et la guerre civile ; on s'imaginait qu'on viendrait aisément à bout des Américains, mais enfin c'était une crise déplorable, et qui ne pouvait réjouir que les ennemis de l'Angleterre.

Lord North présenta aux Communes une résolution qui fut adoptée le 27 février[1] et qui décidait que, lorsqu'une colonie[2] proposerait d'établir un fonds, une provision pour subvenir à la défense commune (provision dont le chiffre répondrait à la situation de la colonie, et qui serait levée sans l'autorité de l'assemblée, et mise à disposition du Parlement), quand en outre cette colonie ferait une provision suffisante pour le soutien du gouvernement civil et l'administration de la justice, alors, et si cette proposition était approuvée par Sa Majesté et les deux Chambres du Parlement, le gouvernement anglais s'abstiendrait de lever aucun impôt sur la colonie, sauf les droits imposés pour le règlement du commerce, droits qui, du reste, profitaient à la colonie.

Cette proposition, qu'on nomma la *branche d'olivier* de lord North, était à double face ; c'était une concession de fait aux colonies, une réserve de droit au Parlement. Et la concession de fait était plus apparente que réelle ; c'était pour chaque colonie le droit de se taxer au gré du Parlement.

Lord North prétendit qu'il ne cédait rien, il avait

1. Burke, *Works*, I, 451.
2. C'est-à-dire l'assemblée d'accord avec le conseil et le gouverneur.

raison. « Si les Américains, dit-il, n'ont d'autre prétention que de se taxer eux-mêmes, ils accepteront notre
proposition ; s'ils ont d'autres intentions et des intentions criminelles, leur refus mettra au jour leur dupli-
cité. »

Il ajouta, c'était là le secret de sa politique, qu'il ne
s'attendait pas à ce que cette proposition fût partout
acceptée, mais que c'était un moyen de diviser la rébellion. Qu'une seule province acceptât, cette confédération, qui donnait seule quelque force à l'Amérique, était
à l'instant brisée. Cette belle raison fit voter la loi. Les
petits esprits ne comprennent que les petits moyens,
et leurs basses intrigues les perdent tôt ou tard. La
politique de lord North, c'était la ruse qui ne trompe
personne ; celle de Chatham, c'était la franchise et la
noblesse. L'une était un expédient, l'autre était une
solution.

En même temps, pour ramener l'opinion ébranlée,
le ministère demanda un pamphlet à Samuel Johnson. C'est une des figures les plus originales du dix-
huitième siècle. Misérable dans son enfance, réduit par
pauvreté à écrire *Rasselas* afin d'avoir un peu d'argent
pour enterrer sa mère, c'est dans sa vieillesse seulement que Johnson avait trouvé non pas l'aisance, mais
un abri. Cet abri, il le partageait avec les pauvres qu'il
aimait ; il avait dans sa maison un vrai nid de boiteux,
d'aveugles, d'incurables. On le recherchait pour sa conversation et son originalité ; il était tory fanatique, partisan du passé, champion du roi, de l'Église et de
l'aristocratie, et de plus éloquent, solennel, paradoxal.

Son dictionnaire lui avait donné une grande célébrité, ses définitions avaient manqué de lui valoir plus d'un procès; entre autres définitions, on a retenu celle du mot *Pension* : *Solde donnée à un bravo politique pour trahir son pays.*

A l'âge de soixante-six ans, il accepta cette position d'écrivain et de bravo ministériel; et il publia un pamphlet intitulé : *Taxation no Tyranny*, qui charma tous les ennemis de l'Amérique, car il était violent, insolent; et, en pareil cas, la foule prend la brutalité pour du talent.

Johnson avait pris ce ton de cynisme qui est odieux quand on est le plus fort.

« Les gens de Boston, disait-il, nous menacent de quitter leur ville opulente et de s'exiler dans les déserts? — Tant mieux, ces héros laisseront la place à des hommes plus sages qu'eux. — Ils se plaignent qu'on veut les transporter au delà des mers pour les juger. — Qu'ils se tiennent tranquilles. — On les a condamnés sans les entendre? — A quoi bon des procédures? Ce qu'on a vu suffit. »

« Si l'obstination continue sans hostilité, ajoutait-il, on pourra peut-être la mollifier, en installant des soldats chez les habitants, en leur interdisant, bien entendu, les sévices et les injures. On pourrait aussi mettre les esclaves en liberté; c'est là un acte que ces amants de la liberté ne peuvent qu'approuver. Donnez aux nègres des fusils pour leur défense, des ustensiles pour leur ménage et une forme de gouvernement des plus simples, ils seront plus reconnaissants et plus honnêtes que leurs maîtres. »

Il y avait enfin cette phrase significative : « Les colons, disent-ils, n'ont point été taxés dans les premiers temps ; qu'est-ce que cela prouve ? Nous ne mettons pas le veau à la charrue ; nous attendons qu'il soit bœuf. » — Cette phrase fut retranchée ; « les ministres n'en ont pas voulu, disait Johnson ; comme critiques ils l'ont trouvée trop facétieuse, comme politiques ils l'ont trouvée un peu vive. »

Les ministres n'étaient cependant pas difficiles, car ils laissaient passer les menaces suivantes :

« Les Américains se vantent de multiplier avec la fécondité de leurs serpents à sonnettes ; raison de plus pour que ceux qui se sentent les maîtres réduisent l'obstination avant qu'elle soit envieillie. Quand l'Amérique sera plus peuplée que l'Europe, dans un siècle et quart, il sera temps pour les princes de la terre de trembler dans leurs palais [1]. »

On peut juger de l'aménité du docteur par un détail que nous a conservé son biographe Boswell.

« Je peux, disait-il, aimer tous les hommes excepté les Américains. Et à ces mots, il s'écriait : « Drôles, voleurs, pira- « tes, je voudrais vous brûler tous. » Miss Seward, le regardant avec étonnement, lui dit avec autant de douceur que de fermeté : « Ceci, monsieur, est une preuve que nous ne pardon- « nons pas *nos* offenses à ceux que *nous* avons offensés. » Ce reproche délicat et poignant nous valut un tonnerre de malédictions qu'on eût entendu de l'autre côté de l'Atlantique. »

C'est à ce moment que Franklin quitta l'Angleterre ;

1. Bancroft, *Amer. Rev.*, IV, 259.

les gens habiles, tels que Hutchinson, auraient voulu
le retenir; c'était, disait-on, un homme dangereux et
perfide; cependant on le laissa partir. Il s'embarqua
sans espoir de voir jamais revenir le temps heureux et
regretté par lui, où un amour maternel et filial unissait
l'Angleterre et l'Amérique.

Le 22 mars 1775, Burke, son ami, essaya une dernière fois de parler de conciliation. Burke n'avait ni le
génie, ni l'influence de lord Chatham, mais il n'avait
peut-être pas moins d'éloquence. Son plan beaucoup
plus timide, et moins satisfaisant, déclarait en termes
généraux qu'il était bon de rappeler certaines lois ré-
centes, et de laisser aux assemblées coloniales le droit
de taxation.

Mais si, pour réussir, Burke laissait dans l'ombre les
parties les plus vives du projet de Chatham, son langage
n'était pas moins ferme; il voulait la paix, franche et
sincère, il la demandait avec une ardeur patriotique.
Ce n'est pas la forte et souveraine parole de Chatham,
mais on y sent la grandeur morale; Burke est un philosophe, Chatham un politique; Burke a moins vieilli.

« Ma proposition, dit-il, c'est la paix; non point la paix
cherchée au moyen de la guerre, ou poursuivie au travers
d'un labyrinthe de négociations embrouillées et sans fin, la
paix surgissant de la discorde universelle fomentée tout exprès
dans tout l'empire; ce n'est point davantage une paix qui dépend du jugement de questions difficiles ou de la détermina-
tion exacte des limites obscures d'un gouvernement compli-
qué; c'est la paix pure et simple, la paix cherchée dans un
esprit pacifique, la paix établie sur des principes pacifiques.
Ce que je propose, c'est d'écarter la cause de la dispute, c'est

de rétablir l'ancienne confiance des Colonies dans la métropole, c'est de donner à la nation une satisfaction durable;
c'est, au lieu de régner par la discorde, de réconcilier les
deux partis par le même acte, et de les réunir par le lien
d'un commun intérêt.

« Voilà mon idée, et rien de plus. La politique raffinée a
toujours engendré la confusion; il en sera ainsi tant que durera le monde. Des intentions franches et loyales aussi aisément
découvertes à première vue que la fraude l'est sûrement à la
fin, ce n'est point là un faible moyen dans le gouvernement
des hommes. La simplicité, la franchise, sont un principe de
cohésion et d'union.

« Un plan aussi simple désappointera sans doute plus d'un
de ceux qui l'écoutent. Il n'y a rien qui le recommande à
l'inquiétude des oreilles curieuses. Rien de nouveau, rien qui
séduise. Rien de la splendeur de ce projet qui vous a été présenté par le noble lord au ruban bleu [1]. Il n'y a point là cette
magnifique adjudication financière, où des provinces captives
viennent à rançon et renchérissent l'une sur l'autre, jusqu'à
ce qu'enfin vous déterminiez cette proportion de payement
que toutes les puissances de l'algèbre ne sauraient définir.

« Mon plan n'a qu'un objet, la conciliation et la paix. »

Après une peinture magnifique de l'esprit de liberté
chez les Américains fils de la libre Angleterre [2], Burke
faisait une vive critique du projet de lord North; il
montrait tout à la fois l'injustice des prétentions ministérielles et leur impuissance; il déclarait qu'il n'y avait
qu'un seul moyen de pacifier l'Amérique, c'était la
justice; il fallait que le Parlement reconnût le droit qui
appartient à tout Anglais de se taxer lui-même. Tout

1. Lord North.
2. Voyez ce passage traduit dans l'*Histoire des Colonies*, p. 460 et suiv.

autre moyen était puéril; on ne fait pas le procès à trois millions d'hommes, on ne les réduit pas par la force, à la distance et dans la situation où étaient les Américains.

Burke terminait par une péroraison où la politique la plus noble et la plus pure parle le langage le plus élevé :

« L'Amérique peut nous servir, disait-il, et surtout en guerre. Mais pour ce service, comme pour tout autre service de revenu, de commerce, d'impôts, je me confie à l'intérêt que les colonies ont dans notre constitution. Je tiens les colonies par cette affection étroite qui sort d'un même nom, d'un même sang, des mêmes lois, de la même protection. Ce sont là des nœuds aussi légers que l'air, aussi forts que des liens de fer. Laissez les colonies garder toujours cette idée, que leurs droits civils tiennent à votre gouvernement, elles s'attacheront, elles *s'accrocheront* à vous, il n'est point de force sous le ciel qui soit capable de les arracher de leur obéissance. Mais que les colonies s'aperçoivent un jour que votre gouvernement peut être une chose et leurs droits une autre, le ciment est tombé, la cohésion n'existe plus; tout marche à la décadence et à la dissolution.

« Aussi longtemps que vous aurez la sagesse de faire du Parlement le sanctuaire de la liberté, le temple sacré de notre foi commune, peu importe la terre où la race choisie, où les fils de l'Angleterre adoreront la liberté; c'est toujours vers vous qu'ils tourneront les yeux. Plus ils multiplieront, plus vous aurez d'amis; plus leur amour de la liberté sera ardent, plus leur obéissance sera parfaite.

« La servitude, ils peuvent l'avoir partout; c'est une plante qui pousse en tout pays. Ils peuvent l'avoir de l'Espagne, ils peuvent l'avoir de la Prusse; mais jusqu'à ce que vous ayez perdu tout sentiment de votre véritable intérêt, de votre dignité naturelle, c'est de vous et de vous seuls qu'ils peuvent avoir la liberté. C'est la chose dont vous avez le monopole ; c'est le véritable Acte de navigation qui vous assure le commerce des colonies, et par elles vous donne la richesse du monde. Refusez aux colonies leur part de liberté, vous romprez le seul lien qui dans l'origine a fait l'unité de l'empire, le seul qui aujourd'hui puisse conserver cette unité.

« N'ayez point cette idée misérable et superficielle que ce qu fait la sécurité de votre commerce, ce sont vos registres, vos papiers, vos *affidavit*, vos licences, vos acquits-à-caution, vos quittances.

« Ne vous imaginez point que ce soient vos circulaires, vos instructions, vos clauses suspensives qui maintiennent cette grande charpente, cet ensemble mystérieux. Ce n'est point là ce qui constitue votre gouvernement. Tout cela, ce sont des outils inertes, une lettre morte. Ce qui leur donne la vie, c'est l'esprit anglais. C'est l'esprit de la Constitution qui, infus dans cette masse puissante, pénètre, nourrit, unit, fortifie, anime toutes les branches de l'empire, jusqu'au moindre rameau.

« Ici, en Angleterre, n'est-ce pas la même force qui fait tout pour nous? Vous imaginez-vous que ce soit la loi d'impôt qui vous donne un revenu? que ce soit le vote annuel d'un comité qui vous fasse une armée? Est-ce le Code militaire qui inspire à vos soldats la bravoure et la discipline? Non, mille fois non ! L'amour de la nation, son attachement au gouvernement, la part qu'elle se sent dans nos glorieuses institutions, voilà ce qui vous donne votre armée et votre marine, voilà ce qui inspire à vos soldats cette libre et volontaire obéissance, sans laquelle votre armée ne serait qu'un tas de misérables, et votre flotte un amas de bois pourri.

« Tout cela, je le sais, paraîtra étrange et chimérique au profane troupeau de ces politiques vulgaires et matériels *qui n'ont point de place parmi nous*, sorte de gens pour qui rien n'existe que ce qui est épais et lourd, et qui par consé-

quent, loin d'être qualifiés pour diriger le grand mouvement
de l'empire, ne sont pas même faits pour tourner une roue de
la machine.

« Mais pour des hommes d'État, pour ceux qui ont la juste
connaissance des choses, ces principes directeurs, ces maîtres
principes, qui dans l'opinion du vulgaire n'ont point d'existence réelle, ces principes sont partout, ils sont tout.

« En politique, la magnanimité est souvent la véritable sagesse ; un grand empire et de petits esprits ne vont pas bien
ensemble.

« Si nous avions la conscience de notre situation, si nous
brûlions du désir de remplir notre rôle comme il convient à
notre position et à nous-mêmes, il nous faudrait commencer
toutes nos discussions par le vieil avertissement de l'Église :
Sursum corda.

« Élevons notre esprit à la hauteur des fonctions auxquelles
l'ordre de la Providence nous appelle.

« C'est en considérant la dignité de cette haute vocation
que nos ancêtres ont changé le désert en un glorieux empire,
qu'ils ont fait les conquêtes les plus grandes et les seules honorables, non point en détruisant, mais en multipliant la richesse, le nombre et le bonheur de la race humaine.

« Conquérons un revenu américain comme nous avons
conquis un empire américain. Ce sont les libertés de l'Angleterre qui ont fait l'Amérique ce qu'elle est ; ces libertés seules
la feront ce qu'elle doit être.

« C'est avec une foi entière dans cette inaltérable vérité
que je pose aujourd'hui la première pierre du temple de la
Paix [1]. »

La proposition de Burke fut écartée par la question
préalable à la majorité de 270 voix contre 78. Son éloquence n'eut pas plus de succès que celle de Chatham.

[1]. Burke, I, 508.

La passion aveuglait l'Angleterre; elle allait tête baissée à l'abîme, regardant comme un ennemi quiconque essayait de la retenir.

De pareils exemples ne sont pas rares dans l'histoire; presque toujours c'est la passion qui règne, et qui tient la médiocrité et le nombre à son service. La raison, la justice, la liberté sont injuriées, poursuivies, méconnues. Comment se fait-il qu'il leur reste des amis? Elle ont contre elles le pouvoir, la fortune, l'opinion, la popularité; et cependant elles durent, et elles ont toujours des adorateurs.

C'est qu'il y a quelque chose de plus doux que la fortune, de plus puissant que le pouvoir, de plus flatteur que la popularité, c'est la voix de la conscience, c'est l'amour de la justice, c'est l'amour de la liberté.

La justice, la liberté sont des divinités pures, des figures sereines qu'on aime dès qu'on les a vues, et qu'on ne quitte plus. Qui n'aime la liberté que pour en profiter ne l'aime pas, et pliera au premier orage; qui l'aime pour elle-même ne détachera jamais ni son cœur ni ses yeux de cette céleste beauté.

Ni la pauvreté, ni l'abandon, ni l'oubli, ni la persécution même n'arrachent à l'amour de la science un Galilée; la justice est-elle moins belle, la liberté est-elle moins séduisante? Non, c'est l'honneur de tous les grands siècles, qu'il y a toujours eu quelques hommes fidèles à ce culte qui ne périt jamais. Demosthènes, Cicéron, dans l'antiquité; Chatham, Burke, Washington, Hamilton, La Fayette, tous ces grands hommes n'ont jamais varié; tantôt admirés, tantôt ridicules suivant que le flot de l'opinion s'approchait d'eux ou s'en éloignait.

Mais en défendant la liberté n'y a-t-il que l'âpre volupté du devoir rempli, et du devoir rempli sans espoir? Non, il y a quelque chose de plus. Il y a le sentiment qu'on sert l'avenir, qu'on enrichit l'humanité. L'avenir nous venge? Ce serait là peu de chose. Non, l'avenir hérite de nous. Cette richesse que nos contemporains dédaignent, l'avenir s'en empare; pauvres nous-mêmes, nous lui laissons la fortune de nos idées, la seule qui ne craigne ni les voleurs ni la rouille.

Où sont les habiletés de lord North, les injures et les violences des tories? le vent de l'oubli les a emportées. Mais l'Angleterre a gardé les paroles de Chatham et de Burke; elle est imbue de leur esprit; c'est cet esprit qui gouverne les relations coloniales, c'est lui qui a enseigné aux Anglais que la justice est la vraie politique. Chatham et Burke sont l'âme de cette Constitution qu'ils ont défendue envers et contre tous.

Messieurs, la fortune ne donne pas à tous un si grand rôle; elle nous condamne souvent à la modestie; mais tous cependant nous pouvons défendre la vérité, la justice, la liberté; tous nous pouvons concourir à cette construction immense qui s'élève avec tant de peine; c'est là notre œuvre; la gloire est aux architectes, le labeur à l'ouvrier; mais c'est quelque chose que de pouvoir dire, dans le magnifique langage de Burke, qu'on n'a point passé inutile sur la terre, et que soi aussi on a apporté sa pierre au temple de la Liberté.

QUATORZIEME LEÇON

L'année 1774 s'était achevée en Amérique avec l'es
pérance d'une réconciliation. Les planteurs s'étaien
flattés que le peuple anglais, dans l'intérêt de son commerce et par crainte d'une guerre civile, guerre lointaine et difficile, se serait prononcé dans les élections
pour les amis de la paix et de l'union.

Bientôt détrompés de cette illusion, les colons s'ima-
ginèrent que la voix de Chatham serait toute-puissante
sur le Parlement; dernière espérance à laquelle il fallu
renoncer.

Au lieu de recevoir la réparation qu'ils attendaient,
ils apprirent que des troupes étaient envoyées au Massachusetts, que leur commerce était étroitement resserré,
que le bill des pêcheries condamnait 30,000 matelots
de la Nouvelle-Angleterre à mourir de faim; qu'en deux
mots l'orgueil national, un faux honneur, une fausse
dignité entraînaient le roi, le ministère, le Parlement
et le peuple anglais lui-même à réduire les colonies par
la force, et à les obliger de reconnaître la suprématie
législative et financière du Parlement.

Ces nouvelles accablèrent tous ceux qui, en Amérique,
se flattaient encore d'éviter une rébellion dont ils n'at-

tendaient rien de bon; mais les hommes ardents, les patriotes (c'étaient ceux qui voyaient le mieux l'avenir), pensèrent que le moment était venu de s'armer, et de se préparer à la résistance.

Parmi ces hommes, il en était un, le plus éloquent de tous, Patrick Henry, qui saisit la première occasion d'arracher le voile, et de montrer à ses concitoyens qu'il n'y avait plus pour eux qu'un parti à prendre : vaincre ou mourir.

Au mois de mars 1775, la Convention de Virginie se réunit à Richmond, dans la vieille église. Elle avait voté des remercîments au Congrès de 1774, et protesté de son désir de revoir ces beaux jours [1] trop tôt passés, où l'Amérique vivait heureuse et libre sous la protection de la mère patrie, quand Patrick Henry demanda la parole, et proposa : « Que la colonie fût immédiatement mise sur le pied de défense, et qu'à cet effet on nommât un comité, chargé d'enrôler, d'armer et de discipliner un nombre de miliciens suffisant. »

Cette proposition jeta l'alarme parmi les esprits modérés; ils ne voulaient pas renoncer à l'espoir d'une réconciliation ; les négociants de la Grande-Bretagne avaient témoigné de leur sympathie; le roi (à en juger par la proposition de lord North) avait reçu la pétition du Congrès, et s'en était ému; des mesures violentes soulèveraient le peuple anglais contre les planteurs. D'ailleurs pouvait-on résister? Où étaient les soldats, les armes, les généraux, les magasins, l'argent, nerf de

----

[1]. *Halcyon days.*

la guerre? On manquait de tout; et on avait contre soi le peuple le plus formidable du monde, un peuple maître de la mer, riche, armé, puissant. Des mesures extrêmes n'étaient que la folie d'un noble cœur; l'effet certain serait de livrer l'Amérique en proie à la Grande-Bretagne, et de convertir des prétentions illégitimes en un droit que par malheur l'histoire respecte : le droit de conquête. On se perdait par témérité [1].

Tels étaient les sentiments des hommes modérés, et des gens timides qui forment d'ordinaire la majorité des assemblées, lorsque Patrick Henry prit la parole :

« Il est naturel à tous les hommes, dit-il, de s'abandonner aux illusions de l'espérance. Nous sommes toujours prêts à fermer les yeux pour ne pas voir une vérité désagréable, et à écouter l'espérance, cette sirène qui nous charme jusqu'à ce qu'elle nous change en brutes. Est-ce là un rôle qui convienne à des hommes sages, engagés dans la grande lutte de la liberté. Sommes-nous de ces gens qui ont des yeux pour ne pas voir, et des oreilles pour ne pas entendre ce qui touche à leur salut ici-bas? Pour ma part, quelle que soit l'angoisse qu'il m'en coûte, je veux connaître toute la vérité, connaître le plus mauvais côté des choses, et m'y préparer.

« Pour guider mes pas je n'ai qu'une lumière, celle de l'expérience. Pour juger l'avenir je ne connais que le passé. A juger par le passé, à voir la conduite du ministère anglais depuis dix ans, je demande ce qui peut justifier les espérances dont ces messieurs s'amusent et amusent la Chambre. Est-ce le sourire perfide avec lequel on a reçu notre pétition? Ne vous y fiez pas : c'est un piége ; *ne vous laissez pas trahir par un baiser.*

« Demandez-vous comment cet accueil gracieux de notre

1. Wirt, *Life of Patrick Henry*, p. 91.

pétition s'accorde avec ces préparatifs de guerre qui couvrent nos mers et assombrissent notre pays ? Des flottes, des armées, sont-ce là des choses nécessaires pour une œuvre d'amour et de réconciliation? Avons-nous refusé de nous réconcilier, pour qu'il soit nécessaire d'appeler la force afin de reconquérir notre amour? Ne nous abusons pas; tout cela, ce sont des instruments de guerre et de conquête, le dernier argument des rois.

« ... Nous avons fait tout ce qui était possible pour détourner l'orage qui approche. Nous avons fait des pétitions, des remontrances, des supplications ; nous nous sommes prosternés devant le trône, nous avons imploré le roi pour qu'il arrêtât les mains tyranniques du ministère et du Parlement. Nos pétitions, on ne les a pas regardées ; nos remontrances ont amené un redoublement de violences et d'insultes ; nos supplications ont été dédaignées ; on nous a repoussés du pied du trône avec mépris.

« Après cela, il est chimérique de nourrir encore des espérances de paix et de réconciliation. *Il n'y a plus de place pour l'espérance.* Si nous voulons être libres, si nous voulons sauver ces droits précieux que nous défendons depuis si longtemps, si nous ne voulons pas abandonner bassement la noble lutte dans laquelle nous sommes engagés depuis si longtemps, cette lutte que nous nous sommes promis de soutenir jusqu'à ce que nous ayons obtenu le glorieux prix de la dispute, — il faut combattre, je le répète, il faut combattre. Un appel aux armes et au Dieu des armées est tout ce qui nous reste.

« Nous sommes faibles, dit-on, — incapables de lutter avec un adversaire aussi formidable. — Mais quand serons-nous plus forts? Sera-ce la semaine prochaine, ou l'an prochain? Sera-ce quand on nous aura désarmés, et qu'il y aura un soldat anglais établi dans chaque maison? L'irrésolution, l'inaction nous donneront-elles des forces nouvelles? Acquerrons-nous des moyens de résistance en restant indolemment couchés sur le dos, occupés à poursuivre de vains fantômes d'espérance, tandis que notre ennemi nous tiendra pieds et poings liés ? Non, nous ne sommes pas faibles si nous savons user des ressources que Dieu et la nature ont mises en notre pouvoir.

« Un peuple de trois millions d'âmes, un peuple armé pour la sainte cause de la liberté et dans un pays comme le nôtre, est invincible ; il défie toutes les armées que l'Angleterre peut envoyer contre lui. D'ailleurs, nous ne sommes pas seuls. Il y a un Dieu juste qui préside aux destinées des nations ; il suscitera des amis pour combattre nos batailles. La victoire n'appartient pas seulement à la force, elle appartient aussi à la vigilance, à l'activité, à la bravoure. Enfin, nous n'avons pas le choix. Pour nous retirer de la lutte il est trop tard, quand même nous aurions la lâcheté de la déserter. Il n'y a plus de retraite pour nous que dans la soumission et l'esclavage ! Nos chaines sont forgées ! On en entend le bruit dans les plaines de Boston ! La guerre est inévitable. Qu'elle vienne donc, je le répète, qu'elle vienne !

« A quoi bon affaiblir les choses. On peut crier : *la paix !* *la paix !* — Il n'y a plus de paix. La guerre est commencée. La première brise qui soufflera du Nord apportera à nos oreilles le bruit des armes. Nos frères sont déjà en campagne. Que faisons-nous ici à rester oisifs ? qu'est-ce que désirent ces messieurs ? qu'est-ce qu'ils veulent ? La vie est-elle si chère, la paix est-elle si douce qu'il faille l'acheter au prix des fers et de la servitude ? Que le Dieu tout-puissant nous en préserve ! Je ne sais pas ce que feront les autres, mais pour moi donnez-moi la liberté, ou donnez-moi la mort[1]. »

Personne n'applaudit, on était trop ému ; les cœurs étaient gagnés par cette mâle éloquence ; les résolutions furent votées. Patrick Henry entra dans le comité de

---

1. Wirt, *Life of Patrick Henry*, p. 93.

défense avec Richard, H. Lee, George Washington, et le jeune Jefferson.

En disant que la *première brise du Nord apporterait en Virginie le bruit des armes*, Patrick Henry avait prophétisé. Le 19 avril 1775, le sang coula, dans une escarmouche que les Américains, assez disposés à grossir les choses, ont appelée la bataille de Lexington.

Le général Gage, qui commandait l'armée royale, et qui était à Boston, voulut détruire les armes et les munitions que les colons du Massachusetts avaient réunies à Concord, à vingt milles de Boston, pour soutenir une armée provinciale. C'était un moyen de prévenir les hostilités; l'expédition était secrète, mais le docteur Warren en avait eu vent et avait fait prévenir le pays; on sonnait les cloches et on tirait des coups de fusil. Les soldats envoyés par Gage rencontrèrent en chemin la milice de Lexington au nombre de 70 hommes; le major Pitcairn leur ordonna de se retirer et de déposer les armes, et les appela *rebelles*. Dans la retraite, on tira. Qui tira le premier? C'est toujours le mystère de ces sortes d'événements, où les fusils partent tout seuls.

La poignée d'Américains se dispersa, après avoir perdu quelques hommes; mais quand les troupes anglaises revinrent de Concord, après avoir achevé leur expédition, elles trouvèrent toutes les milices en armes; là, comme dans toutes les guerres civiles, l'homme qui connaît le pays, qui se cache dans chaque pli de terrain, derrière chaque mur, a un avantage trop certain sur de braves soldats qui marchent en rang; les Anglais se retirèrent, poursuivis, décimés, et arrivèrent à Lexington

épuisés et, dit un contemporain, « la langue pendant
hors de la bouche comme des chiens après la chasse[1]. »
Là ils trouvèrent un détachement anglais envoyé pru-
demment par Gage, et purent rentrer à Boston, toujours harassés par les Américains. Les Anglais avaient
273 hommes tués, blessés ou prisonniers; les Américains n'en avaient perdu que 90.

En soi c'était une de ces rencontres insignifiantes
qui ne restent pas dans l'histoire, et militairement par-
lant, la troupe anglaise avait rempli son objet; mais
dans une guerre civile, et dans un pays aussi patriote
que l'Amérique, ce fut l'étincelle qui alluma l'incendie.

D'une part ces milices américaines, habituées au ma-
niement des armes, et qui avaient fait la guerre aux
Canadiens et aux Indiens, avaient soutenu le feu et
forcé les Anglais à se retirer. C'était la première épreuve
de leurs forces; les colons savaient maintenant qu'ils
n'avaient pas peur, et ils pouvaient faire la guerre. Ce
n'étaient point ces lâches qui ne devaient pas soutenir
la vue d'un habit rouge; ils n'avaient pas dégénéré du
sang anglais.

Cette guerre, ils ne se faisaient pas d'illusion, ce n'é-
tait pas la guerre à l'européenne; ils n'avaient ni soldats
de profession, ni généraux, ni état-major; l'obéissance
même serait difficile dans ces milices où tout le monde
était égal; mais ce serait une guerre nouvelle, où ils
auraient pour eux les distances, les forêts, les rivières.
Sans doute on pourrait piller et brûler leurs villes; mais,

1. Lord Mahon, VI, 39.

comme le disait noblement au Congrès Christophe
Gadsden, un des délégués de la Caroline du Sud : « Nos
maisons ne sont que de la brique, de la pierre et du
bois; si on les détruit, nous les rebâtirons; mais la liberté,
une fois perdue, est perdue à jamais [1]. »

D'un autre côté, c'était la guerre qui éclatait; c'était
la métropole qui commençait le feu. On sortait de cette
incertitude qui depuis dix ans pesait sur le pays. Le
peuple si longtemps contenu, malgré son impatience,
et qui ne comprenait pas ces lenteurs, pouvait enfin
agir et non plus parler. C'est l'action qui convient aux
hommes.

Aussi, une fois la bataille de Lexington connue, on
s'empara presque partout des forts, des magasins, des
arsenaux, qui d'après la Constitution étaient remis à la
garde des officiers royaux. Le fort de Ticonderoga et
celui de Crown-Point, sur le lac Champlain, qui commandait la route du Canada, fut pris *au nom du grand
lord Jehovah* et du Congrès continental par une poignée
d'audacieux. L'argent public fut saisi pour les usages
de la province; un emprunt de 100,000 livres voté, et
les citoyens déliés de leur obéissance au gouverneur [2].

Enfin le Congrès provincial du Massachusetts vota la
levée d'une armée continentale de 30,000 hommes dont
13,600 fournis par la province; le reste devait être voté
par les autres États de la Nouvelle-Angleterre. La levée
ne donna pas ce nombre; mais on eut bientôt une petite
armée plus nombreuse que celle des Anglais dans Bos-

1. Ramsay, *Amer. Rev.*, I, 197.
2. Pitkin, I, 327.

ton. On bloqua les Anglais dans cette ville, berceau de la révolution. Ce fut assez pour enflammer les esprits, quoiqu'on n'eût pas perdu tout espoir de réconciliation.

En même temps que le Congrès provincial du Massachusetts prenait ces mesures énergiques, il envoyait à la hâte un navire, portant à Franklin les premières nouvelles de l'affaire de Lexington, avec une adresse au peuple de la Grande-Bretagne, qui se terminait ainsi :

« Frères, voici les marques de la vengeance ministérielle qu'on nous fait ressentir, parce que nous refusons, ainsi que les colonies nos sœurs, de nous soumettre à l'esclavage; mais ces cruautés ne nous ont pas détachés de notre royal souverain. Nous nous proclamons sujets loyaux et obéissants; si durement qu'on nous ait traités, nous sommes encore prêts à exposer notre vie et notre fortune pour défendre la personne du roi, sa famille, sa couronne, sa dignité. Mais nous ne nous soumettrons pas lâchement à la persécution et à la tyrannie de vos cruels ministres; nous en appelons au ciel de la justice de notre cause, nous sommes résolus à vivre libres ou à mourir.

« Nous ne pouvons croire que l'honneur, la sagesse et la valeur des Bretons les laissera longtemps spectateurs inactifs de mesures où ils sont eux-mêmes si profondément intéressés ; mesures poursuivies en opposition aux protestations solennelles de plus d'un noble lord, en opposition à l'avis des membres de la Chambre des communes, que leur science et leur vertu ont mis au premier rang dans le pays; mesures exécutées contrairement à l'intérêt, aux pétitions et aux résolutions de tant de cités opulentes, de bourgs respectables de la Grande-Bretagne; mesures incompatibles avec la justice, et cependant poursuivies sous le spécieux prétexte d'alléger les charges de la nation; mesures qui, si elles réussissaient, finiraient par la ruine et l'esclavage de l'Angleterre aussi bien que des colonies persécutées.

« Nous espérons sincèrement que le grand Souverain de l'univers, qui tant de fois a soutenu l'Angleterre, vous aidera à nous sauver de la ruine; et qu'unis à la mère patrie par un lien constitutionnel, nous ferons bientôt tous ensemble un peuple libre et heureux [1]. »

Ce fut là un nouveau trait de la résistance. De toutes parts, dans la chaire, le barreau, la presse, on distingua le roi de ses ministres. Le roi ne pouvait mal faire; c'est le ministère qu'on accusait de trahison; il abusait du nom royal, disait-on, afin de couvrir des mesures inconstitutionnelles. Le mot *guerre ministérielle* devint commun; c'était le moyen de concilier l'allégeance et le refus d'obéissance [2].

Vaine fiction, dira-t-on, que cette responsabilité ministérielle. Non, ce n'est pas une fiction; c'est l'essence même de la liberté constitutionnelle. Un peuple fait lui-même ses affaires, et se donne ainsi le moyen de changer sans trouble son gouvernement. Vaut-il mieux faire une révolution?

Le 10 mai 1775, le jour même où fut pris le fort Ticonderoga, le Congrès nouveau se réunit à Philadelphie. Dès le commencement de l'année, lord Darmouth avait adressé une circulaire aux gouverneurs des colonies, pour leur enjoindre d'empêcher, s'il était possible, l'élection de délégués à un Congrès si désagréable au roi. Mais, malgré cette défense, l'élection se fit sans

1. Pitkin, I, 327.
2. Ramsay, *Amer. Rev.*, I, 191.

hésitation et sans obstacle dans les douze colonies, et presque partout par des conventions populaires[1]. Avant la fin de la session, la Géorgie se joignit à ses sœurs. Ces élections avaient eu lieu avant l'affaire de Lexington, les instructions étaient pacifiques et demandaient la réconciliation[2].

Franklin était arrivé à Philadelphie le 5 mai; le lendemain matin, par un vote unanime de l'assemblée de la province, il fut ajouté au nombre des délégués au Congrès. Depuis 1757, sauf un retour de deux ans dans sa patrie, il avait vécu en Angleterre; il s'y était lié avec tous les personnages politiques; nul mieux que lui ne connaissait les idées et les sentiments du ministère, les chances d'un changement dans la politique anglaise. Son témoignage, jeté dans la balance, était donc d'un poids extrême. Mais Franklin n'en était plus à hésiter. Aussi longtemps qu'il avait cru à une réconciliation honorable, il l'avait soutenue avec assez d'ardeur pour déplaire aux patriotes du Massachusetts; maintenant il ne croyait plus qu'à la résistance et à la séparation.

Les événements de Lexington étaient trop récents pour que le Congrès n'en fût pas fortement ému. Néanmoins il choisit pour président Peyton Randolph, président du précédent Congrès, connu par ses opinions modérées. Charles Thomson fut aussi réélu secrétaire; mais à peu de jours de là, Randolph s'étant retiré[3], on

---

1. Curtis, *History of the Const.*, I, 29.

2. *Id.*, *ibid.*

3. Ramsay, *Amer. Rev.*, I, 209.

choisit unanimement en sa place Hancock, riche négo-
ciant de Boston, l'âme de la résistance avec Samuel
Adams, tous deux signalés comme ennemis par le général Gage, et exceptés de l'amnistie qu'on offrait à la
rébellion.

Le Congrès n'avait rien dans ses instructions qui
l'autorisât à prendre des mesures décisives, mais les
circonstances faisaient de lui un gouvernement de révolution. La guerre civile avait commencé, le sang avait
coulé. Quelle que fût l'issue de la lutte, séparation ou
réconciliation, le Congrès devenait nécessairement l'organe et le représentant de la résistance.

Dès le début, Hancock saisit le Congrès d'une relation
officielle de l'affaire de Lexington, et d'une adresse du
Congrès provincial du Massachusetts qui demandait
conseil, assistance, et suggérait l'idée qu'il était nécessaire de lever une armée américaine pour défendre la
cause commune [1].

En même temps le peuple de la ville et du comté de
New-York demandait au Congrès ce qu'il fallait faire
lors de l'arrivée des troupes anglaises, qu'on savait en
route pour la colonie.

Le 15 mai [2], le Congrès recommanda qu'à l'arrivée
des troupes à New-York la colonie restât sur la défensive, *aussi longtemps que cela serait compatible avec la
sécurité publique;* qu'on laissât les troupes tranquilles
dans les casernes; mais qu'on ne leur permît pas de
faire des fortifications, ni de couper les communications

---

1. Curtis, 1, 31. — Ramsay, *Amer. Rev.*, 1, 207.
2. Ramsay, *Amer. Rev.*, 1, 207.

entre la ville et le pays ; et que si les soldats commençaient les hostilités, ou touchaient à la propriété privée, on repoussât la force par la force.

Le Congrès recommanda aussi de transporter les munitions militaires hors de la ville, et de préparer un refuge pour y conduire les femmes et les enfants en cas de nécessité.

Cela était suffisant pour New-York ; le Massachusetts demandait un secours plus efficace. Le 26 mai, le Congrès, invoquant la situation critique des colonies, les actes du Parlement, le sang versé, l'arrivée prochaine de renforts anglais, déclara que, « pour défendre les colonies et les mettre à l'abri de toute tentative à main armée, afin d'exécuter les actes du Parlement, *il fallait placer les colonies sur le pied de défense.*

En d'autres termes, le Congrès levait une armée.

Mais en même temps, et pour ne pas se départir de cette ferme modération qui faisait leur force, les délégués résolurent de présenter une dernière pétition au roi, dans laquelle il serait inséré « que des mesures seraient prises pour ouvrir *une négociation* afin d'accommoder les malheureuses disputes qui existaient entre la Grande-Bretagne et les colonies[1]. »

Faire une adresse au roi semblait chose inutile à un grand nombre des membres du Congrès, on ne pouvait douter qu'elle ne fût refusée ; mais il y avait des gens qui avaient une foi plus robuste, et Dickinson fut chargé encore une fois de rédiger une adresse[2], qui fut remise

1. Pitkin, I, 330.
2. Ramsay, *Amer. Rev.*, I, 213.

à M. Penn. Cette adresse protestait de la loyauté américaine et du désir de se réconcilier à des conditions honorables pour toutes les parties.

Il y eut également une adresse au peuple de la Grande-Bretagne, adresse rédigée par Richard H. Lee ; on y prodiguait les expressions les plus tendres. *Amis, Concitoyens et Frères*, tels étaient les premiers mots de la lettre ; on y rappelait aux Anglais qu'eux aussi avaient défendu la liberté ; on y protestait qu'on ne cherchait pas l'indépendance.

« Avons-nous appelé à notre aide ces puissances étrangères qui sont les rivales de votre grandeur ? Vos troupes étaient peu nombreuses et sans défense, avons-nous pris avantage de ces difficultés pour les chasser de nos villes ? Ne les avons-nous pas laissées se fortifier, recevoir de nouveaux renforts ?

« Laissez à vos ennemis et aux nôtres le triste soin de dire que c'est la peur qui nous a retenus. La vie des Anglais nous est toujours chère. Les Anglais sont fils de nos aïeux ; de mutuels bienfaits, de longues relations ont resserré entre nous les liens de l'amitié. Quand les hostilités ont commencé, quand nous avons été attaqués par un caprice de vos troupes, nous avons repoussé l'attaque et rendu coup pour coup, mais nous avons gémi de ce que nous avons été obligés de faire ; nous n'avons pas appris à nous réjouir d'une victoire sur les Anglais[1]. »

C'était, on le voit, avec autant de fermeté que de dignité qu'on se présentait à l'Angleterre, une pétition d'une main, une épée de l'autre, laissant la métropole choisir entre le droit et la force.

1. Pitkin, I, 332.

Il ne suffisait pas de décider qu'on lèverait une armée, ni même de décréter une émission d'assignats pour la soutenir, seul moyen qui fût à la disposition du Congrès, dans un pays qui se révoltait pour n'être pas taxé ; il fallait mettre à la tête de cette armée un homme assez résolu pour jouer son honneur et sa vie dans une pareille entreprise, assez considérable pour être accepté par des colonies jusque-là mutuellement étrangères. Parmi les Américains il y avait un certain nombre d'officiers de milice qui s'étaient distingués dans la guerre du Canada, mais il n'y en avait aucun qui se fût fait un grand nom, et qu'on pût mettre en comparaison avec les généraux anglais. Dans toutes ces guerres l'Angleterre avait toujours tenu au second rang les milices coloniales et leurs officiers. C'était même là une cause ordinaire de mécontentement dans toutes les guerres contre les Français.

Dans le choix d'un général, le Congrès se décida par une raison politique. Entre les colonies du sud, la Virginie, par son ancienneté, sa population, sa richesse, son influence, était au premier rang. C'est sur elle que s'appuyaient les États du centre, plus calmes que les gens du Massachusetts[1]. Rattacher cette colonie au Massachusetts en lui empruntant un général en chef, c'était une pensée juste et profonde. D'autre part, la Virginie offrait à l'Amérique un homme dont le caractère était universellement estimé, et qui, au Congrès de 1774, s'était fait connaître par son énergie et son caractère.

---

[1]. Curtis, I, 42.

C'était le colonel George Washington. John Adams, du Massachusetts, proposa de lui conférer le commandement.

Par un vote unanime, le 15 juin 1775, Georges Washington fut nommé général en chef de toutes les forces levées, ou à lever, pour la défense des colonies, avec appointement de 500 dollars par mois. Il n'y eut ni rivalité ni jalousie dans le Congrès, il n'y en eut pas davantage dans les colonies. Dès le premier jour l'Amérique reconnut Washington pour son chef; il eut jusqu'à la fin la confiance du pays.

Quel était cet homme qui allait prendre une si grande place dans l'histoire?

George Washington avait alors quarante-trois ans; il était né en Virginie le 11 février 1732; son arrière-grand-père, John Washington, était un gentleman anglais qui, quatre-vingts ans plus tôt, était venu s'établir en Virginie. Son éducation avait été des plus simples : la géométrie, la trigonométrie, l'arpentage y avaient tenu la plus grande place. Sa mère, qu'il aimait tendrement, avait refusé d'en faire un marin; il s'était destiné à la profession d'arpenteur, profession qui ne ressemble à rien de ce que signifie ce nom pour les habitants de l'ancien monde. En Amérique, dans ce pays où le désert recule chaque jour, l'arpenteur est le pionnier de la civilisation; c'est lui qui parcourt le désert, le découvre, le mesure et prépare ainsi les voies de la colonisation [1]. A l'époque de Washington, il y avait de plus

____

[1] « Depuis un mois, écrit-il en 1748, je n'ai pas couché quatre nuits dans un lit; je marche tout le jour, le soir je me mets auprès du feu

les rapports avec les Indiens, le charme de l'inconnu, et même du danger.

Telle fut la première éducation de Washington; on ne voit pas qu'il ait jamais su d'autre langue que l'anglais. Il n'eut jamais d'instruction classique, et si dans la guerre de la révolution il en vint à comprendre à peu près les officiers français, il ne put jamais ni parler ni écrire notre langue [1].

Mais si la vie spéculative manqua à Washington, il se dédommagea par la vie active; les hommes lui en apprirent plus que les livres. Grand voyageur dans le désert, grand chasseur, plus tard officier de milices et grand propriétaire, il s'habitua de bonne heure à vouloir et à agir. La volonté, l'action, c'est ce qui manque aux gens trop civilisés. « Je ne veux pas que mes moines lisent, disait saint François d'Assise, ils ne prêcheraient plus. »

Ce goût d'action fit que de très-bonne heure Washington prit du service militaire; il commença sa réputation en combattant auprès de ces Anglais qu'il devait trouver plus tard en face de lui [2].

En 1754, vous vous rappelez comment sa rencontre dans la vallée de l'Ohio, avec le capitaine Jumonville, amena la première rupture qui décida la guerre de Sept ans.

En 1755, il était aide de camp du général Braddock

sur un peu de paille ou de foin, ou sur une peau d'ours, à côté du mari, de la femme, des enfants, comme des chiens et des chats; et heureux celui qui a le coin du feu. » (Lord Mahon, VI, 46.)

1. *Life of Wash.* by Jared Sparks, 10.

2. Curtis, I, 15. — Lord Mahon, VI, 46.

dans cette expédition de la vallée de l'Ohio où Braddock
se fit battre par nos Canadiens et se fit tuer par une bravoure inutile. Le major Washington, le seul officier
monté qui ne fut pas tué ou blessé, reçut quatre balles
dans ses habits et eut deux chevaux tués sous lui. Ce
fut grâce à son courage, à sa prudence, à sa connaissance des lieux, qu'il put ramener les restes de Braddock
et de son armée, donnant aux Américains cette joie
secrète, qu'au milieu même de la défaite des Anglais
un milicien d'Amérique s'était conduit en héros.

Ce fut alors que le jeune major (il n'avait que vingt-
quatre ans) fut nommé colonel, et commandant de
toutes les forces de la Virginie. Dans ce poste sa conduite fut telle qu'elle lui gagna l'affection et le respect
de tous les officiers. Ils lui votèrent une adresse qui est
une juste appréciation du mérite d'un homme qui à
vingt-sept ans avait déjà les qualités d'un vieux soldat[1].

Il se retira du service en 1755, pour épouser une
jeune veuve, miss Martha Custis, qui lui apporta tout à
la fois le bonheur et une fortune considérable à joindre
à une fortune déjà respectable. Elle avait, de son
premier mariage, deux enfants qu'adopta Washington;
elle n'en eut pas de la seconde union. Elle survécut à
Washington, qui l'aima toujours tendrement; il eut ce
mérite assez rare d'être à la fois un grand homme, un
excellent fils et un bon mari.

L'année même de son mariage, Washington se rendit
à Williamsburg pour siéger à l'assemblée; un vote de

____
1. Curtis (I, 17) donne cette adresse.

la Chambre avait décidé qu'on donnerait un témoignage
de respect au colonel. Aussi, dès qu'il se fut assis à
son banc, le président, M. Robinson, prit la parole, et
avec l'éloquente facilité d'un avocat et la chaleur d'un
ami, il remercia le jeune colonel pour les services distingués qu'il avait rendus à son pays.

Washington se leva pour répondre; il rougit, il
bégaya, il trembla, et ne put trouver un mot. Le bon
Robinson vint à son aide.

— Asseyez-vous, monsieur Washington, dit-il en
souriant : votre modestie égale votre valeur, elle en dit
plus que toutes mes paroles.

Telle fut l'entrée de Washington dans la vie politique;
tel fut son premier discours, et, à vrai dire, s'il parla
mieux, il ne parla jamais beaucoup plus. « Jamais, dit
Jefferson, je n'ai entendu le général Washington ou le
docteur Franklin parler plus de dix minutes à la fois, ni
toucher autre chose que le point principal, bien sûrs
que toutes les petites raisons suivraient d'elles-mêmes.
Je crois, ajoute Jefferson, que, si les membres des assemblées observaient cette règle, ils feraient plus de
besogne en un jour qu'ils n'en font en toute une
semaine [1]. »

Plus d'un général a été aussi peu éloquent que Washington; mais la différence entre Washington et la plupart des généraux, c'est que Washington a toujours été
un personnage civil, un citoyen, dans le plus beau sens
du mot. Il n'a jamais mis l'épée au-dessus de la toge.

—————

1. *Memoirs*, I, 50 (éd. 1829).

La guerre pour lui n'a été qu'une crise à traverser ; il ne comprenait et n'aimait que la liberté ; et s'il parlait peu lui-même, il n'avait pas l'horreur de ceux qui parlent ; il estimait les *bavards* qui défendent les droits d'un pays.

De 1760 à 1773, Washington passa son temps entre son beau domaine de Mont-Vernon et ses fonctions de député ; mais dès que la patrie fut menacée, on le trouva au premier rang. Longtemps il espéra que l'Angleterre aurait le bon sens de s'arrêter devant une rupture, mais du jour où il n'y compta plus, il s'engagea résolûment dans le parti de l'indépendance.

Sa nomination le surprit, et dans la seule lettre à sa femme qui soit restée, il lui dit qu'il a fait tout en son pouvoir pour éviter cet honneur, « non-seulement par désir de rester avec elle et avec sa famille, mais par la conviction que c'était là une charge trop lourde pour sa capacité. Mais, ajoute-t-il, puisque c'est une espèce de destin qui m'engage dans ce service, j'espère que mon acceptation doit amener quelque heureux résultat ; je me confie à la Providence, qui jusqu'à présent m'a préservé et protégé. »

Le lendemain de sa nomination, Washington se leva, et de sa place adressa les paroles suivantes au président :

« Je suis vraiment touché de l'honneur qu'on m'a fait, mais j'éprouve une grande inquiétude ; je sens que mes talents et mon expérience militaire peuvent ne pas répondre à l'étendue et à l'importance de la mission qu'on me confie. Cependant, puisque le Congrès le désire, j'accepte ce devoir difficile, je ferai tout mon possible pour le service du Congrès, pour le soutien d'une glorieuse cause. Je prie le Congrès de recevoir mon remercîment cordial pour ce beau témoignage de son approbation.

« Mais s'il arrive quelque événement malheureux qui soit défavorable à ma réputation, je prie tous les membres de cette assemblée de se souvenir qu'aujourd'hui je déclare avec la plus entière sincérité que je ne me crois pas égal au commandement dont on m'honore.

« Quant à la solde, je prie le Congrès de croire qu'aucune considération pécuniaire ne m'aurait fait accepter cet emploi difficile, au prix de mon bien-être et de mon bonheur domestique ; je ne veux donc point tirer un revenu de mon commandement. Je tiendrai un compte exact de mes dépenses. Je ne doute pas que le Congrès ne les acquitte ; c'est tout ce que je désire [1]. »

Ce compte fut tenu, et de sa propre main.

A ce discours d'une simplicité antique, le Congrès répondit avec la fermeté et la noblesse de sénateurs romains.

En remettant à Washington le brevet de commandant en chef, on y joignit une résolution par laquelle tous les membres du Congrès déclaraient « qu'ils soutiendraient et assisteraient le général, et, au risque de leur vie et de leur fortune, l'aideraient à défendre la cause de la liberté américaine. »

A ces résolutions on joignit des instructions qui l'autorisaient « à détruire ou à faire prisonnier quiconque serait trouvé en armes contre le bon peuple des colonies ; » toutes ces instructions se résumaient en ces paroles mémorables :

[1]. Pitkin, I, 331.

« Autorité vous est donnée de disposer de l'armée sous votre commandement de la façon que vous jugerez la plus avantageuse pour arriver au but que nous nous proposons ; dans cette grande mission qui vous est confiée, que votre soin principal soit : *que les libertés d'Amérique ne reçoivent pas de détriment* [1]. »

L'imitation romaine était permise en ce moment.

C'est ainsi que Washington entra sur la scène politique ; jamais situation ne fut plus difficile, ni succès plus douteux, et la défaite, c'était le déshonneur et la mort. Point d'armée, point d'argent ; des colonies ardentes au premier moment de la lutte, mais qui allaient bientôt se refroidir ; tout cela eût effrayé un ambitieux.

Mais Washington n'était pas un ambitieux ; c'était un patriote ; il ne regarda pas le danger, il regarda son devoir. Plus tard il y eut des gens lassés, désespérés, des soldats mécontents, Washington fut toujours le même ; on lui offrit la suprême autorité, il ne pensa qu'à la patrie ; général ou président, il ne regarda jamais le pouvoir que comme une charge et un dépôt.

Aussi quand il mourut, au milieu de ces hommages officiels qui d'ordinaire passent si vite, on distingua la voix du Congrès en deuil proclamant Washington « l'homme qui avait été le premier dans la guerre, le premier dans la paix, le premier dans le cœur de ses compatriotes. »

C'était la vérité ; aujourd'hui encore le souvenir de celui qu'un président appelait *le premier et le meilleur*

____

[1] Pitkin, I, 337.

des hommes[1] protége l'Amérique et lui rappelle son unité. Anciens soldats de Washington, le nom de leur général et leur drapeau leur crient de ne pas se diviser.

Washington a rendu à la civilisation le plus grand service que puisse lui rendre un homme ; il a réhabilité et sanctifié l'honnêteté politique. Trop souvent le génie n'a été que l'égoïsme triomphant, et a eu pour compagnon obligé le despotisme et la servitude ; les grands politiques que l'histoire admire sottement ont été la malédiction de l'humanité ; Washington nous a montré comment le génie et la liberté s'accordent, et comment il n'y a pas de gouvernement plus fécond et plus beau que celui d'un grand homme de bien.

1. Polk, *Messag.* Déc. 1847.

QUINZIÈME LEÇON

Le Congrès de 1775 avait placé l'Amérique dans une situation qui n'était ni la paix ni la guerre; c'était une défensive menaçante, une opposition armée. En même temps que le Congrès faisait un dernier et impuissant appel à l'humanité du roi d'Angleterre, à la justice du peuple anglais, et qu'il protestait une dernière fois de son désir de conserver l'union entre les deux pays, Washington arrivait devant Boston pour y prendre le commandement de l'armée du Massachusetts, premier et faible noyau de l'armée continentale. Quatorze mille hommes mal armés, sans uniforme, ayant à peine de la poudre, enrôlés à court terme, et partant quand ils étaient instruits, c'est avec ces faibles ressources qu'il fallait bloquer Boston[1].

Mais ces hommes étaient des patriotes, et déjà la guerre avait commencé. Dans un engagement plus sérieux que celui de Lexington, à Bunker-Hill, aux portes de Boston, on avait appris aux Anglais qu'ils avaient devant eux, non pas des lâches, mais des citoyens

1. Lord Mahon, VI, 67.

résolus à défendre leur liberté[1]. Joseph Warren, le président du Congrès provincial, était tombé dans la bataille. C'était un homme jeune, énergique, éloquent, l'espoir de la patrie, sa mort fut un deuil général; mais c'est avec le sang des martyrs qu'en politique comme en religion on gagne les batailles.

L'Angleterre avait jeté le gant, les Américains l'avaient relevé; du reste, on eût dit que le roi et ses ministres voulaient à tout prix précipiter une guerre dont les dépouilles pouvaient couvrir largement les frais, et dont la gloire donnerait à lord North et à son parti un renom qui effacerait celui de Chatham.

En finir avec les colonies, telle était l'ambition du ministère, quand le Parlement fut convoqué le 26 octobre 1775. Le discours du trône contenait les plaintes les plus amères sur cette conspiration désespérée[2], sur ces *prétendus représentants* des colonies, qui non contents d'*empoisonner* l'opinion avaient usurpé les pouvoirs du gouvernement et commencé les hostilités. Le roi repoussait avec dédain ces pétitions qui n'avaient d'autre objet que « d'amuser l'opinion par de vagues assurances d'attachement pour la mère patrie, tandis qu'au fond tout se préparait pour une révolte générale... La rébellion menaçait de gagner toutes les colonies, on voulait fonder un empire indépendant; la

---

1. Lord Mahon, t. VI, p. 60: *Are the Americans cowards?* crièrent les Américains au colonel anglais Abercrombie.
Les Anglais eurent 220 morts et 880 blessés, mais ils gardèrent leurs positions; les Américains eurent 450 tués ou blessés.
2. Lord Mahon, VI, 73.

sagesse et *l'humanité même* commandaient d'arrêter promptement ces désordres, par une action énergique [1]. »

L'adresse des deux Chambres fut un écho de la colère royale ; cependant il se trouva dans la Chambre des lords dix-neuf membres pour protester contre la guerre d'Amérique ; protestation énergique que lord Mahon suppose rédigée par Burke, le *tuteur* de lord Rockingham, comme le nommait Horace Walpole [2]. « On y blâmait la guerre comme étant injuste et impolitique dans son principe, fatale dans ses conséquences ; et on protestait contre un ministère « qui avait déshonoré le Parlement, trompé la nation, perdu les colonies, enveloppé le pays dans une guerre civile contre son intérêt évident, et qui, par les motifs les moins avouables, avait répandu avec légèreté le sang de milliers de concitoyens [3]. » Suivant l'usage, on écouta la passion et non pas la raison.

Une fois assuré de l'appui des Chambres, le ministère proposa d'agir contre les colonies comme contre un ennemi du dehors. Lord Mansfield ne craignit pas de rappeler à la Chambre le discours d'un général suédois, sous le règne de Gustave-Adolphe : « Enfants, vous voyez ces hommes là-bas ; si vous ne les tuez pas, ils vous tueront. » On vota l'enrôlement de 28,000 marins, de 55,000 soldats ; et, parmi ces derniers, on enrôla avec l'agrément du Parlement des mercenaires

---

1. Ramsay, *Amer. Rev.*, I, 281.
2. Lord Mahon, VI, 76.
3. Ramsay, *ibid.*, 282.

étrangers, qu'on acheta au landgrave de Hesse-Cassel
et au duc de Brunswick[1]. C'était ainsi que le roi George
entendait l'humanité.

Un autre bill, du 20 novembre 1775, interdit tout
commerce avec les treize colonies unies. Tout vaisseau,
toute marchandise américaine saisis sur la haute mer
ou dans les ports furent déclarés *prise de guerre*, et
attribués à l'équipage qui en ferait la capture.

Enfin, par une clause injustifiable, que l'Angleterre
a cependant maintenue après l'indépendance de l'Amérique, clause qui a amené la guerre des États-Unis en
1812, et qui dort aujourd'hui dans quelque *statute-
book* sans avoir été formellement révoquée, il fut déclaré
que les maîtres d'équipage et autres personnes captu-
rés sur des vaisseaux américains seraient transportés
sur les navires de Sa Majesté, pour y *servir* comme s'ils
eussent été librement enrôlés. En d'autres termes, il
fallait que, sous peine d'être fustigé et au besoin fusillé,
un matelot américain portât les armes contre ses compatriotes, et aidât à les tuer. C'est là un mépris de la
liberté et du droit qu'on n'a jamais trouvé qu'en Angleterre, et qui devait bientôt amener les neutres, c'est-

---

1. 16,000 suivant Pitkin, I, 358 ; Ramsay, I, 285. On avait songé
à la Russie ; le landgrave de Hesse en vendit 12,000, le duc de Brunswick et d'autres petits princes 5,000 de plus. On payait au duc 30 couronnes (180 francs) par homme, plus un subside de 150,000 couronnes
par an. (Lord Mahon, VI, 90.) Ce fut avec cet argent qu'il construisit
son Versailles, Wilhelms-Huhe. Frédéric II, toujours plaisant, mais plus
humain, n'autorisait pas chez lui ces enrôlements, et faisait payer à ces
misérables le *viehzoll*, ou impôt du bétail, quand ils traversaient ses
États.

à-dire toutes les puissances d'Europe à se coaliser contre d'abominables prétentions.

Le même bill autorisait la couronne à envoyer aux colonies des commissaires, portant d'une main l'épée et de l'autre la branche d'olivier, pour redresser les griefs particuliers ou généraux, et décider si une colonie ou une portion de colonie était rentrée dans l'obéissance; auquel cas, et sur simple déclaration des commissaires, les sévérités de la loi cessaient à l'instant.

Ce bill cruel fut attaqué avec véhémence [1]. Cette rapine autorisée, qui remplaçait chez les Anglais l'honneur et la gloire par la piraterie, et qui forçait les Américains à s'unir comme un seul homme pour défendre leurs biens et leur vie, fut dénoncée comme une honte et une folie. « Il faut intituler ce bill, s'écria-t-on, *Bill pour mettre plus fortement à exécution les résolutions du Congrès américain*.

La presse des matelots fut dénoncée dans la Chambre des lords « comme un raffinement de tyrannie plus cruel que la mort. » On ajouta, et avec raison, qu'on ne pouvait pas confisquer les biens d'un homme, parce que *c'est un ennemi*, et en même temps confisquer sa personne et le forcer à servir, parce que *c'est un citoyen*. Contraindre des prisonniers à porter les armes contre leur famille, leurs amis, leur patrie; les piller d'abord, et les rendre ensuite complices de la ruine de leurs frères, c'était là un acte sans exemple, sinon parmi

---

1. Lord Chatham était retombé malade, il ne put parler; mais, pour protester, il ne voulut pas que son fils servît au Canada. (Lord Mahon, t. VI. p. 77.)

les pirates, les bandits et les ennemis de la société humaine[1].

Qu'importait au ministère? Il avait la majorité dans le Parlement et le pays; il n'avait besoin ni d'être juste, ni d'être humain; il n'y a rien d'insolent comme la force, surtout la force d'opinion qui ne craint même pas ce qui peut arrêter la force militaire. Sur cette question de la *presse des matelots*, le ministre répondit avec impertinence que « cette mesure était un acte de grâce et de faveur; chacun de ces rebelles méritait la mort comme traître, et cependant pour toute punition, une fois sur les vaisseaux de Sa Majesté, on le traiterait sur le même pied qu'un grand nombre de sujets fidèles et utiles... Au surplus, la solde qu'il toucherait au service de son souverain légitime serait une compensation pour tous les scrupules que pourrait éveiller cette prétendue violation de leurs principes. »

Ce fut avec le même dédain et des sophismes de même force que le ministère défendit la légitimité et l'emploi de troupes mercenaires *contre des citoyens*. Les Américains, en se révoltant, s'étaient, disait-il, constitués étrangers, ils ne pouvaient se plaindre qu'on employât des étrangers contre eux. D'ailleurs, ajoutait-il, « des troupes étrangères, imbues de l'esprit militaire, et *habituées à l'obéissance passive*, se laisseront moins facilement égarer par cette *fausse humanité* à laquelle pourraient céder des soldats anglais, *au grand dommage de l'intérêt national*[2]. »

1. Ramsay, I, 284.
2. Id., ibid., 285.

Si ces maximes féroces se trouvaient dans la bouche d'un jacobin, aurait-on assez de malédictions pour les flétrir? Sont-elles innocentes sur les lèvres d'un ministre royal?

Et quand on opposait au ministère que les Américains, repoussés par la métropole et livrés en proie à des mercenaires, pourraient, eux aussi, s'adresser aux puissances étrangères, non pas seulement pour leur emprunter quelques bandes de soldats, mais pour solliciter l'appui de quelque grande nation, heureuse de rendre à l'Angleterre le mal qu'elle en aurait reçu autrefois; le ministère repoussait cette supposition comme étant ridicule. « Comment imaginer que l'Espagne ou la France donneraient à leurs colonies le dangereux exemple d'encourager la révolte? Rien ne devait plus les effrayer que le voisinage d'un empire indépendant, qui maîtriserait un jour le continent tout entier. »

La seconde raison était sérieuse, M. de Vergennes le sentait; la première ne l'était pas, car ni la France ni l'Espagne n'avaient de querelles avec leurs colonies, et c'était mal calculer que de croire qu'en 1776 elles eussent oublié cette guerre, terminée en 1763, qui les avaient humiliées en Amérique, chassant l'Espagne des Florides, les Français du Canada. Il y avait là une revanche à prendre, trop tentante pour que la France n'en eût pas le goût, et cela ne manqua pas.

Une fois ces lois votées, il fallut nommer un commandant des forces royales. Suivant l'usage, on offrit le commandement au plus ancien des officiers généraux.

C'était le vieux général Oglethorpe, le bienfaisant fondateur de la Géorgie en 1732.

A la grande surprise du ministère, le respectable vétéran accepta le commandement, à la condition d'être convenablement soutenu. On lui promit une armée d'élite, une flotte nombreuse, à quoi il répondit : « Je me charge de l'affaire, sans un homme et sans un vaisseau. Autorisez-moi seulement, dès mon arrivée, à assurer aux colons que vous leur ferez justice. Je connais le peuple américain ; je puis affirmer à Sa Majesté qu'elle n'a nulle part des sujets plus obéissants et plus loyaux. En leur faisant justice vous pouvez compter sur leur obéissance, mais vous ne les soumettrez jamais par la force [1]. »

Cet avis, le dernier, donné par un vieillard, ne fut pas plus heureux que les autres; le commandement fut donné à sir William Howe, officier de mérite qui avait déjà servi en Amérique, et qui fit tout ce qu'on pouvait attendre d'un bon soldat dans la guerre difficile dont on l'avait chargé.

Il fut résolu qu'on ouvrirait la campagne avec des forces suffisantes « pour décourager toute résistance, et amener la soumission sans effusion de sang. » On attaquerait de trois côtés, de façon à couper les colonies et à s'appuyer sur celles qu'on croyait les plus loyales. On chasserait l'invasion américaine du Canada, et de là on prendrait les provinces de l'Est à revers; la seconde expédition serait envoyée dans le Sud, à Charleston ; la

<hr>

1. Ramsay, I, 287.

troisième et la principale s'emparerait de New-York, et par l'Hudson donnerait la main à l'armée du Canada.

Les résolutions du Parlement arrivèrent en Amérique en mars 1776; l'effet fut celui que l'opposition avait prédit. Jusque-là les colonies étaient pleines de gens qui voulaient espérer contre toute espérance; on en avait eu la preuve dans les adresses et pétitions du Congrès de 1775; et quand, en juin 1775, le Congrès avait ordonné un jour de jeûne et de prières, un des motifs indiqués dans la proclamation avait été « de supplier le Tout-Puissant de répandre ses bénédictions sur George III, et de lui inspirer la sagesse. »

Mais l'affaire de Lexington, le sang versé à Bunker-Hill, et surtout les lois votées par le Parlement, dissipèrent les dernières illusions. On n'est pas longtemps le fidèle sujet d'un prince qui vous fait tuer par des mercenaires à cinq sous par jour. Aussi, dès le mois d'avril 1776, voyons-nous le *chief-justice* de la Caroline du Sud, William-Henry Drayton, dans son résumé au grand jury, ne pas craindre de dire : « Le Tout-Puissant a créé l'Amérique pour être indépendante de la Grande-Bretagne. Ce serait de notre part une *impiété* que de nous retirer, et de ne pas agir comme instruments dans cette main toute-puissante qui s'étend pour accomplir sa volonté. L'indépendance seule peut mettre l'Amérique à l'abri des perfides desseins de ses ennemis, qui déjà lui trouvent un pouvoir et une prospérité trop grande. Notre devoir comme chrétiens, notre salut comme Américains sont tellement mêlés ensemble, que refuser notre part de labeur dans cette œuvre divine, c'est refuser d'être un grand peuple, un peuple libre, pieux et heureux [1]. »

Ce fut à ce moment qu'un Anglais établi depuis peu en Amérique, Thomas Paine, rédacteur du *Magasin de Pensylvanie*, et ami de Franklin, qui l'avait introduit dans les colonies, publia en faveur de la séparation un pamphlet anonyme intitulé *le Sens commun*. Paine, qui avait commencé par être quaker, avait fait tous les métiers : il avait été marchand, marin, douanier, maître d'école, poëte, et en ce moment il était journaliste. C'était un homme de peu de consistance ; mais son pamphlet anonyme, attribué tour à tour à Franklin, à Samuel et à John Adams, eut un succès inouï et une influence si grande, que plus tard le Congrès se crut obligé d'en récompenser l'auteur. Longtemps après, en l'année 1783, Washington appelait Paine auprès de lui comme un homme dont l'Amérique ne pouvait trop reconnaître les services. L'Europe, et en particulier la France, ne firent pas un accueil moins favorable à cet écrit ; le nom de Paine devint si populaire, surtout après qu'il eut publié *les Droits de l'Homme* (1791), en réponse aux attaques de Burke contre la Révolution française, que, tout étranger qu'il fût, il fut envoyé comme député à la Convention par le département du Pas-de-Calais [2].

---

1. Pitkin, I, 360 ; — lord Mahon, VI, 98.

2. Paine s'honora en refusant de voter la mort de Louis XVI : 1° parce que les *crimes* de Louis XVI étaient ceux du roi et non de l'homme ; 2° parce que Robespierre avait demandé l'abolition de la peine de mort ; 3° parce que Louis XVI avait affranchi l'Amérique.

Robespierre se vengea de cet argument *ad hominem* par cette petite

Aujourd'hui, quand on lit ce pamphlet fameux, on est un peu désappointé. La Révolution nous a blasés.

Paine commence par dire qu'on a tort de confondre la société et la souveraineté, il a raison ; mais il a tort quand il ajoute que la société a été produite par nos besoins, et le gouvernement par notre méchanceté ; la première est une mère, la seconde un bourreau ; par conséquent, le meilleur gouvernement n'est qu'un *mal nécessaire.* Le gouvernement, comme les *habits,* est la marque de l'innocence perdue ; les palais des rois sont bâtis sur les ruines des bosquets du paradis.

Paine combat la royauté par le droit naturel et par la Bible ; pour lui, la monarchie est au gouvernement ce que le *papisme est à la religion*, et il combat la royauté par l'éternel argument des dangers auxquels l'enfance, la vieillesse, la maladie, la faiblesse, l'ignorance, les passions des souverains exposent un pays.

« Mais, continue-t-il, où est le roi d'Amérique ? demanderont quelques personnes. Mes amis, il est au ciel, et ne s'amuse point à faire entre-tuer les hommes comme la royale brute de la Grande-Bretagne. Et, pour qu'il ne nous manque rien des pompes de la terre, fixons un jour solennel où nous proclamerons notre Constitution ; qu'on apporte la Charte, placée sur la loi

---

note trouvée dans ses papiers : « Demander que Thomas Paine soit décrété d'accusation pour l'intérêt de l'Amérique autant que de la France. » Paine fut incarcéré au Luxembourg, d'où il ne sortit qu'après le 9 thermidor. Son suppléant à la Convention fut Joseph Lebon. « Quand j'ai été mis en prison, disait Paine, il a pris ma place à la Convention ; quand je suis rentré à la Convention, il a pris ma place dans la même prison et a été guillotiné à ma place. Il a été mon suppléant jusqu'au bout. »

divine, sur la parole de Dieu; qu'une couronne y soit déposée, pour que le monde apprenne qu'en Amérique *le roi, c'est la loi ;* car, de même que dans les gouvernements absolus *le roi est la loi*, ainsi, dans les pays libres, *la loi doit être le roi*, et il n'en faut pas d'autre. Mais, pour qu'on n'abuse point de ce symbole, brisez la couronne après la cérémonie, et partagez-en les morceaux au peuple, car c'est à lui qu'elle appartient. »

A ces vaines déclamations, Paine ajoutait des réflexions plus justes.

La protection de l'Angleterre, disait-il, avait toujours été ruineuse pour l'Amérique; on avait toujours engagé les colonies malgré elles dans toutes les guerres que soulevait l'ambition anglaise; il suffisait à l'Amérique de se déclarer indépendante pour vivre en paix avec tout le monde, et en même temps pour donner l'essor à ce commerce, qui ne demandait que la liberté pour se déployer.

Il disait encore, et c'était la pensée de tout le monde, que l'Amérique *rebelle* ne pouvait trouver d'appui au dehors; on ne se compromet pas inutilement; mais que l'Amérique *indépendante*, en offrant au commerce étranger un marché de trois millions d'hommes et une alliance contre le monopole et l'ambition de l'Angleterre, devait trouver des amis en Europe, et *surtout en France*. En ce point il avait raison, et lisait dans l'avenir.

Le pamphlet de Paine eut un grand effet, mais l'Angleterre fit plus encore, et précipita la séparation. L'arrivée des soldats étrangers, l'occupation de Boston, les traités avec les Indiens, l'expédition dirigée sur Charleston rendirent la révolution nécessaire.

Le Congrès, qui venait de se réunir au mois de mai, prit aussitôt un parti vigoureux. Des lettres de marque furent accordées, les ports d'Amérique ouverts à tous les peuples, des mesures sévères prises contre les tories (c'est ainsi qu'on appelait les partisans de l'Angleterre); enfin, on recommanda à toutes les provinces de se donner un libre gouvernement, en choisissant celui qui dans l'opinion des représentants du peuple assurerait le mieux le bonheur et la sécurité de leurs constituants et de l'Amérique. C'en était fait de l'ancienne alliance de l'Angleterre et des colonies.

Le 7 mai, Richard-Henri Lee porta devant le Congrès la grande question de l'*indépendance*, demandant « que l'allégeance fût rompue, ainsi que l'union;

« Qu'on prît immédiatement des mesures pour obtenir le secours des puissances étrangères;

« Et qu'une confédération fût formée pour lier ensemble plus étroitement les colonies[1]. »

La question fut débattue le lendemain, soutenue avec une grande chaleur par Richard-Henri Lee et par John Adams, combattue par John Dickinson[2].

Le 10, la majorité des colonies l'adopta en principe[3]. Le Maryland et la Pensylvanie s'y opposèrent; New-York, New-Jersey, New-Hampshire et le Connecticut,

---

1. Madison, *Papers*, I, 9.
2. Sur le discours de Dickinson, lord Mahon, VI, 100.
3. Sur les divisions intérieures, Jefferson, *Letter to M. Wills*, 12 mai 1819. — Lord Mahon, VI, 102.

demandèrent des instructions à leurs commettants. Pour obtenir l'unanimité, on renvoya au 1er juillet la résolution finale. Au 1er juillet, toutes les colonies avaient pris leur parti.

En attendant cette date, un comité avait été chargé de préparer la déclaration d'indépendance, comité composé de Thomas Jefferson, qui fut chargé de rédiger l'acte, de John Adams, de Franklin, de Roger Sherman et de Robert Livingston.

Le 1er juillet, sur la proposition des députés de Virginie (et déjà la Virginie s'était proclamée État indépendant), on délibéra sur la déclaration d'indépendance. John Adams en fut le plus ardent et le plus habile défenseur; après quelques difficultés (ce n'était pas chose aisée que de faire marcher ensemble treize États souverains, l'exemple de l'Allemagne en donne quelque idée), la proposition fut unanimement acceptée.

Le projet de Jefferson fut adopté, sauf deux paragraphes, dont l'un fut remanié et l'autre supprimé.

Celui qui fut remanié contenait des reproches véhéments à l'adresse du peuple anglais; il fut adouci à la prière de gens timides qui ne voulaient pas qu'on blessât les amis qu'on avait en Angleterre, et sur lesquels on comptait encore, dernière faiblesse de l'esprit humain qui se relient souvent à une chance impossible.

« Nos frères d'Angleterre ont été sourds à la voix de la justice et du sang. Quand le cours régulier de leurs institutions leur a permis d'éloigner des conseils de la nation ceux qui troublaient l'harmonie, ils les ont rétablis au pouvoir par un libre choix. En ce moment même ils laissent leur premier magistrat envoyer contre nous, non-seulement des soldats de notre sang, mais des Écossais et des mercenaires étrangers. Ces actes ont donné le dernier coup à notre affection mourante ; le cœur nous dit de renier à jamais ces frères insensibles. Nous essayerons d'oublier notre ancien amour, et de les considérer comme le reste des hommes, ennemis en guerre, amis en paix.

« Nous aurions pu former ensemble un peuple libre et grand, mais il parait que le partage de la grandeur et de la liberté est au-dessous de la fierté anglaise. Qu'il en soit donc ainsi qu'ils l'ont voulu ; la route du bonheur et de la gloire nous est aussi ouverte ; nous y marcherons à part, nous acceptons la nécessité qui nous annonce une éternelle séparation. »

Le paragraphe retranché concernait la traite des nègres et l'esclavage. Il fut retranché, nous dit Jefferson dans ses *Mémoires*, pour plaire à la Géorgie et à la Caroline du Sud, qui n'avaient jamais voulu suspendre l'importation, et qui entendaient la continuer. « Quant à nos frères du Nord, ajoute Jefferson, ils furent aussi blessés de ma censure ; car, encore bien qu'ils eussent très-peu d'esclaves parmi eux, ils en étaient grands marchands pour les autres. »

Ce paragraphe était ainsi conçu :

« Le roi a déclaré une cruelle guerre à la nature humaine, il a violé les droits sacrés de la vie et de la liberté dans la personne d'un peuple lointain qui ne l'a jamais offensé. Ces hommes innocents, il les a réduits en captivité, il les a transportés dans un autre hémisphère pour y être esclaves, ou pour périr misérablement dans la traversée. Cette conduite de pirate, l'opprobre des puissances infidèles, est la conduite du roi chrétien de la Grande-Bretagne. Décidé à tenir ouvert un marché où l'on vend et l'on achète des hommes, *il a prostitué son veto* en annulant toutes les décisions de nos assemblées qui avaient pour objet de prohiber ou de restreindre cet exécrable commerce. Et pour que cet assemblage d'horreurs soit complet, en ce moment il excite ces populations d'esclaves à se lever en armes au milieu de nous, afin d'acheter la liberté dont il les a privés par le meurtre du peuple auquel il les a imposés, leur vendant au prix de l'assassinat cette liberté dont il les a dépouillés par un crime. »

Beaux sentiments, énergiquement exprimés. Par malheur l'Amérique laissa échapper cette occasion unique d'en finir avec une plaie que les années devaient rendre inguérissable. On a fait disparaître de la déclaration d'indépendance cette revendication des droits de l'humanité, mais la marque reste, comme une tache dans ce beau morceau, tache d'autant plus visible qu'on a pris plus de peine pour l'effacer.

Quant au reste, la rédaction fut adoptée, sauf d'interminables querelles de détail, sort ordinaire des discussions d'assemblée; je n'en parlerais pas, si elle n'avait donné lieu à Franklin de placer un de ces ingénieux apologues qui plaisaient au Socrate américain.

Assis à côté de Jefferson qui n'était rien moins que patient, et observant son irritation, Franklin lui dit avec cette bonhomie plus apparente que réelle, qui est le cachet du bonhomme *Richard* :

« Je me suis fait une règle d'éviter autant que possible d'être jamais rédacteur d'un projet quelconque soumis à une assemblée. Voici d'où me vient l'expérience.

« Quand j'étais apprenti imprimeur, un de mes amis

qui s'établissait chapelier consultait ses connaissances
sur un sujet fort important pour lui, son enseigne.
Celle qu'il avait imaginée portait le signe d'un chapeau, et au dessous : *John Thompson, chapelier, fait
et vend des chapeaux au comptant.* Le premier qu'il
consulta lui dit que le mot de *chapelier* était complétement inutile, puisqu'il disait ensuite *fait et vend des
chapeaux.* Thompson trouva l'avis sage, il effaça le mot.
Le second remarqua qu'il était inutile de mettre *au
comptant;* d'abord parce qu'on ne vend guère cet article à d'autres conditions, et ensuite parce qu'il pouvait être quelquefois avantageux de faire crédit. On
effaça *au comptant;* il resta *John Thompson fait et
vend des chapeaux.* Un troisième ami fit observer que
lorsqu'on achète un chapeau, on ne s'inquiète guère de
savoir qui l'a fait; le mot *fait* fut effacé. Mais en mon-
trant à un quatrième l'enseigne réduite à ces mots *John
Thompson vend des chapeaux,* ce dernier s'écria : Qui
diable s'imaginera jamais que vous en faites cadeau ?
Sur cette critique assez juste, les deux mots disparurent;
et il resta simplement John Thompson et le signe du
chapeau. »

Revenons à un sujet plus sérieux. Ce fut le 4 juillet
au soir que la déclaration adoptée par le Congrès fut
signée par tous ses membres, excepté M. Dickinson; ils
étaient au nombre de cinquante-cinq.

Cet acte, qui donnait naissance à un nouvel empire,
que dis-je? à une république telle que l'antiquité n'en a
jamais connu, cet acte qui inaugurait une politique
nouvelle, ouvre pour les Américains l'ère de la liberté;

le 4 juillet est resté leur grande fête nationale; c'est de ce jour-là qu'ils se nomment Américains et *États-Unis;* le nom de *colonies* a disparu.

En Congrès, quatre juillet mil sept cent soixante seize.

DÉCLARATION

PAR LES REPRÉSENTANTS DES ÉTATS-UNIS D'AMÉRIQUE ASSEMBLÉS EN CONGRÈS.

« Lorsque le cours des événements humains met un peuple dans la nécessité de rompre les liens politiques qui l'unissaient à un autre peuple, et de prendre parmi les puissances de la terre la place séparée et le rang d'égalité auxquels il a droit en vertu des lois de la nature et de celles du Dieu de la nature, le respect qu'il doit aux opinions du genre humain exige de lui qu'il expose aux yeux du monde et déclare les motifs qui le forcent à cette séparation.

« Nous regardons comme incontestables et évidentes par elles-mêmes les vérités suivantes : Que tous les hommes ont été créés égaux; qu'ils ont été doués par le Créateur de certains droits inaliénables; que parmi ces droits on doit placer au premier rang la vie, la liberté et la recherche du bonheur. Que, pour s'assurer la jouissance de ces droits, les hommes ont établi parmi eux des gouvernements dont la juste autorité émane du consentement des gouvernés. Que, toutes les fois qu'une forme de gouvernement quelconque devient destructrice de ces fins pour lesquelles elle a été établie, le peuple a le droit de la changer ou de l'abolir, et d'instituer un nouveau gouvernement en établissant ses fondements sur les principes, et en organisant ses pouvoirs dans la forme qui lui paraîtra la plus propre à lui procurer la sûreté ou le bonheur. A la vérité, la prudence dira que, pour des motifs légers et des causes passagères, l'on ne doit pas changer des gouvernements établis depuis longtemps; et aussi l'expérience de tous les temps a montré que les hommes sont plus disposés à souffrir, tant que les maux sont supportables, qu'à se faire droit à eux-mêmes en détruisant les formes auxquelles ils sont accoutumés. Mais lorsqu'une longue suite d'abus et d'usurpations tendant invariablement au même but montre évidemment le dessein de réduire un peuple sous le joug d'un despotisme absolu, ce peuple a le droit et il est de son devoir de renverser un pareil gouvernement, et de pourvoir par de nouvelles garanties à sa sûreté pour l'avenir. Telle a été la patience de ces colonies dans leurs maux, et telle est aujourd'hui la nécessité qui les force à changer leur ancien système de gouvernement. L'histoire du roi actuel de la Grande-Bretagne est un tissu d'injustices et d'usurpations répétées tendant toutes directement à établir une tyrannie absolue sur ces États. Pour le prouver, exposons les faits au monde impartial :

« Il a refusé son consentement aux lois les plus salutaires et les plus nécessaires pour le bien public.

« Il a défendu à ses gouverneurs de passer des lois d'une importance immédiate et urgente, à moins qu'il ne fût sursis à leur exécution jusqu'à ce que l'on eût obtenu son consentement, et quand elles ont été ainsi suspendues, il a tout à fait négligé d'y faire attention et de les examiner.

« Il a refusé de passer d'autres lois pour l'établissement de grands districts, à moins que le peuple de ces districts n'abandonnât le droit d'être représenté dans la législature, droit inestimable pour un peuple, et qui n'est formidable que pour les tyrans.

« Il a convoqué des corps législatifs dans des lieux inusités, dénués de toute commodité, et éloignés des dépôts de leurs registres publics dans la seule vue, en les fatiguant, de les forcer à se prêter à ses desseins.

« Il a dissous à plusieurs reprises des chambres de représentants, parce qu'elles s'opposaient avec fermeté à ses entreprises sur les droits du peuple.

« Il a refusé pendant un long espace de temps, après ces

dissolutions, de faire élire de nouvelles chambres de représentants; par là l'autorité législatrice, qui ne peut pas être anéan-
tie, est retournée au peuple pour être exercée par lui dans son
entier, l'État restant pendant ce temps exposé à tous les périls d'invasions extérieures et de convulsions au dedans.

« Il s'est efforcé d'arrêter et d'empêcher la population de
ces États, en mettant des obstacles à l'exécution des lois pour
la naturalisation des étrangers, en refusant d'en passer d'autres
pour encourager l'émigration dans ces contrées, et en augmentant le prix et les conditions des nouvelles concessions et
acquisitions de terre.

« Il a gêné l'administration de la justice en refusant son
consentement à des lois nécessaires pour établir des tribunaux.

« Il a rendu les juges dépendants de sa seule volonté pour
la tenue de leurs offices, et pour le taux et le payement de
leurs appointements.

« Il a érigé une multitude de nouveaux offices, et envoyé
dans ce pays des essaims d'officiers pour harasser notre peuple
et dévorer sa substance.

« Il a entretenu parmi nous, en temps de paix, des armées
permanentes sans le consentement de nos législatures.

« Il a affecté de rendre le soldat indépendant de l'autorité
civile, et même supérieur à elle.

« Il a combiné ses efforts avec ceux d'*autres personnes* [1] pour
nous soumettre à une juridiction étrangère à notre Constitution et non reconnue par nos lois, en donnant sa sanction à
leurs actes de prétendue législation ;

« Pour mettre en quartiers parmi nous de gros corps de
« troupes armées ;

« Pour protéger les gens de guerre par des procédures déri-
« soires contre le châtiment des meurtres qu'ils auraient com-
« mis sur la personne d'habitants de ces États ;

---

1. C'est-à-dire avec le Parlement de la Grande-Bretagne.

« Pour intercepter et détruire notre commerce avec toutes
« les parties du monde ;

« Pour imposer sur nous des taxes sans notre consen-
« tement ;

« Pour nous priver, dans beaucoup de cas, du bénéfice de
« la procédure par jurés ;

« Pour nous transporter au delà des mers, afin de nous y
« faire juger sur des délits prétendus ;

« Pour détruire le système de liberté des lois anglaises dans
« une province voisine[1], y établir un gouvernement arbi-
« traire, et en reculer les limites, afin de faire à la fois de
« cette province un exemple et un instrument propres à in-
« troduire le même gouvernement absolu dans les co-
« lonies ;

« Pour abroger nos Chartes, abolir nos lois les plus pré-
« cieuses, et saper par le fondement la puissance de nos gou-
« vernements ;

« Pour suspendre nos propres législatures, et se déclarer
« revêtu du pouvoir de faire des lois obligatoires pour nous,
« dans tous les cas quelconques.

« Il a abdiqué la qualité de notre souverain en nous déclarant hors de sa protection et en nous faisant la guerre.

« Il a dévasté nos mers, ravagé nos côtes, brûlé nos villes
et massacré nos concitoyens.

« Et maintenant il transporte de grandes armées de mercenaires étrangers pour accomplir l'œuvre de mort, de désolation et de tyrannie déjà commencé, avec une cruauté et une
perfidie dont on aurait peine à trouver des exemples dans
les siècles les plus barbares, et tout à fait indignes du chef
d'une nation civilisée.

« Il a forcé nos concitoyens faits prisonniers sur mer à
porter les armes contre leur patrie, à devenir les bourreaux

1. Le Canada.

de leurs amis et de leurs frères, ou à tomber eux-mêmes sous les coups de leurs frères et de leurs amis.

« Il a excité parmi nous des troubles domestiques, et a tâché d'attirer sur les habitants de nos frontières les Indiens sauvages, ennemis sans pitié, dont la manière connue de faire la guerre est de massacrer tout ce qu'ils rencontrent, sans distinction d'âge, de sexe et de condition.

« A chaque degré d'oppression, nous avons demandé justice dans les termes les plus humbles; nos pétitions réitérées n'ont reçu pour réponse que des insultes et des injustices répétées. Un prince dont le caractère est ainsi marqué par toutes les actions qui peuvent désigner un tyran est incapable de gouverner un peuple libre.

« Et nous n'avons pas manqué d'égards envers nos frères les Bretons. Nous les avons avertis, dans toutes les occasions, des tentatives que faisait leur législature pour étendre sur nous une juridiction que rien ne pouvait justifier. Nous avons rappelé à leur mémoire les circonstances de notre émigration et de notre établissement dans ces contrées. Nous en avons appelé à leur justice et à leur grandeur d'âme naturelles, et nous les avons conjurés, par les liens du sang qui nous unissent, de désavouer ces usurpations qui rompraient inévitablement nos liaisons et notre commerce mutuel. Ils ont aussi été sourds à la voix de la justice et de la parenté. Nous devons donc céder et consentir à la nécessité qui ordonne notre séparation, et les regarder, ainsi que nous regardons le reste du genre humain, comme ennemis pendant la guerre, amis pendant la paix.

« En conséquence, nous, les représentants des États-Unis d'Amérique, assemblés en Congrès général, en appelant au Juge suprême de l'univers qui connaît la droiture de nos intentions, nous publions et déclarons solennellement, au nom de l'autorité du bon peuple de ces colonies, que ces Colonies-Unies sont et ont droit d'être des *États libres et indépendants;* qu'elles sont dégagées de toute obéissance envers la couronne de la

Grande-Bretagne ; que toute union politique entre elles et
l'État de la Grande-Bretagne est et doit être entièrement
rompue, et que, comme États libres et indépendants, elles ont
pleine autorité de faire la guerre, de conclure la paix, de
contracter des alliances, d'établir le commerce et de faire tous
les autres actes ou choses que des États indépendants ont droit
de faire. Et, pleins d'une ferme confiance dans la protection
de la divine Providence, nous engageons mutuellement au
soutien de cette Déclaration notre vie, nos biens et notre
honneur[1]. »

Il est curieux de nous rendre compte, à distance, de
la situation des esprits après cette grande décision qui
lançait l'Amérique vers des destinées inconnues; une
lettre de John Adams nous permet d'en juger; elle a été

1. La Déclaration est signée des noms suivants : John Hancock,
président, Josiah Bartlett, William Whipple, Mathew Thornton, de
New-Hampshire; Samuel Adams, John Adams, Robert Treat Payne,
Elbridge Gerry, du Massachusetts-Bey; Stephen Hopkins, William
Ellery, de Rhode-Island; Roger Sherman, Samuel Huntington, Wil-
liam Williams, Oliver Wolcott, du Connecticut; William Floyd, Philip
Livingston, Francis Lewis, Lewis Morris, de New-York; Richard
Stockton, John Witherspoon, Francis Hopkinson, John Hart, Abraham
Clark, de New-Jersey; Robert Morris, Benjamin Rush, Benjamin Fran-
klin, John Morton, George Clymer, James Smith, George Taylor, James
Wilson, George Ross, de Pensylvanie; César Rodney, George Read, Tho-
mas M'Kean, du Delaware; Samuel Chase, William Paca, Thomas Stone,
Charles Caroll, of Carrollton, du Maryland; George Wythe, Richard
Henry Lee, Thomas Jefferson, Benjamin Harrisson, Thomas Nelson
jun., Francis Lightfoot-Lee, Carter Braxton, de Virginie; William
Hooper, Joseph Hewes, John Penn, de la Caroline septentrionale;
Edward Rutledge, Thomas Heyward jun., Thomas Lynch jun., Arthur
Middleton, de la Caroline méridionale; Button Gwinett, Lyman Hall,
George Walton, de Géorgie. Quelques-uns de ces noms furent ajoutés
assez longtemps après le vote, notamment celui de Charles Caroll, qui
fut le dernier survivant de ceux qui prirent part à cet acte fameux. Si
Washington ne figure pas parmi les signataires, c'est qu'il commandait
alors l'armée continentale.

écrite le 3 juillet 1776; c'est à sa femme que John Adams l'adresse.

« Le sort en est jeté, nous avons passé le Rubicon. Hier a été décidée la plus grande question qui ait jamais été débattue en Amérique, et peut-être parmi les hommes n'en décidera-t-on jamais une plus grande. Le Congrès a passé une résolution acceptée par toutes les colonies sans exception, et qui porte que : « Les *Colonies-Unies* sont de fait et de droit des États in« dépendants, et qu'à ce titre il leur appartient de faire la « guerre, de conclure la paix et d'agir comme tout autre em« pire. » Dans peu de jours vous verrez une Déclaration où sont exposés les motifs qui nous ont décidé à cette grande résolution, et les raisons qui nous justifient devant Dieu et devant les hommes.

« Quand je me reporte à l'année 1761, et que je me rappelle les discussions concernant les *mandats d'assistance* devant la cour supérieure, discussions que j'ai toujours considérées comme le commencement de notre dispute avec la Grande-Bretagne; quand je suis le cours des choses depuis cette époque, et que je me rappelle la suite des événements politiques, l'enchaînement des causes et des effets, je suis surpris de ce qu'il y a d'imprévu, de soudain et de grand dans cette révolution. L'Angleterre a été pleine de folie, et l'Amérique pleine de sagesse; c'est là du moins mon jugement. L'avenir en décidera. C'est la volonté du ciel que les deux pays soient à jamais séparés. Peut-être aussi est-ce la volonté du ciel que l'Amérique ait encore à souffrir des maux plus terribles, des épreuves plus redoutables. S'il en doit être ainsi, ces épreuves auront du moins ce bon effet, qu'elles nous inspireront beaucoup de vertus qui nous manquent, et qu'elles nous corrigeront de cette foule d'erreurs, de folies et de vices qui menacent de nous déshonorer et de nous perdre. La fournaise de l'affliction purifie les États aussi bien que les individus.

« Quoi qu'il en soit, le jour où la Déclaration sera promulguée sera la date la plus mémorable de l'histoire d'Amérique. Je suis convaincu que les générations futures le célébreront comme le grand anniversaire. Il faudra le fêter comme le jour de la délivrance, par des actes solennels de dévotion envers Dieu, le Tout-Puissant. Il faudra le célébrer par des pompes, des revues et des jeux, par le bruit des fusils et des cloches, par la splendeur des feux de joie et des illuminations d'un bout du continent à l'autre bout, d'aujourd'hui à toujours.

« Vous me croirez fou d'enthousiasme, je ne le suis pas. Pour maintenir la Déclaration, pour soutenir et défendre les États, je sais ce qu'il en coûtera de peine, de sang, de trésors. Mais au travers de tous ces nuages je vois les rayons d'une lumière et d'une gloire ravissante. Je vois que la fin vaut cent fois les moyens; l'acte d'aujourd'hui c'est le triomphe de nos enfants, quand bien même nous devrions regretter ce que nous avons fait; mais, grâce à Dieu, j'espère que cela ne sera pas [1]. »

Ce patriotisme reçut ici-bas sa récompense. Non-seulement Adams et Jefferson devinrent tour à tour présidents des États-Unis, affranchis par leur courage, mais il leur fut donné à tous deux de survivre de cinquante ans à ce jour solennel, de voir pendant cinquante ans la croissance prodigieuse des États-Unis, passant de trois millions à dix millions d'hommes, de recevoir les bénédictions de toutes ces générations qui saluaient en eux les derniers survivants parmi les fondateurs de la patrie.

Enfin, par une fortune étonnante et qu'à Rome on eût autrefois nommé divine, ce fut le 4 juillet 1826,

1. *Orators of the Americ. Rev.*, p. 177.

le même jour, et presque à la même heure à laquelle cinquante ans plus tôt ils avaient risqué leur jeunesse, leur talent et leur vie pour assurer l'indépendance nationale; ce fut, au milieu des feux de joie, des illuminations, des hymnes de reconnaissance, que ces deux vétérans s'endormirent, chargés de gloire et d'honneur, après avoir rendu à la patrie le plus grand service que puisse lui rendre un de ses enfants, et donné à leur pays les deux plus grands biens de la terre, puisqu'ils renferment et garantissent tous les autres : l'indépendance et la liberté.

SEIZIÈME LEÇON

Au reçu de la Déclaration d'indépendance, le 9 juillet 1776, Washington la mit à l'ordre du jour, « comme un nouvel aiguillon pour exciter les officiers et soldats à se comporter avec fidélité et courage. Ils doivent comprendre que maintenant la paix et le salut du pays dépendent uniquement du succès de nos armes, et qu'ils servent un État qui peut récompenser leur mérite, et les faire participer aux honneurs d'une patrie libre et heureuse. »

Le lendemain, il écrivait au Congrès de Philadelphie :

« Il ne nous est pas donné de déterminer quelles seront les conséquences des résolutions que nous prenons, mais il dépend de nous d'adopter des mesures qui, sous la protection toute-puissante de la Providence, semblent devoir contribuer à notre bonheur. Je crois que les dernières mesures prises par le Congrès sont de nature à nous assurer la possession de cette liberté et de ces droits, qui nous ont été et nous sont encore refusés, malgré le cri de la nature et l'esprit de la Constitution britannique. Conformément à l'invitation du Congrès, j'ai eu soin de faire proclamer la *Déclaration* en présence de l'armée; elle a produit le meilleur effet; officiers et soldats y ont applaudi chaleureusement[1]. »

Sur les soldats et le peuple elle produisit même un effet si vif, qu'elle amena quelques désordres. A New-York, on renversa une statue du roi George élevée dans Broadway, on la décapita et, comme elle était en plomb, on la fondit pour en faire des balles au service de l'indépendance[2]. Washington, dans un ordre du jour, s'éleva contre cette sotte vengeance. « Le général espère avec confiance que tout officier et tout soldat s'efforcera de vivre et d'agir comme il convient à un *soldat chrétien* défendant les droits les plus chers et la liberté de sa patrie. » Dès le premier moment, on sentit qu'on avait à la tête de l'armée et du pays un homme fait pour gouverner.

Quelques heures après cette proclamation, l'amiral lord Howe arriva en vue de Sandy-Hook. Howe était porteur d'instructions pacifiques; et malgré la tournure que les choses avaient prise, il fit une proclamation au peuple pour annoncer l'objet de sa mission. Il venait en Amérique, disait-il, non comme destructeur, mais comme médiateur. A la suite de cette proclamation, il envoya une lettre tout amicale à Franklin qui, en Angleterre, avait vécu intimement avec toute la famille Howe.

La réponse de Franklin, du 31 juillet 1776, est des plus dures :

1. New-York, 10 juillet 1776.
2. Wash. Irv., *Vie de Washington*, p. 529.

« Offrir le pardon à des colonies qu'on a outragées, c'est, en vérité, montrer qu'on nous croit encore l'ignorance, la bassesse, l'insensibilité que votre aveugle et orgueilleuse nation s'est longtemps plu à nous supposer... Il est impossible que nous songions à nous soumettre à un gouvernement qui, avec la plus insigne barbarie, a, dans le fort de l'hiver, brûlé nos villes sans défense, excité les sauvages à massacrer nos paisibles cultivateurs, nos esclaves à assassiner leurs maîtres, et qui, en ce moment même, nous envoie des stipendiaires étrangers pour inonder de sang nos provinces.

« ... Quand il nous serait possible d'oublier et de pardonner, vous ne pourrez jamais, vous, Anglais, pardonner à un peuple que vous avez si cruellement offensé... Le souvenir du mal que vous nous avez fait vous pousserait à nous accabler de la plus cruelle tyrannie, et à employer tous les moyens pour nous empêcher d'acquérir de la force et de prospérer. »

Franklin ajoute qu'une seule chose est possible : la paix, c'est-à-dire la reconnaissance de l'indépendance américaine; elle est possible, dit-il, *avant que nous ayons contracté des alliances étrangères;* l'Angleterre y gagnera un commerce étendu, tandis que la guerre l'écrasera.

Franklin rappelle que, malgré toutes les calomnies dont il a été l'objet en Angleterre, personne plus longtemps que lui ne s'est efforcé de conserver l'Empire britannique, *ce magnifique vase de porcelaine* qui, une fois brisé, n'est plus réparable, et a perdu la moitié de son prix; il rappelle à lord Howe que lui, Franklin, a pleuré de joie à Londres quand il a cru la réconciliation possible, mais à présent il est trop tard.

« Je considère, dit-il en finissant, la guerre que nous

font les Anglais comme étant à la fois injuste et insensée. Je suis convaincu que la froide et impartiale postérité condamnera à l'infamie les hommes qui en ont été les instigateurs; la victoire même ne pourra pas effacer la honte des généraux qui se sont volontairement engagés à nous attaquer. »

Avant d'avoir reçu cette réponse, lord Howe envoya à Washington un parlementaire avec une lettre. La lettre était adressée à M. George Washington, *écuyer*. Le colonel Reed répondit qu'on ne connaissait personne de ce nom dans l'armée. Lord Howe, général anglais, envoyé dans une colonie britannique en révolte, ne voulait pas reconnaître à Washington un titre révolutionnaire. De son côté, Washington refusa de recevoir le message adressé à un simple particulier : « Je ne sacrifierai jamais une chose essentielle à une vaine étiquette, écrivait-il au Congrès, mais, pour mon pays et pour ma position, j'ai cru devoir insister sur une marque de considération à laquelle je ne tiendrais pas si l'honneur du pays n'y était engagé. »

Le Congrès approuva cette juste susceptibilité, et il eut raison; les négociations furent ainsi arrêtées dès le premier jour.

Au moment où il parlait avec cette fierté patriotique, Washington était dans une situation difficile, et ne se faisait pas d'illusion sur les dangers qu'il courait. Pour couvrir New-York, il n'avait pas plus de 10,000 hommes; c'était trop peu pour garder la baie et arrêter l'ennemi. « Mais, écrivait-il au Congrès, autant que j'en puis juger par la langage et les dispositions apparentes de

mes troupes, on me soutiendra…. Et quoique cet appel
à leur courage puisse ne pas tourner aussi heureusement que je le souhaite, l'ennemi ne réussira pas sans
pertes considérables. *Tout avantage leur coûtera cher*[1].»
C'est le langage d'un grand homme, prévoyant la défaite, et cependant décidé à résister le plus longtemps
possible, parce que la résistance est un devoir.

Avec ce calme coup d'œil, et cette force intérieure
qui est aussi loin de l'illusion que du désespoir, Washington avait lu dans l'avenir; le 27 août, les Américains étaient battus à Long-Island; les gens du Sud
avaient tenu vaillamment, les autres, nouvelles recrues,
et dans une mauvaise position, n'avaient pu résister à
des troupes disciplinées. Washington était resté qua-
rante-huit heures à cheval, mais tous ses efforts avaient
été inutiles; il lui fallut évacuer Long-Island et se retirer à New-York, en faisant passer l'East-River à ses troupes; opération difficile, et qu'à l'aide d'un brouillard
épais il exécuta heureusement.

La retraite lui faisait honneur, mais la situation était
déplorable. Cette armée composée de milices était dé-
moralisée. Ces soldats, enrôlés pour un service de six
semaines avec gratification de 10 dollars, formaient
suivant les justes paroles de Washington[2] « un corps
de troupes qui arrive et s'en va sans but ni raison, agit
où et comme il lui convient, absorbe vos provisions,
épuise vos munitions, et finit par vous abandonner au
moment critique.

1. Marshall's, *Life of Wash.*, II, p. 393 (8 août 1776).
2. Lettre du 20 décembre 1776.

« Notre position est des plus tristes, écrit-il au Congrès[1]. L'échec que notre division a éprouvé a démoralisé une grande portion de nos troupes, et a jeté dans les esprits la crainte et le désespoir. Au lieu de se roidir par un nouvel effort, la milice est découragée, intraitable, impatiente de retourner dans ses foyers. Il y a déjà un grand nombre d'hommes qui sont dispersés; des régiments et des compagnies s'en vont tout d'un coup... L'insubordination devient contagieuse, elle gagne ceux qui restent et produit un mépris complet de la discipline et de l'obéissance.

« C'est donc avec un profond chagrin que je me vois forcé de vous avouer le peu de confiance que j'ai dans la généralité de mes troupes... Jusqu'à ces derniers jours, je ne doutais pas que je pouvais défendre New-York; je n'en douterais pas encore, si les soldats voulaient faire leur devoir; mais de cela, j'en désespère.

« Il m'est extrêmement pénible de donner d'aussi mauvaises nouvelles; mais en des circonstances aussi critiques, ce serait un crime que de cacher la vérité. »

En même temps Washington signalait la cause du mal, c'est qu'on ne pouvait compter sur la milice[2]. Il fallait des troupes régulières et engagées pour un assez

---

1. 2 septembre 1776.

2. « On ne peut discipliner en quelques jours des hommes qui ont vécu libres et sans contrôle; les priviléges qu'ils s'arrogent, les exemptions qu'ils obtiennent exercent une fâcheuse influence; l'appui qu'ils prêtent dans le combat est contre-balancé par la discorde, l'irrégularité et la confusion dont ils sont cause. » (Lettre du 2 septembre 1776.)

Reed écrivait : « Quand je regarde autour de moi, et que je cherche ceux qui parlaient si haut d'honneur et de mort, je tombe de surprise en surprise. Quelques-uns de nos messieurs de Philadelphie qui étaient venus nous voir ont disparu avec une excessive vitesse au premier coup de canon. Ces fils de la liberté qui, ailleurs, font tant de bruit sont les plus silencieux sur le champ de bataille. Wash. Irving.. *Vie de Washington*, p. 589.

long temps, en un mot une armée permanente, au moins pendant la durée de la guerre. Et cette armée, il fallait la recruter à la façon anglaise, par des primes et un don de terres, autrement la liberté était perdue.

Le Congrès résolut de lever quatre-vingt-huit bataillons, mais c'étaient des bataillons *sur le papier ;* il fallait quelque chose de plus sérieux pour arrêter les Anglais.

Après ce premier succès, le général Howe en revint à ses idées de pacification. Parmi les officiers pris à l'affaire de Brooklyn se trouvait le général Sullivan ; lord Howe l'envoya sur parole au Congrès de Philadelphie. Sullivan était porteur d'un message verbal. Suivant cette commission, Howe disait qu'il ne pouvait traiter avec le Congrès, ne pouvant le reconnaître, mais il désirait avoir une conférence avec quelques membres du Congrès, qu'il considérerait comme simples particuliers. Il les recevrait au lieu qu'on voudrait indiquer, et demandait qu'on s'entendît, en un moment où il n'y avait pas encore de coup décisif, et où par conséquent aucune des parties ne pouvait dire qu'elle avait été forcée d'accepter un arrangement. Il ajoutait que si le Congrès était disposé à traiter, on pourrait et on devrait lui accorder bien des choses qu'il n'avait pas encore demandées ; et que si, après les conférences, il y avait chance probable d'arrangement, on reconnaîtrait l'autorité du Congrès, sans quoi l'accord ne serait pas complet.

Le Congrès répondit qu'étant le représentant d'États libres et indépendants, il enverrait quelques-uns de ses membres, non pas comme simples particuliers, mais en comité, pour connaître les pouvoirs et les propositions de l'amiral. Les trois commissaires choisis par le Congrès furent Franklin, John Adams, et Édouard Rutledge de la Caroline du Sud, tous trois partisans déclarés de l'indépendance, et ennemis de la Grande-Bretagne.

Le 11 septembre 1776, la conférence eut lieu à Staten-Island, en face de la ville d'Amboy; lord Howe reçut les commissaires avec une grande politesse; mais on était loin du temps où Franklin et lord Howe passaient gaiement leurs soirées à Londres, assis devant l'échiquier de miss Howe. Le rapport adressé au Congrès par les commissaires montra tout ce qu'il y avait de résolution et de rancune dans le cœur des Américains.

« Nous avons dit à Sa Seigneurie qu'il ne fallait plus compter que l'Amérique rentrât sous la domination de la Grande-Bretagne. Nous avons rappelé le passé, les humbles et fréquentes pétitions adressées par les colonies au roi et au Parlement, pétitions traitées avec mépris, et qui n'avaient reçu que des réponses insultantes, la patience inouïe que nous avons montrée sous ce gouvernement tyrannique. Nous avons ajouté que, pour déclarer notre indépendance, nous avions attendu les derniers actes du Parlement qui nous déclarent la guerre et nous mettent hors de la protection du roi. Cette Déclaration a été demandée par le peuple de toutes les colonies, elle a été partout approuvée; toutes les plantations se regardent maintenant comme des États indépendants, et ont établi leur gouvernement en conséquence. Il n'est donc pas au pouvoir du Congrès de stipuler pour elles, et de consentir à ce qu'elles redeviennent dépendantes. Il n'est pas douteux que les colonies inclinent à la paix, et qu'elles concluront volontiers avec l'Angleterre un traité avantageux aux deux pays. Si Sa Seigneurie n'a pas de pouvoirs suffisants pour traiter avec nous comme États indépendants, il peut, si l'Angleterre a quelque bon vouloir, obtenir des pouvoirs nouveaux bien plus aisément que le Congrès n'obtiendra des colonies un consentement à se soumettre. »

Ainsi finit la conférence [1]; les commissaires s'étaient assurés que lord Howe n'avait même pas le pouvoir d'accorder un pardon général aux Américains s'ils rentraient dans l'obéissance; le Congrès publia tout ce qui s'était passé dans la réunion, afin d'éclairer le peuple des États-Unis.

N'ayant plus d'espoir du côté du Congrès, lord Howe adressa une proclamation au peuple américain. Il y blâmait les prétentions d'indépendance, prétentions extravagantes et inadmissibles, qu'osait mettre en avant une Assemblée que les Américains égarés souffraient à leur tête; il promettait le redressement des lois et des mesures dont les colonies se plaignaient, il garantissait la liberté de législation intérieure, et enfin il conseillait aux habitants de réfléchir sérieusement s'il ne valait pas mieux retourner à l'allégeance de la Grande-Bretagne que de sacrifier leurs biens et leurs vies à une cause injuste et précaire.

Cette proclamation, et surtout les désastres de la

---

1. En finissant, lord Howe assura son vieil ami, le docteur Franklin, que c'était pour lui un profond chagrin que d'affliger des personnes pour qui il avait tant d'estime.

« Je remercie Votre Seigneurie de ce bon sentiment, répondit Franklin avec sa bonne humeur ordinaire; de leur côté, les Américains tâcheront de diminuer la peine que vous ressentez, en prenant bon soin de leur propre personne. » (Wash. Irving., p. 592.)

campagne de 1776, décidèrent un certain nombre de personnes, à New-York surtout, à reconnaître le gouvernement anglais et le pouvoir du Parlement. Parmi ces transfuges, un nom est remarquable, c'est celui de Joseph Galloway, qui, en 1774, avait été envoyé au Congrès par la Pensylvanie.

Dans une guerre civile, il n'y a point de place pour les neutres; Solon avait raison d'exiger qu'en ce cas chacun prît parti; l'Amérique se partagea en deux camps : les patriotes, c'était l'immense majorité, et les tories ou partisans de l'obéissance, les amis de la Grande-Bretagne. Ce fut de part et d'autre une haine violente. Certes, il n'y a pas d'âme plus belle et plus humaine que Washington; à la veille de la bataille de Long-Island, nous le voyons préoccupé de faire sortir de New-York les femmes et les enfants, et de trouver des secours pour les vieillards, les malades, les pauvres gens sans travail[1], mais Washington ne pardonna jamais aux tories, et ne se fit jamais scrupule de saisir leurs biens et leurs personnes. On peut juger par là quelle était l'animosité d'un peuple poussé au désespoir. Les Américains avaient à la bouche le mot de Cosme de Médicis : « Dieu nous ordonne de pardonner à nos ennemis, il ne dit rien de nos amis[2]. » Il est permis de croire qu'on allait trop loin.

Les négociations avaient retardé, mais non pas arrêté les opérations militaires. Le 14 septembre, l'armée anglaise, avec l'assistance de la flotte, passa l'East-

---

1. Lettre du 17 août 1776.
2. Lord Mahon, VI, 88.

River, et chercha un point de débarquement sur l'île de New-York. Enfermer l'armée dans l'île, c'était finir la guerre d'un coup. Les milices américaines lâchèrent pied, prises d'une terreur panique : « Je fis tout ce que je pus pour les rallier et les ramener au feu, écrit Washington [1], mais ce fut en vain ; à l'approche d'un petit corps ennemi composé de soixante ou soixante-dix hommes le désordre s'accrut, et nos hommes disparurent dans la plus grande confusion, sans tirer un seul coup de fusil. »

Ce fut, dit-on, la seule fois que Washington perdit son sang-froid accoutumé. « Son Excellence, écrit le général Greene, était si indignée de l'infâme conduite de ses troupes, qu'elle ne songeait plus qu'à mourir [2]. » Il fallut que ses aides de camp saisissent la bride de son cheval, et l'entraînassent dans une direction opposée.

Sa profonde douleur perce dans la lettre écrite le 16 septembre au président du Congrès. « Nous sommes maintenant campés sur les hauteurs de Haarlem, où l'ennemi, j'espère, ne trouvera qu'une défaite en cas d'attaque, si toutefois nos soldats veulent bien montrer un peu de bravoure. Mais l'expérience m'a convaincu, à mon grand regret, qu'il faut plutôt souhaiter ce résultat que l'attendre. Quoi qu'il en soit, j'espère qu'il se trouvera dans nos rangs des gens qui combattront comme des hommes, et qui prouveront qu'ils sont dignes de la liberté. »

1. Au président du Congrès, 16 septembre 1776.
2. Lord Mahon, t. VI, p. 120. Corresp. de Wash., lettre du 16 septembre. Note.

New-York était évacué, les Anglais en prirent possession le 15 septembre, et s'y maintinrent jusqu'à la fin de la guerre. Ce fut là que se réfugièrent tous les tories.

Jusque vers la fin d'octobre, Washington se maintint sur les hauteurs de Haarlem, essayant d'aguerrir ses soldats, et peu à peu de les habituer au feu; un engagement, qui eut lieu le 28 octobre aux *White plains*, montra que les soldats se faisaient à leur métier; mais l'hiver approchait, et aussi le congé des milices; l'armée américaine fondait à vue d'œil; et quand les Anglais, sous les ordres de lord Cornwallis, menacèrent d'envahir les Jerseys, Washington n'avait avec lui que trois mille cinq cents hommes. Ce fut avec cette poignée de soldats qu'il lui fallut se retirer, ou plutôt fuir devant l'ennemi. Sa situation nous est exprimée avec une grande vérité par un contemporain qui a écrit jour par jour l'histoire de la révolution américaine, le docteur Ramsay.

« Pendant que les Américains en retraite traversaient le pays, personne ne se joignait à eux, tandis qu'une foule d'habitants couraient au-devant de l'armée royale, pour faire leur paix et obtenir protection. D'un côté était une armée nombreuse, bien habillée, bien équipée, qui séduisait les yeux par l'élégance de l'uniforme; de l'autre une poignée de pauvres soldats, que leurs tristes vêtements avaient fait surmonter *ragamuffins* (les déguenillés), et qui fuyaient pour sauver leur vie. Ce ne fut pas seulement le peuple qui changea de parti dans cette triste condition des choses; quelques-uns des hommes influents dans le New-Jersey et la Pensylvanie en firent autant [1]. »

Ce reste d'armée ne suivit même pas Washington jusqu'au bout; les brigades de New-Jersey et de Maryland profitèrent du terme de leur engagement pour se retirer; et quand, le 10 décembre, il passa la Delaware, il n'avait plus avec lui que dix-sept cents hommes. Ce n'était pas assez pour couvrir Philadelphie, où siégeait le Congrès, déjà menacé par l'ennemi.

A ce moment le Congrès, comme toutes les assemblées où l'on parle beaucoup, où l'on agit peu, voulut rassurer les esprits par une proclamation, ce qui d'ordinaire ne sert qu'à les effrayer davantage. Le 11 décembre, il démentit comme faux et malicieux le bruit répandu que le Congrès songeait à quitter Philadelphie. Le Congrès déclarait qu'il avait une plus haute opinion du bon peuple de Pensylvanie, et qu'il ne quitterait pas Philadelphie, à moins qu'une *nécessité suprême ne l'y obligeât*. Ces résolutions furent transmises à Washington, pour qu'il les fît porter à l'ordre du jour. Washington s'excusa de n'en rien faire; il avait pour système que rien ne réussit ici-bas que la vérité. Il ne fallut pas longtemps pour lui donner raison. Deux jours après cette proclamation héroïque, il y eut un retour d'opinion, et le Congrès s'ajourna, pour se retrouver au 20 décembre non plus à Philadelphie, mais à Baltimore, dans le Maryland.

Philadelphie fut sauvée cependant; d'abord, par la

---

1. Lord Mahon, VI, 132.

prudence de Washington, qui, en passant la Delaware, avait fait rassembler tous les bateaux de façon à n'en laisser aucun du côté de New-Jersey, et ensuite par l'inaction du général Howe, qui satisfait de sa campagne, et voyant arriver l'hiver, remit au printemps la suite de la guerre, et ordonna à lord Cornwallis de prendre ses quartiers d'hiver dans le New-Jersey.

Washington ne perdit pas un moment pour refaire une armée. Il lui vint des soldats de différents côtés, quatre régiments de l'armée du Nord, et enfin la milice de la cité et du comté de Philadelphie, qui s'était bravement portée à son secours. Néanmoins ses espérances n'étaient pas grandes; il était visible qu'avec ces milices flottantes on ne résisterait jamais à des armées régulières.

Il écrivait le 18 décembre 1776 :

« Je ne doute point que le général Howe ne fasse cet hiver quelque tentative sur Philadelphie; je ne vois pas comment nous pourrons lui résister dans une quinzaine de jours, époque à laquelle expirent les engagements de toutes nos troupes, excepté celles de la Virginie, déjà fort réduites, et le régiment de Smallwood, composé de gens du Maryland. En un mot, si l'on ne fait un suprême effort pour recruter une nouvelle armée, je crains que la partie ne soit bientôt perdue; triste dénoûment, auquel n'auront pas peu contribué les intrigues de l'ennemi, le mauvais esprit de certaines colonies, le système ruineux des engagements à courte date, et la confiance aveugle qu'on a placée dans la milice. Ces conséquences fâcheuses, je les ai prévues et presque prophétisées il y a seize mois.

« Vous ne pouvez vous faire une idée des embarras de ma

situation. Jamais homme n'a eu, je crois, plus de difficultés à vaincre, et moins de ressources pour les combattre. Convaincu cependant de la justice de notre cause, je ne puis me figurer que nous succombions, bien que notre étoile puisse rester quelque temps encore cachée dans le nuage. »

Le 20 décembre, il écrivait au président du Congrès qu'il avait ordonné le recrutement de trois bataillons d'artillerie; et demandait qu'on étendît ses pouvoirs.

« ... Dans dix jours, notre armée n'existera plus. Si le court intervalle qui nous reste est employé à consulter le Congrès sur l'opportunité des mesures à prendre, opportunité évidente pour tous, si nous attendons qu'il nous ait fait parvenir ses décisions à une distance de cent quarante milles, nous aurons perdu un temps précieux et manqué notre but.

« On m'objectera que je réclame des pouvoirs qu'il est dangereux de confier; mais aux maux désespérés il faut des remèdes extrêmes. Je déclare en toute sincérité que je n'ambitionne pas ces pouvoirs, je soupire aussi ardemment qu'aucun autre citoyen après le moment où nous pourrons abandonner l'épée pour la charrue; mais, comme officier et comme homme, je suis obligé de déclarer que personne n'a jamais rencontré autant d'obstacles que moi sur sa route. Il est inutile d'ajouter que la courte durée des enrôlements et notre confiance aveugle dans la milice ont amené tous nos malheurs, et causé l'effrayant accroissement de notre dette. L'ennemi se recrute chaque jour de nos mécontents. Ses forces s'accroîtront comme la boule de neige qui roule, si nous n'imaginons pas quelque moyen d'en arrêter le progrès. »

Washington demandait une armée en état de lutter contre l'ennemi. Il lui fallait cent-dix bataillons; « ce n'est pas, selon moi, le moment de reculer devant la dépense ; l'argent n'est pas le seul objet à considérer.

« On pensera peut-être que je m'écarte de la ligne de mes devoirs en donnant des conseils avec tant de liberté ; mais une réputation à garder, des biens à conserver, la crainte de perdre la liberté, le plus cher de tous les biens, enfin une vie dévouée au service du pays, peuvent me servir d'excuse. »

Le Congrès (et c'est là son plus bel éloge) comprit ce noble et patriotique langage ; le 27 décembre 1776 il déclara que, *pour éviter la servitude* dont la Grande-Bretagne menaçait l'Amérique, « il était nécessaire de recourir au pouvoir militaire afin de sauver la liberté civile, et qu'un corps nombreux, délibérant, et éloigné du théâtre de la guerre, n'était pas en état de conduire avec vigueur et décision les affaires militaires. »

En conséquence, le Congrès donnait à Washington une véritable dictature militaire, dont il bornait seulement la durée à six mois. On l'autorisait à lever le nombre de troupes qu'il avait demandé, cent-quatre bataillons d'infanterie, trois mille chevaux, trois régiments d'artillerie et un corps d'ingénieurs dont il fixerait la solde ; en outre, on lui donnait le droit de requérir les milices partout où il le jugerait nécessaire ; de former des magasins où et quand il le jugerait à propos, de nommer à tous les grades au-dessous de celui de brigadier général, de prendre par *réquisition* tout ce qui serait nécessaire à l'armée, d'arrêter toute personne non affectionnée à la cause américaine, ou qui refuserait de recevoir le papier-monnaie, à charge d'envoyer à l'État, auquel ces accusés appartiendraient, leur nom, le délit, et la liste des témoins.

Washington remercia le Congrès, en disant avec sa modestie ordinaire : « Si mes efforts ne sont pas couronnés de succès, la faute devra, je pense, en être imputée à notre malheureuse situation et aux difficultés que j'ai à combattre, plutôt qu'à un manque de vigilance et de zèle pour les intérêts de mon pays, dont la prospérité a toujours été le principal objet de mes soins [1]. »

Et il écrivait le même jour à Robert Morris, commissaire du Congrès :

« Loin de me croire affranchi de toutes les obligations civiles, par cette marque de confiance que me donne le Congrès, j'aurai toujours présent à l'esprit que, si l'épée a été notre dernière ressource pour sauver nos libertés, c'est aussi la première chose dont il faut se défaire quand ces libertés seront solidement établies [2]. »

Avant même d'avoir reçu cette réponse, Washington avait pris une résolution hardie, celle d'attaquer l'ennemi dans ses quartiers d'hiver, pour ranimer l'esprit public et l'esprit de l'armée. C'était, disait-il, la nécessité, la cruelle nécessité qui l'obligeait d'agir avec une poignée d'hommes [3]. Pour cela il songea à repasser la Delaware, et à attaquer deux corps de Hessois, placés à Trenton et à Borden-Town, les barrières des Jerseys. Ces étrangers, qui ne parlaient point la langue du pays,

1. Lettre du 1er janvier 1777.
2. A Robert Morris, 1er janvier 1777.
3. Lord Mahon, VI, 135.

et qui étaient doublement odieux aux habitants, seraient sans doute tenus dans l'ignorance des mouvements de l'ennemi; en outre, ils étaient peu sur leur garde, leurs postes étaient mal garnis et sans retranchements.

Washington choisit le jour, ou plutôt la nuit de Noël, pour attaquer les Hessois à Trenton. Il pensa que les Allemands, après avoir joyeusement fêté Noël, seraient mieux endormis, et moins sur leur garde que jamais. L'entreprise réussit, quoique les glaces flottantes, et un orage de neige et de grêle eût retardé jusqu'à huit heures du matin l'attaque, qui devait avoir lieu à quatre heures. Les Hessois furent surpris, leur colonel tué, et un millier d'hommes se rendit à l'armée américaine[1]. Les Américains n'avaient eu que deux soldats tués, et deux autres gelés à mort.

Washington avait repassé le fleuve avec ses prisonniers, quand il apprit que le second corps des Hessois se retirait sur Princeton; il se hâta de reprendre l'offensive; mais, c'était la fin de l'année, les engagements expiraient, il fallut tout l'effort des officiers, et une gratification de dix dollars par homme pour retenir sous les drapeaux pendant quelques semaines des gens qui se battaient pour la patrie.

A la nouvelle du désastre de Trenton, lord Cornwallis accourut de New-York dans le New-Jersey. Le 2 janvier 1777, il était en vue de l'armée américaine, qui se trouvait dans la situation la plus difficile : se retirer,

____

1. Ramsay, *Vie de Wash.*, 81.

c'était livrer Philadelphie : combattre avec une rivière derrière soi, c'était risquer les dernières forces de l'Amérique. Washington prit un de ces partis hasardeux qui réussissent presque toujours en guerre : laissant les feux allumés dans son camp, il fit un détour pendant la nuit, et alla attaquer à Princeton les troupes que lord Cornwallis avait laissées à l'arrière-garde. Là, Washington combattit avec cette ardeur héroïque qui était le seul défaut que lui reprochassent ses soldats ; il s'exposait trop ; on eût dit que cette froide et calme nature s'animait au milieu du danger. L'expédition remplit et au delà son objet ; le général Howe fit évacuer le New-Jersey, que les Hessois avaient pillé et insulté au nom du roi légitime, et qui avait pris en horreur ses prétendus défenseurs. Aux approches de l'armée américaine, on voyait les habitants se hâter d'arracher de leurs maisons un bout de haillon rouge cloué sur la porte, en signe d'affection pour la couronne ; c'était l'affection de la peur.

Ces succès de Trenton et de Princeton retentirent par toute l'Amérique. Ce fut une résurrection, dit un contemporain Parmi ceux qui avaient crié le plus fort à l'origine, quand tout était tranquille, il en était plus d'un qui, changeant de langage, avait crié que les armées anglaises étaient irrésistibles, et que la guerre de l'indépendance était une folie ; ils se mirent à crier de nouveau, mais sur un autre ton. On célébra partout le nouveau Fabius :

> Unus qui nobis cunctando restituit rem,
> Non ponebat enim rumores ante salutem :
> Ergo magisque magisque viri nunc gloria c...i. t.

Mais ce qui valait mieux que de grands mots et de vaines clameurs, c'est que les Américains reprenaient confiance en eux-mêmes; on savait maintenant qu'on pouvait se battre, même en rase campagne, et résister avec succès. Les engagés reparurent, les vieux soldats se décidèrent à rester sous les drapeaux, et il fut possible de les mieux vêtir et de les mieux nourrir. On était loin cependant d'avoir une véritable armée; ce n'était pas la fin des épreuves.

Au milieu de toutes ces agitations, un seul homme restait calme : c'était Washington. Au moment du plus grand abandon de la fortune, il avait dit froidement à un de ses principaux officiers, le colonel Reed, qu'il résisterait jusqu'au bout, reculant, s'il le fallait, d'État en État, de position en position, et s'il était forcé partout, maintenant la guerre derrière les Alleghanys[1]. C'est ainsi qu'on fait de grandes choses, et qu'on sauve son pays. Là est la *vertu*.

Cette leçon, toute remplie d'événements, et qui nous montre quelle était la faiblesse de la confédération, a une portée morale. Depuis quelque temps on nous a fait une théorie commode pour supprimer les grands hommes; le temps des héros est passé. C'est l'esprit public, c'est l'opinion qui gouverne, un grand homme n'est que l'expression de son siècle et de son pays, une espèce de harpe éolienne, qui résonne au souffle du vent.

J'ai peu de goût pour ce panthéisme historique, je

---

1. Lord Mahon, VI, p. 141; Ramsay, *Vie de Wash.*, p. 75.

vois au contraire que c'est partout l'individu qui existe, et je ne crois guère que réunir ensemble des ignorants et des sots soit un moyen infaillible de produire de l'esprit.

Mais néanmoins il y a une part de vérité dans cette fausse idée.

Oui, le temps des héros est passé, si l'on entend par héros ces hommes qui font vivre un siècle de leur pensée, qui lui donnent leur fièvre; cela est bon à des époques où l'homme a besoin d'être mené; cela est mauvais en des temps civilisés. Le temps des Alexandre et des César est fini.

Mais s'il n'y a plus de héros légendaires, si les individus jouent un plus grand rôle et ne sont plus une pâte ductile entre les mains d'un maître, il y a place, et une place chaque jour plus large, pour les grands caractères. Ce qui est à craindre dans notre temps, ce sont ces courants d'opinion, ces coups de majorité qui entraînent un pays et le précipitent. En France, rien ne réussit comme le succès, disait madame de Staël; mais ce succès même, nous le compromettons par notre emportement.

Ce qu'il nous faut, ce sont des hommes qui restent à leur place quand le flot recule, et qui sans crainte ni espoir, mais avec un calcul certain, attendent le retour de la marée. Cela n'est pas nécessaire seulement pour résister à l'ennemi, mais pour résister à l'abandon, à l'indifférence publique, dans les jours où la liberté est honnie, calomniée, maudite. Tout le monde ne peut pas être Washington, mais tout le monde peut prendre pour modèle l'homme qui proclame que la *liberté est le plus grand bien du monde*, et qui, devant le péril, ne recule point d'un pas, laissant le succès à la fortune, et gardant pour lui le devoir.

DIX-SEPTIÈME LEÇON

CHATHAM. — FRANKLIN A PARIS. — LA FAYETTE.

Tandis que les événements se pressaient en Amérique, et que Washington, obligé de fuir devant l'ennemi,
avait presque aussitôt fait un heureux retour à Trenton
et à Princeton, sans pouvoir toutefois se faire illusion
sur sa faiblesse ni remédier à ce désastreux système
d'enrôlement à temps qui lui faisait perdre ses meilleurs soldats au jour du danger, il se passait en Europe
des faits qui devaient décider de la victoire des États-
Unis. L'opinion commençait à s'éclairer en Angleterre;
la France voyait approcher une rupture, qu'elle avait
suivie avec une joie jalouse, et La Fayette, partant pour
l'Amérique, emportait les vœux de l'Europe avec lui.
Voilà les trois sujets de la leçon d'aujourd'hui.

En Angleterre, la session du Parlement, qui avait
commencé le dernier jour d'octobre 1776, continua
jusqu'en juin 1777. Comme dans les sessions précé-
dentes, ce fut l'Amérique qui fut le principal objet de la
discussion. Suivant l'usage, le discours du roi ne parlait que de la prospérité du pays et de la défaite prochaine de l'Amérique; il faisait appel à la Providence,

et demandait des hommes et de l'argent. Lord Rockingham proposa un amendement qui ne réunit que quarante-six votes [1]; la Chambre des lords était décidée à ne rien voir que par les yeux du ministère : moyen infaillible de perdre un pays, en se proclamant conservateur.

Vers la fin de la session, le 30 mai 1777, Chatham, plus goutteux et plus malade que jamais, reparut après deux ans de retraite forcée; il se fit transporter à la Chambre des lords, tout enveloppé de flanelle, et se soutenant sur sa béquille pour parler.

Il proposa une adresse à la couronne, déclarant que le Parlement regrettait la guerre contre nature que la Grande-Bretagne faisait à ses colonies, et priant Sa Majesté de prendre de promptes mesures pour en finir de la seule façon juste et raisonnable, c'est-à-dire en écartant des griefs accumulés, en laissant aux Américains le droit de disposer de leur argent.

Il attaqua les ministres avec une virulence extrême sur un point où ils étaient faibles, le secours mendié aux Allemands et aux sauvages; il ajouta (c'était son idée fixe) que l'Angleterre était sans défense contre les sinistres projets de la France; qu'on avait dégarni le pays, qu'il n'y avait pas cinq mille hommes en Angleterre, pas davantage en Irlande, ni plus de vingt vaisseaux de guerre en état de servir.

« Mylords, dit-il, sans la paix, sans le retour immédiat de la tranquillité, la nation est ruinée. Quelle a été la conduite

---

1. Après ce vote, Rockingham et ses amis se retirèrent de la Chambre et n'y parurent plus que pour voter des bills d'intérêt privé. Singulier patriotisme que celui qui abdique! Lord Mahon, VI, 145.

de vos ministres? Ont-ils cherché à se concilier l'affection et l'obéissance de leurs frères d'Amérique? Ils ont été en Allemagne, ils ont cherché l'alliance et le secours de tout ce qu'ils ont trouvé de misérable, de mendiant, d'insignifiant parmi les petits princes allemands, afin de couper la gorge à nos frères d'Amérique, à un peuple loyal, brave, outragé. Ils ont fait des traités mercenaires avec ces bouchers humains; on a vendu et acheté le sang des hommes.

« Mais, mylords, ce n'est pas tout; vos ministres ont négocié d'autres traités. Ils ont déchaîné les sauvages d'Amérique sur leurs frères innocents et sans défense, ils les ont lâchés sur l'âge et la faiblesse; des vieillards, des femmes, des enfants, des enfants au sein de leur mère ont été égorgés, coupés en morceaux, bouillis, rôtis, mangés vivants. Je n'exagère rien; voilà l'œuvre de vos ministres. Voilà, mylords, quels sont aujourd'hui les alliés de la Grande-Bretagne; le carnage, la désolation, la destruction suivent partout nos armes; voilà comment, aujourd'hui, nous faisons la guerre.

« Victorieuses ou vaincues, les armes de ce pays sont déshonorées. Est-ce ainsi qu'autrefois nous agissions? Est-ce par de semblables moyens que nous sommes parvenus à ce faîte de grandeur et de gloire qui, en portant notre réputation dans tous les coins du globe, rendait témoignage à notre justice, à notre pitié, à notre intégrité nationale? Est-ce en se servant du tomahawk et du scalpel que la valeur et l'humanité britannique étaient devenues proverbiales? Est-ce ainsi que nos triomphes mêmes et l'éclat de nos conquêtes pâlissaient à côté de l'honneur national? Est-ce en déchaînant des sauvages, pour qu'ils plongent leurs mains dans le sang de nos ennemis, que nous avions uni ensemble les devoirs du soldat, du citoyen et de l'homme? Est-ce là une guerre honorable? Est-ce là cette grandeur et cette générosité qui fait de l'ambition une vertu [1]? »

1. Hazlitt, *Eloq. of the british Senate*, I, 173.

Puis s'adressant au bon sens anglais :

« Vous ne pouvez conquérir les Américains, cria-t-il. Vous parlez du nombre de vos troupes, vous dites que vous disperserez leur armée ; il me serait aussi facile de la chasser devant moi avec cette béquille. Vous avez fouillé tous les recoins de l'Allemagne, mais quarante mille paysans allemands ne réduiront jamais un nombre décuple d'hommes libres et d'Anglais ; ils peuvent tout ravager, ils ne peuvent rien conquérir !

« Mais qu'est-ce que vous voulez conquérir ? Est-ce la carte d'Amérique ? Qu'est-ce que peuvent faire vos troupes en dehors de la protection de votre flotte ? En hiver, si on les rassemble, elles meurent de faim ; si on les disperse, elles sont surprises en détail. Je sais ce que valent les espérances et les promesses du printemps ; je connais l'appât que nous jettent les ministres, mais à la fin arrivent l'équinoxe et le désappointement.

« Vous n'avez rien gagné en Amérique que des garnisons. Depuis trois ans vous apprenez aux Américains l'art de la guerre, et ce sont de bons écoliers. Ces forces que vous avez envoyées, c'est trop pour faire la paix, c'est trop peu pour faire la guerre.

« Supposons que vous l'emportiez ? Et après ? Pouvez-vous forcer les Américains à vous respecter ? Leur ferez-vous porter vos couleurs ? N'aurez-vous pas planté dans leur cœur une haine invincible ? Le sang qu'ils ont reçu dans leurs veines vous dit assez qu'ils ne vous respecteront jamais.

« Si les ministres sont fondés à dire qu'il n'y a aucune espèce de traité entre l'Amérique et la France, il vous reste encore une chance ; le point d'honneur est sauf, hâtez-vous de traiter.

« Acceptez le plan que je vous offre, il peut produire une diversion considérable en Amérique, et nous donner ici l'unanimité ; il laisse un choix à l'Amérique ; ce choix, elle ne l'a pas eu jusqu'à présent. Vous lui avez dit : *Posez les*

armes; elle vous a répondu comme les Spartiates : « Viens les
« prendre. »

« Pensez-y, dit-il en finissant. S'il paraît un traité avec la
France, alors déclarez la guerre, n'auriez-vous que cinq vaisseaux de ligne; mais la France reculera le plus longtemps
possible avant de faire un traité. Maintenant vous êtes à la
merci de tous les petits princes d'Allemagne; les prétentions de la France grandiront chaque jour, elle deviendra
partie avouée soit en paix, soit en guerre. Vous avez essayé
d'une soumission sans condition, essayez d'une justice sans
condition. Vous y compromettrez moins votre dignité qu'en
vous soumettant aux demandes des chancelleries d'Allemagne.
Nous sommes les agresseurs, nous avons attaqué l'Amérique
comme l'*Armada* espagnole a jadis attaqué l'Angleterre. Essayez
de la bonté. La bonté n'a jamais nui à personne, elle mettra
le trône du roi où il doit être, dans le cœur de ses peuples,
et alors des millions d'hommes, ici ou au loin, qui ne parlent
que de reproches et de révoltes, prieront Dieu pour le souverain [1]. »

Le débat qui suivit cette motion fut des plus vifs;
les ducs de Grafton et de Manchester, les lords Camden
et Shelburne soutinrent Chatham, qui fut surtout attaqué par lord Mansfield et le nouvel archevêque d'York,
le docteur Markham. Ce n'est pas le moindre inconvénient des évêques politiques, que de leur voir prêcher
la guerre et le Dieu des combats. Chatham parla une
seconde fois avec la même éloquence; mais ce fut en
vain; 76 voix contre 26 rejetèrent sa proposition.

Et cependant ce qui fait aujourd'hui la grandeur de
son nom, ce sont ces batailles perdues pour la défense
de la justice et de l'humanité.

<hr>

1. Lord Mahon, VI, 155.

Dans la Chambre des communes, l'opposition ne fut pas moins vive : à ces terribles accusations, les ministres avaient une réponse toute prête, une arme d'un métal si dur, qu'après avoir tant servi elle est encore toute neuve, et durera sans doute autant que l'ignorance et la crédulité. Ceux qui défendaient l'Amérique étaient les ennemis de l'Angleterre; il n'y avait qu'à les faire taire pour que tout allât bien. N'est-il pas évident que, si on pendait tous ceux qui se plaignent de souffrir, il n'y aurait plus de malades, et que tout le monde se porterait bien, *officiellement?*

Le ministre proposa donc la suspension partielle de l'*habeas corpus;* un bill qui permettait à Sa Majesté, (c'est-à-dire aux ministres) de saisir et de détenir toute personne *chargée* ou *soupçonnée* du crime de haute trahison commis en Amérique, ou sur les hautes mers. La course devenait piraterie.

« Nous avons, disait lord North, beaucoup de prisonniers que, pendant la guerre présente, nous avons saisis en flagrant délit de haute trahison; et il y a des gens coupables de ce crime qu'on pourrait arrêter, mais que, *faute de preuves, on ne pourrait pas garder en prison.* »

Et faute de preuves on s'attribuait le droit de les interner ou de les exiler.

« Nos libertés sont en danger, cria Fox, qui venait de passer à l'opposition, et commençait à sentir que l'arbitraire blesse souvent ceux-là même qui l'ont établi.

« Qui sait, ajouta-t-il, si, dans la plénitude de leur malice,

les ministres ne se mettront pas un jour en tête que j'ai servi
à Long-Island, sous le général Washington? En pareil cas, que
me servirait-il de plaider un alibi, d'assurer à mes anciens
amis que durant la campagne d'Amérique j'étais en Angleterre, et n'ai vu d'autre mer que la Manche entre Douvres et
Calais, et que toute ma piraterie a été commise sur des pois-
sons muets?

« — Tout cela peut être vrai, me répondra un ministre ou
quelque valet de ministre, mais vous êtes suspect, cela suffit; ce
n'est pas le moment de la preuve. Je sais que vous aimez
l'Écosse; aussi, par cette lettre munie du seing royal, je vous
envoie étudier la langue erse dans l'île de *Bute*[1]. Aussitôt que
l'effet du bill aura cessé, vous aurez la liberté de retourner
où bon vous semblera, et alors vous pourrez sommer vos accu-
sateurs de prouver leurs accusations de haute trahison commises en Amérique ou sur les hautes mers, ou de piraterie.
Mais alors ils vous riront au nez, et vous diront qu'ils ne vous
ont jamais accusé; vous n'étiez pas coupable, vous étiez
suspect[2]. »

C'était, je le veux, une crainte imaginaire; mais pourquoi? Parce qu'il y avait en Angleterre assez d'esprit
public, un Parlement assez résolu et une presse assez
libre pour empêcher l'abus. Mais sans ces garanties,
quel citoyen eût été à l'abri du danger? « Personne, disait Malesherbes à Louis XV, n'est assez grand chez nous
pour échapper à la vengeance d'un ministre, ni assez
petit pour ne pas craindre la rancune d'un commis. »
Vous avez vu que Chatham parle souvent d'un traité
de l'Amérique avec la France; c'est qu'en effet ce traité

---

1. Lord Bute était le favori du roi.
2. Lord Mahon, VI, 153.

était forcé; il était dans l'air; on pouvait dire : Je n'en sais rien, mais je l'affirme.

Les Anglais nous avaient chassés du Canada et du continent par la paix de 1763; mais Choiseul, signant ce traité, s'était écrié : *Nous les tenons;* il avait compris dès le premier jour que les colonies, délivrées de la crainte de la France, seraient trop puissantes pour supporter la tutelle oppressive de l'Angleterre.

Aussi, dès les premières querelles entre les colonies et la métropole, la France eut-elle l'œil ouvert sur ces difficultés. En 1767, le ministre français résidant à Londres avait pour le docteur Franklin, agent des colonies, une telle amitié, il s'inquiétait avec tant de souci des souffrances et des plaintes américaines, que le docteur, qui alors ne voulait pas *briser le vase de porcelaine*, sachant qu'il était fragile, et une fois brisé irréparable, écrivait à son fils :

« J'imagine que cette nation *intrigante* aimerait à se mêler de nos affaires et à souffler le feu entre la Grande-Bretagne et ses colonies; mais j'espère que nous ne lui donnerons pas ce plaisir. »

En 1775, le docteur n'en était plus là; la nation *intrigante* était devenue une amie qu'on voulait conquérir. On écrivait à Franklin que l'Europe souhaitait à l'Amérique le plus heureux succès; mais, disait Franklin, à qui les mots ne suffisaient pas : « Si nous rompons avec l'Angleterre, et si nous nous déclarons indépendants, y aura-t-il une puissance en Europe qui veuille s'allier avec nous, et profiter de notre commerce, qui avant la guerre s'élevait à 7 millions livres sterling (175 millions francs) par an, et qui doit grandir avec la rapide croissance de notre peuple[1] ? »

Cette nation vers laquelle l'Amérique insurgée jetait les yeux, c'était son ancienne ennemie, la France; aussi, dès le mois de mars 1776, voyons-nous le Congrès envoyer Silas Deane, du Connecticut, comme agent politique près de la cour de Versailles.

Silas Deane arrivait comme simple marchand; il devait, suivant ses instructions, solliciter une entrevue avec le ministre des affaires étrangères, le comte de Vergennes, et demander au gouvernement français, ou de lui fournir, ou de lui laisser acheter ce qu'on ne pouvait se procurer en Amérique : des vêtements, des armes, des munitions pour vingt-cinq mille hommes, et cent pièces de canon de campagne. En même temps Silas Deane devait sonder le ministre, pour savoir si la France reconnaîtrait l'Amérique indépendante; il offrait de transférer à la France les avantages commerciaux dont l'Angleterre jouissait précédemment.

Silas Deane arriva à Paris vers le 1er juillet 1776; son arrivée fut aussitôt connue à Londres, et lord Stormont fut envoyé tout exprès à Paris pour surveiller les mouvements de l'agent américain.

Néanmoins, par l'intermédiaire d'un ami de l'Amérique, M. Dubourg, Silas Deane fut facilement introduit à Versailles auprès de M. de Vergennes.

Dès le mois de mars, un mémoire, rédigé par M. Gé-

[1]. Pitkin, I, 385.

rard (de Rayneval), premier commis des affaires étrangères, ainsi qu'un mémoire présenté au roi par M. de
Vergennes[1], avait examiné la question et réglé la conduite de la France.

Il y avait trois partis à prendre : 1° la guerre; 2° une
paix franche avec l'Angleterre; 3° une neutralité qui
secourrait les Américains, en les reconnaissant comme
belligérants.

La paix franche avec l'Angleterre, M. de Vergennes
n'en voulait pas.

« Les Anglais, disait-il, habitués à se conduire par l'impulsion de leurs intérêts, et à juger des autres par eux-mêmes,
croiront toujours que nous ne laisserons pas échapper une si
belle occasion de leur nuire...

« Une apathie trop marquée... sera interprétée comme
l'effet de la crainte, et de cet amour immodéré de la paix qui,
depuis peu d'années, a produit tant de maux et d'injustices...
Il est à craindre, en ce cas, que l'Angleterre ne devienne
plus exigeante encore qu'elle ne l'est déjà, et qu'elle n'ose
tout, soit directement et à face découverte, soit par l'insolence et l'injustice de ses visites et de ses croisières, et par
des insultes de détail qu'elle ne voudra ni ne pourra réparer,
et que nous ne pourrons ni ne voudrons dévorer. *Les Anglais
ne respectent que ceux qui peuvent se faire craindre.* »

La guerre avait un certain attrait pour M. de Vergennes.

« Si, dit-il, *les dispositions du roi de France et du roi d'Espagne*[2] *étaient guerrières, s'ils étaient disposés à se livrer à
l'impulsion de leur intérêt, et peut-être à la justice de leur*

---

1. De Witt, *Jefferson*, p. 491.
2. En vertu du pacte de famille, les deux cours agissaient ensemble.

cause, qui est celle de l'humanité si souvent offensée par l'Angleterre ; si leurs moyens militaires et pécuniaires étaient au point de développement et d'énergie convenable, et proportionnés à leur puissance effective, il faudrait sans doute leur dire que la Providence a marqué ce moment pour l'humiliation de l'Angleterre, qu'elle l'a frappée de l'aveuglement, qui est le précurseur le plus certain de la destruction, et qu'il est temps de venger sur cette nation les menaces qu'elle a faites depuis le commencement du siècle à ceux qui ont eu le malheur d'être ses voisins et ses rivaux.

« Il faudrait alors ne négliger aucun des moyens possibles pour rendre la campagne prochaine aussi vive qu'il se pourrait, et pour procurer des avantages aux Américains.

« Le degré d'acharnement et d'épuisement des deux partis, qui en résulterait, déterminerait alors l'instant de frapper des coups décisifs, qui feraient rentrer l'Angleterre dans l'ordre des puissances secondaires, lui raviraient l'empire qu'elle prétend exercer dans les quatre parties du monde avec autant d'orgueil que d'injustice, et délivreraient l'univers d'un tyran avide qui veut à la fois engloutir tout le pouvoir et toutes les richesses.

« Mais, ajoute M. de Vergennes, ce n'est pas là le point de vue où les deux monarques veulent se placer ; leur rôle paraît, dans la conjoncture actuelle, devoir se borner à une prévoyance circonspecte mais active. »

Le système était donc de *voir venir*, et la politique acceptée par Louis XVI était celle-ci :

1° Continuer à entretenir *avec dextérité* la sécurité du ministère anglais sur les intentions de la France et de l'Espagne.

2° Donner aux *insurgents* des secours secrets en munitions et en argent.

3° Ne point pactiser *avec eux* jusqu'à ce qu'ils se rendissent indépendants, que leur gouvernement fût assuré, et qu'on n'eût plus à craindre une réunion de la métropole et des colonies.

En d'autres termes, on acceptait la guerre dans l'avenir.

En attendant, on rétablissait la marine, on accumulait des provisions, on préparait des escadres à Toulon et à Brest, tandis qu'on engageait l'Espagne à en préparer une au Ferrol.

M. de Vergennes reçut Silas Deane, il lui dit que la France sentait l'importance du commerce de l'Amérique, que ces relations mutuelles étaient dans l'intérêt des deux pays, et qu'on laisserait les ports ouverts à l'Amérique et à l'Angleterre.

Qu'on n'encouragerait pas l'embarquement de provisions militaires; mais que, si la *douane* ou la *police* y mettait quelque obstacle, on trouverait moyen de le lever.

Quant à l'*indépendance*, c'était le secret du temps; on ne pouvait donc rien dire. Mais on avertit Silas Deane de se méfier de lord Stormont, qui devait avoir des *espions*, et pourrait demander son extradition[1]; on l'engagea à s'adresser, non plus à M. de Vergennes, mais à M. Gérard, qui avait la confiance du ministre.

Après la prise de New-York par les Anglais en septembre 1776, on sentit en Amérique qu'on avait un besoin absolu de la France, et on résolut d'envoyer trois personnes, en mission secrète, à la cour de France.

---

1. Pitkin I, 406.

Franklin, malgré son grand âge (il avait soixante-dix ans), fut choisi à l'unanimité. Quand on lui annonça sa nomination, il répondit modestement : « Je suis vieux, et ne suis plus bon à rien ; mais, comme disent les marchands de drap quand ils arrivent au bout de la pièce : c'est le dernier morceau, prenez-le au prix que vous voudrez[1]. » On lui adjoignit Silas Deane, qui était en France, et enfin, au refus de Jefferson, Arthur Lee, qui était en Angleterre.

Franklin s'embarqua le 1er novembre, non pas sans crainte d'être pris par les Anglais, qui lui auraient fait un mauvais parti ; mais il débarqua sain et sauf dans la baie de Quiberon, et arriva à Paris avant la fin de l'année.

C'était assurément le meilleur choix qu'on pût faire. Avec son air vénérable, ses cheveux sans poudre, ses vêtements de gros.drap, le bonhomme Franklin fut bientôt un personnage populaire ; mais ce bonhomme était en même temps l'ami de tous les philosophes, le commensal de madame Helvétius, le membre de l'Académie des sciences ; il séduisit la cour non moins que la ville ; sa petite retraite de Passy fut un rendez-vous politique ; il donna à l'Amérique une force toute-puissante en France, l'opinion.

Dès le mois de mai 1777, il écrivait à son ami, le docteur Cooper, un des grands patriotes de la révolution :

« Toute l'Europe est de notre côté : nous avons du moins

____

[1]. Lord Mahon, VI, 125.

tous les applaudissements et tous les vœux. Ceux qui vivent
sous un pouvoir arbitraire n'en aiment pas moins la liberté,
et font des vœux pour elle. Ils désespèrent de la conquérir en
Europe; ils lisent avec enthousiasme les constitutions de nos
colonies devenues libres. Il y a tant de gens qui parlent de se
rendre en Amérique avec leur famille et leur fortune aussitôt que la paix sera faite et notre indépendance établie, qu'on
croit généralement que l'émigration européenne nous apportera un prodigieux accroissement de force, de richesse et d'industrie. On croit aussi que, pour diminuer ou prévenir cette
émigration, les tyrannies d'Europe devront se détendre, et
accorder à leurs peuples plus de liberté. C'est ici un commun
dicton que notre cause est *la cause du genre humain*, et que
nous combattons pour la liberté de l'Europe en combattant
pour la nôtre. C'est une glorieuse tâche que nous assigne la
Providence; j'espère qu'elle nous a donné une énergie et une
vertu suffisantes pour ce grand objet, et qu'elle finira par cou-
ronner nos entreprises par le succès [1]. »

Franklin avait raison; c'était là l'état de l'opinion,
mais l'opinion ne se fait pas seule, il faut des gens qui
écrivent, parlent, agissent, et cette opinion, personne
plus que Franklin n'avait contribué à la faire naître; ce
fut lui qui gagna la France à l'Amérique; ce n'est pas
le moindre service qu'il a rendu à son pays.

Dès son arrivée, il fit un de ces actes décisifs qui enlèvent l'opinion; lord Stormont avait ce défaut trop
commun aux Anglais de prendre un langage menaçant, et de s'imaginer que tout doit plier devant un Anglais; à Versailles on le supportait avec peine. Franklin
lui écrivit pour lui proposer l'échange de matelots pris

1. *Franklin Work*, 1, 308.

de part et d'autre par les croisières des deux pays; lord Stormont fit à cette demande la réponse laconique qui suit : « L'ambassadeur du roi ne peut recevoir des rebelles aucune communication, à moins qu'ils ne viennent implorer leur grâce de Sa Majesté. » Franklin renvoya la lettre avec ces mots : « En réponse à une lettre qui touche aux intérêts les plus sacrés de l'humanité, nous avons reçu la note indécente ci-incluse; nous la renvoyons à Votre Seigneurie pour qu'elle fasse de plus sérieuses réflexions. »

J'ai dit que Franklin avait beaucoup contribué à la conquête de l'opinion; il est un homme qu'il faut mettre à côté de Franklin, et qui fit plus peut-être, car il était Français, c'est La Fayette.

Gilbert de Motier, marquis de La Fayette, était né en 1757; son père, colonel des grenadiers de France, avait été tué à Minden, quelques jours avant la naissance de son fils; sa mère, morte en 1770, l'avait laissé orphelin à treize ans, et possesseur d'une grande fortune, 200,000 livres de rente. Suivant l'usage, on l'avait fait officier quand il n'était qu'un enfant; il était entré aux mousquetaires noirs; ce qui n'empêchait pas qu'on le mît au collége, d'où il ne sortait qu'aux jours de revue. De là il était passé à l'Académie de Versailles pour apprendre à monter à cheval; à seize ans, on l'avait marié à mademoiselle de Noailles, et envoyé au régiment, à Metz.

Ce fut là qu'en 1776 il fut invité par le maréchal de Broglie à dîner avec le duc de Gloucester, frère du roi d'Angleterre. Le duc, qui avait à se plaindre de la façon dont on traitait la duchesse à la cour, était dans l'opposition [1]. Il venait de recevoir la Déclaration d'indépendance, et pendant tout le dîner on parla de ce grand événement. Le jeune La Fayette s'enflamma, et conçut aussitôt le projet de partir pour l'Amérique avec deux de ses jeunes amis, le comte de Ségur et le vicomte de Noailles, qu'il devait retrouver à la Constituante. Il avait, disait-il, *l'ambition de la liberté.*

« Jamais si belle cause n'avait attiré l'attention des hommes ; *c'était le dernier combat de la liberté,* et sa défaite ne lui laissait ni asile, ni espérance. Oppresseurs et opprimés, tous allaient recevoir une leçon ; ce grand ouvrage devait s'élever, ou les droits de l'humanité se perdaient sous ses ruines. En même temps les destins de la France et ceux de sa rivale allaient se décider ; l'Angleterre se voyait enlever, avec les nouveaux États, un grand commerce tout à son avantage, un quart de ses sujets augmentant sans cesse par une rapide multiplication, et l'émigration de toutes les parties de l'Europe ; enfin, plus que la moitié et la plus belle portion du territoire britannique. Mais se réunissait-elle à ses treize colonies, c'en était fait de nos Antilles et de nos possessions d'Afrique et d'Asie, de notre commerce maritime, et par conséquent de notre marine, *enfin de notre existence politique.*

« A la première connaissance de cette querelle, *mon cœur fut enrôlé,* et je ne songeai qu'à joindre *mes drapeaux.* De ma famille je n'attendais que des obstacles ; je comptai donc sur moi, et osai prendre pour devise à mes armes ces mots : *Cur non ?* afin qu'ils me servissent quelquefois d'encouragement et de réponse. Silas Deane était à Paris, mais on craignait de le voir, et sa voix était couverte par les cris de lord Stormont...

1. Lord Mahon, VI, 160.

En présentant à M. Deane ma figure, à peine âgée de dix-neuf ans, je parlai plus de mon zèle que de mon expérience, mais je lui fis valoir le *petit éclat* de mon départ, et il signa l'arrangement [1]. »

Ce n'était pas chose aisée pour M. de La Fayette que de partir, même sur un vaisseau équipé à ses frais; les lettres de sa famille *étaient terribles*, et une lettre de cachet péremptoire l'envoyait à Marseille et en Sicile; sa jeune femme était grosse, ses amis effrayés. La Fayette brava tout, partit pour Bordeaux, et déguisé en courrier, gagna le Passage, où l'attendait son vaisseau; de là il écrivit à M. de Maurepas, qui ne lui répondait pas, que son *silence était un ordre tacite*, et partit après cette plaisanterie.

Après une traversée difficile, il débarqua à Charleston, en Caroline, fit trois cents lieues à cheval pour gagner Philadelphie, et en arrivant y trouva une déception. Un grand nombre d'étrangers, français, allemands, polonais, étaient venus demander du service; mais tous étrangers à la langue anglaise, et peu habitués à cette guerre de paysans [2]. On avait été bientôt fatigué de leurs prétentions et de leur incapacité.

La Fayette fut reçu par Lowell, le président du comité

---

des affaires étrangères, avec une froideur qui équiva-
lait à un congé; il fit passer au Congrès un petit billet
ainsi conçu : «D'après mes sacrifices, j'ai le droit d'exiger deux grâces : l'une est de servir à mes dépens,
l'autre est de commencer comme volontaire. »

Ce style nouveau réveilla le Congrès, qui vota le
31 juillet 1777 une résolution ainsi conçue :

« Attendu que le marquis de La Fayette, par suite de son
grand zèle pour la cause de la liberté, dans laquelle les États-
Unis sont engagés, a quitté sa famille et les siens, et est venu
à ses frais offrir ses services aux États-Unis, *sans réclamer ni
traitement ni indemnité particulière, et qu'il a à cœur d'exposer
sa vie pour notre cause,* résolu : que ses services sont acceptés,
et qu'en considération *de son zèle, de l'illustration de sa famille
et de ses alliances,* il aura le rang et la commission de major
général dans l'armée des États-Unis [1]. »

Peu de jours après il fut présenté à Washington, et
vit l'armée américaine, onze mille hommes, mal armés,
plus mal vêtus; les mieux habillés avaient de larges
vestes de toiles grises; il y avait loin de là aux mousquetaires noirs. — « Nous devons être embarrassés, dit
Washington, de nous montrer à un officier qui quitte
les troupes françaises. »—«C'est pour apprendre et non
pour enseigner que je suis ici, » répondit La Fayette;
et il ajoute : « Ce ton réussit, parce qu'il n'était pas
commun aux Européens [2]. »

Dès lors commença entre Washington et La Fayette
une amitié paternelle et filiale qui ne cessa jamais; mais

1. *Mémoires* de La Fayette, p. 19.
2. *Ibid.*, p. 20.

en même temps commença pour La Fayette une gloire
qui, quinze ans plus tard, en faisait l'homme le plus considéré de France, au début de la Révolution.

Cette gloire, on la lui fit payer cher. Si l'on en croit
plus d'un historien, La Fayette n'a été qu'un médiocre
général, un orateur ordinaire, un politique à idées
fausses, qui a toujours eu la marotte d'habiller la France
à l'américaine, sans voir la différence des deux pays.
Napoléon à Sainte-Hélène, dans un livre où il a exhalé
toutes ses rancunes, les léguant à la postérité, qui ne
peut les accepter que sous bénéfice d'inventaire, a dit :
« La Fayette était un homme sans talent, dans la vie
civile comme dans la vie militaire ; son esprit était
étroit, son caractère plein de dissimulation, et égaré par
de vagues idées de liberté, qui chez lui étaient mal dé-
finies et mal digérées. »

Passe pour le jugement militaire. La Fayette, à vrai
dire, n'a jamais été mis à une grande épreuve et n'a
pu montrer que son courage personnel ; mais, en fait de
liberté, il est permis de croire qu'il s'y entendait un
peu mieux que Napoléon. S'il n'avait pas le génie du
conquérant, il avait l'amour de la liberté, et l'amour,
dit-on, donne de l'esprit même aux sots. Il s'en fallait
de beaucoup que La Fayette fût un sot ; c'était au contraire un homme d'un esprit très-fin et très-droit ; il
parlait à merveille, et, n'en déplaise à Napoléon, ne
mentait jamais. C'était le plus sincère des hommes et le
plus fidèle des amis. Il avait au plus haut degré ce qui
manque à la plupart des Français, une foi politique,
un grand et noble caractère. « Qu'avez-vous fait sous

l'Empire ? lui disait-on. — *Je suis resté debout,* répondit-il. » Cette réponse, combien d'hommes en France auraient-ils pu la faire ?

Aussi, en 1815 comme en 1830, la France retrouva-t-elle le général La Fayette toujours fidèle à la seule cause qu'il ait jamais servie. Grande figure après tout, et qui tient dans l'histoire une place que plus d'un héros peut envier.

De tout temps on a vu en France des gens qui se font bravement tuer ; l'esprit y court les rues, dit-on, le talent n'y est pas rare, le succès encore moins ; mais des patriotes qui aiment sincèrement la liberté, et qui, dans une longue vie, n'aient servi qu'elle, le nombre n'en est pas grand. Ceux-là, il faut les honorer ; ce sont nos ancêtres. Heureux le peuple qui, au jour où il en a besoin, peut retrouver au milieu de lui ces figures sereines, qui sont restées debout au milieu de l'orage, et n'ont jamais eu qu'une ambition, l'ambition de la liberté !

DIX-HUITIÈME LEÇON

BATAILLE DE GERMANTOWN. — DÉFAITE DE BURGOYNE.
TRAITÉ AVEC LA FRANCE.

C'est le 31 juillet 1777 que La Fayette recevait sa nomination, et bientôt après Washington le recevait dans sa *famille militaire*[1], et le mettait au courant des opérations.

Le général Howe était à New-York, où l'on faisait de grands préparatifs d'embarquement. On pouvait menacer Philadelphie ou Charleston, peut-être aussi voulait-on remonter l'Hudson pour rejoindre une armée considérable qui s'organisait dans le Canada, sous le commandement du général Burgoyne, isoler la Nouvelle-Angleterre, et l'écraser.

Tel était le projet primitif du général Howe, qui y renonça, n'ayant pas reçu d'Angleterre les renforts considérables qu'il avait demandés[2].

Vers la fin du mois d'août, on signala la flotte anglaise dans la baie de la Chesapeake; c'était Philadel-

1. C'est ainsi qu'en Amérique on appelle l'état-major d'un général.
2. Jared Sparks, *Vie de Wash.*, t. II, p. 15.

phie, le siége du Congrès, qu'on venait attaquer. La route directe était de remonter la Delaware, mais on s'était effrayé des défenses qu'y avaient accumulées les Américains, et l'armée anglaise, prenant un étrange chemin, décrivait un arc de cercle et venait attaquer Philadelphie par la gauche, en se mettant le Maryland à dos.

Le 25 août 1777, les Anglais débarquèrent au fond de la Chesapeake, dans la rivière d'Elk; ils étaient au nombre de 14,000 hommes; Washington avait un nombre d'hommes inférieur à leur opposer. Il lui avait fallu traverser Philadelphie, où le Congrès faisait bonne contenance, et marcher au-devant de l'ennemi, qu'il rencontra le 11 septembre auprès d'un petit affluent de la Delaware, qu'on nomme la Brandywine. Jusque-là les Américains avaient eu des combats, et non pas une bataille rangée : cette fois c'était une grosse affaire; mais Washington ne voulait pas perdre Philadelphie sans frapper un coup.

L'armée anglaise se partagea en deux divisions : l'une, sous les ordres du général Knyphausen, attaqua de front; l'autre, sous les ordres du comte Cornwallis, fit un circuit, et, tournant les Américains, les prit de flanc et en arrière. Dans de pareilles conditions, la défaite était certaine; la déroute des Américains fut générale, et La Fayette, en essayant de retenir les fugitifs, fut blessé à la jambe; Philadelphie était perdue.

Une charmante lettre écrite par La Fayette à sa femme, le 1ᵉʳ octobre 1777, nous donne des détails sur sa blessure; il plaisante à la française, et ajoute :

« A présent, comme femme d'un officier général américain, il faut que je vous fasse votre leçon. On vous dira : *Ils ont été battus.* Vous répondrez : C'est vrai ; mais entre deux armées, *égales en nombre, et en plaine,* de vieux soldats ont toujours de l'avantage sur des neufs ; d'ailleurs, ils ont eu le plaisir de tuer beaucoup, *mais beaucoup plus de monde* aux ennemis qu'ils n'en ont perdu.

« Après cela on ajoutera : « C'est fort bon ; mais Philadel
« phie est prise, *la capitale de l'Amérique, le boulevard de la li-*
« *berté.* » Vous repartirez poliment : « *Vous êtes des imbéciles.*
« Philadelphie est une triste ville, ouverte de tous côtés, dont
« le port était déjà fermé, que la résidence du Congrès a rendue
« fameuse, je ne sais pourquoi. » Voilà ce que c'est que cette fameuse ville, laquelle, par parenthèse, nous leur ferons bien rendre tôt ou tard.

« S'ils continuent à vous pousser de questions, vous les enverrez promener en termes que vous dira le vicomte de Noailles, parce que je ne veux pas perdre le temps de vous écrire à vous parler politique [1]. »

Tout en raillant avec la grâce et l'esprit d'un gentilhomme français, La Fayette exprimait la pensée générale des Américains. Ils s'étaient habitués au jeu de la guerre et à ses chances journalières.

En décembre 1776, l'approche des Anglais avait jeté la terreur à Philadelphie ; en septembre 1777 on était familiarisé avec cet événement ; on se disait que les Anglais, obligés de garder New-York et Philadelphie, disséminaient leurs forces en les immobilisant. Autant de gagné pour les Américains.

C'est ainsi que Franklin prit la chose, au moins en public. « Non, non, disait-il, ce n'est pas le général Howe

1. *Mémoires* de La Fayette, t. I, p. 104.

qui a pris Philadelphie, c'est Philadelphie qui a pris le général Howe[1]. »

Le Congrès se retira à York, dans la province de Pensylvanie, en mettant la Susquehanna entre lui et l'ennemi. Il y resta huit mois, c'est-à-dire jusqu'à l'évacuation de Philadelphie par les Anglais. Quant à Washington, avec cette froide résolution qui était dans son caractère, il rassembla ses soldats, pieds nus et sans pain, et le 4 octobre 1777, par une matinée brumeuse, il attaqua au point du jour une division de l'armée anglaise établie à Germantown.

Les Américains chargèrent à la baïonnette; les Anglais, surpris et mis en désordre, eurent peine à se reconnaître, mais un brouillard épais empêcha les Américains de suivre leur avantage; dans cette nuit, des régiments tirèrent les uns sur les autres. La panique se mit chez des troupes nouvelles, les munitions manquèrent, et l'Anglais resta maître du champ de bataille après avoir perdu 500 hommes.

« La journée a été sanglante, écrivait Washington ; plût au ciel que je pusse ajouter qu'elle a été bonne pour nous. »

Ce n'était pas une victoire, tant s'en faut, mais le combat faisait le plus grand honneur à Washington et aux Américains. Un peuple n'est vaincu que lorsqu'il se résigne à ne plus résister. Ici au contraire, comme à Trenton, comme à Princeton, on voyait des hommes que la défaite n'avait point abattus, et qui, au lieu de se ca-

1. Lord Mahon, VI, 169.

cher derrière des murs, prenaient l'offensive et venaient attaquer l'ennemi. Que leur manquait-il pour réussir? La discipline, cette unité que la guerre enseigne avec le temps.

Ce qui est sûr, c'est qu'en France, pays où l'on est bon juge en fait de courage, cette bataille fut très-remarquée. Et lorsque, quelques mois plus tard, en décembre, les commissaires américains conclurent le traité d'alliance avec la France, le comte de Vergennes leur dit : « Vos troupes se sont bien battues en plus d'une occasion, mais rien ne m'a plus frappé que de voir le général Washington attaquer l'armée du général Howe et lui livrer bataille. Amener à ce point une armée de nouvelle levée, cela promet tout pour l'avenir[1]. »

Après la bataille de Germantown, Washington se retira à Whitemarsh, forte position à quatorze milles de Philadelphie. Les deux Howe, l'amiral et le général, purent alors attaquer les forts qui défendaient la Delaware ; les Hessois attaquèrent le fort Redbank ; ils échouèrent, et leur commandant, le comte Donop, mortellement blessé, fut fait prisonnier. Transporté dans le fort, il y fut soigné par un Français, Duplessis de Mauduit, officier du génie, qui avait pris du service en Amérique.

« Ma carrière finit de bonne heure, dit l'Allemand en rendant le dernier soupir, je meurs victime de mon ambition et de l'avarice de mon souverain. »

Donop et Mauduit, c'était l'ancien et le vieux monde aux prises, le soldat et le citoyen, le mercenaire et l'homme qui ne se bat plus que pour la liberté.

1. Sparks, *Wash.*, t. II, p. 31.

Au commencement de décembre, les forts de la Delaware étaient pris, Howe réunit son armée, et offrit bataille à Washington près de Whitemarsh. Le Fabius américain était décidé à ne pas quitter sa forte position ; tout se réduisit à quelques escarmouches, où se distingua la milice du Maryland. Howe, ne pouvant attirer l'ennemi dans la plaine, alla prendre ses quartiers d'hiver à Philadelphie. Cela n'était pas moins nécessaire à Washington. Ses soldats n'avaient pas même de couvertures, et le manque de souliers était si général, qu'on pouvait suivre l'armée à la piste par les traces de sang laissées sur la neige. Washington s'en explique dans une lettre adressée au président du Congrès, Henri Laurens, de la Caroline du Sud, qui venait de remplacer Hancock, obligé de se retirer à cause de sa mauvaise santé. La lettre est du **23** décembre **1777**, elle est navrante :

« Je n'ai pas l'ombre d'un doute que, si l'on n'améliore le commissariat, l'armée sera réduite à une de ces trois nécessités : mourir de faim, se dissoudre ou se disperser pour vivre comme elle pourra. Je n'exagère rien, j'ai de fortes raisons pour redouter ce que je vous dis.

« Hier dans l'après-midi, informé qu'un gros de troupes ennemies était sorti de Philadelphie, et se portait sur Derby avec l'intention apparente de fourrager, j'ai donné ordre à mes troupes de s'apprêter pour gêner le dessein de l'ennemi. A ma grande mortification, je fus instruit, à n'en pas douter, que mes hommes ne pouvaient remuer faute de vivres ; une sédition dangereuse avait eu lieu la veille au soir, les efforts courageux de quelques officiers l'avaient étouffée à grand'peine ; on pouvait craindre que la faim ne la fît éclater de nouveau.

Je fis venir l'unique commissaire de vivres que nous ayions au camp; j'appris de lui la triste et alarmante nouvelle que nous n'avions pas une tête de bétail, et qu'il ne lui restait que vingt-cinq barriques de farine.

« Jugez de notre situation, lorsque j'ajouterai qu'on ne peut me dire quand on peut espérer recevoir quelque secours.

« Tout ce que j'ai pu faire, ç'a été d'envoyer quelques troupes légères surveiller et inquiéter l'ennemi, tandis que d'autres troupes étaient aussitôt envoyées de différents côtés pour ramasser, s'il était possible, quelques provisions pour les besoins pressants de l'armée. Cela suffira-t-il? Non; trois ou quatre jours de mauvais temps amèneront notre destruction. Que deviendra donc l'armée, cet hiver?

« ... Je le déclare dans la sincérité de mon âme, jamais général n'a été plus entravé que moi dans ses opérations par tous les services de l'armée.

« ... Il n'est pas une occasion de surprendre l'ennemi avec succès qui n'ait été perdue ou compromise faute de vivres. Et ce mal si grand, si criant, n'est pas tout. Depuis la bataille de la Brandywine, nous n'avons jamais reçu ni savon, ni vinaigre, ni rien de ce que nous a alloué le Congrès. Quant au savon, nous n'en avons pas grand besoin maintenant; il est peu de nos hommes qui aient plus d'une chemise, beaucoup n'en ont que la moitié d'une, quelques-uns n'en ont pas du tout... Nous avons 2,898 hommes hors de service, parce qu'ils sont nu-pieds et sans vêtements.

« ... Depuis le 4 du mois courant, le nombre de soldats valides a diminué de deux mille hommes, en suite des souffrances qu'ils éprouvent par faute de couvertures. Ils ont été obligés, et un grand nombre l'est encore, de rester toute la nuit assis auprès du feu, au lieu de se reposer en se couchant.

« Il est des *gentlemen* qui, sans savoir si l'armée prendra ou non des quartiers d'hiver, se croient en droit de nous adresser des reproches. Croient-ils donc que les soldats sont de bois ou de pierre? qu'ils sont également insensibles au froid et à la neige?... Je puis assurer à ces messieurs qu'il est plus aisé et moins fatigant de rédiger des critiques, quand on est assis dans une chambre commode, au coin d'un bon feu, que de camper sur une colline froide et humide, et de dormir sous la glace et la neige, sans vêtements et sans couvertures. Quelle que soit l'indifférence de ces messieurs, tant de privations et de souffrances me touchent profondément ; c'est du fonds du cœur que je plains des misères que je ne puis ni secourir ni prévenir. »

Ce fut au milieu de ces souffrances que Washington eut recours aux réquisitions forcées. Dans ces mesures rigoureuses, mais nécessaires, il mit une modération extrême ; c'en fut assez, cependant, pour exciter le mécontentement et les plaintes de ses amis les plus chauds. Quant à lui on voit dans ses lettres toute sa répugnance, il déclare que retourner à ce moyen extrême lui semblerait le plus grand malheur de sa vie. Il avait l'âme civile, c'est là sa grandeur.

La décision qu'avait prise Washington d'établir ses quartiers d'hiver en pleine campagne, fait autant d'honneur à sa sagacité qu'à sa fermeté. Il ne manquait pas de gens qui, au Congrès, s'étonnaient que l'armée ne marchât pas, et dans l'armée il ne manquait pas d'officiers qui auraient voulu s'installer à York ou à Lancastre, pour y trouver les commodités de la vie. Mais Washington était décidé à tenir l'ennemi en haleine, pour l'empêcher d'étendre ses conquêtes et son influence.

Il s'établit donc à Valley-Forge, forte position entre les collines et les rives de la Schuylkill, à vingt milles seulement de Philadelphie. C'était un désert et une forêt. Il fallait toute l'autorité de Washington pour décider

les soldats à défricher cet endroit désolé et à s'y construire des baraques pour l'hiver. La saison fut rude,
la misère très-grande, mais Washington souffrait comme
le soldat, personne n'osa murmurer.

Tandis que ces événements se passaient en Pensylvanie, d'autres événements, non pas plus honorables,
mais plus heureux pour l'Amérique, avaient lieu au
Nord. Là les Américains étaient victorieux, et les Anglais humiliés.

Nous avons vu que les Anglais, utilisant à leur profit
les souvenirs de la politique française, avaient résolu
d'envahir les Colonies-Unies par le Canada. C'était une
façon d'isoler la Nouvelle-Angleterre en occupant la
ligne qui va des lacs canadiens à New-York par le fleuve
Hudson. On avait réuni 7,000 hommes de troupes alle-
mandes et anglaises; les Allemands commandés par le
général Riedesel, les Anglais par le général Burgoyne.

A la fin de juin 1777, l'armée partit de Crown-Point,
sur le lac Champlain, et s'empara de Ticonderoga, et
peu après du fort Édouard; elle arrivait ainsi dans la
vallée de l'Hudson.

La marche était difficile, il fallait traverser des bois
et des marais sans routes. Il n'était pas aisé de tirer des
vivres du Canada; on n'avait que des viandes salées venues d'Angleterre, et transportées par le Saint-Laurent
et le lac Champlain. On avançait néanmoins, en pous-
sant devant soi des Indiens, qui pillaient et tuaient les
ennemis, et quelquefois même les amis [1].

---

1. Voir l'histoire de miss Mac-Rea dans Lord Mahon, VI, 179.

Ces horreurs, qui eussent abattu un peuple faible, soulevèrent le peuple énergique de la Nouvelle-Angleterre. Ce n'est pas un peuple de soldats, l'armée est pour lui une servitude. Mais décrocher son fusil du mur, monter à cheval et courir au danger, c'est là ce qu'il excelle à faire. Amis, parents, tout l'encourage, et tel qui n'a que deux couvertures en donne une à celui qui part pour défendre le pays.

Burgoyne eut bientôt en face de lui une armée de 13,000 hommes, armée sans ordre et sans discipline, qui n'eût pas tenu en plaine, mais composée d'hommes résolus, braves, et tireurs admirables. Les Anglais n'en firent que trop l'expérience.

Cette armée avait pour chef le général Gates, Anglais d'origine; il n'avait qu'un talent médiocre; mais sous ses ordres était un Américain hardi et plein de ressources; c'était Arnold, que l'envie devait jeter plus tard dans les bras des Anglais, pour y mériter le renom d'un traître, et pour échouer misérablement.

La première rencontre eut lieu à Bennington, entre un corps allemand, commandé par le colonel Baum, et les milices de New-Hampshire, commandées par le général Stark. Dès qu'il aperçut l'ennemi, Stark se tourna vers ses soldats : « Mes enfants, leur dit-il, voilà les habits rouges, il faut qu'ils soient à nous, où Molly Stark sera veuve ce soir. » Les Anglais et les Allemands furent battus, repoussés, ayant 200 tués et 700 prisonniers.

Cette affaire de Bennington, véritable escarmouche, arrêta Burgoyne. Pour ne rien donner au hasard, il voulut s'assurer de trente jours de vivres, et resta près d'un mois en place[1], laissant à ses ennemis tout le temps d'encombrer la voie et de se fortifier.

Enfin le 19 septembre, Burgoyne abandonnant ses communications avec le Canada, passa l'Hudson à Saratoga. Les Américains étaient placés sur une rangée de petites collines nommées *hauteurs de Behmus ;* un officier polonais avait choisi cette position militaire, cet officier, c'était Kosciusko.

L'attaque anglaise, bravement conduite, ne put déloger les Américains ; Burgoyne se trouva réduit à rester en place, inquiété la nuit, et par l'ennemi, et par des troupeaux de loups qui venaient en hurlant dévorer les cadavres des malheureux soldats.

Une seconde attaque, essayée le 7 octobre, amena la retraite des Anglais. Arnold, sans ordres, prit l'offensive à son tour ; Burgoyne, obligé de se retirer avec une armée en désordre, réduite à 3,500 hommes, six jours de vivres et des ennemis invisibles qui l'entouraient de toutes parts, fut obligé, le 13 octobre, de traiter avec le général Américain, et de se rendre, à des conditions honorables sans doute, mais qui, s'ils prouvaient que les Anglais s'étaient bravement battus, n'en accusaient que mieux l'échec qu'ils avaient reçu.

Quand, le matin du 17 octobre, les soldats anglais se furent rassemblés pour déposer leurs armes et recevoir les vivres dont ils avaient grand besoin, le général Gates s'approcha de Burgoyne, et lui dit avec une phrase banale qui aurait pu arriver plus à propos : « Général,

---

[1]. Il n'était qu'à cinquante milles d'Albany.

je suis heureux de vous voir. » Burgoyne, plus homme
d'esprit que soldat, répondit : « Je le crois, général,
car la fortune de la guerre est toute pour vous. »

Les soldats Américains se conduisirent avec une convenance qui toucha les vaincus. Burgoyne lui-même
raconte qu'après la *Convention* (nom adouci pour la
capitulation), une des premières personnes qu'il vit fut
le général Schuyler. Il possédait à Saratoga des scieries
et des magasins qui valaient au moins 10,000 livres
sterling, et que Burgoyne avait fait brûler, parce qu'ils
gênaient sa défense.

« Je lui exprimai mes regrets, dit Burgoyne, et lui expli-
quai les raisons qui m'avaient fait agir. Il me pria de n'y plus
penser, ajoutant que les circonstances me justifiaient, suivant
les principes et les règles de la guerre, et qu'en même occasion il aurait fait la même chose. Il fit plus, il chargea un de
ses aides de camp de me conduire à Albany pour me procurer,
disait-il, un meilleur logement que n'en trouverait un étranger. L'aide de camp me conduisit à une maison élégante, et,
à ma grande surprise, me présenta à madame Schuyler et à
sa famille. Durant tout mon séjour à Albany, je restai chez le
général avec une table de vingt couverts pour moi et mes
amis, et toutes les démonstrations d'hospitalité possibles [1]. »

Le marquis de Chastelleux, qui en 1780 fit un voyage
en Amérique, ne fait pas une peinture moins aimable
de Schuyler et de sa famille, mais il ajoute la réflexion
suivante, qui est bien d'un bel esprit du dix-huitième
siècle :

[1]. Lord Mahon, VI, 197.

« Le général Schuyler est encore plus aimable *quand il n'est pas avec sa femme;* en quoi il ressemble à beaucoup de maris européens. »

De toutes les batailles d'Amérique, aucune, peut-être, n'eut plus d'influence que cette affaire de Saratoga, qui se termina par la reddition de 3,500 hommes. Ce fut pour l'Angleterre une leçon de modération ; elle apprit, pour la première fois, que son pouvoir avait des bornes, que la distance, l'éloignement, le courage de ses sujets révoltés pouvaient la forcer de céder.

Pour les colonies, ce fut une leçon de confiance en leur bon droit ; après trois années de misères, le sort tournait, on pouvait espérer l'indépendance et la paix.

Pour l'Europe, c'était aussi un grand avertissement ; l'Angleterre échouait, on pouvait s'allier avec les colonies et humilier une antique rivale. La France n'eut garde de laisser échapper cette occasion.

Ce qui n'est pas moins singulier, c'est que cet événement, si considérable par ses conséquences, fut tout à fait en dehors de l'action de Washington. Ce fut un général obscur dont les soldats emportèrent la victoire, et cette victoire, on s'en servit pour humilier Washington. Gates écrivit au Congrès, et ne prit même pas la peine d'informer le général en chef de ce qu'il avait fait. « Espérons que tout finira bien, écrivait froidement Washington à Patrick Henry[1]. Si notre cause réussit, peu m'importe où et par qui cela arrive. »

Cela est d'une âme héroïque ; mais il est triste de voir

[1]. 13 novembre 1777.

que les contemporains sentaient si peu qu'ils avaient
au milieu d'eux un grand homme ; c'est une justice à
rendre au jeune La Fayette, qu'il n'en douta jamais ;
toutes ses lettres respirent la joie de vivre auprès d'un
grand et excellent homme; il n'y a chez lui ni envie,
ni faiblesse, rien que l'admiration et l'amour. C'est là
peut-être son plus beau titre à l'estime de l'Amérique
et de la postérité.

Les événements d'Amérique eurent leur contre-coup
sur le continent.

Le 20 novembre 1777, le roi ouvrit le Parlement en
personne, et demanda de nouveaux moyens d'écraser la
rébellion. On ignorait la reddition de Burgoyne, mais
on connaissait ses embarras.

Lord Chatham reparut sur la brèche. Sa politique se
résumait en un point : maintenir l'union de l'Angleterre et des colonies, seul moyen d'abaisser la France ;
à ce prix tout céder à l'Amérique, lui reconnaître tous
les droits qu'elle réclamait, hormis l'indépendance, et
rappeler les troupes du nouveau continent. Lord Rockingham et ses amis pensaient qu'il était trop tard,
et que reconnaître l'indépendance était une nécessité.
C'était une dure vérité qu'ils n'osaient encore proclamer
publiquement. Ce fut donc Chatham qui soutint tout le
poids de la discussion de l'Adresse.

Entre autres parties de son discours, il y eut une
phrase où il parla « des souffrances, et peut-être de la
perte totale de l'armée du Nord, » phrase prophétique,
qui fit une sensation profonde quand, dix jours plus
tard, on apprit le désastre de Saratoga.

L'énergie de ses paroles fut plus grande que jamais, et aujourd'hui encore, dans les écoles d'Angleterre et d'Amérique, c'est dans ce discours de Chatham qu'on fait apprendre aux enfants l'éloquence moderne et le grand art de parler.

« Mylords, dit-il, au milieu d'embarras et de périls semblables aux nôtres, l'usage de la couronne a toujours été de demander avis et secours à cette Chambre, le grand conseil héréditaire de la nation. C'est le droit du Parlement que de donner cet avis, c'est le devoir de la couronne que de le demander.

« Mais aujourd'hui, dans la crise où nous sommes, on ne vous demande ni conseil, ni appui; c'est la couronne qui, seule et d'elle-même, vous déclare que rien ne changera sa résolution de poursuivre les mesures que seule elle a concertées; et quelles mesures, Mylords! Des mesures qui jusqu'à présent n'ont produit que mécomptes et défaites. Je ne peux pas, Mylords, je ne veux pas me joindre à ces félicitations sur des échecs et des disgrâces. Nous sommes dans un moment dangereux et terrible; l'heure de l'adulation est passée. Pour nous tirer de cette crise difficile et menaçante, il faut autre chose que de vaines flatteries. Il est nécessaire de parler au trône le langage de la vérité. Nous devons, si la chose est possible, dissiper l'ombre et l'illusion qui l'enveloppent; il faut montrer sous ses vraies couleurs, dans tout son danger, la ruine qui est à nos portes.

«Dans leur présomption, les ministres peuvent-ils croire que nous soutiendrons leur folie? Le Parlement est-il tellement mort à sa dignité et à son devoir qu'il soutienne des mesures qu'on nous impose de force? Des mesures, Mylords, qui ont réduit ce grand et florissant empire à devenir un objet de mépris et de dédain? Hier encore, l'Angleterre aurait résisté au monde entier; aujourd'hui, il n'y a personne d'assez misérable pour la respecter.

« Ces colons, qu'à l'origine nous avons méprisés comme des rebelles, mais que maintenant il nous faut reconnaître comme des ennemis, sont conjurés contre nous ; notre ennemi invétéré les fournit de provisions et d'armes, il consulte leur intérêt, il reçoit leurs ambassadeurs, et nos ministres ne peuvent pas et n'osent pas agir avec dignité, avec énergie.

« Nous connaissons déjà en partie l'état désespéré de nos troupes là-bas. Personne, plus que moi, n'estime et n'honore les armées anglaises ; je connais leur vertu et leur courage ; je sais qu'elles peuvent tout faire, excepté ce qui est impossible, et je sais que la conquête de l'Amérique anglaise est une impossibilité. Vous ne pouvez pas, Mylords, vous ne pouvez pas conquérir l'Amérique.

« Quelle est votre situation là-bas? Nous ne savons pas tout peut-être, mais nous savons qu'en trois campagnes nous n'avons rien fait, et nous avons beaucoup souffert. Vous pouvez forcer vos dépenses, redoubler vos sacrifices, accumuler tous les secours, étendre votre trafic jusqu'aux *boucheries* de tous les despotes allemands, tous vos efforts seront vains et impuissants ; et doublement impuissants, par cela même que vous vous appuyez sur des secours mercenaires, des secours qui excitent un incurable ressentiment dans le cœur de vos adversaires, de ces hommes que vous livrez aux fils mercenaires de la rapine et du brigandage, de ces hommes que vous dévouez, eux et leurs biens, à la cruauté vénale de quelques pillards soudoyés. Si j'étais un Américain, comme je suis un Anglais, tant qu'un soldat étranger resterait dans ma patrie, jamais je ne déposerais les armes, jamais, jamais, jamais[1]. »

A ce cri du patriotisme indigné, l'Assemblée tressaillit ; mais, après la première émotion, les pairs furent

[1]. Lowell's, *Speaker*, p. 124.

rassurés par les ministres; on leur déclara qu'on ne croyait pas que la France ni l'Espagne entretinssent des dispositions hostiles contre la Grande-Bretagne, que d'ailleurs l'Angleterre avait 42 vaisseaux de ligne en commission, dont 35 à la mer, et qu'une pareille marine pouvait défier toute la maison de Bourbon.

La Chambre, rassurée par cette vérité *ministérielle*, et ne demandant qu'à être trompée, repoussa l'amendement de Chatham par 97 voix contre 28. Aux Communes, le même amendement, présenté par le jeune marquis de Granby, soutenu par Burke et par Fox, fut repoussé par 283 voix contre 86 [1].

Quelques jours plus tard, le 2 décembre 1777, arriva la nouvelle de la reddition de Burgoyne; ce fut un coup de foudre. Ce n'était d'abord qu'un bruit vague; des déserteurs anglais avaient apporté ces rumeurs à Ticonderoga, et de là ces rumeurs avaient gagné Québec. Mais vers le 15 décembre on reçut les dépêches de Burgoyne; c'en fut assez pour abattre lord North, qui, dès le premier jour de la guerre, avait servi une passion qu'il ne partageait pas; il déclara à la Chambre qu'après les fêtes de Noël, il lui proposerait d'examiner quelles concessions on pourrait faire à l'Amérique pour en obtenir un traité de réconciliation. Chatham à la Chambre des lords, Burke et Fox à la Chambre des communes, insistèrent pour que le Parlement ne mît point de retard à cette affaire urgente; on s'ajourna au 20 janvier.

1. Lord Mahon, VI, 215.

Il fallait ce temps aux ministres pour rallier leurs partisans abattus, et pour prendre une résolution.

La Cour de Versailles n'eut point de pareilles hésitations. La campagne de 1777, la prise de Burgoyne avaient prouvé que les Américains étaient en état de se défendre; c'étaient des ennemis de l'Angleterre, leur amitié était désirable pour la France.

Le 16 décembre 1777, les commissaires des États-Unis furent informés par M. Gérard que le roi était décidé à reconnaître l'indépendance des États-Unis, et à faire un traité avec eux;

Que dans ce traité le roi ne prendrait aucun avantage de leur situation, pour en obtenir des conditions qu'en d'autres temps ils n'accorderaient pas;

Que Sa Majesté Très-Chrétienne désirait que *le traité une fois fait fût durable, et que l'amitié subsistât toujours entre les deux pays,* ce qui n'était pas possible, si chaque nation n'avait intérêt à conserver l'alliance aussi bien qu'à la conclure.

L'intention du roi était donc de traiter avec les nouveaux États comme s'ils étaient depuis longtemps établis, et dans toute la plénitude de leur force et de leur pouvoir.

Le roi était décidé non-seulement à reconnaître, mais à soutenir l'indépendance de l'Amérique.

En agissant ainsi, sans doute il serait engagé dans une guerre, mais le roi ne demandait aucune compensation aux États-Unis; car ce n'était pas seulement par bon vouloir pour les États-Unis qu'il agissait, mais aussi dans l'intérêt de la France, et pour diminuer

le pouvoir de l'Angleterre par la séparation des colonies.

La seule chose que demandait le roi, c'est que les
États-Unis s'engageassent à maintenir leur indépendance, et à ne jamais rentrer sous l'obéissance du gouvernement anglais [1].

Il faut rendre justice à Louis XVI : il était impossible
d'offrir à un peuple des conditions plus justes et plus
honorables; en même temps, comme toujours, la justice ici c'était la suprême habileté.

En traitant avec les États-Unis sur le pied d'égalité,
en ne demandant aucune faveur particulière, aucun
monopole commercial, on permettait à l'Angleterre de
finir la guerre aussitôt qu'elle voudrait, en acceptant le
pied d'égalité commerciale avec la France. A lui fermer
les États-Unis, on l'obligeait à des efforts désespérés.

Ce n'est pas tout; cette libre et généreuse politique
faisait de l'indépendance américaine la cause commune
de tous les peuples commerçants. La défaite des États-
Unis, c'était le retour du monopole britannique; leur
victoire, c'était l'ouverture du nouveau continent à tous
les peuples du vieux monde, c'était le triomphe de la
liberté commerciale. Les États-Unis avaient pour eux
le droit, on y joignait l'intérêt de l'Europe entière; l'Angleterre se trouvait ainsi sans un allié, et jouait un jeu
doublement odieux.

Ce traité, qui ne fut signé que le 6 février 1778, a
été souvent reproché au roi Louis XVI comme une des

---

1. Ramsay, *Amer. Rev.*, II, p. 65.

causes de la Révolution. D'une part, la guerre d'Amérique endetta la France, et amena indirectement la réunion des états généraux; de l'autre, cet appui prêté à des *insurgents*, à des révoltés contre l'autorité légitime, fut, dit-on, d'un mauvais exemple; enfin, ajoute-t-on, les amis de La Fayette, et les officiers envoyés en Amérique avec Rochambeau, les *Américains*, comme on, les appelait au début de la Révolution, rapportèrent du nouveau monde des idées subversives et républicaines qui amenèrent la chute même de celui qui avait affranchi les Américains.

Selon moi, ces reproches sont mal fondés, et reposent sur un vieux sophisme : *Post hoc, ergo propter hoc.* La France était tombée depuis la paix de 1763 et la perte du Canada. S'il est un pays qui ne supporte pas l'humiliation au dehors, c'est le nôtre. Pourquoi la France n'aurait-elle pas saisi l'occasion d'une revanche? Ce n'est pas elle qui avait soulevé l'Amérique; elle n'avait pas joué le rôle que quelques années plus tôt les Anglais avaient joué en Corse, contre nous; elle trouvait un peuple libre, indépendant, soutenant ses droits les armes à la main. Pourquoi donc n'eût-elle pas traité avec eux?

Mais l'esprit d'indépendance? Cet esprit n'existait-il pas en France? Est-ce que Voltaire et Rousseau n'avaient pas écrit avant 1776? Est-ce que la Révolution française s'est faite sous l'empire des idées américaines? Hélas ! non, malheureusement! Tout ce qu'il y avait d'Américains en France, Jefferson, Gouverneur Morris, ont prédit l'avortement de la Révolution de 1789, parce qu'au lieu d'une liberté constitutionnelle, qui fît la part de l'individu non moins que celle du peuple et des assemblées, nous avons voulu une démocratie à l'antique, ou plutôt la réalisation du chimérique *Contrat social.* Les lettres de Washington à La Fayette sont remplies de craintes patriotiques sur l'avenir de notre pays.

Repoussons donc ces dangereux paradoxes ; servir la liberté et la justice n'a jamais perdu ni les peuples ni les rois. La plus belle page du règne de Louis XVI dans l'histoire sera le secours donné aux Américains.

La Fayette, dont les lettres n'avaient pas peu contribué à décider la France à soutenir les États-Unis, fut le premier à recevoir dans l'armée américaine les nouvelles du traité. Il courut à Washington, l'embrassa en pleurant de joie, et en criant : « Le roi mon maître a reconnu votre indépendance, et s'allie avec vous pour vous aider à l'établir. »

La joie qu'on en éprouva, dit un contemporain [1], défie toute description. Par l'ordre du général en chef, toutes les brigades s'assemblèrent. Les chapelains offrirent des prières publiques pour remercier le Dieu tout-puissant, et prononcèrent des discours, On tira un feu de joie, et à un signal donné, tous les soldats crièrent, et du fond du cœur : *Vive le Roi de France !*

Depuis trois années on avait tant souffert, du froid, de la faim, de la guerre, qu'il semblait qu'on fût sauvé dès que la France étendait au delà de l'Océan sa main puissante et secourable. Il fallut que le Congrès tem-

---

1. Ramsay, *Amer. Rev.*, II, 68.

pérât cette confiance trop vive, en prévenant le peuple et l'armée : qu'il fallait s'attendre encore à de rudes épreuves ; que l'alliance française assurait l'indépendance, mais qu'elle ne mettait pas l'Amérique à l'abri des dévastations de l'ennemi.

L'avis était sage ; mais le peuple, qui dans sa foi naïve devançait les événements, ne se trompait pas. Avec l'appui de la France, il était sauvé.

Ce sont là, Messieurs, de grands et beaux souvenirs pour nous, des souvenirs qu'il ne faut pas laisser perdre. Nos histoires sont pleines de guerres avec l'étranger, de haines et de violences séculaires : cela entretient chez nous un patriotisme ombrageux, qui a son bon et son mauvais côté ; mais il y a aussi des pages qui, sans nous rendre moins patriotes, nous laissent de plus douces émotions. Plus d'une fois la France a été au dehors, sans autre intérêt que de servir l'indépendance d'un peuple opprimé. La Grèce, l'Italie, l'Amérique, ont vu nos soldats arriver et sortir en amis ; ce sont là nos trophées les plus glorieux et les plus purs ; ne les perdons pas.

Voilà pourquoi, aujourd'hui que l'Amérique souffre, je réveille ce passé qu'on laisse dans la poudre. On nous aime toujours là-bas, on a besoin de nous, nous pouvons encore être utiles, ne fût-ce que par le poids de l'opinion. Reconnaissons d'anciens et fidèles amis, tendons-leur la main.

Autrefois, dans l'antiquité, une coutume touchante établissait l'hospitalité : une *tessera*, un médaillon de terre portant la tête de Jupiter hospitalier, était cassé en deux : partagé entre deux familles, il servait de *symbole* ou de reconnaissance pour l'étranger qui venait d'un pays lointain. On rapprochait les deux morceaux, on y retrouvait un nom commun, le souvenir d'une vieille amitié, la pensée des aïeux. Nous aussi, nous avons notre symbole; nous ne pouvons prononcer le nom de Washington sans que l'Américain ne réponde par celui de La Fayette : noms inséparables, souvenir impérissable et glorieux qui doit unir la France et l'Amérique d'une éternelle amitié.

DIX-NEUVIEME LEÇON

1778-1781

Tandis que les négociations se suivaient en France, pour conclure un traité d'alliance et un traité de commerce avec les commissaires américains, l'opinion commençait à s'inquiéter en Angleterre et se tournait vers Chatham, le seul homme capable d'empêcher la guerre avec les Bourbons ou de la terminer heureusement, et de conserver, s'il était possible, l'unité de l'empire.

Chose étrange, celui qui avait le plus grand désir de voir Chatham endosser cette lourde responsabilité, c'était le premier ministre, lord North. L'opposition venait du roi, non du ministre, fatigué d'un pouvoir trop lourd pour lui.

Le 17 février 1778, lord North, comme pour préparer les voies à son successeur, apporta à la Chambre des communes deux bills destinés à terminer la guerre. Son discours, comme tous les discours de ministre, fut une apologie de sa conduite, de sa modération, de sa douceur; il n'avait pas proposé de taxer l'Amérique, il avait accepté une position qu'il n'avait pas faite; la guerre avait été malheureuse, il est vrai; mais le pays n'était pas abattu. Les ressources étaient énormes, la marine plus forte que jamais; si l'on faisait des concessions, c'était par pur amour de la paix. Il est vrai qu'on avait attendu les menaces de la France pour s'apercevoir que les Américains avaient quelques droits.

Le premier des deux bills était intitulé: *Acte destiné à écarter tous les doutes et toutes les appréhensions en ce qui concerne la taxation des Colonies par le Parlement de la Grande-Bretagne.* Le bill révoquait expressément le droit sur le thé, et, quant à l'avenir, il déclarait : qu'à dater de cet acte, le roi et le Parlement n'imposeraient aucun droit, taxe ou assise quelconque sur les colonies américaines de Sa Majesté, excepté les droits nécessaires au règlement du commerce, droits dont le produit net serait toujours appliqué aux dépenses de la colonie où ces droits seraient levés. Ainsi le Parlement renonçait complétement à ce droit d'impôt, qui avait été la cause de la guerre [1]; c'était un peu tard.

Le second bill autorisait Sa Majesté à nommer des commissaires avec pouvoirs suffisants pour traiter avec les colonies insurgentes. Ces commissaires étaient au nombre de cinq, leurs pouvoirs étaient des plus étendus. Ils ne devaient faire aucune difficulté sur le rang ou le titre légal des chefs américains ; on leur donnait toute liberté de traiter avec toute personne ou tout corps politique. Ils pouvaient proclamer la cessation des hostilités, révoquer tout acte postérieur à 1763, demander une contribution modérée aux dépenses communes de l'empire, et au besoin même y renoncer.

---

1. Lord Mahon, VI, 225.

En deux mots, les commissaires pouvaient accepter toutes conditions, *hormis l'indépendance.* Obtenir la réconciliation à tout prix, c'était leur mandat. Le Parlement se réservait le droit de confirmer la paix.

Quand lord North eut fini son discours, il se fit un profond et triste silence dans la Chambre. Le parti ministériel était abattu. Qu'était donc devenu cet entêtement qu'on prenait pour de la force? L'opposition prit la parole, par la bouche de Fox, pour complimenter le ministre de son heureuse conversion, et en même temps pour s'étonner qu'un ministre, changeant aussi complétement d'avis, restât au pouvoir. Lord North croyait-il avoir la lance d'Achille pour guérir les blessures qu'il avait faites? Pouvait-il s'imaginer que l'Amérique recevrait la paix de cette main douteuse, et qui ne serait jamais celle d'un ami [1]?

Fox avait raison, mais dans la forme seulement, car lord North était résolu à quitter le pouvoir, et à laisser la place à un ministre moins compromis. Les deux bills furent votés, et le 11 mars 1778 reçurent l'assentiment royal.

Deux jours plus tard, le 13 mars 1778, l'ambassadeur de France, le marquis de Noailles remit à lord Weymouth, secrétaire d'État, une note qui annonçait formellement le traité d'alliance et d'amitié conclu entre la France et les États-Unis. Cette note était conçue en termes qui, par la force des choses, semblaient ironiques et dérisoires. Elle rappelait que, depuis le 4 juillet 1776,

---

1. Lord Mahon, VI, 227.

les Américains étaient en pleine possession de leur indépendance, et elle ajoutait : « En faisant cette communication à la Cour de Londres, le roi de France est fermement persuadé que la Cour de Londres y verra une
nouvelle preuve du constant et sincère désir de la paix qui
anime Sa Majesté. Elle espère que Sa Majesté Britannique,
animée des mêmes sentiments, voudra également éviter
tout ce qui pourrait altérer cette bonne harmonie, et
que particulièrement elle prendra des mesures effectives
pour que rien n'interrompe le commerce entre les sujets
de Sa Majesté et les États-Unis d'Amérique. »

La réponse à cette note, réponse facile à prévoir, fut
l'ordre donné à lord Stormont, ambassadeur à Paris,
de demander ses passe-ports et de revenir immédiatement à Londres. De son côté, le marquis de Noailles
prit ses passe-ports pour retourner à Paris. Ce n'était
pas encore la guerre, mais elle n'était plus douteuse
pour personne ; et il était certain que l'Espagne suivrait
la France. On voyait alors si lord Chatham avait eu
raison !

Le roi fit aussitôt communiquer la note française au
Parlement ; il y joignit un message dans lequel il assurait les Chambres qu'il était fermement déterminé à
maintenir l'honneur de la couronne. Les Chambres votèrent des adresses loyales, à de grandes majorités,
mais non sans plus d'une parole amère. Le nom de lord
Chatham fut plus d'une fois prononcé, comme celui de
l'homme nécessaire, et lord North ne cacha point qu'il
était prêt à se retirer, bien que le roi lui eût déclaré qu'il
ne voulait pas de lord Chatham et de sa *clique*, et qu'il

ne l'accepterait que s'il venait avec ses amis comme auxiliaire de son ministre favori [1].

Ce fut alors que, le 7 avril 1778, le duc de Richmond proposa une adresse au roi, où l'on priait Sa Majesté de retirer ses flottes et ses armées des treize colonies et de reconnaître leur indépendance. C'était une de ces mesures nécessaires, mais humiliantes, qu'un pays n'accepte qu'à la dernière extrémité. Le patriotisme de Chatham en fut révolté. Dévoré de goutte, il se fit porter à la Chambre des lords, et s'y traîna à sa place, appuyé sur l'épaule de William Pitt, son fils, et de lord Mahon, son gendre.

Ses paroles tremblantes, ses phrases brèves, entrecoupées, étaient un dernier appel au patriotisme anglais :

« Jamais, s'écria-t-il, je ne consentirai à priver de son plus bel héritage un descendant de la maison de Brunswick, un héritier de la princesse Sophie. Mylords, Sa Majesté a succédé à un empire aussi étendu que respectable. Ternirons-nous les fastes de cet empire par un ignominieux abandon de nos droits?..... Tomberons-nous à genoux devant la maison de Bourbon? Certes, Mylords, cette nation n'est plus ce qu'elle était naguère! Un peuple qui, il y a dix-sept ans, était la terreur du monde, est-il descendu assez bas pour dire aujourd'hui à son ennemi invétéré : Prends tout ce que nous avons, mais donne-nous la paix. Non, c'est impossible. Je n'attaque personne, je ne demande la place de personne, je ne veux pas m'associer à des hommes qui s'entêtent dans leur erreur ; mais, au nom du ciel, s'il est absolument nécessaire de choisir entre la paix et la guerre; si la paix ne peut être conservée sans perdre l'honneur, pourquoi ne pas commencer la guerre sans

1. Lord Mahon, VI, 232.

hésiter. Je ne connais pas au juste les ressources du royaume, mais je suis sûr qu'elles sont suffisantes pour maintenir nos justes droits. Mylords, tout parti vaut mieux que le désespoir. Faisons au moins un effort, et, s'il nous faut tomber, tombons comme des hommes. »

Le duc de Richmond prit la parole pour dire que personne plus que lui ne désirait l'union des deux pays ; mais que cette union était impraticable ; si l'on ne se hâtait pas d'avoir les Américains pour alliés, ils seraient bientôt les alliés de la France. « Personne, ajouta-t-il, ne respecte plus que moi le grand nom de Chatham, mais ce nom ne peut faire l'impossible ; les choses n'en sont plus au point où le noble lord les a laissées en quittant le pouvoir. Alors nous avions l'Amérique pour nous ; aujourd'hui nous avons l'Amérique contre nous ; alors c'était la Grande-Bretagne et l'Amérique qui tenaient tête à la France et à l'Espagne ; aujourd'hui c'est la France, l'Espagne et l'Amérique qui se réunissent contre la Grande-Bretagne[1]. »

A ces derniers mots, Chatham se leva sous le coup d'une violente émotion ; son œuvre entière était ruinée ; la maison de Bourbon triomphait ; l'Amérique était perdue ; c'était trop d'humiliation pour lui. Il murmura quelques paroles, et tomba foudroyé par une attaque d'apoplexie. La séance fut levée, les pairs entourèrent Chatham, qu'on porta dans une maison voisine. Un mois après, il était mort, sans avoir repris ses facultés. L'Angleterre l'enterrait à Westminster ; elle

1. Lord Mahon, VI, 241.

enterrait avec lui cette souveraineté des mers et du
monde qu'elle avait rêvée.

Avec lord Chatham disparaissaient toutes les chances
d'une réconciliation, à supposer que cette réconciliation
fût possible.

Les commissaires envoyés en Amérique, lord Carlisle, William Eden, plus tard lord Auckland et George
Johnstone, devaient se joindre à l'amiral Howe et au
général sir William Howe; mais, à leur arrivée, le général avait demandé et obtenu son rappel; sir Henry
Clinton, son successeur, avait reçu l'ordre d'évacuer
Philadelphie, et de se retirer à New-York, point où l'on
pouvait se défendre contre une escadre française.

La situation était difficile; des commissaires venus
au nom de lord North, l'ennemi de l'Amérique, ne
pouvaient inspirer de confiance; ils voulurent envoyer
au Congrès leur secrétaire; c'était le docteur Adam
Ferguson, professeur de philosophie à Édimbourg, un
des esprits les plus originaux de la fin du dernier siècle;
Washington refusa de lui donner un passe-port avant
d'avoir l'aveu du Congrès.

Le Congrès, de son côté, avait pris une résolution
par laquelle il déclinait toute conférence, à moins
qu'au préalable les commissaires n'eussent retiré les
flottes et les armées anglaises, c'est-à-dire n'eussent
reconnu l'indépendance.

En vain les commissaires s'adressèrent au président
du Congrès, pour lui faire connaître l'étendue de leurs
pouvoirs; en vain ils promirent que l'Angleterre ne
maintiendrait plus de troupes aux colonies sans l'aveu

des assemblées, et qu'on prendrait des mesures pour payer les dettes de l'Amérique et relever le prix du papier-monnaie; en vain ils offrirent une place ou plusieurs dans le Parlement pour les agents des colonies; tout en un mot, excepté la souveraineté. Leurs propositions furent dédaigneusement écartées; le Congrès décida de façon sommaire qu'il n'y répondrait plus. Les ouvertures faites aux particuliers ne furent pas mieux reçues; des paroles désagréables à la France, dans une communication faite au Congrès, attirèrent une provocation de La Fayette à lord Carlisle, provocation que Sa Seigneurie déclina, mais qui n'en fit pas moins sensation en Amérique et plus tard en Europe. Il ne resta plus aux commissaires qu'à s'embarquer, après avoir fait une proclamation maladroitement menaçante, où l'on faisait entendre que, si les colonies devaient devenir une dépendance de la France, l'Angleterre tâcherait de ne laisser à son ennemie qu'une possession sans valeur.

En Amérique, l'année 1778 se passa sans combats sérieux, si l'on excepte l'attaque faite par Washington contre l'armée anglaise se retirant par les Jerseys, attaque connue sous le nom de bataille de Monmouth, et qui échoua par la faute du général Lee.

Cette inaction, cette impuissance d'un pays occupé par l'ennemi a quelque chose d'étrange pour nous; mais l'étonnement tombe à la réflexion. Les Anglais n'occupaient qu'un point de ce vaste continent, il n'était pas douteux qu'ils ne pourraient le conserver. De là une indifférence générale. Les États particuliers se constituaient, et organisaient leur gouvernement, tandis que le Congrès était à peu près abandonné, l'armée délaissée, et le papier-monnaie grossissant tous les jours et menant le pays à la banqueroute. Tout le poids des affaires restait sur Washington.

Il s'en plaint éloquemment dans une lettre écrite à M. Benjamin Harrison, de Virginie.

« Il me paraît aussi clair que le jour que jamais l'Amérique n'a eu un besoin plus pressant de la sagesse, du patriotisme et de l'énergie de ses enfants; aussi, si ce n'est pas un juste sujet d'affliction générale, je suis, pour mon compte, vivement et douloureusement préoccupé de voir que, trop touché de leurs intérêts particuliers, un grand nombre des hommes les plus habiles s'est retiré du Congrès, au grand dommage du bien public. Notre système politique peut être comparé au mécanisme d'une horloge, et nous devrions en tirer une leçon. A quoi bon tenir les petites roues en bon état, si on néglige la grande roue, qui est le ressort principal et le premier moteur de toute la machine?

« Il faudrait que chaque État ne se contentât pas de choisir ses hommes les plus capables, mais qu'il les obligeât de se rendre au Congrès pour y rechercher avec soin les causes qui ont produit tant d'effets fâcheux dans l'armée et dans le pays. Je voudrais, en un mot, qu'on réformât les abus publics. Si cela n'a pas lieu, il n'est pas besoin d'être prophète pour prédire les conséquences de l'administration actuelle, pour annoncer que tout le travail que font les États en composant des commissions, en préparant des lois, en confiant les emplois à leurs plus habiles citoyens, n'aboutira pas à grand'chose. Si l'ensemble est mal dirigé, tous les détails périront dans le naufrage général; nous aurons la honte de nous être perdus par notre propre folie et par notre négligence, ou peut-être par le désir de vivre à l'aise et tranquilles, en attendant la fin d'une si grande révolution; tandis que les hommes les plus capables et les plus vertueux de notre monde américain devraient travailler à l'accomplir.

« Il est fort à craindre que les États, occupés de leurs affaires, n'aient des idées très-incomplètes du danger présent. Beaucoup de gens éloignés du théâtre de l'action, qui ne voient et ne lisent que les écrits qui flattent leurs désirs, s'imaginent que la lutte tire à sa fin, et que tout ce qui reste à faire, c'est de régler le gouvernement et la police de leur propre État ; désirons qu'un triste revers ne vienne pas tomber sur eux comme un coup de foudre inattendu.

« Le public croit qu'en ce moment les États sont mal représentés, que les plus grands intérêts de la nation sont détestablement menés dans le Congrès, soit par manque d'habileté ou d'assiduité, soit par suite de la discorde et de l'esprit de parti. Un tel état de choses est plus déplorable qu'autrefois, car nous sommes très-avancés dans la lutte, et, suivant l'opinion générale, nous approchons d'un heureux dénoûment ; l'Europe a les yeux fixés sur nous, je suis sûr que plus d'un espion politique nous surveille pour découvrir notre situation, et donner avis de notre faiblesse et de nos besoins. »

L'année 1779 se passa de la même façon ; les forces anglaises, fort réduites, se bornaient à faire quelques expéditions sur les côtes, qui n'étaient que des cruautés et des ruines inutiles. L'armée américaine, également diminuée, mal payée, mal vêtue, mal nourrie, ne pouvait rien empêcher. De part et d'autre on attendait l'arrivée des troupes françaises, qui devaient, pour ainsi dire, décider l'affaire avec les Anglais.

Cependant la misère était générale, le papier-monnaie avait pris de telles proportions qu'il perdait toute valeur ; on l'avait pris au 20ᵉ, au 40ᵉ, au 100ᵉ de son prix nominal. Un officier anglais raconte, dans ses voyages, qu'en décembre 1779 son hôtelier, dans le Maryland, lui présenta une note de 732 livres (18,300 francs), et qu'il la paya avec 4 guinées et demie, c'est-à-dire 112 fr. 50 c.

Le Congrès qui, par sa négligence, avait laissé venir un pareil état de choses, repoussait avec dédain, et comme une injure, la crainte d'une banqueroute.

« Une république sans foi, une république banque-routière, est-il dit dans une adresse du Congrès à ses constituants, datée du 13 septembre 1779, ce serait une chose sans exemple dans l'histoire du monde. Qu'on ne dise pas, qu'on ne puisse jamais dire que l'Amérique n'a pas été plus tôt indépendante qu'elle est devenue insolvable[1]. » Belles paroles, mais qui ne précédèrent la banqueroute que de deux ans.

Les effets de ce papier-monnaie ne se firent pas attendre; Washington nous en a laissé la triste peinture :

« S'il me fallait faire la peinture du temps et des hommes d'après ce que j'ai vu, ce que j'ai entendu et ce que je sais, je dirais, en un mot, que l'oisiveté, la dissipation et l'extravagance s'en sont emparés; que la spéculation, le péculat et une soif insatiable de richesses l'emportent sur toute autre considération, et dominent tous les hommes; que des disputes de partis et des querelles de personnes sont la grande affaire du jour; tandis qu'on néglige et qu'on ajourne de semaine en semaine et de jour en jour tout ce qui touche les fondements mêmes de l'État, une dette énorme et qui grossit sans cesse, des finances ruinées, un papier déprécié, la perte de tout crédit. En ce moment notre papier perd 50 p. 100 par jour, dans cette ville; je ne serais pas surpris que dans quelques mois il

1. Lord Mahon, VI, 288.

n'eût plus de cours; et cependant une soirée, un concert, un dîner, un souper qui coûtera trois ou quatre cents livres non-seulement empêchera les gens de s'occuper de leurs affaires, mais même d'y penser, tandis qu'un grand nombre d'officiers quittent le service par suite de leur dénûment absolu.

« ... Voici le tableau : du fond de mon âme je le crois vrai, et je vous annonce que je suis plus effrayé de ce que je vois aujourd'hui, que je ne l'ai jamais été depuis le commencement de la querelle [1]... »

Si je cite ces tristes lettres, c'est pour mieux faire comprendre ce qu'est un grand homme. La lettre suivante, datée de West-Point, 16 août 1779, nous fera connaître, dans toute sa simplicité, le Fabius américain.

« *Au docteur Cochran, chirurgien en chef de l'armée.*

« Cher docteur,

« J'ai invité madame Cochran et madame Livingston à dîner demain avec moi; mais ne suis-je pas en honneur obligé de leur dire quelle chère je leur ferai faire? Comme je déteste de tromper, lors même qu'il ne s'agit que de l'imagination, je vais m'acquitter de mon devoir. D'abord il est inutile d'affirmer que ma table est assez grande pour recevoir ces dames; elles en ont eu hier la preuve oculaire. Il est peut-être plus nécessaire de leur dire de quelle façon elle est habituellement servie; c'est l'objet de ma lettre.

« Depuis notre arrivée dans ce bienheureux séjour, nous avons eu un jambon, quelquefois une épaule de cochon salé pour garnir le haut de la table; un morceau de bœuf rôti orne l'autre bout, et un plat de fèves ou de légumes, plat presque imperceptible, décore le milieu. Quand le cuisinier se met en tête de briller (je présume qu'il en sera ainsi demain), nous avons en outre deux pâtés de tranches de bœuf, ou deux

____
1. Lettre à Benj. Harrison. 30 décembre 1778.

plats de crabes. On en met un de chaque côté du plat du milieu, et on réduit ainsi à six pieds la distance d'un plat à l'autre, qui sans cela serait presque de douze pieds.

« Le cuisinier a eu dernièrement l'esprit de découvrir qu'avec des pommes on peut faire des gâteaux ; il s'agit de savoir si grâce à son génie nous n'aurons pas un gâteau de pommes au lieu d'un de nos pâtés de bœuf.

« Si ces dames peuvent se contenter d'un pareil festin, et se servir d'assiettes qui jadis étaient de fer blanc, mais qui aujourd'hui sont de fer (sans qu'on les ait ainsi changées à force de les nettoyer), je serai heureux de les voir, et je suis tout à vous, cher docteur [1]. »

L'année 1780 s'ouvrit en Amérique sous de sombres auspices ; les plaintes de Washington n'avaient rien amené ; au lieu de 35,000 hommes qu'avait décrétés le Congrès, le général en avait 12,000 qui mouraient de faim [2]. Mais au dehors la position de l'Angleterre s'aggravait ; ce n'était plus seulement la France et l'Espagne qui s'alliaient contre la Grande-Bretagne et qui la menaçaient ; c'étaient toutes les puissances neutres qui protestaient contre le droit de visite que s'attribuait l'Angleterre et qu'elle exerçait avec sa jalousie habituelle. Dès le jour de l'an 1780, un convoi hollandais, qui se rendait dans la Méditerranée, repoussait à coups de canon le commodore Fielding, et ne cédait qu'à la force. — « Vous fournissez d'armes et de munitions nos ennemis les Français et les Espagnols, » disaient les Anglais. — « Vous insultez notre pavillon ! » répondaient les Hollandais.

1. Sparks, t. II, p. 114.
2. Lord Mahon, VII, 55.

Cette affaire émut singulièrement l'impératrice Catherine; les croiseurs espagnols avaient saisi dans la Méditerranée deux vaisseaux russes qui portaient du grain à la garnison anglaise de Gibraltar. — «Mon commerce, répétait-elle, c'est mon enfant. »

Le 26 février 1780, le ministre russe Panin, ennemi de l'Angleterre, adressa aux cours belligérantes sa fameuse déclaration portant : 1° que le pavillon couvrait la marchandise; 2° qu'il n'y avait d'articles de contrebande que ceux qui étaient stipulés tels par un traité; 3° que les neutres ne pouvaient reconnaître qu'un blocus effectif.

Ces principes, aujourd'hui passés dans le droit des gens, étaient nouveaux alors, et en contradiction avec les prétentions exclusives de l'Angleterre; en 1780, ils devinrent le fondement de la *neutralité armée*, alliance contractée entre la Russie, la Suède et le Danemark, pour soutenir au besoin par les armes les droits des neutres. La Hollande et la Prusse s'y joignirent plus tard; l'Espagne et la France acceptèrent le principe; l'Angleterre se trouva seule contre l'Europe et l'Amérique, décidées toutes deux à maintenir la liberté des mers[1]. C'est le premier bienfait de la révolution américaine, ce n'est pas le moindre.

Au mois d'avril 1780, La Fayette revint de France, où, sur la nouvelle de la guerre, il était retourné au commencement de 1778 pour offrir son bras à son pays. Il apportait une nouvelle qui réjouit singulièrement

---

1. Lord Mahon, VII, 15, 16. On ne fit pas grand'chose à l'origine; Catherine appelait cela la *nullité armée*.

Washington. On avait demandé l'appui de la France, et dès l'année précédente, la flotte du comte d'Estaing avait paru avec peu de succès sur les côtés de l'Amérique. Mais on n'avait pas demandé de troupes; d'une part, on craignait toujours que la France ne se rétablît au Canada, et que l'Amérique ne changeât un maître contre un autre; d'un autre côté, les souvenirs de l'ancienne rivalité étaient assez vivants pour qu'on ne sût pas si Américains et Français combattraient volontiers sous le même drapeau.

La Fayette, qui, suivant le mot du vieux Maurepas, aurait démeublé Versailles pour aider l'Amérique, avait pris sur lui de demander des secours en hommes et en argent; il venait annoncer à Washington l'arrivée d'une première division française, commandée par le général de Rochambeau, et forte de plus de 5,000 hommes. La seconde division, demeurée à Brest faute de bâtiments de transport, n'arriva jamais.

Les instructions données à Rochambeau par le ministère français étaient pleines de prudence et de délicatesse. Le général et ses troupes devaient, dans tous les cas, être sous les ordres de Washington. Quand les deux armées seraient réunies, les troupes françaises devaient être considérées comme auxiliaires, et céder la préséance en prenant la gauche. A égalité de rang et d'ancienneté, les officiers américains prendraient le commandement.

Ces instructions, communiquées à Washington avant le débarquement des Français, produisirent le meilleur effet. Depuis l'arrivée des Français jusqu'à leur départ, la plus parfaite harmonie régna entre nos troupes, les soldats et le peuple américain. Les officiers continentaux prirent aussitôt des cocardes noires et blanches (le noir était la couleur de la cocarde américaine), et on se rappelle encore aux États-Unis que nos soldats, campés près des vergers américains, s'éloignaient sans avoir touché un fruit. Les poules et les cochons se promenaient au milieu des tentes, dit La Fayette[1]. Franklin, dans ses *Mémoires*, n'est pas moins explicite, et célèbre la délicatesse du soldat français. Les Anglais de Braddock n'avaient pas laissé de pareils souvenirs.

L'arrivée de la flotte commandée par le chevalier de Ternay eut lieu au mois de juillet 1780; nous ne pouvions venir plus à propos; dès le mois de mai, sir Henry Clinton s'était emparé de Charleston. La perte de Charleston était un coup de massue, suivant l'expression de La Fayette[1], le Sud tout entier échappait à la confédération. A la première nouvelle de notre arrivée, Clinton revint à New-York, laissant lord Cornwallis en Caroline. Au moyen de la flotte anglaise il menaça la flotte française qui était à New-Port, en Rhode-Island, et força Rochambeau à rester inactif pour défendre au besoin l'escadre en danger.

L'année se passa ainsi à s'observer, tandis que les Anglais faisaient des progrès dans la Caroline, et que le Congrès, sorti de sa torpeur, décrétait que les troupes enrôlées le seraient non plus pour trois mois, mais pour

1. *Mémoires*, t. I, p. 311.
2. *Mémoires*, t. I, p. 313.

toute la durée de la guerre, et que les officiers qui resteraient au service jusqu'à la paix conserveraient la demi-solde jusqu'à la fin de leurs jours ; deux bonnes mesures qui ne furent exécutées ni l'une ni l'autre.

La première n'était pas d'une exécution aisée, car, en Amérique, l'esprit militaire n'existe point : on se bat bien, mais l'état de soldat est peu considéré ; on veut être libre, même sous les armes, et ne pas s'engager. On s'en aperçut lorsque, le 1er janvier 1781, 1,300 hommes cantonnés à Morristown en Pensylvanie se révoltèrent parce que leur solde était arriérée, ou payée en un papier déprécié, leur misère extrême, et surtout parce qu'on retenait sous les drapeaux un certain nombre de soldats qui s'étaient engagés à servir trois ans, ou durant la guerre, ce qu'ils entendaient et non sans raison d'un terme moindre de trois années.

Les mutins tuèrent un capitaine, blessèrent mortellement un autre officier, marchèrent sur Princeton avec six pièces de campagne, menaçant le Congrès qui était à Philadelphie. Sur l'avis de Washington, on n'employa que la douceur, et on transigea avec les rebelles ; mais aussitôt d'autres désordres éclatèrent, il fallut employer la rigueur pour en venir à bout.

Ainsi l'armée se dissolvait, la banqueroute était imminente, les ressources du pays épuisées ; ce fut alors que, le 15 janvier 1781, sur la demande du Congrès, Washington donna des instructions au colonel John Laurens qui se rendait en France pour solliciter de nouveaux secours d'hommes et d'argent. Cette lettre, écrite de la main de Washington, et qui doit se trouver au ministère des affaires étrangères, montre qu'en ce moment c'était de la France seule que l'Amérique attendait le salut.

Washington expose que l'Amérique, n'ayant pas de richesse accumulée, de capital national, la guerre a épuisé les forces naturelles du pays, et l'a conduit peu à peu à une crise qui rend indispensable le secours de la France, secours immédiat et efficace.

Le papier-monnaie, sans fonds de rachat, est tellement déprécié que la défiance est partout.

Les réquisitions sont impossibles, il n'y a plus de crédit. La campagne de 1780 s'est faite sans un shilling[1].

L'armée a tellement souffert que sa patience est à bout; elle n'a ni habillement, ni vivres, ni solde; le mécontentement est partout.

Le peuple est aussi découragé et mécontent. Le premier enthousiasme, qui lui a fait accepter la guerre pour ne pas perdre la liberté, est passé. « Il est à craindre qu'un peuple commerçant et libre, peu accoutumé à de lourdes charges, fatigué de contributions d'un genre nouveau et odieux, ne consente pas à des sacrifices à la hauteur des circonstances, et qu'il ne s'imagine qu'il n'a fait qu'échanger une tyrannie contre une autre. »

De tout ceci résulte, suivant le général :

L'absolue nécessité d'un secours immédiat en argent, secours assez abondant pour permettre à la confédération de rétablir ses finances, de relever le crédit et de donner de l'énergie aux opérations futures.

---

1. La Fayette, *Mémoires*, I, 396.

L'importance d'un effort décisif des armées alliées pour conquérir enfin la liberté et l'indépendance des États-Unis.

« Sans argent, ajoute Washington, nous ne ferons dans la prochaine campagne qu'un faible effort, et probablement ce sera le dernier ; avec un secours, nous fatiguerons l'obstination de l'ennemi.

« Le second moyen ne peut se passer du premier ; combinés ensemble, ils donneront à cette lutte une issue glorieuse ; ils mettront le sceau aux obligations que notre pays a déjà à la magnanime générosité de ses alliés, et perpétueront notre union par tous les liens de reconnaissance et d'affection, aussi bien que d'avantages mutuels, les seuls qui puissent la rendre solide et indissoluble. »

Si Washington tenait à nos troupes, c'était non-seulement à cause de leur courage et de leur nombre, mais aussi (c'est un de nos titres d'honneur que de pareils éloges) parce que « l'excellence des troupes françaises, « la parfaite discipline, l'ordre constant, les dispositions « conciliantes, l'ardeur des Français ont singulière- « ment accru le respect et la confiance du peuple pour « ses amis. »

D'accord avec Rochambeau, le général aurait voulu que la France envoyât un renfort de 15,000 hommes ; mais si l'envoi devait diminuer les secours en argent, il demandait qu'on envoyât plutôt de l'argent. Ce qui manquait à l'Amérique, c'étaient des ressources plutôt que des soldats.

Il demandait enfin (c'était une vue de génie) que la

France transportât la guerre navale en Amérique ;
guerre qui réduisait l'ennemi à la défensive et lui interdisait tout espoir d'étendre ses conquêtes, guerre facile
pour la France, puisque sur cette longue côte d'Amérique elle trouvait partout des ports, des ressources et
des provisions.

Du reste, ajoutait Washington, ce n'est qu'un *emprunt*
que nous demandons, et nul peuple n'aura plus de facilité à s'acquitter. Nos dettes sont peu considérables,
notre territoire est immense ; la fécondité du sol, nos
ressources commerciales, tout assure qu'en peu d'années l'Amérique pourra se libérer.

Le peuple est mécontent, disait-il en finissant, mais
plutôt de la façon dont la guerre est conduite que de
la guerre elle-même. Un puissant secours en argent re-
lèvera nos finances et nos esprits.

L'immense majorité aime l'indépendance des États-
Unis, a en horreur la réunion à la Grande-Bretagne,
et recherche l'alliance de la France ; mais, en temps de
guerre, des sentiments ne suffisent pas, il faut des
moyens ordinaires (c'est-à-dire des hommes et de l'argent), car l'absence de ces moyens entraîne oppression,
malheur et découragement.

Cette lettre remise à Franklin, et présentée par lui au
ministre et au roi, eut un plein succès au moins pour
ce qui touche l'argent ; mais, en accordant l'emprunt
sollicité, on stipula que l'argent destiné à l'armée serait laissé à la disposition du général Washington. On
avait plus de confiance en lui seul que dans le Congrès
tout entier.

Les conseils de Washington, suivis par la cour de France, amenèrent les plus heureux résultats. Vers la fin d'août, le comte de Grasse arriva des Antilles avec une flotte de 28 navires de guerre et 4,000 hommes de troupes. Nous avions 36 navires, tandis que les Anglais n'en avaient que 25.

Ce fut ce moment que saisit Washington pour faire une campagne en Virginie. Il n'y avait pas à hésiter. Cornwallis était entré dans la province : s'il s'y installait, s'il prenait Richmond, le Sud était perdu. Cornwallis était plein d'espérance ; il poursuivait La Fayette, qui, avec 4,000 hommes, se défendait de rivière en rivière. « L'enfant ne m'échappera pas, » écrivait Cornwallis : *The boy can not escape me*. La Fayette avait vingt-quatre ans.

Washington sentait la nécessité de frapper un grand coup pour réveiller tant de courages endormis. Le Congrès, qui au début de la guerre avait été la tête et le cœur du pays, était languissant et sans influence ; la banqueroute et la ruine générale étaient imminentes ; les États de l'Est se refroidissaient depuis que la guerre avait passé dans la Caroline, et que leurs côtes n'étaient plus menacées.

Le 14 septembre 1781, Washington était au quartier général de La Fayette, à Williamsbourg, et prenait le commandement de l'armée combinée, ayant sous ses ordres Rochambeau. Cornwallis fut obligé de s'enfermer dans York-Town et de s'y fortifier. Les Français et les Américains mirent le siége devant la place ; ils étaient au nombre de 18,000 hommes. Le général au-

glais n'avait que 7,000 hommes pour se défendre.
La place était faible, et dès le 16 septembre, Cornwallis écrivit à sir Henry Clinton : « La ville n'est pas
« en état de défense. Si vous ne pouvez pas me se-
« courir prochainement, attendez-vous aux plus mau-
« vaises nouvelles. »

Le 1er octobre, la place était investie; la flotte française avait donné cinquante pièces de canon de gros
calibre et seize mortiers; Américains et Français rivali-
saient de courage et de hardiesse; le 14, deux redoutes
étaient enlevées; le 18 octobre, les Anglais furent
forcés de se rendre, les troupes de terre prisonnières
des États-Unis, les troupes de mer prisonnières de la
France.

Washington écarta tout spectateur inutile et supprima
tout signe de joie publique; le succès lui suffisait. Les
Anglais sortirent, saluant courtoisement les officiers
français, regardant d'un air fier ces rudes milices qui
cette fois les avaient vaincus [1].

1. Suivant la tradition américaine, tradition consacrée par un
tableau placé au Capitole de Washington, ce serait le général Lincoln,
le vaincu de Charleston, qui aurait reçu l'épée de lord Cornwallis. Les
Mémoires de nos officiers français racontent autrement cette grande
scène :

Rochambeau nous dit : « Lord Cornwallis étant malade, le général
O'Hara défila à la tête de la garnison. En arrivant, il me présenta son
épée; je lui montrai vis-à-vis de moi le général Washington à la tête de
l'armée américaine, et je lui dis que l'armée française étant *auxiliaire* dans
le continent, c'était au général américain à lui donner ses ordres. »

Mathieu Dumas, dans ses intéressants *Mémoires*, est plus explicite
(*Mémoires* de Mathieu Dumas. Paris, 1839, t. I, p. 89) :

« Je fus chargé d'aller au-devant des troupes de la garnison et de
diriger la colonne; je me plaçai à la gauche du général O'Hara. En
approchant des tranchées, il me demanda où était le général Rocham-

« Le traitement que nous avons reçu, écrivait lord Cornwallis
à Chatham, est tout à fait convenable. Mais la bonté et les
attentions que nous ont témoignées les officiers français, leur
délicatesse, la façon généreuse, pressante dont ils nous ont
offert leur bourse en public et en particulier, a vraiment dépassé tout ce qu'on peut dire. J'espère que c'est là un souvenir
que n'oubliera jamais un officier anglais, si la fortune de la
guerre lui met un Français en son pouvoir. »

Après la reddition de lord Cornwallis, la guerre
d'Amérique était finie, au moins en ce qui touche les
opérations militaires. Avec les mécontentements qui
grossissaient en Europe, l'Angleterre ne pouvait persister
dans une voie pleine de sacrifices et de dangers, sans
résultat possible. « J'espère, écrivait Washington à La
Fayette, en 1779, que notre tendre et généreuse mère
recevra d'assez rudes leçons pour être enfin convaincue,
elle et tous les tyrans du monde, que la route la meilleure et la seule qui conduise sûrement à l'honneur, à

beau. — « A notre gauche, lui dis-je, à la tête de la ligne française. »
— Le général anglais pressa le pas de son cheval pour présenter son
épée au général français. Pressentant son intention, je partis au galop
pour me placer entre lui et M. de Rochambeau, qui, dans ce moment,
m'indiquait du geste le général Washington, placé en face de lui à la
tête de l'armée américaine. — « Vous vous trompez, dis-je au général
« O'Hara, le général en chef de notre armée est à droite. » — Je l'y
conduisis, et, à l'instant où il élevait son épée, le général Washington
le prévenant, lui dit : « *Never from such good a hand.* » (Jamais d'une
aussi bonne main.)

« La garnison défila entre les deux lignes, au delà desquelles je la
fis former en bataille et mettre les armes en faisceau. Les officiers anglais témoignaient le plus vif dépit, et je me souviens que le colonel
Abercrombie, des gardes anglaises, le même qui depuis périt en Égypte
sur le champ de bataille où il venait de triompher, au moment où sa
troupe mettait bas les armes, s'éloigna rapidement, se couvrant le
visage et mordant son épée. »

la gloire, à la vraie dignité : c'est la justice. » L'heure était venue pour l'Angleterre; il lui fallait s'humilier sous la dure étreinte du malheur.

C'est ce que sentit lord North. Quand il apprit la reddition de York-Town, nous dit un contemporain, lord Germaine, secrétaire d'État, il reçut cette nouvelle comme s'il avait reçu un boulet de canon en pleine poitrine. Il ouvrit les bras, poussa un cri : « Mon Dieu, tout est perdu! » et, se promenant à grands pas dans sa chambre, il répéta plusieurs fois ces mots dans une agitation et une souffrance incroyables.

Le roi reçut la nouvelle avec plus de courage, et répondit à lord Germaine en protestant de sa résolution d'aller jusqu'au bout. Seulement (et ceci est remarquable) lord Germaine s'aperçut qu'oubliant son exactitude germanique, le roi n'avait mis sur la dépêche *ni l'heure ni la minute* de la réception, preuve certaine qu'il était agité.

A Paris, la nouvelle arriva le 26 novembre 1781. Franklin écrivit à John Adams en Hollande : « Je vous félicite de ces glorieuses nouvelles. L'Hercule enfant dans son berceau a écrasé le second serpent. » Le premier était le général Burgoyne. La comparaison plut assez à Franklin pour que plus tard, sous sa direction, on en fit une médaille : *Non sine Dis animosus infans.*

Tels sont les souvenirs que nous avons laissés sur cette terre lointaine, souvenirs que le général La Fayette devait perpétuer jusqu'au 20 mai 1834, souvenirs que Tocqueville aimait à réveiller, souvenirs que j'invoque aussi comme notre gloire la plus pure.

Que l'Amérique devienne grande, glorieuse, prospère, unie, qu'elle soit non pas un peuple, mais un monde; mais qu'elle n'oublie jamais que sans ambition, sans jalousie, sans intérêt, la France a veillé auprès de ce berceau. Qu'elle n'oublie pas cette cocarde blanche et noire qui lui rappelle que les Français ont versé leur sang pour lui conquérir l'indépendance et lui donner un continent.

VINGTIÈME LEÇON

PAIX DE 1783. — RETRAITE DE WASHINGTON.

L'ouverture du Parlement avait été fixée au 27 novembre 1781, avant qu'on eût appris la reddition de Cornwallis. Après cette nouvelle, il fallut refaire le discours du trône; le roi déclara : « Qu'il manquerait à ses « devoirs comme souverain d'un peuple libre si, par « amour personnel de la paix, ou par égard au soula- « gement momentané du pays, il sacrifiait ces droits « essentiels, ces intérêts permanents, d'où dépen- « daient, dans l'avenir, la force et la sécurité du « pays[1]. » Il concluait donc à des efforts *vigoureux, animés, unis*[2].

Ce langage décidé trouva des échos dans le Parlement; mais il y eut aussi une opposition déclarée dans les Chambres. Aux communes, Fox fut d'une amertume extrême. Il accusa le ministère de folie et de trahison, et finit en disant : « Qu'il ne dirait pas qu'il « croyait que les ministres étaient à la solde de la « France; il ne lui était pas possible de prouver le

---

1. Ramsay, *Amer. Rev.*, II, 302.
2. Lord Mahon, VII, 131.

« fait; mais il se hasarderait à dire qu'ils méritaient
« d'être payés par l'ennemi [1]. »

Lord North repoussa avec dédain cette injure gra-
tuite. « Il nous est arrivé, dit-il, un désastre en Virginie; faut-il donc nous coucher à terre et mourir?
Non, ce malheur doit nous pousser à l'action; unis,
nous pouvons tout sauver; en nous abandonnant au
désespoir, tout est perdu. » Fox l'avait menacé d'une
accusation et de l'échafaud, cela ne l'effrayait guère; il
maintiendrait jusqu'au bout les droits et l'autorité législative du Parlement. La guerre d'Amérique était
malheureuse, elle n'était pas injuste.

. Burke fit une réponse pleine d'ironie et de passion.
« Les paroles du ministre, dit-il, lui avaient glacé le
« sang, et troublé l'âme. »

« Grand Dieu, s'écria-t-il, nous parlera-t-on encore des
droits pour lesquels nous avons fait la guerre? Oh! les droits
excellents! oh! les droits précieux! Précieux sans doute, car
ils nous coûtent assez cher! précieux, car l'Angleterre les a
payés de la perte de treize colonies, de quatre îles, de cent
mille hommes, de 1,750 millions. Oh! les droits merveilleux,
qui ont fait perdre à la Grande-Bretagne l'empire des mers,
cette grande et solide supériorité qui faisait plier le monde
devant nous! Droits inestimables, qui nous ont ôté notre rang
parmi les nations, notre importance au dehors, notre bonheur au dedans; qui ont ruiné notre industrie, notre commerce et notre navigation; qui du plus florissant empire ont
fait la puissance la plus réduite et la moins enviable de l'univers! Droits merveilleux, qui nous prendront bientôt le peu
qui nous reste.

1. Lord Mahon, VII, 132.

« Nous avions droit de taxer l'Amérique, dit le noble lord, et parce que nous avions ce droit, il fallait l'exercer... Pauvres gens infatués d'eux-mêmes! pauvre pays ruiné! Ne savez-vous pas que le droit ne signifie rien sans la puissance qui l'applique. Un droit qui ne peut s'exercer, qu'est-ce autre chose qu'un mot vide de sens? — Bon, dit un sot, fier de sa prérogative sur les bêtes des champs, il y a une laine excellente sur le dos de ce loup; il faut donc le tondre. — Quoi! tondre un loup! — Oui. — Mais s'y prêtera-t-il? avez-vous réfléchi à la peine? comment prendrez-vous cette laine? — Non, je n'ai réfléchi à rien, je ne connais et ne veux connaître que mon droit; un loup est un animal qui porte de la laine; tous les animaux à laine doivent être tondus; je tondrai ce loup[1]. »

Que de beaux parleurs dans nos assemblées qui tondent, ou plutôt qui veulent tondre le loup!

L'adresse au roi fut votée par 218 voix, l'amendement n'en réunit que 129, et cependant on sentait que tout était fini.

L'opinion grandissait au dehors; la question fut reprise le 12 décembre, le 4 janvier 1782, et enfin le 22 février. Cette fois, c'était le général Conway, un vieil ami de l'Amérique, qui proposait une adresse à Sa Majesté afin que la guerre sur le continent de l'Amérique du Nord ne fût pas plus longtemps continuée pour poursuivre la fin impossible de réduire à l'obéissance les habitants de ce pays[2]. Barré revint aussi à la charge, et ne craignit pas d'appeler lord North *le fléau de son pays*.

1. Lord Mahon, VII, 132.
2. Lord Mahon, VII, 111.

L'adresse fut appuyée par 193 voix, repoussée par 194 ; ce sont de ces défaites qui sont des victoires ; le 27, Conway représentait une motion semblable sous une forme modifiée ; elle était adoptée par 234 voix contre 215.

Le roi répondit : « Qu'il tiendrait compte de cet avis, et qu'il prendrait les mesures nécessaires pour rétablir l'harmonie entre la Grande-Bretagne et les colonies révoltées. » On remercia le roi ; mais cette réponse ambiguë ne satisfaisait pas l'opposition, et le 4 mars, le général Conway présenta une nouvelle résolution, conçue dans le langage le plus énergique. « La Chambre, y était-il dit, regardera comme ennemis de Sa Majesté et du pays quiconque conseillera ou essayera de continuer la guerre offensive en Amérique, afin de réduire les colonies par la force. »

Lord North déclara la motion inutile, mais n'osa pas s'opposer au vote. Rigby, un *bravo* de tribune, un de ces hommes qui font du pouvoir un marché, attaqua l'opposition avec une chaleur intéressée ; le jeune Pitt lui répondit sèchement que la nation était lasse de le payer. « Vraiment ? répondit l'impudent. Pour moi, je ne suis point las de recevoir un traitement ; mais je voudrais que mon adversaire me prouvât qu'on est l'auteur de notre ruine parce qu'on reçoit les émoluments de sa fonction. »

L'adresse fut votée ; c'était la fin de la guerre. Le Parlement l'avait commencée, en février 1775, par une adresse au roi ; il la terminait, en février 1782, par une adresse en sens contraire. Sept ans l'avaient éclairé sur sa folie. Heureux les pays où des Parlements peuvent reconnaître leur faute : un roi ne cède pas ; l'amour-propre est en jeu ; on peut être sûr que George III eût été jusqu'au bout, au risque de ruiner son peuple. A ce moment même, il songeait à se retirer à Hanovre, plutôt que de s'humilier devant le Parlement[1].

Le 20 mars 1782 lord North prit sa retraite, avec cette même bonne humeur qui ne l'avait jamais abandonné, et qui prouve chez lui, sous la lourdeur de son corps, une incurable légèreté d'esprit.

Quand il se présenta à la Chambre en habit de cour, lord Surrey se leva en même temps que lui pour parler ; personne ne voulant céder la parole, Fox proposa que lord Surrey parlât le premier. Lord North, avec sa présence d'esprit ordinaire, dit aussitôt : « Je demande la parole pour combattre cette motion, » et la raison qu'il en donna, c'est qu'il n'était plus ministre, et qu'il n'y avait plus d'opposition. Il remercia la Chambre de sa bonté, de son indulgence, et, ajouta-t-il, de sa longue patience.

La séance fut aussitôt levée ; c'était une nuit froide, la neige tombait ; la plupart des membres avaient renvoyé leurs voitures, comptant sur une longue séance. Lord North avait gardé la sienne, par de bonnes raisons. Il passa devant ses ennemis grelottants : « Messieurs, leur dit-il, vous voyez l'avantage d'être dans le secret ; bonsoir ! » Et il rentra tranquillement chez lui, sans aucune émotion.

1. Lord Mahon, VII, 145.

Cette placidité ne se démentit pas ; et quelques jours plus tard, lorsque la *Gazette de la cour* annonça qu'il avait plu au roi d'appeler auprès de lui un nouveau ministère, ministère pris parmi les gens que George aimait le moins, lord North dit plaisamment : « On m'a reproché avec injures de mentir dans les gazettes ; mais il y a plus de mensonges dans celle-là qu'il n'y en eut jamais dans toutes les miennes. Hier, *il a plu* à Sa Majesté de nommer le marquis de Rockingham, M. Charles Fox et le duc de Richmond ! »

Lord North était de ces esprits médiocres qui perdent gaiement les empires. Sa bonhomie l'excuse ; mais elle n'excuse pas un pays qui souffre à sa tête une pareille incapacité.

En acceptant le ministère, lord Rockingham avait stipulé qu'on reconnaîtrait l'indépendance des colonies ; mais ce ne fut pas lui qui fit ce grand acte ; il tomba malade le 3 juin 1782 et mourut le 1er juillet, au moment où l'on recevait en Europe la nouvelle d'une grande victoire navale remportée dans les Antilles par l'amiral Rodney sur la flotte française. C'était la défaite de la plus belle flotte que la France eût jamais mise à la mer ; *la Ville-de-Paris*, le plus beau vaisseau du dernier siècle, construit et offert à Louis XVI par Paris, avait été pris, et l'amiral, le comte de Grasse, avait été obligé d'amener son pavillon et de se rendre prisonnier. Il n'y avait plus que trois personnes sur le pont qui ne fussent pas blessées, et de Grasse était une des trois.

Mais cette victoire brillante, et qui consolait l'amour-propre anglais, n'était après tout qu'une de ces fortunes de guerre qui ne tranchent pas la question [1]. De notre côté, au mois de février, le duc de Crillon avait pris Minorque, et chassé les Anglais du meilleur port de la Méditerranée.

Enfin, le 22 avril, John Adams avait été reconnu comme ministre plénipotentiaire par les Pays-Bas. On allait donc avoir devant soi un nouvel ennemi qui n'était pas à dédaigner.

C'est ce que comprit le successeur du marquis de Rockingham, lord Shelburne. Lui aussi avait été opposé à l'indépendance américaine; il avait déclaré autrefois en beau langage que le jour où l'indépendance des colonies serait reconnue, le soleil de l'Angleterre s'éclipserait à l'horizon; mais, en prenant le ministère, il déclara qu'il *s'était réveillé du rêve de la domination britannique;* et que, si son opinion n'était pas changée, il voulait cependant préparer un tel crépuscule que le soleil de l'Angleterre pût se lever de nouveau [2].

Aussi, dès son entrée au ministère, envoya-t-il à Paris M. Oswald et M. Fitzherbert, connu plus tard sous le nom de lord Sainte-Hélène. C'est à Franklin qu'on s'adressa pour traiter; le docteur s'adjoignit M. Jay,

---

1. Bah! disait Franklin en apprenant la nouvelle, rappelez-vous ce que disait le bacha turc qui fut pris à Lépante par les Vénitiens : « Les vaisseaux sont comme la barbe de mon maître; vous pouvez la lui couper, elle repousse; mais mon maître vous a pris la Morée; c'est un membre qu'il vous a coupé, un membre ne repousse jamais. » Et, ajoutait Franklin, bien capable d'avoir inventé l'histoire, le bacha disait vrai. (Lord Mahon, VII, 188.)

2. Lord Mahon, VII, 212.

M. Adams, qui vint de Hollande, et M. Laurens, long-temps prisonnier à la Tour de Londres, mais que le gouvernement anglais venait d'en faire sortir.

L'histoire de cette négociation a pour nous peu d'intérêt. Retardée par une grave maladie de Franklin et par quelques difficultés, notamment par la reconnaissance des droits des loyalistes que Franklin éluda adroitement, elle se termina par un traité avec les commissaires américains, qui fut signé le 30 novembre 1782.

Le premier article reconnaissait l'indépendance des treize colonies; le second leur accordait des frontières avantageuses; l'Angleterre cédait ces vastes solitudes de l'Ouest qu'il lui était difficile de coloniser par le Canada, et qui allaient devenir le siége d'un grand empire. On promettait également la libre navigation du Mississipi, depuis sa source jusqu'à l'Océan. Enfin, la question des pêcheries était réglée à la satisfaction des deux parties.

Ce traité, qui n'était que provisoire, puisque la France n'y figurait point, et que les Américains s'étaient engagés à ne pas faire la paix sans leur alliée, fut annoncé au Parlement par le roi, le 5 décembre 1782. George III prononça ces paroles mémorables :

« En consentant à la séparation de ces provinces, j'ai sacrifié toute considération personnelle aux vœux de mon peuple. Du fond du cœur je prie le Dieu tout-puissant que la Grande-Bretagne ne ressente pas les maux qui peuvent sortir d'un si grand démembrement de l'empire, et que l'Amérique soit affranchie des calamités qui nous ont prouvé autrefois combien la monarchie était essentielle à la jouissance de la liberté

constitutionnelle. La religion, le langage, l'intérêt, les affec-
tions établiront, je l'espère, un lien d'union perpétuelle entre
les deux pays. Pour en arriver là, on peut compter sur mes
soins et ma bonne volonté[1]. »

Le 20 janvier 1783, les préliminaires de paix furent
signés à Versailles, par le comte de Vergennes pour la
France, le comte d'Aranda pour l'Espagne, M. Fitzherbert pour l'Angleterre.

La France améliorait son droit aux pêcheries de Terre-
Neuve par la cession qu'on lui faisait des îles Saint-
Pierre et Miquelon; elle recouvrait le Sénégal et l'île
de Gorée, et enfin faisait disparaître le honteux article
du traité d'Utrecht, qui défendait de fortifier Dunkerque
et y établissait un commissaire anglais. Dunkerque avait
été la terreur de l'Angleterre aussi longtemps qu'on ne
construisait que des navires de petite dimension; le
changement de la marine ne lui laissait plus qu'une importance secondaire.

L'Espagne reprenait Minorque et les Florides, qu'elle
devait plus tard vendre aux États-Unis; la Hollande reprenait ses possessions et rendait ses conquêtes.

Le traité était une humiliation pour l'Angleterre;
mais sa situation était mauvaise; sa flotte tout entière
était partie au secours de Gibraltar assiégé par les
alliés; la flotte de la Baltique, avec ses provisions, pouvait être enlevée par les Hollandais, et ne passa que
par un coup de fortune; la dette flottante était de
750 millions de francs; et, après un examen attentif,

1. Lord Mahon, VII, 211.

on n'avait pas trouvé plus de 3,000 hommes disponibles pour envoyer en Amérique. Il fallait donc accepter les conditions de l'ennemi. — *Conditions ruineuses*, disait Pitt.

Ce fut le 3 septembre que le traité définitif fut signé à Versailles; par politesse, on y mit le nom de l'empereur d'Allemagne et de l'impératrice de Russie, comme médiateurs. Ce fut le plus beau jour du règne de Louis XVI; la honte du règne de Louis XV était effacée.

La guerre avait coûté cher à l'Angleterre : en 1783, la dette nationale était augmentée de 2 milliards 500 millions de francs; de son côté, la France avait dépensé 1,750 millions, l'Espagne 1 milliard, la Hollande 250 millions[1]. Ajoutez les 170 millions de dollars de la dette américaine, cela faisait une somme de plus de 7 milliards jetée au vent. Voilà ce que coûtait au monde l'entêtement du roi George et la facilité de lord North.

Ce ne fut qu'en 1785, au printemps, que M. John Adams, nommé ministre plénipotentiaire à la cour de son ancien souverain, arriva en Angleterre; il fut présenté à Saint-James le 1er juin.

« Sire, dit-il au roi, je m'estime le plus fortuné de mes concitoyens en ayant l'honneur d'être présenté le premier à Votre Majesté avec un caractère diplomatique. Je m'estimerai le plus heureux des hommes si je puis servir à recommander de plus en plus mon pays à la bienveillance de Votre Majesté.

1. Lord Mahon, VII, 211-217.

« — Monsieur, répondit le roi, et cette réponse termine naturellement le récit de la guerre, je vous prie de croire et je désire qu'il soit bien entendu en Amérique que, dans la dernière querelle, je n'ai rien fait que je n'aie cru indispensable pour remplir mes devoirs envers mon peuple. Je serai franc avec vous. J'ai été le dernier à consentir à la séparation; mais puisque la séparation est devenue inévitable et qu'elle est faite, j'ai toujours dit et je vous répète que je serai le premier à rechercher l'amitié des États-Unis comme pouvoir indépendant. »

« Le roi était fort ému, raconte Adams, et je l'étais aussi[1]. »

On demande quelquefois à quoi sert la presse, et les écrivains, et tous ces rêveurs qui, au lieu de courir après la fortune, défendent la justice et les droits des peuples : ils servent à éviter ces éternelles souffrances de la guerre, voilà pour les peuples; et ils épargnent de pareilles humiliations, voilà pour les rois!

Retournons en Amérique.

En apprenant les dispositions du ministère anglais en 1782, le premier sentiment de Washington fut la méfiance; il craignait que tout ne se terminât par un changement de ministère qui amuserait un moment l'opinion et déciderait le pays à continuer la guerre. Il insistait auprès du Congrès pour qu'on ne s'endormît pas.

L'arrivée de sir Guy Carleton, qui, au mois de mars

____
1. Lord Mahon, VII, 218.

1782, remplaçait sir Henry Clinton dans le commandement des troupes anglaises à New-York, tranquillisa bientôt Washington. Sir Guy Carleton annonça que les chances de la paix augmentaient tous les jours ; que les hostilités n'amèneraient que des maux inutiles, et que le plus sage était de garder chacun ses positions. C'est ce qui eut lieu ; mais cette sécurité amena en Amérique une crise où la liberté naissante pouvait être étouffée, sans la sagesse et la magnanimité de Washington.

Sûrs de la paix, le Congrès et les États ne s'occupèrent plus de l'armée, ni des subsistances, ni des traitements. Au mois d'août 1782, les États n'avaient pas encore fourni 80,000 dollars ; c'est à peine si l'on pouvait nourrir les troupes ; il était impossible de les payer.

L'irritation des officiers était grande lorsque, en mars 1783, on reçut la nouvelle que le 30 novembre précédent les préliminaires de la paix avaient été signés avec les commissaires américains. L'armée partagea la joie générale ; mais l'inquiétude vint bientôt. La paix amènerait le licenciement de l'armée ; comment s'acquitterait-on envers elle ? Des députés envoyés à Philadelphie par les officiers annonçaient qu'ils ne pouvaient rien obtenir du Congrès. On pouvait craindre que, la paix signée, ceux qui depuis sept ans avaient donné leur vie et leur santé fussent congédiés sans solde et sans retraite.

Ce fut alors que parut dans l'armée une lettre anonyme qui invitait les officiers à se rassembler le jour suivant pour délibérer sur la réponse à faire aux députés qu'on avait envoyés à Philadelphie. Mais la lettre allait plus loin; elle engageait l'armée à ne pas se dissoudre avant d'avoir obtenu justice; elle était à la fois sévère et menaçante [1].

« AUX OFFICIERS DE L'ARMÉE.

« Messieurs,

« Un de vos compagnons d'armes qui vous est fortement attaché par les liens d'un intérêt commun et par ceux de l'amitié, qui a partagé toutes vos souffrances, et qui n'est pas plus que vous rassuré sur le sort qui l'attend, vous soumet ces réflexions; l'âge, le rang autorisent à donner des conseils; mais si je ne puis m'étayer de ces deux titres, j'ai pour moi la franchise et l'expérience, et vous n'en rejetterez pas le langage. Comme vous, j'ai chéri la vie privée; comme vous, je l'ai quittée à regret, mais bien déterminé à ne poser les armes que quand les ennemis de mon pays, ces vils stipendiaires de la tyrannie, auraient renoncé à leur infâme projet et reconnu que l'Amérique est aussi terrible quand elle est armée qu'elle s'est montrée humble dans ses réclamations. Vos dangers ont été les miens, j'ai supporté tous les maux de la pauvreté; j'ai vu l'insolence du riche sans murmurer; mais aveugle dans mes vœux, confiant dans mon espoir, trop longtemps je me suis reposé sur la justice de mon pays; j'ai cru qu'aux premiers mots de *paix* et de *bonheur* le gouvernement sortirait de son insouciance pour n'écouter que la justice. Que dis-je justice ! *c'est reconnaissance.* Et n'en doit-il pas à ceux qui l'ont conduit, soutenu dans ce terrible passage de la servitude à l'indépendance? La confiance a ses limites : quand on les dépasse, elle devient lâcheté. Voilà, mes amis, où vous en êtes réduits; encore un pas, vous êtes perdus. Si vous supportez plus

---

1. Cette lettre était de John Armstrong, aide de camp du général Gates.

longtemps l'ingratitude, vous montrez à l'univers combien
vous méritez de porter les fers que vous avez brisés. Pour prévenir ces maux, examinons notre position actuelle; reconnaissons bien le terrain, et partons de là pour porter un
moment notre pensée sur les mesures que nous avons à
prendre.

« Enfin, après sept longues années, vous touchez au but de
vos travaux! Oui, mes amis, votre courage toujours inébranlable a conduit les États-Unis de l'Amérique à travers les dangers d'une guerre douteuse. Vous avez assuré leur indépendance, et déjà commencent à briller les premiers rayons de la
paix. Et pour qui? Pour un pays empressé de cicatriser vos
plaies, fier de la récompense qu'il doit à vos services, pour un
pays jaloux de vous recevoir dans vos foyers avec les larmes
de la reconnaissance et les élans de l'admiration, n'ambition-
nant que le moment de partager avec vous les douceurs de
l'indépendance que vous lui avez procurée, et ses richesses
qu'il n'a conservées qu'au prix de votre sang? Amis, détrompez-
vous. C'est pour un pays qui foule aux pieds vos droits; sourd
à vos cris, il insulte à vos misères; ne l'avez-vous pas éprouvé
toutes les fois que vous lui avez adressé vos vœux et exposé
vos besoins, besoins et vœux que la politique, sinon la reconnaissance, aurait dû prévenir; et tout récemment encore,
quand vous avez demandé justice, quelle réponse avez-vous
obtenue? La lettre sur laquelle vous êtes appelés à délibérer
demain vous la fera connaître. Si tel a été le traitement que
vous avez éprouvé, quand vous aviez dans la main cette épée
si nécessaire à la défense de l'Amérique, quel espoir vous restera-t-il à la paix, quand vous serez dispersés, quand votre
voix ne pourra plus se faire entendre?

« Vos armes, ces nobles instruments, ces dignes compagnes
de votre gloire, une fois déposées, quelle marque distinctive
vous restera? Vos besoins, vos infirmités, vos cicatrices. Serez-
vous les seuls qui aurez à souffrir des maux de la révolution? Ne quitterez-vous les camps que pour vieillir dans la

misère ou le mépris? Voudrez-vous languir dans la dépendance, et ne devoir qu'à la charité les misérables restes d'une vie que tant de fois vous avez exposée au champ d'honneur? Si vous en avez la lâcheté, allez braver l'ironie des loyalistes, le mépris des républicains et la *pitié* du monde! Allez mourir de faim dans l'oubli le plus affreux. Mais s'il vous reste encore quelque lueur de sentiment, s'il vous reste encore assez de courage pour vous opposer à la tyrannie, sous quelque couleur qu'elle se présente, réveillez-vous, profitez du moment, plus tard tout effort sera vain. Si vous êtes bien pénétrés de votre situation, vous en appellerez de la justice du gouvernement à ses *craintes* pour lui-même; quittez le style suppliant de votre dernier mémoire; défiez-vous de quiconque vous conseille la modération et la patience; parlez enfin le langage qui vous convient. Confiez à deux ou trois d'entre vous, qui sachent sentir aussi bien qu'écrire, le soin de ce que j'appellerai votre dernière remontrance; dites ce que le Congrès vous a promis; dites ce qu'il a fait; exposez vos longues souffrances, combien peu vous avez demandé, et combien moins encore vous avez obtenu; dites que le désespoir ne vous portera jamais à aucune action qui pût donner la moindre atteinte à votre honneur, mais qu'il peut vous arracher aux camps. Dites qu'une plaie toujours négligée finit par devenir incurable, et que le plus léger signe d'outrage de la part du Congrès mettra aujourd'hui entre nous et lui la distance des tombeaux; que le Congrès sache que, quels que soient les événements politiques, l'armée est placée entre deux alternatives. S'il y a *paix*, la mort seule doit nous séparer de notre épée; s'il y a *guerre*, dites que sous les auspices de votre illustre chef vous irez dans des pays inhabités, où vous pourrez à votre tour sourire aux alarmes d'une indigne patrie; mais dites en même temps au Congrès que, s'il accordait les demandes contenues dans votre dernier mémoire, il serait plus respectable, vous, plus heureux; que, tant que la guerre continuerait, vous resteriez fidèles à vos drapeaux, et qu'à la paix, vous retirant à l'ombre de vos lauriers, vous iriez retrouver les douceurs de la vie privée et donner au monde étonné un nouveau spectacle : *celui d'une armée victorieuse de ses ennemis, victorieuse d'elle-même.*

« UN ANONYME[1]. »

Supposez un général ambitieux, cette lettre est l'offre d'une dictature et d'une couronne ; il n'en fallut pas tant pour que l'armée d'Italie, emportée par Bonaparte, fît faire le 18 fructidor ; mais Washington était quelque chose de plus qu'un ambitieux ; toutes ses craintes et tout son amour étaient pour la patrie.

Avec sa prudence ordinaire, il ne combattit pas de front cette adresse qui avait enflammé les esprits ; il se contenta de déclarer dans un ordre du jour que l'invitation *anonyme* n'était pas régulière, et il fixa à quatre jours plus tard une assemblée où l'on examinerait cette grave question.

Durant ces quatre jours, il vit les officiers l'un après l'autre ; il les calma, il leur ouvrit les yeux, il se fit leur défenseur auprès du Congrès ; aussi quand vint l'heure de la réunion, il put parler avec une modération et une force qui séduisirent tous les cœurs[2].

« Messieurs,

« Une invitation dont l'auteur ne s'est pas nommé vous a engagés à vous assembler ici. Vous déciderez combien un tel acte est subversif de toute discipline, et contraire au bon ordre.

« Après cette invitation, il a paru un autre écrit anonyme

1. Ramsay, *Vie de Washington*, p. 223.
2. Ramsay, *Vie de Washington*, p. 230.

qu'on a répandu en secret. Cette proclamation avait pour but d'enflammer les passions plutôt que de recommander une délibération calme, où la voix de la raison serait seule écoutée. L'auteur de cette adresse a du mérite comme écrivain; je voudrais pouvoir lui donner celui d'avoir de bonnes intentions. Nous voyons les mêmes objets avec des yeux différents, et nous marchons au même but par des moyens différents; il est assez dépourvu de charité pour désigner comme suspect celui qui recommanderait la modération et la patience, ou, pour parler plus clairement, celui qui ne serait pas de son avis. Disons donc qu'il avait un tout autre plan, un plan où la sincérité, l'amour de la justice et de la patrie n'ont aucune part. Il a eu raison de couvrir les plus noirs projets sous le voile de la défiance et des soupçons les plus atroces. M'arrêterai-je à prouver que cet écrit artificieux est rédigé dans les vues les plus insidieuses? qu'il se propose de frapper les esprits de l'idée que le gouvernement est injuste par système, et de vous porter, par le souvenir de vos maux, à des mesures qui ne permettent plus à la raison et au sang-froid de se faire entendre? Il suffit, pour s'en convaincre, de lire l'écrit et de voir la manière de procéder qu'il vous a proposée.

« Voilà, Messieurs, ce que j'ai dû d'abord vous faire observer pour vous mettre en état de juger les principes d'après lesquels j'ai cru devoir m'opposer au mode irrégulier de votre convocation pour mardi dernier. Mon opposition n'a pas eu d'autre cause; et surtout j'ai été loin de manquer de zèle pour vous procurer les moyens de faire connaître vos plaintes à l'autorité; mais ces moyens doivent s'accorder avec votre honneur, avec la dignité de l'armée. Si jusqu'à ce jour vous n'avez pas reconnu en moi le véritable ami du soldat, ce n'est plus le moment de vous en convaincre. Le premier, j'ai embrassé la cause de mon pays, je ne vous ai jamais quittés que lorsque mon devoir m'y a forcé. Compagnon et témoin de vos souffrances, j'ai toujours, et des premiers, rendu justice à vos vertus, reconnu vos titres et vos droits à en être récompensés. Mon honneur a toujours été inséparable de celui de l'armée, et quand nous touchons au but de nos travaux, on ose m'accuser de voir vos intérêts d'un œil d'indifférence. Mais comment les servir? Par un moyen bien simple, dit l'anonyme. Si la guerre continue, réfugions-nous dans des pays inhabités, formons-y des établissements, abandonnons à sa propre défense une ingrate patrie. Mais si vous suivez ce conseil, que lui restera-t-il donc à défendre? Nos femmes, nos enfants? Nos terres et nos biens que nous abandonnons? ou bien, laissant nos biens, emporterons-nous le reste pour aller dans le fond des déserts y périr de faim, de froid, de nudité? Ainsi nous déserterons notre pays lorsqu'il a le plus besoin de notre secours, ou nous tournerons nos armes contre lui si le Congrès ne cède à nos demandes. Cette alternative fait frémir. Est-il l'ami de notre patrie, celui qui vous le conseille? est-il l'ami de l'armée? Non, c'est un ennemi de l'une et de l'autre, c'est quelque émissaire jeté de New-York au milieu de nous pour allumer la discorde et la guerre entre l'armée et l'autorité civile. Mais quelle idée a-t-il donc de nous conseiller des extrémités qui sont impraticables par leur nature ? Je dis impraticables, Messieurs; ici je m'arrête. Tout le monde m'aura suffisamment entendu. Ce serait vous faire injure que de chercher à vous le prouver; la prudence, d'ailleurs, me l'interdit. Un moment de réflexion suffit pour reconnaître l'absurdité de l'une et de l'autre alternative; peut-être même ne convient-il pas, en m'entretenant avec les officiers de l'armée, de m'arrêter si longtemps à une production anonyme. Mais le mystère avec lequel elle a été répandue, l'effet qu'on en a espéré, et d'autres circonstances encore justifieront les observations que je viens de faire sur cet écrit.

« Quant à l'avis donné par l'auteur de regarder comme suspect celui qui conseillerait la modération, il a tout mon mépris comme il aura sûrement celui de tout ami de la liberté et de la justice, car si l'on nous ôte le droit d'émettre librement nos opinions sur une matière si importante, à quoi sert la raison?

On nous ôtera bientôt la parole, et l'on nous mènera comme des brutes. Je dois à ma conviction sincère et à ce que je crois fermement être l'intention du Congrès, de vous déclarer en terminant que, dans mon opinion, le Congrès est fermement résolu à vous rendre justice; il n'a jamais été insensible à vos maux; il ne relâchera rien des efforts qu'il a faits jusqu'ici pour trouver, pour assurer les fonds nécessaires à l'effet d'acquitter ce qu'il vous doit, et de récompenser vos services. Mais toutes les grandes assemblées sont agitées par des intérêts divers, et si la lenteur est inséparable de ces délibérations, ce délai nécessaire doit-il nous faire perdre la confiance? L'Europe a admiré votre courage et votre patriotisme; ternirez-vous en un instant une réputation acquise par tant de travaux? Et pourquoi? Pour obtenir un peu plus tôt ce que nous demandons. Mais, au contraire, vous l'éloignez plus que jamais.

« Fort de la confiance dont vous m'avez toujours honoré dans les circonstances les plus pénibles, de votre soumission aux ordres de votre chef, animé par cette affection sans bornes pour l'armée que j'ai eu l'honneur de commander, je vous déclare que tous mes efforts seront consacrés à la défense de vos intérêts, sans toutefois porter atteinte aux devoirs supérieurs que j'ai à remplir envers ma patrie, et au respect que je dois aux autorités. Je vous en conjure, ne prenez aucune résolution qui ne s'accorde avec votre dignité, et reposez-vous sur la pureté des intentions du Congrès. Avant que l'armée soit dissoute, vos comptes seront liquidés; vous en êtes instruits par les résolutions qui vous ont été communiquées il y a deux jours. L'assemblée prendra les mesures les plus efficaces pour vous faire rendre la justice qui vous est due, et pour acquitter des services aussi importants et aussi honorables. Mais au nom de notre commune patrie, au nom de votre honneur qui doit vous être sacré, au nom de l'humanité si vous en respectez les droits, enfin, au nom de l'honneur national et militaire de l'Amérique, exprimez l'horreur que doit vous inspirer l'homme qui, sous des prétextes spécieux, tenterait de détruire les fondements de notre liberté, d'allumer le flambeau de la guerre civile, et de noyer dans le sang un empire à peine sorti de son berceau.

« Une conduite aussi honorable vous conduira au but où vous aspirez, et déjouera les perfides complots de vos ennemis réduits à employer l'artifice, lorsqu'ils ne peuvent plus agir à force ouverte. Vous ajouterez à tant de preuves de patience et de patriotisme, et la postérité, étonnée de vos vertus et de vos exploits, dira en lisant cette partie de votre histoire : « Il « fallait encore ce nouveau trait pour faire connaître à quel « point de perfection la nature humaine peut atteindre. »

Entraînés par cette voix patriotique, les officiers déclarèrent : « qu'ils voyaient avec horreur et rejetaient avec mépris les propositions infâmes contenues dans l'écrit anonyme qu'on leur avait adressé[1]. »

De l'aveu des contemporains, c'est le plus grand service que Washington ait rendu à son pays. S'il eût été ambitieux, ce n'est pas l'armée seulement, c'est le pays peut-être qui l'eût suivi. Mais il préférait le nom d'*homme de bien* à celui de maître, qui trompe si souvent ceux qui s'en emparent. Il garda le plus beau titre, celui de citoyen.

Il écrivit aussitôt au Congrès en lui rappelant toutes les instances qu'il avait faites auprès de lui pour faire reconnaître les droits des officiers. Il ne s'était point passé d'année sans que Washington ne réclamât. Sa lettre ne portait point de trace d'amertume, mais on y lisait la phrase suivante, comparable à ce que l'antiquité a de plus beau.

____

1. Ramsay, p. 235.

« Si, comme on l'a dit aux officiers pour exciter leur indignation, ils deviennent seuls victimes de la révolution, s'il faut qu'ils passent dans la honte, le mépris et la misère les restes d'une vie glorieuse, *alors j'aurai connu l'ingratitude*, et cette triste expérience empoisonnera le reste de mes jours[1]. »

Cette voix fut écoutée, le Congrès lui donna raison.

Le 25 novembre 1783, les Anglais évacuèrent New-York, Washington fut reçu dans la ville comme le père de la patrie.

L'heure était venue de se séparer de ces soldats, qui avaient été les compagnons de sa fortune. Cette séparation se fit avec solennité. Le 4 décembre 1783, les officiers se rassemblèrent à Fraunce-Tavern; Washington parut au milieu d'eux et se fit apporter un verre de vin.

« Mes amis, dit-il, c'est avec un cœur plein d'amour et de reconnaissance qu'aujourd'hui je prends congé de vous. Puissent les jours qui vont suivre être aussi heureux pour vous que les premiers ont été honorables et glorieux. »

Il but ensuite et ajouta : « Je ne puis aller à chacun de vous lui dire adieu; mais je serai reconnaissant si chacun de vous veut venir me donner la main. »

Le général Knox s'avança le premier. Washington, à qui l'émotion ne permettait plus de parler, l'embrassa. Les officiers se présentèrent les uns après les autres; on se serra la main sans dire un mot; les larmes étaient dans tous les yeux.

---

1. Ramsay, *Vie d' Washington*, p. 238.

Le dernier adieu reçu, Washington sortit de la salle et passa devant le corps d'infanterie pour s'embarquer et traverser la rivière du Nord. Tous les officiers l'accompagnèrent jusqu'à la barque; Washington y monta, et la tête tournée vers le rivage, il salua, en élevant son chapeau en l'air, l'armée qu'il avait faite et aimée.

De New-York Washington se rendit à Annapolis (Maryland), où se tenait le Congrès, afin de se démettre de son commandement. En passant à Philadelphie, il remit au contrôleur des comptes l'état de l'emploi des fonds qui lui avaient passé dans les mains. Cet état, écrit tout entier de sa main, et appuyé de pièces justificatives, *hormis les dépenses secrètes*, se montait, pour huit années, à 360,000 francs environ. Les dépenses secrètes figuraient pour un peu moins de 50,000 francs.

C'étaient là ses dépenses personnelles, comme général, tenant table et recevant ses officiers; vous savez que dès le début de la guerre il avait refusé toute espèce de traitement et déclaré qu'il recevrait une indemnité. C'était une idée toute républicaine : ne rien accepter de son pays, mais ne pas l'obliger par une générosité aristocratique, et qui blesse l'égalité.

Après l'apurement de ses comptes dans toutes les formes, Washington se rendit au Congrès pour résigner en audience publique ce commandement si noblement exercé. Le 20 décembre 1783, le Congrès le reçut comme méritait de l'être le fondateur et le défenseur de la République.

Dans son discours, il n'oublia pas ses chers officiers.

« Monsieur le Président,

« Les grands événements qui devaient amener ma retraite sont enfin arrivés : je viens en offrir au Congrès mes sincères félicitations. J'ai l'honneur de me présenter devant lui pour déposer le commandement dont il a daigné m'honorer, je lui demande la permission de quitter la carrière où je n'étais entré que pour le service de mon pays.

« Heureux de voir enfin l'indépendance des États-Unis assurée, je quitte avec plaisir des fonctions dont je ne m'étais chargé qu'avec la plus grande défiance. La tâche était difficile, je sentais toute la faiblesse de mes moyens; mais d'un autre côté la justice de notre cause, l'union de tous les citoyens, et surtout la protection du ciel qui dispose et des hommes et des empires, tant et de si puissants motifs m'ont soutenu.

« Le succès qui a couronné nos armes a surpassé nos plus hautes espérances. Plus je porte mes regards sur les effets merveilleux de la protection céleste qui s'est manifestée en notre faveur, plus je sens augmenter ma reconnaissance.

« En rappelant ici ce que je dois au zèle de l'armée, j'aurais de grands reproches à me faire si je ne témoignais pas dans cette circonstance solennelle ce que je dois en particulier aux services et aux talents des officiers qui m'ont été personnellement attachés pendant le cours de cette guerre. Quand ils m'auraient été unis par les liens du sang, je n'aurais pas été mieux servi par leur affection et leur dévouement. Permettez-moi, Monsieur, de recommander surtout à la bienveillance du Congrès ceux qui ont continué leur service jusqu'à ce moment. Ils ont des droits aux égards les plus distingués.

« Un devoir indispensable en terminant mes fonctions publiques, c'est de recommander les intérêts de ma chère patrie à la protection de l'Être tout-puissant qui dispose des empires; qu'il daigne étendre ses bénédictions sur tous ceux qui sont chargés de veiller au bonheur et à la tranquillité de l'État.

« J'ai rempli mon devoir, je me retire du théâtre des affaires publiques. Je prie cette auguste assemblée, dont j'ai longtemps exécuté les ordres, de recevoir de ma part les adieux les plus affectionnés. Je dépose ma charge, et je me retire en même temps de tous les emplois de la vie publique. »

Le Congrès le remercia presque dans les mêmes termes, et Washington, redevenu simple citoyen, se retira au Mont-Vernon, sur les bords du Potomac, *à l'ombre de sa vigne et de son figuier.* Le seul privilège qui distingua le ci-devant général en chef du reste de ses concitoyens, le seul témoignage qu'il accepta de la reconnaissance du pays, fut le droit d'envoyer et de recevoir ses lettres en franchise, marque de distinction qui depuis lors a été accordée aux présidents à leur sortie de fonction [1].

L'œuvre de Washington n'était pas finie. De nouveaux dangers menaçaient l'Amérique, et deux fois encore Washington devait la sauver. Général, législateur, président, trois fois il lui fut donné d'avoir le sort de la patrie dans les mains. Chaque fois il ménagea ce dépôt avec toute la sagesse d'un grand citoyen. Le premier dans la paix, le premier dans la guerre, il fut le bienfaiteur des États-Unis.

Est-ce à eux seulement qu'il a servi? Non, c'est au genre humain tout entier. Cherchez dans l'histoire quels noms y brillent, quels sont ceux qu'on nous fait admi-

---

1. Ramsay, 266.

rer comme de grands hommes. Les César, les Frédéric II, mensonge ou crime triomphant! Washington a légué à l'avenir l'exemple bienfaisant du patriotisme fécond, de la vertu qui réussit. Il a laissé au vieux monde la figure sinistre de ces Césars qui ont toujours des mains sanglantes; il a inauguré dans le monde moderne le règne de ces hommes d'État chrétiens qui mettent leur gloire à être non pas les égorgeurs, mais les serviteurs de leurs concitoyens.

Messieurs,

Il me reste à vous remercier; chaque année, c'est un plaisir qui m'est plus cher, car chaque année me fait mieux sentir combien je vous suis obligé; chaque année me fait aussi mieux sentir mon devoir, surtout quand des jeunes gens viennent autour de moi.

J'espère que nous nous reverrons l'an prochain; pour moi, je n'ai qu'un désir, c'est de rester dans cette chaire aussi longtemps que me le permettra une santé ébranlée. Où trouverais-je ailleurs une plus utile occupation de ma vie, et pour mes travaux une plus douce récompense? Où rencontrerais-je plus d'attention et de sympathie?

Cette sympathie, gardez-la-moi, Messieurs, retrouvons-nous l'an prochain pour continuer ces belles études qui élèvent l'âme et ne laissent point de regrets!

Et s'il en est quelques-uns de vous qui ne reviennent pas, puissent-ils à l'étranger, en Amérique,

en Russie, se rappeler avec quelque plaisir ces heures
que nous passions ensemble ; de loin ou de près, gar-
dez-moi cette amitié qui a fait de moi un professeur et
m'a donné le courage de parler. Votre amitié, Messieurs,
c'est la récompense de mes travaux ; c'est ma force
quand je monte dans cette chaire, c'est mon honneur
quand j'en descends.

FIN DU LIVRE DEUXIÈME.

TABLE DES MATIÈRES

CONTENUES DANS LE DEUXIÈME VOLUME.

FIN DE LA TABLE.

Paris. — Imprimerie de P.-A. BOURDIER et Cⁱᵉ, rue des Poitevins, 6.

Milton Keynes UK
Ingram Content Group UK Ltd.
UKHW031829300124
436988UK00009B/586